我是這麼說的

RBG不恐龍大法官．人生言論唯一自選集

露絲．貝德．金斯伯格（Ruth Bader Ginsburg）
瑪麗．哈爾內特（Mary Hartnett）
溫蒂．W．威廉斯（Wendy W. Williams）

游淑峰 譯

My Own Words

推薦文

細數RBG不恐龍大法官的足跡

尤美女
（律師、前立法委員，因長年捍衛人權、推動性別平權而獲頒法國國家功勳騎士勳位勳章）

前言

二〇二〇年九月十八日，美國最高法院大法官露絲・貝德・金斯伯格（Ruth Bader Ginsburg）病逝，享壽八十七歲。她是美國法學家，一九九三年八月三日獲美國前總統柯林頓提名出任最高法院大法官，她是繼珊卓拉・黛・歐康諾（Sandra Day O'Connor）之後史上第二位女性大法官，也是首位美國猶太裔女性大法官。她終生致力於性別平權（包括平等受教權、平等工作權、墮胎權、同性婚姻），維護平等與自由，是促進美國憲法防止性別歧視保障的先驅者。她在世時贏得廣大人民愛戴，同時受到自由派與保守派的尊敬，更成為美國國家偶像，網路粉絲暱稱她為「聲名狼藉的R.B.G.」（Notorious R.B.G.）。她過世時最高法院為她降半旗，眾多國會議員和法政界人士對她致哀，眾多粉絲在最高法院外為她守夜致意，祝福她「安息於力量」（Rest in Power）。首席大法官約翰・羅勃茲（John Roberts）為她哀悼時稱「我們國家失去一位具有歷史地位的正義之士」；美國前總統卡特讚揚她「是性別平等的堅定倡導者，在她漫長而非凡的職業生涯中，她始終是正義的燈塔。我為一九八〇年任命她為美國上訴法院法官感到自豪」；前總統小布希稱她「激勵了不只一代的女性」；二〇一六年美國總統候選人希拉蕊・柯林頓感謝「金斯伯格為非常多的女性鋪路，包括我在內」。

我們知道她的意見書被編成歌劇《斯卡利亞／金斯伯格》；她的一生被拍成紀錄片《RBG：不恐龍大法官》（RBG）；她的事蹟被拍成電影《法律女王》（*On the Basis of Sex*）；美國國家憲法中心主任兼執行長傑佛瑞・羅森（Jeffrey Rosen）訪談她，集結成《我反對！》訪談錄（Conversations with RBG: Ruth Bader Ginsburg on Life, Love, Liberty, and Law），雖然字字珠璣，但所展現的仍是吉光片羽，是從第三者角度對她的側寫，未若本書由她「現聲說法」，完整呈現她從出生在貧窮工人階級布魯克林的「愛踢的嬰兒」（踢踢）、喜歡看書的左撇子、歷經第二次世界大戰後羅斯福總統夫人愛蓮娜・羅斯福（Eleanor Roosevelt）對她的啟蒙，到康乃爾大學對閱讀與書寫的嚴謹訓練、兼顧育嬰與學業的哈佛大學法學訓練、「火爆女性主義者」的維權律師、上訴巡迴法院法官、捍衛性別平權的大法官，乃至「為未來智慧上訴」的堅定異議者的成長歷程及生命經驗，給予讀者更多啟發及勵志效果。本書並收錄她在人生不同階段的各種演說、經典案件論述、法庭宣告、法庭之友的訴訟摘要，以及後來精采的當庭異議宣告、被提名大法官的「玫瑰園演說」、參議院審核聽證會的開場陳述等，讓讀者慢慢咀嚼其中的人生智慧與對性別、人權、平等、正義的堅持和高瞻遠矚。

啟蒙

露絲生長在男女刻板分工的年代，但她從小就討厭烹飪和縫紉，羨慕男孩可以做木工，她崇拜第一位飛越大西洋的女性愛蜜莉亞・艾爾哈特（Amelia Earhart），最喜愛的詩句是刻在自由女神像腳上的名句：「把你們疲憊、窮困的人們交給我，把你們依偎在一起、渴望呼吸自由的人們交給我。」以及莎士比亞《亨利五世》的開場白：「不起眼的時刻，但是，在這不起眼的時刻，誕生了英格蘭最偉大的一顆星。」在露絲的童年裡，愛蓮娜・羅斯福一直是第一夫人，羅斯福總統在第二次世界大戰期間的一九四五年四月十二日因腦溢血過世，繼任總統杜魯門於戰後任命愛蓮娜為新成立的聯合國大會代表。《聯合國憲章》在序言中重申「宣揚基本人權、人格尊嚴與價值，以及男女與大小各國平等權利之信念」，愛蓮娜是該信念的追隨者，她於一九四六年四月擔任聯合國人權委員會首任主席，於一九四八年制定了《世界人權宣言》，成為所有人類的國際大憲章，保障所有人的基本人權。這啟蒙了十三歲、就讀八年級的露絲，寫下了她生平的第一篇專欄，發表在校刊《公路先鋒報》，談論《十誡》、《大憲章》、《權利法案》、《獨立宣言》和《聯合國憲章》的理想和原則，並認為這是確保世界抵抗未來戰爭、維繫永久和平的唯一方法。這篇文章亦收錄在本書中。

磨練

露絲最崇拜的母親在她高中畢業時病逝，她永遠記得母親的提醒：一要像淑女，表現文雅，不讓憤怒或嫉妒的情緒阻擋自己；二要獨立自主，勇於追夢。在她就讀中學時，母親就被診斷出癌症，在當時是絕症，不斷進出醫院，露絲為不使愁雲慘霧干擾她的學習，便把自己沉浸在學業與課外活動中，讓沉重的課業、管弦樂團大提琴手、樂儀隊指揮的訓練和少量睡眠帶著她往前走，這也成為她日後遇到逆境時的面對方法。一九五〇年秋天母親過世後幾個月，露絲和父親離開了家鄉，前往北方提供全額獎學金的康乃爾大學，展開人生另一段重要旅程。

初試啼聲

在康乃爾大學，露絲遇到了影響其一生的恩師，一是小說家與歐洲文學教授夫拉迪米．納布科夫，改變了她閱讀與書寫的方式：「他用文字畫圖。即使到了今天，當我閱讀時，我仍會興奮地注意作者為該作品想要傳達給讀者的內涵，而選用某個特別的字，某個特別的位置。」「我也試著用言簡意賅的文字給人們一幅畫，而且我很努力尋找適當的字眼。」因此露絲的司法與學術寫作特別簡潔練達；另一位則是聲名顯赫的憲法學者與公民自由作家羅伯特．庫須曼，他指導她的獨立研究計畫，啟發她的良知和「司法能動主義」。一九五〇年代初是冷戰的高峰期，也是反共、獵巫、冤罪的麥卡錫主義最盛行的時期，美國國會通過一項法律，允許聯邦檢察官處理間諜案件，可以不須申請搜索令狀逕行監聽，逕行判罪。庫須曼指派她去研究麥卡錫對公民自由的侵犯，有無違背美國最根本的價值——「無罪推定」與「搜索扣押令狀主義」，以及如何透過司法技術，讓法官為適應當下的社會趨勢，可以不遵循舊有的成文法及判決先例進行判決，以免造成不良的社會後果。「新的判決又會形成新的判例」的這種司法哲學，稱為「司法能動主義」，用以挑戰正在發生的不公不義。

露絲坦承「在遇見庫須曼教授前，我不想去思考這些事，我只想拿個好成績，找個好工作」，但受庫須曼教授的良知啟發，露絲終於在一九五四年、她大四那一年初次嘗試向《康乃爾太陽日報》投了她的第一篇法律文章「讀者投書」，討論關於間諜案中監聽證據的可採納性，反駁另一篇由兩位康乃爾法學院學生站在國家安全利益角度、認為監聽合憲所撰寫的讀者投書。露絲的讀者投書充分展現她言簡意賅、溫和節制的寫作風格，也展現她對選字的仔細、對政治動機訴訟的謹慎，以及憂心為圖辦案效率之便、對法律基本價值的戕害，還有她對基本人權與無罪推定的堅持，這篇投書也收錄在本書中。

神仙眷侶

露絲在康乃爾大學不僅遇到兩位改變她一生的恩師，更邂逅了她的神仙伴侶馬丁・金斯伯格。露絲形容馬丁是「第一個因為我大腦裡的東西，而對我感興趣的傢伙」。馬丁在一九五〇那個男尊女卑的年代，算是個不尋常的男人：不只因為他不會由於露絲的才華而備感威脅，他還積極鼓勵她，並以她在學術與專業上的追求為傲。誠如露絲所說：「他對自己是如此的肯定，從來不認為我對他的自我造成任何一種威脅。相反地，他很驕傲和一個他認為非常有能力的女人結婚。」「馬丁總是讓我覺得，我比我認為的自己更好，我能夠完成任何我追求的事。他對我的能力有無比的信心，比我對自己的信心還多。」他倆有共同的智識、興趣與能力，更愛好同儕中少見的喜好——歌劇。

馬丁擅長廚藝，露絲討厭烹飪，他們倆相互欣賞、扶持、照顧、鼓勵、互補一輩子。若沒有馬丁在偶然機會邀她一起承接莫里茲的跨稅務與性別平等的案件，露絲的人生將會是另一套劇本；露絲若沒有馬丁為她奔走、鋪路，大概也當不上大法官，美國也將損失一位傑出大法官，美國的性別平權勢必往後推遲。

向鋪路人致敬

金斯伯格大法官雖然已被公認為照亮性別平等的道路，為女性與男性拓展機會，本身即是「鋪路人」的典範，但她總是會挪出時間回顧、歸功與感謝那些她的先行者，讓眾人看見不為人知的歷史人物，將鎂光燈照在那些為她的機會與成就鋪路的人們身上，包括早期的女性律師與法官、最高法院的妻子們、最高法院的猶太裔大法官等。本書收錄了部分她在各種場合演講、向這些歷史人物和同事致敬的頌詞，篇篇精采，引人入勝。

貝爾瓦．洛克伍德（Belva Lockwood）生於一八三〇年，是第一位獲准進入美國最高法院律師團的女性、第一位在九位大法官面前辯論的女性，也是第一位全程參與美國總統競選的女性（她在希拉蕊成為民主黨總統被提名人之前的一百二十四年，就大膽踏出這一步）。她和伊莉莎白．卡迪．史坦頓（Elizabeth Cady Stanton）以支持女性投票權、被選舉權和完整公民與政治權而聞名。她出身農家子弟，二十二歲帶著小孩、喪偶才進入大學就讀，在她堅持不懈的努力下一一敲開了對女性深鎖的大門。洛克伍德的名言：「直到我們拿下平等權利，我們才會擁有平等權利；直到我們駕馭它，我們才會獲得平等的尊重。」

珊卓拉．黛．歐康諾成長於一九三〇年代，是美國史上第一位最高法院女性大法官，由雷根總統於一九八一年提名任命，在她二十五年的大法官生涯及後來的時間裡，她一次次展現她是一位真正的女牛仔，機敏、堅忍，足以面對命運為她帶來的任何挑戰。布雷耶大法官形容珊卓拉：「有一種特別的天份，也許是一種寶石，能照亮整個她進入的房間；她能在面對強烈意見分歧時，保持幽默；她能製造有建設性的結果；她能在不順的日子裡提醒大家『明天又是新的一天』。她有絕佳的時間管理能力，她的節奏快速，一天當四十八小時用。」她的名言：「對男性與女性而言，要獲得權力的第一步，是讓其他人看見，接著是上演一齣引人注目的戲。當女性獲得權力，障礙就會倒下。當社會看見女性可以做什麼，當女性看見女性可以做甚麼，就會有更多女性站出來做事，我們所有人將因此而受惠。」

格洛麗亞．瑪麗．斯泰納姆（Gloria Marie Steinem）生於一九三四年，是美國婦女運動先驅、美國女權主義者、記者以及社會和政治行動家，是二十世紀六〇年代後期和七〇年代婦女解放運動的代表人物，創辦《Ms.》雜誌。半個世紀以來，格洛麗亞被稱為「女性主義的面容、婦女解放運動的形象」，她的特色是她對同理的天賦；當格洛麗亞成為關注的中心，她不拿擴音器，她幾乎都在傾聽。

無心插柳柳成蔭

一九七〇年代是美國女性主義蓬勃發展、婦女解放運動風起雲湧的時代，也是三十七歲的露絲人生的分水嶺。她剛獲得羅格斯法學院教授的終身教職，原本她專注於民事訴訟的教學與研究，卻受到活躍的法律系女學生「意識覺醒」的啟發，將她學術與法律分析技巧的焦點從她的最愛——民事訴訟——轉移到法律之前的性別平等，不僅在一九七〇年五月主持「女性解放」學生專題小組，更在當年底一場「美國法學院協會」於芝加哥舉辦的年會上主張：「法學院學術社群有兩項值得立即去做的工作：一、從法學院教科書與教室講課中，去除企圖以女性刻板印象描繪的輕鬆片段；二、在標準課程開課單中，注入關於性別歧視的素材。」隨即於一九七一年開了她的第一堂「性別歧視與法律」專題研究和實習課，要求學生參與已經出現在「美國公民自由聯盟」紐澤西分會案卷上的實際案例，進行分析、研究。後因她先生、稅務律師馬丁・金斯伯格偶然在跨稅務與性別平等的莫里茲案中邀露絲一起義務承接，而與該總會合作，撰擬訴狀。第一份訴狀（她後來稱為「祖母級訴狀」），即是代表查爾斯・莫里茲（Charles Moritz）對聯邦第十巡迴上訴法院的上訴案：莫里茲是個孝順的兒子，他親自照顧生病的老母、卻不能享受稅法上撫養親屬扣除額，只因為他是單身男性。露絲嘗試從美國憲法《第五條修正案》的平等保護原則建立一個強調性別平等的有利論證。第二份訴狀（或稱「媽媽級訴狀」），是代表薩莉・里德（Sally Reed）向美國最高法院提出的案件：薩莉在未成年兒子去世後，想要成為兒子的遺產管理人被拒，因為根據薩莉所居住的愛達荷州法律規定，遺產管理人以男性優先。露絲乃根據美國憲法《第十四條修正案》中明確的「平等保護條款」主張違憲。里德案於一九七一年十一月二十二日判決薩莉勝訴，最高法院史上第一次以「平等保護條款」宣告一條以性別做為差別待遇的法律違憲、無效。隨後，第十巡迴上訴法院亦打破稅法當中撫養照顧的性別差別待遇，判決莫里茲勝訴。並因而促使聯邦數百條基於性別而有差別待遇的法規全面修改。這兩份訴狀使露絲一炮而紅，成為美國最高法院代表性別平等最重要的訴訟律師，迄今里德案仍是性別平等訴訟的歷史性里程碑。

美國公民自由聯盟因里德案勝訴的鼓舞，乃於一九七二年提出一個「女權計畫」，由露絲統籌，一九七三年露絲成為總法律顧問之一，迄一九七九年底。在這十年間，露絲成為哥倫比亞大學法學院一百一十四年來第一位終身職的女性法學教授，並在該院首開「性別與法律」的課程和實習課，並與加州大學柏克萊分校的赫瑪．希爾．凱（Herma Hill Kay）和紐約州立大學水牛城分校的凱尼斯．大衛森（Kenneth Davidson）合著第一本《性別歧視：文本、案例與素材》（*Sex-Based Discrimination：Text, Cases and Materials*）的法學教科書，且發表超過二十五篇的性別法律文章，更主導二十四件最高法院案件的訴狀；其中九件是代表訴訟當事人，十五件是以「法庭之友」身分提出，當中有六次親上最高法院報告與論辯，翻轉了州與聯邦法院對性別歧視案件的態度。這些精采的論述限於篇幅，酌量收錄部分於本書中。

人生最高峰——大法官

一九九三年六月十四日，露絲被柯林頓總統提名為最高法院第一百〇七位大法官，在玫瑰園，柯林頓總統說明提名理由：「首先，在她擔任法官的數年中，真實展現出自己是全國最好的法官之一，眼光進步、判斷睿智、見解平衡且公正。其次，在她畢生代表這個國家的女性從事的拓荒者工作中，她已經匯集了真正歷史性的成就，記錄了美國法律與公民最佳的傳統。最後，我相信，在往後幾年，她將能成為最高法院建立共識的一股力量，就如同她在上訴法院時一樣，如此，我們的法官能為我們的共同體所用，表達他們對《憲法》的忠誠。且她的經歷清楚說明了她心中的想法，在她的一生中，一次次地為升斗小民、窮人、社會的邊緣人挺身而出，並且藉由訴訟告訴他們，他們在法律體系中占有一席之地，讓他們知道，《憲法》與法律會保護所有的美國人，而不只是保護有權有勢者，進而帶給他們很大的希望。」露絲則以「感謝」作為接受提名演說之主軸，她「感謝一九七〇年代一股新興的女權運動，為像我這樣的人開啟了大門；感謝一九六〇年代的民權運動，啟發了這股女權運動的興起；感謝羅格斯與哥倫比亞大學法學院的教職同仁及特區巡迴上訴法院的同仁，他們塑造與提高我對同僚價值的肯定」，她也感謝人生伴侶馬丁、婆婆、子女及總統夫人希拉蕊的協助，最後感謝母親西莉亞・安姆斯特・貝德（Celia Amster Bader）：「她是我所認識最勇敢、最堅強的人，但她太早從我身邊被帶走。但願她活在一個女性能夠夢想與達成夢想、女孩和男孩一樣被珍視的年代，我祈願我成為她想成為的那個人。」

參議院司法委員會於一九九三年七月下旬舉行為期四天的聽證會，於八月三日以九十六比三的高票確認露絲・貝德・金斯伯格為美國最高法院大法官；八月十日，露絲在首席大法官芮恩奎斯特主持下，先在最高法院、然後在白宮舉行儀式，宣誓為大法官；十月一日，她在大法官們一起參加的最高法院傳統儀式上，再次宣誓就任。

本書收錄了露絲擔任大法官期間的演說、講稿與文章。她在擔任大法官期間，除了繁忙的案件審理，也積極做起法治札根的工作，她不斷演講、寫作，向大眾揭開最高法院的神祕面紗，向普羅大眾介紹庭院深深的最高法院的本質、大法官的工作，以及從她的角度，他們如何盡責地執行運用《美國憲法》條款，解釋國會通過的法規，及其秉持的態度與取捨標準，確保法律施行的穩定、公平和正義。她也從比較法學觀點，納入他國司法制度給予的啟發，其終極關懷就是對所有人的尊嚴與平等的尊重。

「我反對」

金斯伯格大法官於一九九三年就任，直到最後都是信奉互相溝通說服、趨於一致的合議制精神，因為「過於沉溺於個別意見書，可能會損害司法機關的判決聲譽和對法院處置該有的尊重。當法院經常無法表現出合議庭體制的樣子，法治的優點如一貫性、可預測性、透明度和穩定性可被削弱。兩種傾向會危及這個體系：過於頻繁地訴諸個別意見，以及與法院多數立場有出入時的不恰當措詞陳述」。

但自從保守的羅勃茲當上最高法院首席大法官後，當有爭議的法律問題自然地將九位大法官分成兩邊時，她和最高法院的其他三位自由派大法官經常處於少數，她便成為少數派中最資深的大法官。當歧見特別深、且案件影響特別大時，她不得不寫下不同意見書，並在主要意見書發布後，也當庭發表反對宣告（oral summary of the dissent），成為羅勃茲主持下的最高法院最常見的異議者。《紐約時報》形容金斯伯格大法官終於「找到了她的聲音」。她認為一份令人印象深刻的不同意見書，可能引導主要意見的作者完善及闡明其最初傳閱的意見，偶爾也會因此說服其他大法官，變成最高法院的主要意見。當無法說服時，不同意見書有可能是一個「對未來智慧的上訴」的意見書，「當歷史證明最高法院的某項判決是一個真正的可怕錯誤時，回顧過去，發現至少有一些大法官清楚看到了危險，並對他們關注的事情發聲，而且是雄辯滔滔的聲音，是很令人欣慰的」。另外，不同意見書有可能尋求政府部門（國會和總統）立即採取行動，這類不同意見書亟欲促使公眾參與，或激發他們的力量，推動立法，推翻最高法院的判決。金斯伯格大法官期許自己在最高法院任職的歲月裡，在選擇自己的立場時，能有布蘭迪大法官所說的「若最高法院不顯得優柔寡斷和爭論不休，『反對』需要保留給重大事項」的智慧。本書亦收錄了她在幾個重大案件的反對意見當庭宣告。

結語

這本《我是這麼說的》文獻豐富，對於想了解金斯伯格大法官的一生行誼及其智慧，以及美國性別與法律的發展歷史脈絡，都是值得一讀再讀的好書。

推薦文

圈內的圈外人：《我是這麼說的》對台灣的啟發

王曉丹
（政治大學法學院副院長）

台灣社會從解嚴到今天，既有權威慢慢退位，公共事務的討論夾雜於過去的對話模式，紛亂、混淆、無序。有時候，我們不知道自己為何如此，更多時候，我們難以消化對方丟來的訊息，因為欠缺明確的規範，使得彼此的期待與感受難以達致溝通狀態。比較簡單的應對方式為，選擇多數的、或與自己友好的圈內人，將自我意見融合在其中，不做太清晰而衝突的表達。

反對行動重點在說服

《我是這麼說的》指出一條美國法治文化下的道路。在最高法院的老男人堆裡，身為唯一或唯二女性的RBG理解到，如果要承擔時代賦予她的重任，迴避問題或者不理會他人眼光並非解方。在美國最高法院擔任大法官二十七年（一九九三年到二〇二〇年），她從未缺席任何言詞辯論與評議，最為人津津樂道的，就是她提出反對意見的作風。

RBG選擇提出反對意見的同時，尋求讓對方發展出更有力論證，或者讓對方開始理性反思既有的主流共識。此時，重要的是，反對者必須理解自己反對的並非個人或群體，反對行動的本質在於直視規則或原理背後的價值。反對者表達時的任務在於，指出對方在理念與現實上的落差，讓對方意識到自己論證的盲點，或者至少讓主流辯證中被忽略的少數群體被看見。

在台灣，有時候任何意見的提出，都可能被感受為「對人而非對事」。在意見被個人化之後，現場經常無法理性討論，而是將訊息解讀為抹煞對方的努力成果，然後引來情緒性與決斷性的回應。於是，問題在彼此互丟直覺的負面過程中失焦。

真實的困境是，在公共討論中，我們面臨說也不是、不說也不是的進退兩難。對此，RBG是這樣做的：「有時裝聾作啞一下會很有幫助……當某人說出未經思考或不友善的字眼，最好不要理它。畢竟憤怒或厭煩，並無法增進你的說服力。」

對RBG而言，反對者必須認清，我們反對的是一股不尊重人性尊嚴的勢力，為了達到目的，我們不需要幫忙處理這股勢力的反彈，尤其是對我們不尊重甚至蔑視的人的情緒。如果我們只是互拋情緒，並未聚焦議題及其背後的價值辯證，因此沒說、因此沒說服，或者因此疏離，RBG會用詞嚴厲地回應：「如果我們變成與我們所反對的勢力相類似，還有什麼挫敗比這個更令人難受？」

捍衛法治比個案解決重要

只有提出反對意見，力度是不夠的。法律人要捍衛的是依法治理的決心。捍衛法治的決心，背後隱藏著堅守司法獨立，這不只是司法不受立法或行政部門影響而已，司法必須透過自身行為樹立法律權威。

《我是這麼說的》這本書提到一位法國最高行政法院法官的信件，信件中他震驚於美國法院不同意見的辯論與討論，直指太多的不同意見與辯論，會給人不明確的印象，將損及司法的公信力。

對此，RBG在公開演講提出內在支撐司法公信力的關鍵，一方面，美國聯邦最高法院處理的案件性質與其他法院不同，非憲政爭議的案件主要涉及法規解釋與裁決合理性，自然以一種意見為佳。另一方面，即便充滿憲政爭議的聯邦最高法院案件，所有「偉大的異議者」都以維護法治作為最高準則，他們提出不同意見時，仍然小心維護著法律的威信。

RBG身為在共和黨執政時代有名的異議者，其反對意見並非毫無界線與漫無邊際，而是限定在法治的基本原則，反對的同時也重申司法獨立與法律權威的重要性。她提到布蘭迪斯大法官一再強調：「更重要的是要定位依法治理在個案中的重要性與關聯性，而不是正確地解決事情。」這意味著，相對於依照對的方式行事，有時候依照法律行事更為重要。事情的對錯往往是一時的潮流或觀點下的產物，然而，法律卻牽涉到制度、價值與判斷依據，行之久遠、影響重大。

在台灣，許多重大爭議在傳統權威退位後，經常回到過去叢林法則，成為不同利益者暗巷比拳頭的對立較勁。法治的設計本就是節制有權力者濫用權力，透過權利的賦予及責任的承擔，建構和平與公平的社會秩序。RBG提醒我們，此種設計必須仰賴人們尊重法律權威，才有可能脫離自我利益的層次，將公共利益列入考量。

公共利益整合人際間的情感劃界

法治權威的關鍵在於，不同立場者可以超越個體利益的層次，大家共同服膺在一個更高層次的公共利益之下。當不同意見者集結勢力形成意見圈之時，很有可能因為立場不同而排除不同意見之人。同樣地，我們也會因為對方是否為自己人，而影響對事實的理解，以及是否表達自己的意見。因此，為了法治權威，我們必須堅決抵抗的是，避免因人情義理或威逼利誘，而改變自己的理念。

法治理想的實現有賴於爭議時溝通的過程以「公共利益」為依歸，也就是不同立場者可以克服情緒張力，練習就事論事，避免情感對抗。然而，一個群體的「公共利益」，並非理所當然，或者從上而下一紙命令就可以完成。唯有成員在各種爭議中不斷定義與行動，才有可能於共識中釐清公共利益的具體意義。

對美國最高法院而言，自由派與保守派的爭議不斷拉鋸，甚至在政治任命上形成憲政危機。令人敬佩的是，相持不下的政治鬥爭並未侵蝕美國最高法院的論證品質，不同意見者之間反而願意聆聽，以此強化法律論證。為了堅持法治理想，以及維護憲政治理，自由派的圈圈與保守派的圈圈之對立僅止於理念，非但無害，反而提升了法律論證與溝通的品質。

自由派的RBG與保守派的斯卡利亞之間的情誼，就是為人津津樂道、超越立場的最佳案例。關於他們的故事，這本書鉅細靡遺地描繪出超越黨派與立場的情誼，體現公共利益建構的最佳典範。正如書中所說的：「我們不同，沒錯，我們對書寫文本的解釋不一樣，但是我們對最高法院以及其在美國政治體系中的位置之敬重，是一體的。」兩人對唱的歌劇節錄（本書第一部第七節）向我們展示了，意見兩極的他們，如何尊重體制精神、共建體制基石，並且共榮體制傳承。這段節錄以對話的方式呈現，更顯得活靈活現，讓讀者沉浸於感受與體悟之中。

如何思考公共利益

是的，我的論點就是，大法官RBG對台灣最大的啟發就是，透過不同意見的表達，交匯出超越個人利益的空間，從而強化、再探與共構了公共利益。

讓我以性別平等與法律為例。RBG企圖直接跟反對者對話，她針對當時法律背後的預設前提，直接挑戰法律上「隔離但平等」的意識。透過「將性別標示為可疑的類別」，她主張以「嚴格審查」的方式審查「性別區分」，除非能夠證成該等區分具備「必要的國家利益」，否則都應該是違憲的。對於反對她主張的法律人而言，這些概念引導他們不過度執著於潛藏在意識底層的偏見，從而得以開放出討論的空間。

RBG的思考模式既非訴諸道德情感，也非以群體分類將立場極端化，而是直接指出以性別作為差別待遇理由的可疑之處，從而敲開一扇窗，讓所有人得以正視主流思維中的漏洞或謬誤。例如，她在論《男女平權修正案》的必要性時，論證的主軸方式就是指出反對者所談的四項「恐怖」，她一一反駁，以之建構自己的論證。這促使反對她的人客觀而理性地檢視自我論證，讓他們意識到問題，正是改變反對者想法的不二法門。

這本書讓我們看到RBG如何彰顯美國人建構公共利益的方法，呈現出美國式論證的精采。其中收錄的RBG「玫瑰園接受提名演說」（**本書第四部第一節**）以及「參議院確認聽證會開場說明」（**本書第四部第二節**），她不斷引用過去大法官的名言來說明自己將來的工作方針，也歷數一路以來社會團體與社會思潮對她的啟發，更謝謝丈夫、兒女與母親對她的幫助與典範引導。RBG要說的是，所有人的工作貢獻，都是在與他人的連結中，串起歷史、當下與未來。唯有看見彼此，才有可能共同建構屬於彼此的公共利益。

證成性別平等至關重要的方法

那麼，RBG究竟憑什麼來說服最高法院其他大法官，甚至整個美國社會，進而讓全世界都為之著迷，將她當成英雄般崇拜？

這本書呈現出RBG在性別平等議題上，如何找到適當的語言與說法，發展出最有效的說服構框。為了形成讓人有感的論證，RBG找出自己與對立想法者的共同語言或共同信念，並以此基礎找出清楚而明確的最佳案件，投身此案件、致力於動搖對立者的想法。因此，為了說明「保護女性」或「給女性福利」可能是限制婦女發展的機會，RBG必須轉換問題的核心，直接討論「好男性」的「浪漫的家長式主義」。

她的策略是，強調此種以性別為基礎的差別對待，不只是對女性不公平，男性也在這樣的體制中受害。為了凸顯這樣的受害，她將焦點放在法律如何定義一個女性，以此從抽象層次就決定了有血有肉個體的人生道路，而這對男性也同時造成不公。此時，找到此種清楚、明確的案例就極為重要。例如，在一九七五年Weinberger v. Wiesenfeld案中，RBG極力反對法院假定鰥夫無法享有寡婦可以取得的津貼，此實務見解預設了育兒是女性專有，因而該福利只有喪失丈夫的婦女才得以享有，這樣的見解對於在妻子過世後想照顧小孩的丈夫不公平。

對RBG而言，她會牢記反對她主張的關鍵社群，也就是某個年齡層的男性。她的語言不是泛泛的群眾式概論，而是直接說到讓這個社群的男性有感，也就是激起他們內在的保護責任。她說得非常直接：「我們的任務是與公眾一起，教育美國立法機關和法院的裁決者。我們試圖向他們傳達，他們對世界的看法有問題……我們試圖激發法官與立法者的理解，讓他們明白，他們自己的女兒和孫女可能會受到這種情況的不利影響。」

RBG身為美國第一本女性與法律雜誌的創辦人、哥倫比亞大學法學院創院一百一十四年以來第一位女性終身教授、美國開國以來第二位最高法院女性大法官，她的信念秉持著法律人不只是解釋法律，重要的是挑戰法律、追求建構更完美的體系。她深刻地理解，為了最低限度地創造法律，必須立基於更完善的對現實的理解，以及深刻的價值思辨。

重新定義圈外人

RBG的作法啟發我們，為了發展更完善的論述，永遠要尊敬我們論述上的圈外人。鬆動圈內圈外對立的方法在於，雙方都能夠設身處地換位思考，稍微進入不同脈絡，試著找尋彼此都接受的想法與作法。畢竟，所有深刻的論證都必須建構在反對者的主張之上，才具有說服力，也才能產生影響。

RBG帶給我們的是，與論述上的圈外人最好的相處模式就是「問問題」。她是這樣說的：「在我看來，如果律師在言詞辯論時間只能做概括的總結，而無人發問，那就失去了一個寶貴的交流機會。」問好的問題可以獲得資訊，讓對方產生好的印象，以此建立雙方的私人情誼。同時，問問題本身也可以傳遞觀點，並且逐步發展將來論證或辯論的框架。

合理而健全的公共場域，必須是圈內充滿了可以對話的圈外人，圈外人可以被說服而調整立場，自己也可以因為認知到論證漏洞而修正。唯有超越情緒的同時，好好問問題、仔細聆聽、隨時準備進入對話關係、說服與被說服，才是鬆動阻礙進步的小圈圈的良方。重要的是，我們必須致力於轉換圈內與圈外的意義，圈外人不再是負面或否定我們的人，而是協助自己發展論證的人，此時，公共或公共利益才有可能。

哲人日已遠，典型在夙昔。如果沒有RBG式的互相理解與理性討論，民主與法治是可能倒退的。例如川普執政後的美國，共和與民主兩黨忘記了公共利益，執著於沒有討論的立場之爭。願我們能從RBG身上學到圈內人與圈外人的共舞精神，為了台灣的民主與法治，一起前進。

金斯伯格大法官於2011年8月8日在最高法院西會議室的「法院新聞官論壇」（Conference of Court Public Information Officers）上，發表談話。

獻給馬蒂（Marty），親愛的人生伴侶與不斷鼓舞我的人

目次

第二部 向鋪路人與路徑標示人致敬

第三部 性別平等：女性與法律

第四部 從法官成為大法官

第五部 判決與正義的大法官

前言

親愛的讀者，讓我來告訴你，這本書是如何成形的。二〇〇三年夏天，溫蒂．威廉斯與瑪麗．哈爾內特來到我的議事室*拜訪我。她們帶來一項提議：「不管妳喜不喜歡，人們一定會寫關於妳的事。我們建議妳指定妳信任的正式傳記作者。我們兩位志願擔任這個工作。」溫蒂和我在一九七〇年代屬於同一陣線。我們當時一起投入承認女性平等公民地位的法律。溫蒂是總部位於舊金山的女權組織「平權支持者」（Equal Rights Advocates）創建人之一。我在美國的另一岸擔任「美國公民自由聯盟」（American Civil Liberties Union）的「女權計畫」共同發起人。我們了解也協助彼此在公眾教育、法律與訴訟方面的工作。當溫蒂擔任喬治城大學法學院（Georgetown University Law Center）的教職後，我們繼續保持密切的連繫。而瑪麗是這所法學院的客座教授，也是該學院「女性法律與公共政策協會計畫」（Women's Law and Public Policy Fellowship Program）的主任。瑪麗有智慧、見多識廣，還有著像法國人說的「sympathique」

---

*【譯註】議事室：英文為chamber，指法官的個人辦公室。

（親切愉快）的氣質，在我看來，她是與溫蒂一起完成這項自傳計畫的好夥伴。我沒有半點遲疑，當下答應了她們的提議。

我們原本預計這本《我是這麼說的》在自傳之後出版。然而，因為我在最高法院的年資持續增加，溫蒂與瑪麗認為，把我的自傳終版延後到我的大法官歲月快結束時比較好。所以我們調整了原本計畫好的出版順序，先將這本選集送到你的手上。

「妳從小就想當法官嗎？」或者，更誇張地，「妳從小就想當最高法院大法官嗎？」這是來最高法院拜訪我的學童最常問的一個問題，至少每個星期都會有學童來參訪。而這個問題，是一大進步的表徵。對今日的年輕人而言，女孩嚮往法官的工作一點都不古怪，這與我剛進法學院的古早年代（一九五六年秋天），是強烈的對比。當時女性在全美國法律專業的比例，只占不到百分之三，而且只有一位女性曾經在聯邦上訴法院任職。* 今天，全美國一半的法律系學生，以及三分之一以上的聯邦法院法官是女性，包括美國最高法院裡九位大法官中的三位。美國的法學院院長有超過三〇%是女性，而且在二十四%的《財星》（*Fortune*）美國五百大企業中擔任總法律顧問。在我漫長的人生中，我見證了如此巨大的改變！†

我是多麼地幸運，活在美國歷史上第一次能在立法者與法院之前，成功籲請男性與女性在基本憲法原則下實現平權地位的時代，並且在這個時代裡身為一位律師。女性主義者，尤其是關心這個議題的男性，已經敦促這件事好幾個世代了。然而直到一九六〇年代末，社會還沒準備好關注他們的請求。‡

是什麼讓我能夠參與解放我們的兒女們的行動，讓他們得以盡情發揮他們的天份，沒有人為屏障阻擋他們的去路？首先，是一位以身作則的母親，讓閱讀成為一件樂事，而且不斷建議我要「獨立自主」，不論未來命運如何，都能為自己捍衛。第二，是在成長過程中影響或鼓勵我的師長們。在康乃爾大學，歐洲文學教授夫拉迪米．納布科夫（Vladimir Nabokov）改變了我閱讀與寫作的方式。我從他身上學到，文字可以畫出一幅畫。他陳述道，選擇正確的字，以及正確的文字順序，可以在傳達一幅影像或一個理念上，造成巨大的不同。從憲法教授羅伯．E．庫須曼（Robert E. Cushman）與美國理想（American Ideals）教授米爾頓．康維茲（Milton Konvitz）身上，我學到我們國家歷久彌新的價值、我們的國會如何在一九五〇年代紅色恐慌時期遠離這些價值，以及律師們可以如何提醒立法者，我們的憲法保障人民思考、言論與書寫的權利，人民有免於遭政府當局報復的恐懼。§

在哈佛法學院，班傑明．卡普蘭（Benjamin Kaplan）是我第一個、也是我最喜愛的老師。他在他的民事訴訟課上使用蘇格拉底的方法，總是激勵我們，從來不刺傷我們。卡普蘭是我一

---

* 芙羅倫絲．亞倫（Florence Allen），一九三四年由美國總統富蘭克林．D．羅斯福（Franklin D. Roosevelt）指定為美國第六巡迴上訴法院法官。
† 見本書〈女性在法律界與法院的進步〉。
‡ 見本書〈支持消除性別歧視〉。
§ 見本書〈監聽：比疾病更糟的療法〉。

九六三年到八〇年的教學生涯所效法的模範。在哥倫比亞法學院，憲法與聯邦法教授傑拉德・岡瑟（Gerald Gunther）執意要把我安排進聯邦法院的工作，即使有一個當時被視為一大阻礙的情況：畢業時，我是一個四歲幼兒的母親。花費很大一番力氣後，岡瑟完成了這項任務。往後數年中，進入或即將送進最高法院的訴訟案件，我都會向岡瑟尋求協助處理棘手的議題，不論是實質上或程序上的問題，他永遠都能幫助我找到正確的道路。

另一個我在公開演講時經常被問到的問題是：「妳有什麼好的建議要與我們分享嗎？」有的，我有。這個建議來自我老練的婆婆，是我結婚當天她對我說的。「在每個美好的婚姻裡，」她提出忠告：「有時裝聾作啞一下會很有幫助。」我勉力遵守這個勸告，結果不只在家庭中順利走過五十六年無與倫比的婚姻夥伴關係；我也把它運用在每個工作場合，包括美國最高法院。當某人說出一個未經思考或不友善的字眼，最好不要理它。畢竟憤怒或厭煩，並無法增進你的說服力。

我公公給我的建議，對我也有很大的幫助。他給我這則忠告時，是在一九五四年至五六年我的空檔年，當時我的夫婿馬丁即將結束他在奧克拉荷馬州錫爾堡（Fort Sill）的炮兵長兵役。一九五四年底，我確定懷孕了。我們即將在一九五五年七月成為三口之家，但我很擔心隔年將得帶著一個嗷嗷待哺的嬰兒進入法學院。我公公的忠告是：「露絲，如果妳不想讀法學院，妳有很好的理由抗拒這項任務。如果妳做這樣的決定，沒有人會看扁妳。但是如果妳真的想學法律，妳就不會擔心，而會去找方法兼顧孩子和學業。」所以，我和馬丁就這麼做了，在上學的日子裡，我們請一位保母從早上八點到下午四點照顧孩子。後來很多次，每當我遇到不平順的事，便會想起公公的智慧，不浪費片刻發愁懊惱，而是去找到方法，把我認為重要的事完成。

「工作—生活的平衡」（Work-life balance）這個名詞在我的兒女小時候，還沒有發明；它適切地描述了我所體驗的時間分配。我從來沒有懷疑，我在法學院的成功，絕大部分是因為我的寶貝珍（Jane）。下午四點前，我上課、認真學習；接下來的幾小時是珍的時間，我們去公園、玩好玩的遊戲，或者唱有趣的歌，讀繪本和米恩（A. A. Milne）的詩，然後幫她洗澡、餵她吃飯。珍睡覺後，我重振精神與意志，回到法律書上。我生命中的每一個部分，都從另一件事當中提供一些喘息，這賦予我分辨輕重緩急的感知，這是只受法律訓練的同學們所缺乏的。

我的人生中有許多幸運，但最大的幸運莫過於我與馬丁．D．金斯伯格（Martin D. Ginsburg）的婚姻。對於我這位超級聰明、活力充沛，永遠充滿關愛的夫婿，我實在筆墨難以形容。在本書中有兩篇文章，他可以為自己說明。*讀這兩篇文章，你就會知道他是多麼特別的一個男人。我們結婚之初，他很快明白，下廚不是我的強項。令我們喜愛食物的孩子們（一九六五年詹姆斯〔James〕出生後，我們成為四口之家）永遠感謝的是，馬丁讓廚房成為他掌管的地方，而且成為我們家的最高主廚（Chef Supreme），可以借給朋友，甚至是最高法院的

---

* 見本書〈馬丁．金斯伯格最喜愛的主題〉；〈美國聯邦第十巡迴法院如何讓我的妻子獲得她的工作〉。

最高主廚。*

一直到我們的兒子出生時，馬丁不斷給我許多指導，他是我的評論文章、演說、各種法律案件摘要†草稿的第一位讀者，在我兩度因癌症住院時，他總是陪伴我進出醫院。我不諱言，沒有他，我不會獲得在美國最高法院的席次。當時的白宮副幕僚長羅恩．克萊恩（Ron Klain）提到我於一九九三年的提名案時說：「我很確定，而且清楚地說，雖然露絲．貝德．金斯伯格的確應該被遴選為最高法院的大法官，但是若沒有她的夫婿做了他做的每一件事來成全，她也不會被選上。」‡這裡所指的「每一件事」，包括獲得我的家鄉州參議員丹尼爾．派翠克．莫尼漢（Daniel Patrick Moynihan）的最大支持，以及集結許多熟悉我過去成就的法學院成員與執業大律師的協助。§

我已經多次說過，我現在擔任的職位，至今已超過二十三年，是任何地方的律師所能擁有最好、也最累的工作。¶最高法院主要被交付的工作，是修補聯邦法律的斷裂處，當其他法院的意見與相關聯邦法的要求不合時，適時地介入。因為最高法院主要審理的，是其他法律專家對於某個法規或合憲性建議分歧的案件，所以我們處理的問題，很少是簡單的；它們很少有不容置喙的正確答案。然而，經由我們在會議上一起辯論，隨著更深入與精準的對話，透過傳閱、回應與草擬意見書，我們最終大多會形成共識，而不是尖銳的分歧。例如上一個年度會期（二〇一五～一六），在完整的簡報與辯論後，至少最後判決時，我們在六十七案中，有二十五案一致通過。相較之下，我們只有八次是以五對三票或四票對三票（斯卡利亞大法官去世時，大法官人數減為八人），呈現意見上的分歧。**

當某位大法官強烈認為多數大法官是錯的，她能自由地說出她反對。當我認為這是一件重要的事，我會善用這項特權，我的同仁亦然。††雖然我們在極重要的議題上意見強烈不同——例如政治活動花費、平權行動、墮胎權——但我們對彼此真心尊重，甚至享受彼此為伴。同僚間的融洽氣氛是我們任務成功的關鍵。若我們無法「過這一關」——用斯卡利亞大法官最愛的一句話來說——我們便無法做好《憲法》任命給我們的工作。我們所有人都尊敬《憲法》與最高法院。我們的目標，是確保當我們離開最高法院時，政府的第三權（司法體系）會和我們當初加入它的時候一樣，依然安然無恙。

---

* 作為紀念馬丁的作品，我同事們的配偶，在瑪莎—安·阿利托（Martha-Ann Alito）的督導下，在馬丁去世後隔年，收集並出版了他的食譜合集，書名為《最高主廚》（*Chef Supreme*, Washington, DC: Supreme Court Historical Society, 2011）。

† 【譯註】brief，指訴訟摘要、律師辯論意見書、辯論摘要、判詞摘要、上訴狀等法律文件，在美國特別指律師向法院提交的，表明其對案件的觀點的書面辯論文件。通常包括對案件事實的概述、相關法律，以及關於對案件事實如何適用法律以支持律師主張的爭論。

‡ 瑪麗·哈爾內特訪問羅恩·克萊恩（二〇〇七年十一月三十日）（作者資料）。

§ 至於馬丁自己的說法，見“Some Reflections on Imperfection”, 39 Arizona State Law Journal 949 (2007)。

¶ 見本書〈最高法院的工作方式〉。

** 見本書〈美國最高法院二〇一五—二〇一六年會期重點〉。

†† 見本書〈評不同意見的角色〉。

稍早，我說到我所見證到女性職位的巨大改變。然而，我們必須承認這幅畫中仍然情況慘澹的部分。在美國與全世界，最貧窮的人是女性和小孩；在教育與資歷相當的情況下，國內外女性的收入落於男性之後，我們的工作場所不夠接納生兒育女的需求，而我們也尚未設計出杜絕工作場合性騷擾與家庭暴力的有效方法。然而，我樂觀以待，相信召集所有「我們人民」（We, the People）*天賦的行動，將會持續。如我勇敢的同事，美國最高法院首位女性大法官珊卓拉・黛・歐康諾（Sandra Day O'Connor）所言：

> 對男性與女性皆然，獲得權力的第一步是讓其他人看見，接著是上演令人印象深刻的表演……當女性拿到權力，障礙將會倒下。當社會看見女性的才能，當女性看見女性的才能，將會有更多女性出來做事，而我們將因此過更好的生活。†

我衷心贊同這項盼望。

露絲・貝德・金斯伯格
二〇一六年七月

* 【譯註】「We, the people」是美國憲法的前三個字，經常被引用，後來也成為美國白宮連署網站的名稱。
† 見本書〈珊卓拉・黛・歐康諾〉。

第一部

早年與輕鬆的一面

導讀

露絲．貝德．金斯伯格很早就開始寫作，這本選集的第一篇是刊載在校刊上的文章，當時她才十三歲。她的童年經驗塑造了後來她成為的這位作家、這個人，以及這位法官。

瓊．露絲．貝德（Joan Ruth Bader）生於一九三三年三月十五日，是西莉亞（Celia）與納坦．貝德（Nathan Bader）的第二個女兒。她的姐姐瑪莉琳（Marilyn）稱她這位活潑好動的嬰兒妹妹「踢踢」（Kiki），因為她是一個「愛踢的嬰兒」，這個暱稱從此一直跟著她。然而，大法官金斯伯格對這位幫她取暱稱的姐姐完全沒有記憶，因為瑪莉琳在六歲時死於腦脊膜炎，當時踢踢才十四個月大。

瓊．露絲．貝德生長在工人階級的地區，鄰居都是愛爾蘭人、義大利人和猶太人，成排的行道樹立在安靜的住宅街區上，磚塊與粉飾灰泥的排屋高高低低，背後襯著像是康尼島大道（Coney Island Avenue）與金斯公路（Kings Highway）等繁忙的交通大道；這些大馬路上有雜貨店、乾洗店和修車行。她的父母在灰色粉飾灰泥的排屋中租了一間小小的一樓，他們的女房東住在二樓。冬天時，有人會把煤塊送到家裡來，他們得把煤塊剷進火爐，才能讓這小小的家裡溫暖起來，但到了夏天，就沒有空調設備可以紓緩布魯克林的熱氣了。她的母親用手洗家人的衣服，晾在她臥室窗戶外的曬衣繩上。他們有一個古董冰箱，散熱器位在冰箱的上方；客廳有一台勝利牌（Victrola）留聲機，露絲與她的表兄弟理查（Richard）後來學會跟著唱片跳舞，這些唱片是他們從時代廣場地鐵站附近的小店買回來的。[1]

瓊．露絲．貝德後來上了一間附近的公立小學——布魯克林二三八號公立小學，這是離她家只有一個街區遠的方正磚頭建築。因為她的幼兒園班上有好幾個女孩也叫「瓊」，她的母親向老師建議，可以叫她中間的名字「露絲」來避免混淆。從那時候開始，她的家人和朋友叫她「踢踢」，而在正式的場合，就叫她「露絲」。露絲和她住在街上另一頭的表兄弟理查，經常一起走路上學。長大一點，每天放學後，經常可以看見她和理查在家附近騎腳踏車、溜冰、跳繩、打街頭棒球。露絲的鄰居，也是她最好的朋友，和她的姐姐一樣名叫瑪莉琳，是個義大利天主教徒。露絲喜歡和瑪莉琳在她家前門的階梯上玩靶子球*，有時被邀請到瑪莉琳的家裡吃義大利麵和肉丸晚餐。

露絲在整個求學期間，是一位積極向上、表現優異的學生。她喜歡學認字和閱讀，但是學寫字的過程很創傷：她是一個左撇子，但她的老師嘗試為她「轉性」，改成以右手寫字，她難過到哭了。結果她的寫字成績是「D」。當時露絲就發誓絕對不再用右手寫字，她真的做到

*【譯註】類似一種沙包遊戲。

了。而且她再也沒有拿過D。

和大部分的孩子一樣，露絲也喜歡體育課和下課時間，他們在學校操場跳繩、玩躲避球時，偶爾會擦傷膝蓋。她也參加校外教學，參觀當地的博物館、參加週五集會；在週五集會時，女孩和男孩們都身穿紅色、白色和藍色的衣服：每個人的上身都穿白色襯衫、戴紅色領帶；下身的部分，女孩穿藍色裙子，男孩穿藍色長褲。[2]雖然露絲喜歡英文、歷史和社會課，但她承認她沒有特別喜歡數學。她對家政課也沒興趣，家政課是女孩們學習烹飪、縫紉的課，為她們將來成為人妻與整理家務預做準備；但她感興趣的是：「我記得我早在認識『女性主義』[*]這個名詞之前很久，就很羨慕男孩，因為我喜歡店面，不喜歡煮飯或縫紉……男孩通常用木頭做東西，我覺得那件事很好玩，可以使用鋸子；我不覺得縫紉有趣，而我煮出來的東西從來不是它該有的樣子。」八年級女孩的縫紉作業是製作她們自己的畢業禮服。每當露絲想起她的創作還是覺得很懊惱：「我的禮服糟透了。」[3]後來是露絲的母親救了她，在畢業典禮前找到一位當地的裁縫師為這件禮服做了一些「修改」。

星期五下午，露絲通常會出現在他們當地的圖書館，這間圖書館位於一家中國餐館和一間美容院的樓上。當她的母親在樓下洗髮或燙髮時，露絲便沉浸在書裡，當她閱讀希臘神話或者《祕密花園》，或露意莎．梅．奧爾柯特（Louisa May Alcott）的《小婦人》時，經常從樓下飄來餐廳調味的香氣。（《小婦人》中的馬屈家四姐妹當中，露絲最喜歡活潑獨立又愛讀書的喬。）露絲也是南茜．朱爾（Nancy Drew）偵探系列迷。不像恐怖電影會讓她做惡夢，她不怕推理小說的情節。她喜歡南茜·朱爾，因為「南茜是個會做事的女孩。她很有冒險精神、勇敢果決，而她的男朋友是一個比她畏縮的角色」。[4]因為類似的原因，她也崇拜第一位飛越大西洋的女性愛蜜莉亞·艾爾哈特（Amelia Earhart）。艾爾哈特的歷史性飛行是在露絲出生的前一年展開，五年後，艾爾哈特在太平洋上失蹤；露絲對她的勇氣與冒險精神相當神往。[5]

露絲不只是一位熱衷的讀者，她也創作自己的故事——她的小表弟妹們記得她是一位有天份而且很會表演的說故事人。[6]她也喜歡詩，包括讀詩和背詩。她小時最喜愛的幾句詩，是刻在自由女神像腳上的名句（「把你們疲憊、窮困的人們交給我，把你們依偎在一起、渴望呼吸自由的人們交給我」）；莎士比亞《亨利五世》的開場白（「不起眼的時刻，但是，在這不起眼的時刻，誕生了英格蘭最偉大的一顆星」）；以及米恩的詩《不服從》（「詹姆斯·詹姆斯·莫里森·莫里森」）。她喜歡羅伯特·路易斯·史蒂文森（Robert Louis Stevenson）[†]的詩集《兒童詩園》（*A Child's Garden of Verses*），尤其喜愛路易斯·卡羅（Louis Carroll）的《炸脖龍》（*Jabberwocky*）（「下午四點鐘，這隻滑溜溜像獾的動物」）。[7]

露絲很崇拜她的母親，她鼓勵露絲要獨立，自給自足。露絲相信這至少有一部分是因為她的母親原本希望自己有機會多受一些教育，有自己的生涯，但因為母親家中的少量經濟資源全

---

* 【譯註】feminism，近年也常譯作「女權主義」。

† 【譯註】羅伯特·路易斯·史蒂文森（1850-1894），他最有名的作品之一為《金銀島》。

部分配給她弟弟受教育，使她的夢想破滅，因此她想確保她這位天賦異稟的女兒，不會重蹈這樣的悔恨。「我的母親堅持我要在學校的功課上表現良好，發揮我的潛能。對她而言，有兩件事很重要，不斷對我耳提面命。一是要『像淑女』，意思是表現文雅，不要讓憤怒或嫉妒的情緒阻擋妳。另一件事是獨立，對那個時代的母親來說，給女兒這樣的訊息是不太尋常的。」[8]

露絲出生的那一年，阿道夫．希特勒成為德國總理，下令在達豪（Dachau）建立第一個集中營。露絲在第二次世界大戰的陰影下度過她的童年，她的父母護女心切，盡量避免讓她看到死亡集中營和骨瘦如柴的倖存者照片。「沒有人想相信真正發生的事情。人們以為希特勒只是痛恨猶太人，因而有了這些鎮壓性的法律，但是……」[9]雖然露絲對於她在布魯克林多族群的鄰近地區所留下的回憶，大多是正面的，但她也愈來愈注意到她家附近的反猶太主義。兩位住在她們街區的年長婦人收養了幾個男孩，她告誡他們說，如果他們把一個猶太人帶進家裡，會帶來惡運，尤其是在午餐時間。[10]其他住在同一條街上的孩子會重覆一則傳說，說猶太人的逾越節薄餅是用基督徒男孩的血做成的，還會嘲笑露絲和她的猶太朋友是「猶太鬼」（kikes）。[11]有一次露絲與她的家人開車到費城鄉間，經過一家旅館時，看見草地上立了一個告示牌，上面寫著：「狗與猶太人不得進入。」[12]

一九四一年十二月七日，八歲的露絲和她的父母在週日開車前往皇后區，她坐在後座，聽著車子裡的收音機，當時正常播出的廣播節目突然中斷，一臉震驚的露絲聽見廣播員播報日本人剛襲擊了珍珠港。[13]隔天，全美國的民眾都打開了收音機，聽羅斯福總統確認了他們不敢相信的事實：美國宣戰了。和大部分的美國人一樣，露絲的世界在美國加入戰爭後，瞬間劇烈改變。她的表哥席摩（Seymour，暱稱「席」，Si）在珍珠港事變時是個樂觀開朗的十八歲大學生，隔年他被徵召入伍了。席最後在歐洲與太平洋服役，露絲很掛心他，所以用「勝利郵件」（Victory mail，也稱「V-mail」）寄信給他。露絲會把家裡的新聞盡可能地塗寫進一張小小的制式信紙，然後把它摺起來、寫上地址，然後放進信箱。之後，這封信會以微型膠片縮印，再寄到海外，之後重新放大印出與審查，最後寄到席的手上。

尖銳刺耳的防空演習警報定時打斷露絲在家和在學校時的活動。如果警報響起時在家裡，天已黑了，露絲會跑去關燈；若是在學校，小學生們會被召集起來，魚貫進入禮堂找掩護。露絲的布魯克林家附近有一位防空演習監督員，某些街區會被安排成更小的區，每一區有自己的隊長。[14]

露絲家領取政府的汽油配給，所以他們在週末離開布魯克林的出遊次數減少，也更小心安排。露絲和她的同學在小學裡幫忙種植與照顧胡蘿蔔、小蘿蔔和其他蔬菜的「勝利花園」；每天的早點名時間，他們會織很多小方塊的布，為軍隊做成阿富汗針織毯子。[15]每星期有一天是「郵票日」，這時露絲和她的同學們會帶著他們的零用錢，去買二十五分的郵票，貼在一本儲蓄債券簿，透過這些手續，支持國家參與的戰爭。[16]露絲與她的同學也努力吃很多口香糖，他們剝下銀色的口香糖包裝紙，然後把它們壓折成錫箔球，貢獻給「捐鋁挺國防」運動，盡一份愛國責任。露絲很喜歡「鉚釘女工」（Rosie the Riveter）這張海報，海報上描繪的是一位強壯、有能力的女性，透過她在工廠的工作，支持國家戰事。[17]

一九四五年四月十二日，在露絲整個十二年的童年都擔任美國總統的羅斯福，突然因為腦溢血，在喬治亞州的沃姆斯普林斯（Warm Springs）逝世，哈利．杜魯門（Harry Truman）成為總統。兩個半星期後，四月三十日，當聯軍逼近時，希特勒舉槍對著自己的右太陽穴，在他的碉堡中自殺了。柏林於五月二日被攻陷，不到一星期，一九四五年五月八日，露絲看著紐約人在街上跳舞，慶祝「第二次世界大戰歐戰勝利紀念日」（V-E Day, Victory in Europe Day）。[18]

露絲記得，那年夏天的「第二次世界大戰對日戰爭勝利紀念日」（V-J Day, Victory over Japan Day）則迥然不同，因為那是美國在長崎與廣島投下原子彈後的結果：

啊，太令人震驚，某件我們不知情的事件正在籌畫中，然後直接刊登在報紙上……巨大的蕈狀雲……我們殺死了如此多的生命，還有許多人被灼燒，留下一輩子的傷痕……對日戰爭勝利日籠罩在如此的陰影下。雖然這是戰爭的結束，但每個人都明白毀滅性的武器被發射了，而且我猜想，每個人都很害怕未來還有這樣的武器。因此，我記得歐戰勝利紀念日是歡欣鼓舞的一天，但對日戰爭勝利紀念日則深深受到核彈的影響。[19]

1.

學生報社論

《公路先鋒》(*Highway Herald*),一九四六年六月

在露絲大部分的童年裡,愛蓮娜.羅斯福(Eleanor Roosevelt)一直是第一夫人。露絲的母親非常仰慕這位第一夫人,經常朗讀羅斯福夫人在報紙上的專欄〈我的一天〉(My Day)給她聽。羅斯福總統去世八個月後,愛蓮娜.羅斯福被杜魯門總統任命為新成立的聯合國大會代表。《聯合國憲章》在序言中,即重申該組織的目標之一是「宣揚基本人權、人格尊嚴與價值,以及男女與大小各國平等權利之信念」。愛蓮娜.羅斯福是這個目標的追求者,她於一九四六年四月,擔任聯合國人權委員會的首位主席。第二次世界大戰期間,露絲與她的母親緊密關注愛蓮娜.羅斯福領導與付出的努力,最終於一九四八年制定了《世界人權宣言》,她盛讚其為「所有人類的國際大憲章」。

愛蓮娜.羅斯福被指派領導聯合國人權委員會的兩個月後,露絲.貝德當時十三歲,就讀八年級,擔任校刊《公路先鋒》的編輯,她寫了一篇她自己的專欄。這篇專欄是這本選集中的

第一篇文章，預示了將來會發生的事。當其他學生寫的內容是關於馬戲團、校園戲劇、有趣的社團時，露絲談論的是《十誡》、《大憲章》（*Magna Carta*）、《權利法案》（*Bill of Rights*）、《獨立宣言》（*The Declaration of Independence*），以及《聯合國憲章》（*The Charter of the United Nations*）。

◆

《公路先鋒》，一九四六年六月
出版者：紐約市布魯克林區二三八號公立小學
社論作者：露絲・貝德，8B1班

有史以來，全世界都知道四份偉大的文獻，這些文獻之所以偉大，是因為當中的理想與原則，造福了所有的人類。

第一份文獻是《十誡》，這是摩西領導以色列人穿過荒野、抵達迦南時，傳到他手上的。今天，幾乎每一種宗教都尊重十誡，而且接受這十誡為道德規範與行為準則。

到了十三世紀，百姓在歐洲國王統治下，苦不堪言。稅賦高、生活條件差，無公義可言。一二一五年時，英國的男爵與貴族聯合起來，起草了一份被稱為《大憲章》的律法。逼迫約翰王（King John）簽署後，這份文件被宣布為統治英格蘭的法律。《大憲章》首次賦予英格蘭農民應享的權利。

奧倫治的威廉三世（William of Orange）原本是荷蘭人，被授予英國王位，他最大的野心是利用英國的軍事力量，協助他摯愛的荷蘭打贏與西班牙的戰爭。為了接受王位，他必須向英格蘭人民做出一些讓步。所以在一六八九年，他簽署了《權利法案》。這項法案限制了國王的權利，將很多政治的控制權交付給議會，這是世界歷史上很重要的一步。

我們美國本身的《獨立宣言》也可以被認為是形塑世界最重要的其中一步。《獨立宣言》標示了一個新國家的誕生，這個國家後來如此強大茁壯，成為世界強權中的翹楚。

如今我們有第五份偉大的文獻，即《聯合國憲章》。《聯合國憲章》的目的與原則，是維繫國際和平與安全、學習容忍，以及壓制任何侵犯或其他破壞和平的舉動。

確保和平是極重要的一件事，因為我們現在有一種可以摧毀世界的武器。我們身為公立學校的孩子，也可以為鼓吹和平做很多事。我們必須嘗試訓練我們自己和周遭的人們像好鄰居一樣共處，因為這個概念融入在偉大的、新的《聯合國憲章》裡。這是確保世界抵抗未來戰爭、維繫永久和平的唯一方法。

Highway Herald

June 1946

Published by pupils of P. S. 238, Brooklyn.

Page 3

PROSPECTIVE GRADUATES

Boys

Alieakos, William
Anzini, Bert J.
Assael, Bernard S.
Bavaro, Dominie
Berger, Jack
Berko, Jerome
Bernstein, Barry A
Biblowitz, Robert
Bloukos, Nicholas
Boosin, Walter G.
Brand, Jack
Brownstein, Irving
Campbell, Thomas
Carmody, Michael
Connors, William
Cordova, Simon
Denmark, Burton
Di Orio, Jerome N.
Drucker, Howard
Dundish, Harold
Ferraro, Anthony J.
Fischer, Eugene
Frey, Ira
Fromm, Harold
Gates, Norman
Glener, Howard H.
Grassi, Mario
Goldberg, Robert
Harmetz, Ronald
Hornreich, Norman
Jonas, George
Kaplan, Eugene
Kessler, Robert
Klein, Jerome
Kluger, Jacob
Koppel, William
Laing, Charles
Lein, Marvin
List, Irwin
Lobel, Roger
Luca, Ralph
Mc Carthy, Donald R.
Milstein, Stanley
Oran, Frederick
Pearlman, Jacob
Plafker, Herbert L.
Rabia, Michael
Randazzo, Anthony
Rankus, Philip
Richmond, Sheldon
Rizzuto, Joseph
Roth, Harvy
Salzman Richard S.
Shafer, Donald
Schiraldi, Pasquale
Schleier, Herbert L.
Schnopper, Herbert
Schumsky, Stanley
Seiff, Gerald
Singer, Edwin
Slatkin, Gerald
Smirk, Richard
Sofferman, Stanley
Stamberg, Stanley
Svasek, Arthur
Unger, Stanley M.
Waltzer, Bruce C.
Weinberger, Lawrence
Weiss, Robert
Yankowitz, David
Zimmerman, Stuart

Girls

Accardy, Roberta
Agresta, Anna P.
Aguila, Diana
Babkes, Irene
Bader, Ruth
Berg, Stella
Birnbaum, Gloria
Birnbaum, Jacqueline
Birnberg, Gloria
Braunhut, Arlene S.
Braverman, Dolores B.
Cutler, Susan
De Lutio, Marilyn
Denker, Constance
Denmark, Marylin
Emanuele, Frances A.
Epstein, Florence R.
Fayer, Jane
Finkelstein, Adele
Firestone, Roma
Fischetti, Florence
Foreman, Myrna
Franklin, Jeanne
Fried, Phyllis
Friedlander, Jean
Gappell, Millicent
Garvis, Evelyn
Gilberto, Rosaline F.
Godfrey, Sybil
Goldman, Carole
Goodman, Carol
Gorden, Harryette
Greenberg, Janet
Grosky, Sally
Hudyma, Mary Ann
Hyman, Arlene
Kantrawitz, Rhoda
Koff, Judith
Kosta, Marcia
Kotkin, Marilyn
Kwies, Joan
Lendrum, Lillian
Leviant, Beverley
Lipkin, Sylvia J.
Maese, Rita
Marrone, Marie M.
Mausner, Claire S.
Mayo, Sydelle
Medici, Dolores
Moskowitz, Sandra
Pascucci, Rita D.
Reagusa, Sophie
Reisman, Florence
Rice, Shirley P.
Rubin, Myrna A.
Samet, Sandra
Schaichman, Elaine
Schwartz, Judith
Schwartz, Ruth
Scotto, Michela
Shannock, Anne
Sherlip, Frances
Shimsky, Ruth R.
Smith Barbara
Tauro, Maria
Teitlebaum, Judith
Timin, Helen
Weintraub, Gloria
Weisinger, Marilyn
Wellins, Arlene
Zehall, Dorothy
Zeichner, Leona

2

Highway Herald

ARTHUR BOWIE
Assistant Superintendent

W. CAMPBELL, Faculty Advisor

OUR STAFF

Our Staff

Editor- Ruth Bader 8B1
Assistant Editor- Richard Salzman 8B1
Secretary- Barbara Smith 8B3
Art Editor- Norma Dienst 8A1
Humor Editor- Shelmay Getz 8A3
Sports Editor- Donald Saltzman 8A1
Girls Sports Editor- Phyllis Morse 8A4
Chief Assembler- Marilyn DeLutio 8B1
Club Editor- Bernice Galitzer 8A1
Dramatic Editor- Rita Klein 7A4

Typists:
Shelmay Getz 8A3
Barbara Smith 8B3
Richard Salzman 8B1

Reporters:
Harold Fromm 8B4
Marilyn Kotkin 8B4
Roma Firestone 8B4
Lorraine Weisen 8A3
Marvin Simms 8A4
Evelyn Jourdan 7B1
Thalia Schnipper 7B1
Linda Singer 7B4
Joel Shapiro 7B3
Karen Gold 7B3
Noami Heimer 7B3
Iris Kowatt 7B4
Lorraine Tabak 7B4
Rona Kessner 7A1
Harris Rosenberg 7A1
Martin Wallace 7A3
Ronald Schapiro 7A3
Stanley Goodman 7A3
Rita Klein 7A4
Esther Zuckor 7A4
Elaine Shanus 7A4

Our Appreciation

The Newspaper Club of June 1946, ...es to thank Shelmay Getz of 8A3 for ... she has given us by typing the ... stories and articles.

Dear Boys and Girls of P.S. 238:-

Let us all join in congratulating and extending our best wishes to the boys and girls of our June, 1946, graduating class. We shall miss them but we feel confident they are going to do wel. in the high schools of their choice and will reflect honor on P. S. 238.

The sudden passing of our beloved principal, Mr. Hunt, brought grief to every boy and girl and to every teacher in P. S. 238. He was an inspiration to u all. His kindly sense of humor and his insistance on fair play endeared him to everyone. Let us try to display in our lives those fine traits of high honor, justice, tolerance, conscientious hard work, and the kindly, helpful spirit which Mr. Hunt so well exemplified.

Some classes wanted to do somethi special in Mr. Hunt's memory. Knowing h he loved boys and girls, they sent contributions to the Junior Red Cross a Boys' Town so that they would be doing something for other boys and girls. Thi was a beautiful way of expressing their regard for Mr. Hunt.

Vacation time is here again,-- a time for rest, relaxation and fun. Even though you won't be in school, here are few things I should like you to remembe

1- Be alert. Practice your safety lessons. There will be many more cars o the streets. Be very careful.

2- Remember the starving millions in other parts of the world. Do not was food of any kind.

3- You live in a beautiful sectio of our great city. Keep it clean, order and neat. Cooperate with the Department of Sanitation in every way you can.

4- The Post Office Department has tremendous job and does it very well. Help them by seeing that you always use the zone number on every letter you ser

May each one enjoy a happy summer and return to P. S. 238 in the fall, ha py, reated and ready for work.

Sincerely,
Emily L. Reed

EDITORIAL

Since the beginning of time, the world has known four great documents, great because of all the benefits to humanity which came about as a result of their fine ideals and principles.

The first was The Ten Commandments, which was given to Moses while he was leading the Israelites through the wilderness to the land of Canaan. Today people of almost every religion respect and accept them as a code of ethics and a standard of behavior.

Up until the thirteenth century, conditions under the kings of Europe were unbearable for the commoners. Taxation was high, living conditions poor and justice unknown. It was then, in 1215 A.D., that the barons and peers of England met and drew up a charter called The Magna Carta. After forcing King John to sign it, the document was declared the governing law of the land. This gave the English peasants the first rights ever granted to them.

When William of Orange, a Dutchman, was offered the English throne, his chief ambition was to use the military powers of Britain to aid his beloved Holland in its war with Spain. In accept-ing this offer, he had to grant certain concessions to the English people. So, in 1689, he signed The Bill of Rights. This limited the King's powers and gave much of the government control to parlia-ment, another important stride in the history of the world.

The declaration of Independence of of our own U.S. may well be considered one of the most important steps in the shaping of the world. It marked the birth of a new nation, a nation that has so grown in strength as to take its place at the top of the list of the worlds great powers.

And now we have a fifth great document , The Charter of United Nations Its purpose and principles are to maintain international peace and security, to practice tolerance and to suppress any acts of aggresion or other breaches of peace.

It is vital that peace be assured, for now we have a weapon that can destroy the world. We children of public school age can do much to aid in the promotion of peace. We must try to train ourselves and those about us to live together with one another as good neighbors for this idea is embodied in the great new Charter of the United Nations. It is the only way to secure the world against future wars and maintain an everlasting peace.

by Ruth Bader 8B1

I Am An American Day

I am ever so proud to be, a citizen of
country so great,
Of a country that is destined for so
wonderful a fate.
I am ever so proud to be able to say,
This on "I Am An American Day."

A country so large and so grand,
One up to which all people stand.
A country so fine and so very pure,
America offers a chance for rich and
poor.

Giving opportunities for citizens
naturalized and true,
The country so prosperous and grew,
I am an American, I can say on "I Am An
American Day."

by Audrey Rothbart 8A

Treasure of the Heavens

The sun's a golden halo,
The star's a diamond chain,
The moon's a silver locket,
With links from drops of rain.
A satin sky of lightest blue, with
plumes of fleecy white,
A deeper velvet blue,
Comes out in darkest night.
Thus, you see the heavens,
Carved by God's fine tools,
Sewn with tiny stitches,
Priceless, by God's rare jewels.

by Naomi Heimer 7B3

For a United Brotherhood

Now the war is over and the thunder of guns is silent. We should try to keep these guns silent forever by cooperating with our friends and neighbors. We should try to prove to the world that friendship is the key to our policy; and that stirring up hatred between religions is wrong. Inter group hatred slowed up teamwork and democratic spirit in many parts of the world.

It is just as hard to keep peace as it is to fight wars, and the way we can keep peace is by not fighting amongst ourselves. There are still people like Hitler that try to keep people of different religions from being friendly with each other. If everyone is friendly with one another this could all come to an end. Let us all unite in an American Brotherhood.

by Jack Belove 6-1-2

2.

四海一家

《東米德伍德公報》（*East Midwood Bulletin*）社論

一九四六年六月二十一日

雖然露絲的家庭不是全然虔誠的教徒，猶太傳統依然占據她童年的一部分。她的母親西莉亞在每個週五夜晚會點亮蠟燭，在猶太教的光明節上，所有的孫子女都會聚在一起，每個人從祖父手中領取一枚光明節銀幣。露絲和她的雙親定時參加每年與父親這邊的家族親戚一起，由祖父母在逾越節第一晚和第二晚準備的晚餐。[1]她最美好的回憶，是逾越節晚餐時，她可以問一些傳統逾越節晚餐的問題，第一個是：「為什麼今晚和其他所有夜晚不同？」

露絲後來回憶說：「那一直是我最喜歡逾越節晚餐的部分，有一段時間我是家族裡最小的孩子，可以問問題，然後整個晚上有各種回答。」[2]（這也許是露絲後來擔任美國最高法院大法官的角色，並且為當中問題最多、最準確的大法官之一的第一個先兆。）

《東米德伍德猶太中心公報》
紐約市布魯克林區海洋大道1625號
一九四六年六月二十一日
第八卷——希伯來曆五七〇六年西彎月，第42號

四海一家

戰爭留下了一道血痕，以及許多不太容易癒合的深深傷口。許多人留下的傷疤，需要很長的時間才會消失。我們絕不能忘記我們的弟兄們在卑爾根—貝爾森（Bergen-Belsen）和其他納粹集中營所遭受過的恐怖。這時，我們也必須努力理解，對正義之人而言，仇恨與偏見既不是一種良好的喜好，也不是恰當的同伴。阿爾弗雷德．比特爾海姆（Alfred Bettleheim）拉比曾經說：「偏見為我們省去一種痛苦的麻煩——思考的麻煩。」在我們心愛的土地上，家人沒有離散，社區沒有被清除，我們的國家也沒有被世界大戰蹂躪摧毀。

但是，我們膽敢高枕無憂嗎？我們是世界的一部分，這個世界的團結幾乎被徹底粉碎了。任何人都無法自免於危險和毀滅，除非許多凌亂的文明縷線再次綁在一起。唯有當每個國家，無論是其武器還是力量，是以善意結合，人民值得交往，這時我們才會感到更加安全。

也許真的有一個快樂的世界，而且可能會再度出現，尤其當人類彼此建立一條牢固的紐帶，不會被某種故意的偏見或過去的情境所打破的時候。直到那時，而且直到那時，我們才會有一個建立在上帝父性基礎上的世界，而其結構即是人類的兄弟情誼。

露絲・貝德
八年級

從童年開始，她特別重視對正義的尊崇，學習這個她猶太文化遺產的一部分。她喜歡學希伯來文與猶太歷史，特別受到身為將軍、士師、預言家的底波拉（Deborah）生平的感動，如《士師記》第四章與第五章，以及《底波拉之歌》所記述：

底波拉啊，興起，興起；
你當興起，興起，唱歌，
亞比挪菴（Abinoam）的兒子巴拉（Barak）啊，
你當奮起，擄掠你的敵人！[3]

然而從小開始，露絲有時也很痛恨人們食古不化地堅持她認為虛偽矯情的規範，以及女性被指定的次要角色。她的母親西莉亞說過很多她自己父親的故事，她的父親是正統派猶太教徒，她有一個童年回憶，發生在原本愉快的一個週六下午。那天，西莉亞看見哥哥騎著他自己用辛苦賺的零用錢買來的嶄新腳踏車，但這個快樂的午後很快就煙消雲散，變成一個憤怒與淚水夾雜的夜晚；原來那天晚上，父親因為哥哥在安息日騎車，違反了宗教規範，便拿了一把斧頭把那台腳踏車砍爛，作為處罰。[4]此外，當時露絲也不明白，為什麼只有猶太男孩會參加滿十三歲的宗教儀式，為什麼她的表哥理查可以有受戒禮，「但我卻沒有同等的禮式。」[5]

露絲的童年時期去過好幾間猶太會堂（起初是猶太教改革派，後來是正統派，那裡的女性會被貶至陽台作禮拜），最後才在一間猶太教保守派找到她最適合的教堂——東米德伍德猶太中心（East Midwood Jewish Center）。每個星期天早上，她在這裡學習猶太歷史、希伯來語，十三歲時「確認」（confirmed，是一場儀式，部份是為了吸引女孩繼續她們在宗教方面的學習，因為只有男孩才有受戒禮。）。露絲與她的同學談論猶太國家的建立，將銅版投進他們的「公義盒」（Tzedeka boxes），贊助在以色列植樹的行動。露絲也在《東米德伍德公報》（*East Midwood Bulletin*）的一九四六年宗教學校畢業典禮專刊上，寫了兩篇文章。一篇是獻給史蒂芬．S．懷斯（Stephen S. Wise）拉比*七十二歲生日的生平介紹，文章中有十三歲的露絲對於懷斯拉比為女性投票權努力的讚揚：「他是每一項公義的捍衛者。猶太與非猶太人都會聽他的。他是一位女性投票權的英勇鬥士，也是第一批猶太復國者。」[6]下面則是另一篇文章，也是當期《東米德伍德公報》上的第一篇。

一九四六年六月，當上面這篇文章發表時，正是露絲的父母生活愉快的一段時間。漫長的

*【譯註】「拉比」為猶太的智者，亦在宗教中擔任重要角色，主持猶太教儀式。

THE BULLETIN
of the
East Midwood Jewish Center

Telephone NAvarre 8-3800
1625 Ocean Avenue

Published weekly from the beginning of Temple activities in the fall to the end of Temple activities in the spring.
Subscription Price—$1.00 per Annum
Entered as second-class matter April 13, 1933 at the Post Office at Brooklyn, N.Y. under the Act of March 3rd, 1879.

DR. HARRY HALPERN .... *Rabbi*
HARRY L. ABRAMS .... *President*

Editors
Seymour B. Liebman, *Chairman*
Dr. Harry Halpern — Henry R. Goldberg
J. B. Rosenfeld — Milton B. Perlman

Robert Gabbe .... *Exec. V. P.*

Vol. XIII — June 21, 1946 — No. 42

GRADUATION ISSUE

Editorial Staff

Ruth Bader — Norman Potash
Fred Goldin — Anita Ryder
Rboert Handros — Henry Tulgan

ONE PEOPLE

The war has left a bloody trail and many deep wounds not too easily healed. Many people have been left with scars that take a long time to pass away. We must never forget the horrors which our brethren were subjected to in Bergen-Belsen and other Nazi concentration camps. Then, too, we must try hard to understand that for righteous people hate and prejudice are neither good occupations nor fit companions. Rabbi Alfred Bettleheim once said: "Prejudice saves us a painful trouble, the trouble of thinking." In our beloved land families were not scattered, communities not erased nor our nation destroyed by the ravages of the World War.

Yet, dare we be at ease? We are part of a world whose unity has been almost completely shattered. No one can feel free from danger and destruction until the many torn threads of civilization are bound together again. We cannot feel safer until every nation, regardless of weapons or power, will meet together in good faith, the people worthy of mutual association.

There can be a happy world and there will be once again, when men create a strong bond towards one another, a bond unbreakable by a studied prejudice or a passing circumstance. Then and only then shall we have a world built on the foundation of the Fatherhood of God and whose structure is the Brotherhood of Man.

RUTH BADER
Grade VIII

THE MESSIANIC IDEAL

It is fascinating that the religious (and perhaps the national) development of Judaism has been a series of humanizations. It started with the humanization of God, by removing the apathy and transcendentalism that had been associated with Him and making Him loving and eventually able to be loved — not feared. And then followed a humanization of the interpretation of Him and His ways, and so on.

Each of these attainments opened up a new era of thought, hope and consolation. And the latest of this series of humanizations is that of the Messiah. In the modern conception of the Messiah is contained the key to the sustenance and flourishing of Judaism today.

The idea of the Messiah started in the Middle Ages when the afflictions of the Jews made them turn their hopes to the ascent of a mighty leader who would save them from their misery. While it is easy to understand the conception of such a character, it is just as easy to understand why the Jews have never and will never accept a single man as a Messiah.

(*Continued on Page* 10)

十三歲的露絲．貝德於1946年6月參加東米德伍德猶太中心的堅信禮。露絲坐在中間的哈利．哈爾彭（Harry Halpern）拉比左邊第一位，她的童年朋友，也是大學室友瓊．布朗德（Joan Brunder，或Joan Brunder Danoff）坐在拉比右邊第一位。

戰爭歲月終於結束了，露絲由哈利．哈爾彭拉比見證，加入了教會——他是二十年前見證露絲父母結婚的同一位拉比——六月二十四日，他們驕傲地看著露絲與她的同學大步走進禮堂，參加八年級的畢業典禮。學校的管絃樂團演奏了愛德華．艾爾加（Edward Elgar）的《希望與光榮的土地》（*Land of Hope and Glory*）。露絲在全班一百四十四位學生中，得到第一名，並代表致畢業辭。

全家幸福的日子相當短暫。當露絲進入青春期，就讀中學時，她的母親被診斷出罹患子宮頸癌。露絲十三歲時，母親進行第一次手術，露絲的中學歲月中，母親多次進出醫院，這段時間的生活因為母親的病痛，籠罩在愁雲慘霧中。當時，診斷出癌症幾乎等於宣判死刑，許多家庭成員甚至不會說出「癌症」（cancer）這個詞，只稱它為「C」。[7]

與其讓母親的疾病干擾她的學習，露絲把自己沉浸在學業與課外活動中，讓繁重的課業、訓練和少量睡眠「帶著她走」，這是她一生中遇到逆境時重複的模式。除了名列優等生、課業成績優異之外，露絲在學生會上也很活躍，還同時是高中管絃樂團裡的大提琴手。她也參加勵志性社團「力行社」（Go-Getter），社員要幫忙銷售學校運動賽事的票，並且可以獲得一件大受歡迎的、繡有金色字體的閃亮黑色夾克。她也是樂儀隊的指揮，在美式足球賽上拿著她的司儀杖表演，甚至在一場曼哈頓的遊行上，旋轉她的司儀杖。

雖然露絲的讀書習慣嚴謹，學業成績優秀，但是她的同學不覺得她是「書呆子」或「書蟲」。一位同學記得露絲「漂亮、外向、友善——不迎合世界，但她相當受歡迎」。[8]另一位同學說：「她給人閑靜溫暖的感覺，有一種魅力。」[9]

露絲在中學的最後一年快結束時，母親的健康情況急轉直下。為了盡力延長西莉亞的生命，有一次醫生為她做了一輪積極手段的放射性治療，可惜結果不僅沒有緩和她的痛苦，反而使她的病情急遽加重，痛苦加倍。西莉亞去世的前一星期，她知道露絲即將在下個週二，也就是六月二十七日以班上名列前茅的成績畢業，而且被選為少數「榮譽圓桌論壇」的一員，將在畢業典禮上發表畢業感言，但她和露絲都無法參加。露絲的母親在那個週日，也就是一九五〇年六月二十五日去世，那年她四十八歲。星期一下午，她安葬在她第一個女兒瑪莉琳的身邊。露絲沒有去參加星期二的高中畢業典禮，在家陪伴悲傷的父親。

3.

監聽：比疾病更糟的療法？

《康乃爾太陽日報》（*Cornell Daily Sun*）讀者投書

一九五三年十一月三十日

一九五〇年秋天，露絲的母親過世後幾個月，露絲和父親把她的物品打包進那輛老舊的雪佛蘭，開往北邊的康乃爾大學，這所大學為露絲提供了全額獎學金。露絲在康乃爾主修政治，後來證明這是她在學識方面與個人成長的關鍵。影響她最大的恩師，是兩位迥然不同的人：小說家與歐洲文學教授夫拉迪米．納布科夫，以及政治學與憲法學者羅伯．E．庫須曼。

根據露絲的說法，納布科夫改變了她閱讀與書寫的方式：「他用文字畫圖。即使到了今天，當我閱讀時，我仍會興奮地注意作者為了該作品想要傳達給讀者的內涵，而選用某個特別的字、某個特別的位置。」露絲記得納布科夫是一位偉大的表演家，一位有魔力的老師，也記得他的妻子維拉（Vera）坐在三樓有著高大木門的演講廳後面，當他說了某件特別誇大的事時，她會忍不住搖頭。露絲的司法與學術寫作特別地簡潔練達，她將此歸功於納布科夫：「我試著用簡要的文字給人們一幅畫，而且我很努力尋找適當的字眼。」[1]

然而，鼓勵露絲繼續就讀法學院的，是聲名顯赫的憲法學者與公民自由作家羅伯特．庫須曼。他可能也是在露絲身上撒下「司法能動主義」（judicial activism）*種子的人，這是她在一九七〇年代從事性別平等工作上的特徵。庫須曼教授指導她的獨立研究計畫，後來聘請她擔任研究助理。一九五〇年代初是冷戰的高峰期，也是喬瑟夫．麥卡錫（Joseph McCarthy）參議員針對被他標籤為「持卡共產黨員」的人，進行掃盪行動最盛行的時期。露絲坦承，在遇見庫須曼教授之前，「我不想去思考這些事；我真的只想要拿到好成績，找個好工作——但他是一位老師，也是一位良知啟發者。」[2]庫須曼指派她去研究麥卡錫對公民自由的侵犯，露絲回憶說：「他想要我了解兩件事。一是我們當時違背了我們最根本的價值，第二點是，法律技術有助於把事情變好，可以挑戰進行中的事。」[3]

露絲了解了這一點。她在大四那年的十一月，初次嘗試發表法律文章，向《康乃爾太陽日報》寫了一篇讀者投書，內容是關於間諜案中監聽證據的可採納性。她的文章是回應另一篇由兩位康乃爾法學院學生撰寫的讀者投書，他們表達的是對美國司法部長赫伯特．布魯內爾（Herbert Brownell）提議的支持，理由是布魯內爾說，近來「發現共產黨間諜成功潛入我們的政府」，因而國會通過一項法律，允許聯邦檢察官處理間諜案時，使用監聽證據。這兩位法律系學

---

* 【譯註】司法能動主義—是一種司法哲學，指法官為適應當下的社會趨勢，可以不遵循舊有的成文法和判決先例進行判決，以免造成不良的社會後果。新的判決又會形成新的判例。

生引用一九二八年最高法院的案件「奧姆斯特德訴美國案」（Olmstead v. United States），認為聯邦幹員未透過搜查令取得的監聽私人電話，並未違背美國憲法《第四條修正案》規定的搜查與扣押規定。這兩位法律系學生主張，監聽在當前的情勢下，不僅符合憲法，也符合國家安全利益：「今日，我們發現自己面臨一股興起的『犯罪』潮。沒有一個人，不論他是否為麥卡錫主義的信奉者，應該藉口避免使用那該死的證據，義正嚴辭地企圖保護那些可以被證明犯罪的人。」

當律師、法官、大法官露絲·貝德·金斯伯格後來撰寫數百篇法律辯論與意見時，某些她的法律書寫與思想的里程碑——她對選字的仔細、對政治動機訴訟的謹慎、憂心圖效率之便的捷徑往往削弱長期的法律效用，以及她對個人權利與無罪認定始終如一的承諾——在她第一篇寫給大學報紙的投書中，就通篇可見。而且，這篇投書以露絲·金斯伯格的典型風格書寫，沒有絲毫大學生甚至一些法官寫作時特有的尖刻、浮誇，或者意識形態的狂熱。這不是偶然的。「我希望你們注意到，」當五十年後被問到這篇讀者投書時，金斯伯格大法官說：「我當時是多麼地溫和節制！」[4]

◆

《康乃爾太陽日報》

一九五三年十一月三十日，星期一

讀者投書

監聽：比疾病更糟的療法？

致編輯：

如週二《康乃爾太陽日報》中兩位法律系學生所主張的，也許最高法院想將監聽規範留給國會決定，因而贊成「奧姆斯特德訴美國案」中對於監聽符合憲法的判決。然而，很少人會同意，被認為符合憲法的，必然就是值得且明智的。

當然，社會想要逮捕犯人，但是，保護無罪者一向是我們司法概念的根本。在布魯內爾先生提議於聯邦刑事審判中，認可經由監聽取得的證據之前，前述的兩個目的必須加以權衡與平衡，明白它們相對的優點。

當兩位法律系學生說，我們正面對一股興起的「犯罪」潮時，他們指的是什麼？他們談論的是幫派與勒索者活動的增加，還是個人被以反對政府的政治犯罪起訴案件增加呢？特別是在政治犯罪的案件裡，有疑問的行為往往只是輕微的危險，沒有什麼良心過錯，因此，便應該審慎思考輕易加諸刑事制裁的價值。

首先要思考的是，刑事制裁的目的是什麼？只是把一個人關進牢裡，還是要對某種行為的形式，附加社群的道德譴責？除非有道德判斷，否則執行刑法的成本，最好是運用到其他的領域。

今天，先前個人自由選擇被允許的領域，被強加了限制。推而廣之，為了美好的社會，限制是需要的。然而，刑法制裁依然是政府所能採用的最極端手段，若有其他令人滿意的選擇可以替代，便不應該輕易使用。我們也許視某種處分為今日的緊急手段，但我們應該謹記，刑法不只反應社群的道德觀點，也很可能改變或營造道德取向。當防止某種行為形式的企圖，可能將個人權利與自由置於險境，這時，刑事制裁便應該保留，作為最後的手段。

監聽也許能為政府的調查人員省下大量時間與工作，不需要再去尋找其他的證據來源。對案件的全面調查也許看似是一件負擔沉重的任務，尤其當監聽的捷徑已經可以得到更立即的結果。正如一位印度官員曾經說的：「好整以暇地坐在陰涼處，將紅辣椒搓進可憐的魔鬼眼裡，比在太陽底下追捕證據輕鬆愉快多了。」

然而，即使今日的情境需要政府方面更多的監視，但增加對個人隱私、道德與良知上的個人權利之管制，可能會是一種比疾病更糟的療方。我們也許急欲降低犯罪，但我們應該謹記，在我們的司法體系中，無罪認定是最根本的，而法律不能在好人甲身上用一套規則，在慣犯乙身上用另一套規則。

在我看來，布魯內爾先生之提議所期待達成的普遍的善，不足於它可能造成的普遍的傷害。

露絲・貝德，一九五四年

The Georgia Press . . .

Freedom Is for Sissies

'Way down south in Georgia everyone licks hambones, eats candied yams, cracks pecan nuts and remains complacently happy throughout his terrestial stay. Every once in a long while, though, somebody pipes up against the long-hallowed institutions that provide for the complacent happiness. And when there is such an occurrence, brother there's fireworks.

Such was the reason for the ranting editorial remarks of a mature newspaper publisher and former speaker of the state legislature of Georgia recently. His target was two editors of the University of Georgia weekly student newspaper who had dared to take a "liberal" view of questions concerning racial segregation in public schools. Of course, said Mr. Roy C. Harris, weekly newspaper publisher, member of the Board of Regents and one of the state's foremost political powers, anybody expressing these views are nothing but "a little handful of sissy, misguided squirts."

Handful Of Squirts

And furthermore:

"Every time I see one of these little sissy boys hanging around some college, the more I think every one of them ought to be made to play football.

". . . the time has come to clean out all of these institutions of all communist influences and the crazy idea of mixing and mingling of the races which was sponsored in this country by the Communist Party."

Mr. Harris went on to say: "The state of Georgia pays a big price to educate its college students. If the state is willing to spend this money, it has the right to control what is taught and what is done at the University."

Prior to Mr. Harris's published remarks, he told the student paper editors that one-third of their $15,000 would be cut if there were any more editorials attacking segregation. The next day the students published a story telling how Mr. Harris had threatened to "put us out of business."

This, Mr. Harris denied. "I didn't threaten them," he said. "I just told them what was going to happen."

Following this exchange, the student editors met with University officials, the result being a written letter of apology by the students who expressed concern over the fact that they had created "an embarrassing situation for the university or for the Board of Regents . . ."

Students Apologize

The students signed the letter to show their interest in the university's "growth and development." The result of the affair has been an attempt to set up a system of student-faculty approval for controversial editorials that will "allow for some measure of student expression."

This whole incident is just so remote from the Cornell way of life that it appears almost laughable. But it isn't so very funny when one considers that the individual's and the newspaper's right to free expression were squelched within the bounds of this nation.

Mr. Harris and his kind are deeply embued in tradition. As educated persons, they've been exposed to documents upon which a rich tradition has been built in this country. What do they think of when they refer to "the crazy idea of the mixing and mingling of races?" How can they so easily forget that this nation was founded on the premise that "all men are created equal?" And how can they use freedom of the press, guaranteed to them by another great tradition, to quelch another person's use of that same freedom?

Easily Forgotten

Of course this can all be brushed off very easily with something to the effect that "well that's the way things are in the South but the situation is improving every day."

This isn't the case, however. Only last week, the press's right to free expression and discretion was subverted by one Joseph McCarthy, senator from Wisconsin, who, subtlely using the threat of an investigation, forced the nation's radio and television operators to accord him free time to refute political utterances against him. He was granted free time, $300,000 worth in fact, which he used only incidentally to refute the charges but more specifically to hurl new vitriolic brickbats at indiscriminate targets.

It is too coincidental that George D. Stoddard, former president of the University of Illinois, recently noted "a discernible shift toward bigotry" in the United States today. He went on to warn of "the paranoid state of mind that once perpetrated the Inquisition, the Salem witch-hunt, the Ku Klux Klan."

Mr. Harris, Senator McCarthy, et al—take note of tradition not numbered in your catalog as outlined by Dr. Stoddard:

"Freedom is indivisable, to invade it at one place is to degrade it everywhere."

Good Morning, Kiddies

Albert's Pride and Abner's Fall

Albert was just coming to the realization that he was on the receiving end of a beanbag and not a football as we left the swamp critters. All ready to join in the fun, however, his high hopes were dashed as he was told that he would have to wear a middie blouse and bloomers.

"Big time bean bag requires correct attire!" exhorted his buxom coach, with the additional hint that Albert could "turn in his sneakers" if he persisted in his refusal to don the traditional bean bag togs.

"Doggone, coach, I'll be the laughing stock of the Rose Bowl," Albert insists, overlooking the fact that Michigan State has already accepted.

The faithful dog, already attired in the proper regalia, responds, realistically, "We'll more likely go into the Orange Bowl . . . on account it's closer."

"Finally Albert succumbs: "Well, okay, middie blouse but no bloomers."

The next day, apparently due to Albert's modesty and consequent reluctance to change his clothes in front of the readers, we find him in both blouse and bloomers, warming up his best beanbag arm.

"By jing, I don't see how the country is sudden gone bean bag crazy," says Albert, apparently still not wholly convinced that the bloomers are worth it all.

The repartees are quick and effective: "They sniggered when ma invented mah jong," says the loyal Beauregard, while the winged coach points out that "When L'il Abner Doubleday sat down to play baseball everybody laughed."

But artist Kelly has not forgotten that the beanbaggers are still students, or rather professors, in Owl's newly founded university.

"Phoo," the dejected founder mutters, his hands dejectedly held behind his bowed back. "The harebrains of this swamp is unculturable . . . We got no students in our college . . . just perfessors an' all of them playing games. If somebody was to give the school a million dollars they'd go an' build a stadium."

"Why not a liberry? We already is loaded with comic books . . ." Owl questions the bat triplets. Again the repartees are quick and effective: "A stadium will hold 60,000 screaming cash customers, but who ever saw 60,000 souls throwing down hard money to stampede into a liberry?"

For the details of the construction of the new bean bag stadium (a prediction based on the not too reasonable assumption that Kelly evolves his strip in a straight line) turn to page 6.

PHOO! THE HAREBRAINS OF THIS SWAMP IS UNCULTURABLE... WE GOT NO STUDENTS IN OUR COLLEGE... JES' PERFESSORS AN' ALL OF THEM IS PLAYIN' GAMES!
HOWDY, OWL.
I GOT SIX JACKS, I WIN.
HOW COME? I GOT SEVEN.
11-28

Abner failed his son. In four words can be summed up the failure of Al Capp's leading man to live up to his duties and responsibilities as a father. We knew the marriage was a mistake.

Nightmare Alice's conjuring up an imaginary beast lead Abner to grab his assailant, thereby making it not a little easier for her to grab him.

"Nightmare Alice played a trick on me only a fathead would of fell fo'," moans the dejected father to Daisie Mae as he is led across the finish line. "An' you fell fo' it?' she asks. "Natcherly," Abner sobs in reply, his patriarchal dignity seemingly shattered.

Marryin' Sam again enters the scene, asks for his $2.00 in advance (justifying the unusually high price with the prediction that "when they grow up an' finds what ah done to 'em they takes pot-shots at me!"), and the wedding continues—on page 6.

Letters to the Editor

Wiretapping: Cure Worse Than Disease?

To the Editor:

Perhaps, as was argued by two law students in Tuesday's issue, the Supreme Court wanted the regulation of wire tapping to be left to Congress, and therefore, upheld the constitutionality of wire tapping in the Olmstead case. However, few would agree that what is deemed constitutional is necessarily worthy or wise.

Of course, society is interested in apprehending criminals, but the protection of the innocent has always been basic to our concept of justice. Both these ends must be weighed and balanced as to their relative merits before any conclusion can be reached about Mr. Brownell's proposal to admit evidence obtained by wire tapping in federal criminal trials.

What did the law students mean by telling us that we are faced with a rising "crime" wave? Were they speaking about an increase in the activities of gangsters and racketeers, or the growing number of cases in which individuals are being prosecuted for political crimes against the state? Particularly in the case of political crimes, the value of making it easier to apply the criminal sanction, when the conduct in question often involves slight danger and little conscious wrongdoing, should be seriously reflected.

In the first place, what is the purpose of the criminal sanction? Is it just to put a man behind bars, or is it to attach the moral condemnation of the community to certain forms of behavior? Unless moral judgment is involved, the cost of enforcing the criminal code might well be employed in other areas.

Today, restraints have been imposed in areas where individual free choice was formerly permitted. To a large extent, restrictions have been necessary for the good of society. However, the criminal sanction is still the most extreme measure that is available to the government, and it should not be lightly employed if other satisfactory alternatives can be substituted. We may regard something as an emergency measure today, but we should remember that the criminal law not only reflects the moral outlook of the community, but may very well alter or create moral attitudes. When attempts to prevent certain forms of behavior may place individual rights and liberties in peril, the criminal sanction should be saved as a last resort.

Wire tapping may save the government investigators a good deal of time and effort by making it unnecessary to seek other sources of proof. A thorough investigation of cases may seem like a burdensome task, especially when the short cut of wire tapping can achieve more immediate results. As an officer in India once said, "It is far pleasanter to sit comfortably in the shade rubbing red pepper into a poor devil's eyes than to go out in the sun hunting evidence."

But, even if the situation today demands increased vigilance on the part of the government, restraints on individual rights in the field of individual privacy, morality, and conscience can be a cure worse than the disease. We may be anxious to reduce crime, but we should remember that in our system of justice, the presumption of innocence is prime, and the law cannot apply one rule to Joe who is a good man, and another to John who is a hardened criminal.

The general good Mr. Brownell's proposal is expected to accomplish seems to me to be outweighed by the general harm it may well do.

—Ruth Bader '54

The Cornell Daily Sun

Founded 1880 Incorporated 1905 Published every weekday except Saturday during the college year by The Cornell Daily Sun, Incorporated. Offices, 109 E. State Street. Telephone 3488 or 3453.

An independent newspaper edited by undergraduates of Cornell University. Editorial views do not reflect the official position of the University or necessarily represent the opinion of its student body. Letters to the editor and all other material submitted for publication become the property of this newspaper.

Member of the Associated Collegiate Press

MEMBER OF THE ASSOCIATED PRESS

The Associated Press is exclusively entitled to the use for republication of all news dispatches credited to it, or not otherwise credited in this paper, and also the local news items published herein.

Five Cents at newstands, Subscriptions, $6.50 per year

Printed by the Ithaca Journal. Entered as second class matter October 2, 1948, at the post office, Ithaca, New York, under the Act of March 3, 1879.

Stuart H. Loory '54 .... Editor-in-Chief
Donald A. Bandman '54 .... Business Manager
Ellen R. Shapiro '54 .... Managing Editor
Ross D. Wetzsteon '54 .... Associate Editor

4. 馬丁．金斯伯格最喜愛的主題

介紹金斯伯格大法官的演說

（二〇〇三年九月二十五日）

如馬丁．金斯伯格在下面這篇文章記述的，當時露絲．貝德十七歲，就讀康乃爾大學一年級，那時她遇見她最好的朋友、後來成為她夫婿與人生伴侶的男人。馬丁．金斯伯格當年十八歲，就讀大二，是個英俊、愛交際、聰明、有點傲慢的人。他是在室友馬克（Marc）安排的一場盲目約會上遇見大一新鮮人露絲；馬克當時與露絲的室友約會，但他沒有車，因此請馬丁開車載他們四人去參加一場正式的舞會。

如你將在馬丁的演說中讀到的，從一開始，她就被露絲的美貌吸引。又如他在多年後一次受訪中告訴我們的，他很快發現她不只具有吸引力。「我當時不知道她也很聰明，但我們第二次約會時，我就發現她不只真的很聰明，而且不像大部分還沒打算含蓄收斂的聰明大一女孩——不少人是這樣——她不會信口開河。我不記得是誰先說的，但這句話講得真好，而且如此準確：露絲是個不怕死寂時間的人。如果妳問她一個需要縝密思考答案的問題，她會停下來，整個思考一遍，然後才回答。我認識她五十四年來，她都是這樣。她在晚餐時也是如此。」[1]

從她的角度看來，露絲說馬丁是「第一個因為我大腦裡的東西，而對我感興趣的傢伙。」[2]馬丁在一九五〇年代算是個不尋常的男人：不只因為他不會因露絲的才學感覺受到威脅，他還積極地鼓勵她，並且以她在學術與專業上的追求為傲。如露絲解釋的：「他對自己是如此肯定，他從來不認為我對他的自我造成任何一種威脅。相反地，他很驕傲和一個他認為非常有能力的人結婚。」[3]根據露絲的說法，馬丁「總是讓我覺得，我比我認為的自己更好，我能夠完成任何我追求的事。他對我的能力有無比的信心，比我對自己的信心還多。」[4]

雖然是在一場盲目「約會」上相遇，但他們維持了一段柏拉圖式的關係，因為當時露絲有一位就讀哥倫比亞大學法學院的男朋友，馬丁也有個女朋友在史密斯學院（Smith College）。但他們兩人很快變成最好的朋友，他們互相吸引的原因，是共同的智識興趣與能力，而且他們很高興發現他倆都喜愛歌劇，這是一種他們的同儕中少有的喜好。在馬丁因為下午的科學實驗課會干擾他的高爾夫球隊練習而放棄化學主修後，他與露絲一起修了好幾堂相同的課。共同修課是馬丁的策略性選擇：不只因為他可以和露絲有更多的時間在一起，也因為他可以在自己翹課時，仰賴她細心的筆記。

成為如此親密的朋友後，一旦露絲與馬丁陷入愛河，他們很快明白他們想要結婚，一起共度人生。與其說一個「啊—哈」的頓悟時刻，他們的感情比較像是穩定的增強樂曲。用馬丁的話說：「我是什麼時候決定露絲和我應該共度餘生是理所當然的？我不知道，但我可以向你保證，比她這麼想要早很多。」馬丁很早就明白，「比起沒有露絲，和露絲在一起，我顯然會過得更好、更快樂。」當他向露絲求婚時——「我想我們當時在車裡，」他回憶說——她用響亮的「好啊！」來回答。[5]一九五四年六月，露絲從康乃爾大學畢業，馬丁就讀哈佛大學法學院的第一年暑假，他們結婚了。數十年後，露絲說：「這是我所做過最好的決定。」[6]

◆

馬丁・金斯伯格介紹露絲・貝德・金斯伯格
女性法律與公共政策協會計畫二十週年
喬治城大學法學院
二〇〇三年九月二十五日

這樣說吧，如你們聽說的，我是學稅法的，當溫蒂・威廉斯與瑪麗・哈爾內特請我用她們覺得適合的長度，談談她們所謂我最喜愛的主題，很自然地，我準備了一段很長的演說，談論最高法院的稅務案件。令人難過的是，溫蒂意外地不賞光，所以，我接下來要花幾分鐘，只談我與露絲閣下的生活。但你們損失大了，我向你們保證，最高法院在稅務上的表現，超級有趣的。

是的，我們很常旅行。我們的旅程，就像我們在哥倫比亞特區的生活，有許多值得紀念的時刻。二〇〇〇年十二月，就在「布希訴高爾案」（Bush v. Gore）剛結束時，露絲和我在紐約市欣賞《求證》（*Proof*）這齣戲。第一幕結束後的中場休息時間，當我們沿著走道往下走到我們的位子，似乎全場的觀眾都開始鼓掌，許多人站起來，露絲開心地微笑。我也笑了，我彎身在她的耳邊大聲說：「我猜妳不知道城市裡有一種稅務律師的傳統。」這時，露絲面不改色，在我的肚子上輕輕揍了一拳。我給你們這個畫面，因為這相當程度捕捉了我們將近五十年的愉快婚姻生活，其間，我正經八百地說了不知多少次的玩笑話，而露絲，只有恨得一點牙癢癢，幾乎每個都不放在心上。

幾年前，哥倫比亞大學前法學院院長與校長麥克・索文（Mike Sovern）談到露絲，說一九七二年時，她是他在哥倫比亞法學院第一位聘任終身教職的人，索文驚訝地說，他認識露絲如此之久，甚至早在他們兩人都還沒沒無聞的時候。我不清楚關於露絲和麥克的敘述是否為真，但確實符合我和露絲的情況。我們是在一九五〇年就讀康乃爾大學大學部時一次盲目約會上相遇的；當時她是新生，我比她大一年。其實，那次只有對露絲來說是盲目約會。我騙她的。我事先請一位同學邀她出來。「喔，她真是可愛，」我敏銳地發現，後來經過幾次晚上約會，我加了一句：「而且，天啊，她真的，真的很聰明。」當然，這兩點我都說對了。

在這中間的五十三年，什麼都沒改變。我會跳過中間那些年，因為你們是老朋友了，而且你們認識我們，而確實，如果你們不全是老朋友，你們可能知道重點，這要感謝我們親愛的女兒珍，她在十年前自願接受了媒體採訪。如果世界上有所謂不知感恩的孩子，她就是了。當時珍教授笑盈盈地宣布，她在一個家務平均分攤的家庭長大：父親負責煮飯，母親負責思考，她這麼解釋。珍的媒體聲明說服我，在誹謗行為中，事實不應該被容許當成一種辯護。

二十年前，在慶祝露絲的五十歲生日時，她在特區聯邦巡迴上訴法院的同仁請很多露絲的親朋好友寫一段「當我想到露絲．貝德．金斯伯格……」的信，做為一本紀念冊的編輯素材。例如，珍貢獻了一篇，寫的是她母親極為特殊的燉肉食譜。那篇內容驚人地準確，也出奇地好笑。露絲從此不被允許進入廚房。這是依據我們孩子的要求，他們是有品味的人。

然而，在我心中，最棒的一封信是阿妮塔．艾斯庫德洛（Anita Escudero）寫的，她是我最棒的祕書，在我還擔任紐約市律師、尚未從事教職前，跟著我們一起工作。我應該要先說明一下，阿妮塔是全世界打字最快的打字員。她年輕的時候，曾經是一位世界級的佛朗明哥舞者；想想看！在任何場合，她寫的是露絲在一九七〇年代提升性別平等的努力，對特別的個人經驗造成的影響，因為她的信寫得比我寫過的都還好太多，我想把它簡短完整地念出來，這封信之前未刊登過，它見證了我的妻子對美國人先於司法的影響：

當我想到露絲．貝德．金斯伯格，我想到「性別的」（sexual）與「性別」（gender）這兩個詞。《性別歧視》（*Gender-Based Discrimination*）是我剛到紐約時，為她打字的一本書。我在紐約只有短短一段時間。我在亞歷桑納州出生，大部分時間住在西班牙與南美洲。我的家人需要錢，我在一間法律事務所的速記與打字部門找到一份工作。有一天早上，露絲・貝德・金斯伯格的丈夫走進來，交給我一份一百頁關於性別歧視、墮胎等等議題的手寫稿。我相當震驚。「女性」（female）和「男性」（male）這兩個字眼一直出現在我眼前。我從來沒有看過或聽過這兩個字，以她使用它們的方式被使用。我甚至沒有想過那些區別。我開始打字。

在接下來的幾個月，這位身著襯衫的律師帶著他一疊黃色紙的手寫稿走進來，裡面寫的都是關於性別歧視的荒謬主題。當時偉大的美國到處都是窮人，我繼續打字。一天早上，這位穿著襯衫的律師宣布，「我的妻子來了。」我心想：「老天，她來了，那個怪人。」這位身高五呎、一百磅的嬌小女士走進來，她穿著一件綠色花俏的短袖襯衫，聲音輕柔，我想：「不可能是同一個女人吧。她不應該看起來長這樣。她應該看起來像喬治・桑才對。雪茄呢？她褲子上的拉鍊呢？」我繼續打字。

後來，我與家人去西班牙的賽維亞（Seville）渡假，我在那裡有個家。我們受邀參加一場大型的雞尾酒會，屋子裡擠滿了男人和女人。阿妮塔和她的丈夫一起走進去。主人介紹他說：「這位是丹・馬利歐・艾斯庫德洛（Don Mario Escudero）。」丹・馬利歐回說：「這是我的女人。」我挺起胸來說：「我不是你的女人，我是一個人！我的名字是阿妮塔・羅西・拉莫斯・莫斯提羅・艾斯庫德洛（Anita L'Oise Ramos Mosteiro de Escudero）！」這時，房間後面傳來主人八十歲祖母的聲音說：「美國萬歲！」我透過打字轉性了。

是的，不論是透過打字、閱讀、聆聽，（或是）辯論，露絲於一九七〇年代身為教師與訴訟律師的工作，改變了很多人，包括如我們所知的，最多的大眾、最高法院的多數。如果露絲在一九八〇年、她四十七歲時，選擇退休回家過看電視、吃夾心軟糖的生活，她仍然可以在二十世紀的歷史上享有一個重要的位置，雖然有那些夾心軟糖，會是相當「肥胖」的地方。

當然，她沒有退休或變胖。她繼續做更好的工作。她在特區聯邦巡迴上訴法院服務十三年，舉個例子來說，她代表

露絲與馬丁參加一場盛會時相擁。

美國「州際商業委員會」（ICC, Interstate Commerce Commission）制定的收費規則，永遠不會被遺忘。過去十年更重要的工作，是她在最高法院代表每個人的努力，每個人，除了州際商業委員會，或很早以前過世的人。畢竟，我們慶祝這個夜晚的一項偉大成就，誕生自聰明才智、慎思明辨、古道熱腸、努力不懈，以及美滿的婚姻，這正是我在五十三年前第二次約會後所期待的。下一個十年，帶著一點好運，我確定情況會更好。

我向各位介紹露絲・金斯伯格閣下。

露絲與馬丁的訂婚派對於1953年12月27日，在紐約市的廣場飯店（Plaza Hotel）波斯廳舉行，這張照片攝於隔天，在馬丁家中。

5. 歌劇中的法律與律師

露絲．金斯伯格對音樂，尤其是對歌劇的喜愛，從她年輕時就開始了，她和馬丁與後來的安東尼．斯卡利亞（Antonin Scalia）大法官，有共同嗜好，後者尤其有名。露絲在由墨菲（Murphy）小姐指揮的小學管絃樂團中演奏鋼琴。「管絃樂團裡的其他人更有才華，」她說：「但我也很努力。」[1]她搭地鐵從布魯克林的家，到鋼琴老師位於曼哈頓西七十三街的教室上課。露絲的母親與阿姨康爾奈莉亞（Cornelia）經常帶露絲和她的表兄妹們去布魯克林學院（Brooklyn Academy）觀賞為兒童演出的週六下午場，去紐約市藝文中心（New York City Center）看芭蕾與歌劇，以及由指揮迪恩．狄克森（Dean Dixon）指揮的管絃樂團為兒童演出與敘述、適合兒童長度的歌劇。露絲觀賞的第一齣歌劇是迪恩．狄克森的兒童版《喬康達》（*La Gioconda*），她對當中的歌聲與角色深深著迷：兩位互為情敵的美女、卑鄙的邪惡間諜、遭背叛而一心報復的丈夫、眼盲而虔誠的母親，還有偽裝成英俊海軍上校的一位貴族。

金斯伯格大法官經常說，如果她可以選擇任何職業，她很想當一名歌唱家，但她的天份

2011年5月25日，大法官金斯伯格與歌劇演唱家多明哥前往接受哈佛大學榮譽學位，多明哥為她獻唱。

不夠。雖然她必須「穩重」，以符合眼前身為最高法院大法官的角色，她仍然得到三次登台機會，在華盛頓國家劇院（Washington National Opera）以「臨時演員」的角色客串。她初次登台是在一九九四年，與斯卡利亞大法官一起在理查．史特勞斯的《納克索島的阿麗亞德妮》（*Ariandne auf Naxos*）作品中客串，以及二〇〇九年該歌劇再次上演時。二〇〇三年她在約翰．史特勞斯的《蝙蝠》（*Die Fledermaus*）中登台，這次是與安東尼．甘迺迪（Anthony Kennedy）和史蒂芬．布雷耶（Stephen Breyer）大法官一起：這三位身穿黑袍的大法官出現在劇中歐羅夫斯基王子（Prince Orlofsky）的舞會，以特別來賓客串，這時，普拉西多．多明哥

（Plácido Domingo）為他們演唱。二〇一一年，金斯伯格大法官前往哈佛大學接受榮譽學位，同為受獎者的多明哥為她獻唱，作為學位授予典禮的一部分，可以想像當時她有多麼開心。

在下面這篇評論裡，金斯伯格大法官反思在不同的歌劇中，法律與律師被描繪成的樣貌。

◆

歌劇裡的法律與律師

為WFMT廣播電台發表的評論*

伊利諾州芝加哥

二〇一五年九月二十一日

說真的，在歌劇的故事情節中，律師的形象並不高尚。他們最常出現的形象，是認證文件的公證員，主要是婚姻合約，而且在劇中沒幾個音可唱。歌劇《蝙蝠》與《波吉和貝絲》（*Porgy and Bess*）裡，是有一些律師的角色。《蝙蝠》裡的律師布林德博士（Dr. Blind）如此地沒效率，倒為他的客戶艾森史坦（Eisentein）拿到額外多幾天的牢獄生涯。而《波吉和貝絲》裡的律師報價給貝絲的離婚訴訟費原本是一元，後來當貝絲告訴他，她之前從來沒有真的結婚過，費用便增加到一·五元。

「執法」在許多歌劇情節中，確實相當重要。監獄是詠嘆調和二重唱喜愛的場景，而且有時候還唱滿久的。經常看歌劇的觀眾立刻會想到《費德里奧》（*Fedelio*）、《遊唱詩人》（*Trovatore*）、《唐・卡洛》（*Don Carlos*）、《浮士德》（*Faust*）、《托斯卡》（*Tosca*）、《聖衣會修女對話錄》（*Dialogues of the Carmelites*）、最近的《越過死亡線》（*Dead Man Walking*），以及其他二十幾部作品。

比才在《卡門》裡的執法行動，則是用比較輕鬆的方式。那是一道監禁令，還不是禁監刑期，而且描繪了一場不尋常的認罪協商。在第一幕裡，卡門在塞維爾的一間菸廠攻擊一位女工，這位女工因此受傷。為了懲罰卡門的違規行為，騎兵隊隊長命令唐・荷塞（Don José）這位不幸的男高音，押送卡門進監牢。途中，卡門提出了一個交易。她說，如果唐・荷塞讓她逃跑，她將在她的朋友莉拉斯・帕斯提亞（Lillas Pastia）經營的一家酒店，為他唱歌跳舞。隨著歌劇的進行，卡門得到了她想要的男人，之後還繼續讓他墮落，走入歧途。

「契約」在歌劇的劇情中很重要。華格納《指環》劇目中的「狂飆突進運動」（sturm und drang）便是因為違反一紙合約：眾神之王沃坦（Wotan）企圖違反承諾，拒絕巨人法夫納

---

* 金斯伯格大法官在數年間對不同的聽眾針對這個主題發表了數種版本的演說。在這次廣播中，她由幾位芝加哥里約克歌劇院萊恩中心（Chicago Lyric Opera's Ryan Center）的年輕歌手陪伴，一起上廣播，他們曾演出幾場戲。我們刪節了特別提到萊恩中心歌手的段落，並編輯這段評論至適當長度，以確保它們在當初發表特殊情境之外的清晰易懂。

（Fafner）與法索爾特（Fasolt）完成建造眾神之家瓦爾哈拉宮殿（Valhalla）後，應該給予的報償。幾年前，《指環》中關於合約的核心價值，真的送到家裡給我了：在一位法律助理的應徵者送交的應徵資料中，包含了一篇名為〈合約的重要性，以華格納的《指環》劇目為例〉的散文寫作範例。有什麼更能具體描繪法律格言「條約必須遵守」（pacta sunt servanda）的呢？我當場聘用了那位法律助理申請人。

大型歌劇裡的審判和死因調查比比皆是。舉幾個例：法國革命法庭譴責一位詩人安德烈．謝尼埃（Andrea Chenier）；在《阿伊達》裡，埃及偉大普塔神（Phtah）的大祭司譴責埃及軍官拉德美斯（Radames）叛國；在《諾爾瑪》（*Norma*）裡，一群異教徒默默讓烈火燒死女祭司，因為她背叛了貞潔的誓言。

一個甲板上的軍事法庭出現在班傑明．布瑞頓（Benjamin Britten）的《比利．巴德》（*Billy Budd*）中。這齣戲的背景是這樣的：比利是個長相俊美，為人和善的青年。他不斷被糾察長約翰．克拉蓋特（John Claggert）告發，克拉蓋特是故事中邪惡的典型，他誣指比利是一場計畫暴動的首謀。比利不善言詞，激動起來便支支吾吾，無法用言語回應這項指控。他出拳打了克拉蓋特，而這一拳竟把他打死了。由船長維爾（Vere）召集的臨時軍事法庭認為比利有罪，將他判處死刑，而且在隔天早上的甲板上行刑。維爾船長無奈接受了軍事法庭的判決結果。

但首先，讓我告訴你維爾船長的原型。這齣歌劇改編自《比利．巴德》這部中篇小說，其作者赫曼．梅爾維爾（Herman Melville）的岳父盧謬爾．蕭（Lemuel Shaw）是一位廢死主義者，也是麻州的一位法官，根據他就職時的宣誓，必須執行《逃亡奴隸法》（*Fugitive Slave Law*），貫徹憲法中的逃亡奴隸條款。維爾船長遇到相同的命令衝突。他知道比利是個好人，而克拉蓋特既邪惡，又不值得信任，但是法律需要對一名犯下攻擊上級之罪的水手判刑。維爾船長對於這道有罪宣判感到痛苦，這是一個人的法律與神聖司法之間的典型衝突。

傑克・海濟（Jake Heggie）的《越過死亡線》描繪的是一個因謀殺而被定罪的人。不像比利・巴德，這位受詛咒的人喬瑟夫・德洛奇（Joseph DeRocher）確實做了一件壞事。然而，他的母親以一首詠嘆調問了這個問題：殺了他又如何？接下來是一些現代的情境。

二〇一五年六月二十九日，最高法院二〇一四至一五年會期最後一次意見宣告日，最高法院贊成死亡注射，如目前複合與施行的，作為執行死刑的一種被允許的方式。投票結果為五比四。我加入了布雷耶大法官撰寫的個別不同意見書，討論一個更根本的問題：死刑，不論採用何種方式，本身即不合憲。一九七六年，在四年的間隔後，最高法院允許各州恢復死刑，從當時到現在，這些經驗顯示了什麼？布雷耶大法官列出了四點考量。

第一，可靠性或正確性。一九七六年後，有超過一百人被判處死刑（而且被處死）、但後來被證明完全無罪的，當中有些案例甚至是在死刑執行後多年改判的。

第二，隨機性。研究顯示，不應影響死刑執行的因素，卻經常造成影響；這些因素中最主要的，是種族與地域。

第三，時間問題。平均執行死刑的時間，是在當事人被宣判死刑後大約八年。延遲這麼久的部分原因，是給予被判死刑的囚犯申請上訴的多種機會。延遲因此被視為一種自己造成的傷害。然而，等待期間的生活條件可能是很殘酷的，尤其若等待時間是獨自關在牢房。延遲的另一個選項是什麼？二〇一四年，一名死囚在列入死亡清單三十年後，因為DNA證據，被宣告無罪。若他的死刑很快執行，或者在十年，甚至二十年後執行，他還是無法活到知道自己無罪。

第四，也許是因為前三個考量，死刑的發生率突然減少。十九個州已經廢除死刑了，包括最近的內布拉斯加州透過不計名的公民投票方式做出決定。二〇一四年，只有七個州執行死刑。四十三州沒有執行死刑。而且，死刑大多局限於一些小的、而且人口萎縮的幾個郡。

最後，布雷耶大法官冗長討論的考量，也許可以帶我們回到一九七二至七六年，在那四年裡，美國沒有執行半個死刑。

什麼時候法律必須嚴格解釋？什麼時候應該要有一些彈性，有援用常識的空間？在最高法院二〇一四至一五年的會期裡，就字面上或針對性的解讀法律條文之二元論，在一些對決的意見上非常明顯，就像不同的歌劇場景一樣。雖然它們是輕歌劇，不是大型歌劇，沒有其他團體組合能比得上吉伯特（Gilbert）與蘇利文（Sullivan）處理法律與律師的題材更諷刺了。法律條文的嚴格或合理結構之間的分野，《潘贊斯的海盜》（*The Pirates of Penzance*）提供了一個最恰當的例子。

這齣輕歌劇的主人翁菲德烈克（Frederic）小時候在父親的指示下，要去學當飛行員（pilot）。然而，菲德烈克的保姆露絲（Ruth）有點重聽，所以她讓他學當海盜（pirate），而不是發音和它近似的飛行員。根據學徒契約，菲德烈克要當海盜到二十一歲生日。當他二十一歲時，他從海盜團被釋放出來，立刻採取行動，和他相當於今日海軍少將的岳父聯合起來，計畫消滅之前的夥伴。

然而，海盜王和那位重聽的保姆露絲，前去拜訪菲德烈克，而露絲現在已經是「實際上全包的女僕」。他們知道菲德烈克喜歡聽笑話，特地來告訴他一個「最可笑的詭辯」。原來菲德烈克生於閏年的二月二十九日，若以嚴格的角度解釋他的契約內容，菲德烈克會變成一個五歲多的小孩。但針對性的解釋，會計算他的實際年齡，宣判他免除繼續當海盜的責任。

結局是歡樂的。原來這些海盜是脫離的貴族。他們返回了先前在上議院的官職，尤其是海盜、警察與其他在舞台上的每個人最後都團結一起，向女王表示忠誠。

在作曲兼歌劇劇本家德瑞克．王（Derrick Wang）的一齣新歌劇《斯卡利亞／金斯伯格》（*Scalia/Ginsburg*）中，有類似的和解劇情。（劇本摘錄見第一部第七節）這是一齣喜歌劇，於二〇一五年七月十一日在維吉尼亞州卡斯爾頓（Castleton）的一場節慶中首演。作曲兼歌劇劇本家王寫了一段斯卡利亞大法官與我的二重唱，曲名是：〈我們不同，我們一體〉（We Are Different. We Are One.）。我們對重大議題的意見不同，但對我們所侍奉的體制之尊重是一致的。我們不在意某些辛辣意見的用詞，我們真正尊重彼此，喜歡彼此。那種同事和諧讓我們可以順利完成最高法院執行《憲法》與國會指派給我們的、總是充滿挑戰的工作，而且不帶任何損傷現今政府各組織部門運作的敵意。

6.
悼念斯卡利亞大法官

二〇一六年二月十三日，金斯伯格大法官往來密切的好朋友「尼諾」（Nino）無預警地突然過世，她在他的告別式上發表了下面的感言。雖然他們兩人在性情、司法觀點、政治理念上都非常不同，但他們培養出一種親切的友誼，這段友誼從一九八〇年代，他們一起擔任華盛頓特區巡迴上訴法院法官時就開始了。如斯卡利亞大法官於二〇〇七年一次專訪中告訴我們的：「我們兩個人在中心思想上相當歧異，但我們尊敬彼此的個性與能力。每年除夕夜，我不和其他人一起過的。」[1]

斯卡利亞大法官有一項天份，是能讓較嚴肅的金斯伯格大法官笑出來，而當他親眼見到她的眼淚時，特別震驚。他說：「很多人以為她是一個壞脾氣的人，她不是。她是個極溫柔的人。她真的是非常親切的人。讓我告訴你她有多細心溫柔。有一年我們一起出差到印度，其中一個行程是前往阿格拉（Agra）參觀泰姬瑪哈陵，那裡有一個入口，是你第一眼見到泰姬瑪哈陵的地方，你們知道它的故事，這位仁兄為他往生的妻子蓋了這幢建築。當我們到的時候，她站在那裡，那個入口——眼淚順著她的臉頰流下來。那種激動。我的意思是，我太驚訝了。」[2]

◆

悼念一位可貴的同事
安東尼・斯卡利亞大法官追思禮拜致辭*
華盛頓特區五月花飯店
二〇一六年三月一日

約翰・史特蘭德（John Strand）的戲劇《原典主義者》（*The Originalist*）開頭引用了兩段話：

1.「固定意義的準則：言詞必須被賦予它們在（法律）文字被採用時具有的意義。」
2.「在所有情境中，沒有一個字詞傳達到大腦時，只有一種確定的概念……這是人類語言的特性。」[3]

---

* 這段致詞經過編輯與更新，納入金斯伯格大法官後來致斯卡利亞大法官的悼文中的其他想法與回憶。

第一段引言來自安東尼・斯卡利亞與布萊恩・A・加爾納（Bryan A. Garner）合著的《閱讀法律：法律文本的解釋》（*Reading Law: The Interpretation of Legal Texts*）.，[4]第二段來自首席大法官約翰・馬歇爾（John Marshall）。[5]斯卡利亞大法官無疑會支持他與加爾納共同著作的文字。而我的觀點則與這位偉大的首席大法官一致，而且我相信斯卡利亞大法官也會同意馬歇爾的話有道理。關於斯卡利亞大法官極具啟發性的法學內涵，我留給其他人討論，而我在這裡，只談我們從一起在特區巡迴上訴法院服務，到將近二十三年身為美國最高法院九位大法官中的兩位，這段歷久不衰的友誼。

在我對斯卡利亞大法官的許多美好回憶裡，其中之一是一九九六年六月的一個早晨。當時我正要離開最高法院，去喬治湖（Lake George）參加第二巡迴法院的司法會議。斯卡利亞大法官走進來，手上拿著一份意見書草稿。他在我桌上翻了很多頁，然後說：「露絲，這是我對『美國訴維吉尼亞州案』（United States v. Virginia）不同意見書的倒數第二個草稿。這還沒有成形到可以上傳到最高法院，但是這一年會期快結束了，我想要給妳盡量多一點的時間答辯。」

在飛往奧本尼（Albany）的飛機上，我讀了這份不同意見書。內容妙語如珠，屬於「這隻狼正以狼形現身」*的類型。我得兼顧大處與細節。在一些令人不快的註解中，有：「最高法院指出『維吉尼亞州立大學夏洛茲維爾分校』（the University of Virginai at Charlottesviell）。但是事實上沒有『維吉尼亞州立大學夏洛茲維爾分校』，只有『維吉尼亞州立大學』。」我花了整個週末思考恰當的回應，但我還是很高興多了幾天能調整最高法院的意見書。我最後的完稿更具說服力，得感謝斯卡利亞大法官嚴厲的批評。確實，每當我為最高法院撰寫意見書，然後收到一篇斯卡利亞的不同意見書，最後公開的主要意見書，都是我最初傳閱的改進版。斯卡利亞大法官專注在弱點，給予我強化最高法院判決所需的激勵。

另一段難忘的回憶，是二〇〇〇年十二月十二日，最高法院判決「布希訴高爾案」那一天，當時我在我的議事室裡，因為馬拉松式的程序而筋疲力盡：星期六同意審理，星期天準備簡報，星期一言詞辯論，星期二意見總結與發布。不意外地，斯卡利亞大法官與我站在不同邊。他毫不懷疑最高法院做了正確的事。我不同意，而且在不同意見書中解釋原因。晚上九點多，我的專線電話響了。是斯卡利亞大法官。他沒有說「過去的讓它過去」。他反而問：「露絲，妳怎麼還在法院裡？回家泡個熱水澡吧。」這是個建議，我立刻遵從了。

我最愛的斯卡利亞故事，是柯林頓總統審慎思考他的第一位最高法院大法官提名人選時，斯卡利亞被問到一個問題，大致是：「如果你與你最高法院的新同事被困在一個沙漠島嶼，你比較想和誰在一起？賴瑞．特萊伯（Larry Tribe）還是馬利歐．古莫（Mario Cuomo）？」斯卡利亞明快地回答：「露絲．貝德．金斯伯格。」幾天後，總統提名了我。

*【譯註】這句話出自一九八八年「莫里森訴奧爾森案」（Morrison v. Olson）的判決書，見https://caselaw.findlaw.com/us-supreme-court/487/654.html。

斯卡利亞大法官的多種天份之一是，他是一個很有眼光的採購者。一九九四年，我們一起前往印度阿格拉，與印度的最高法院成員交換司法意見，我們的司機載我們去他朋友的一間地毯鋪。一匹一匹的地毯被抽出來放在地板上，我實在無從選起。斯卡利亞大法官指著一匹地毯，說他的太太莫琳（Maureen）可能會喜歡把它鋪在他們北卡羅萊納州海邊的房子裡。我跟著選了同樣的圖案，但不同顏色。結果它鋪起來真的非常好看。

我也記得我黑暗的一天，一九九九年夏天，我長年大腸癌的初期，躺在希臘克里特島最大城伊拉克利翁（Heraklion）的一間醫院裡。是什麼把我帶到克里特島？斯卡利亞大法官建議我跟著他，去擔任杜蘭大學法學院在當地開設的夏季課程教師。我在醫院裡接到的第一通外線電話，就是斯卡利亞大法官打來的。「露絲，」他說：「我負責妳在克里特島的生活，所以妳一定要好起來。有什麼事我可以幫忙的嗎？」

曾有人問到，我們兩個在很多事情上意見相左，怎麼可以當好朋友？斯卡利亞大法官說：「我攻擊的是概念。我不攻擊人。有些很好的人，他們的概念很差。如果你無法區分兩者，你最好去找另一份白天的工作。你不會想當法官。至少不是一個由多位成員組成合議庭的法官。」有一個重要的例子是，從他到最高法院的第一天，斯卡利亞大法官就很喜歡布倫南（Brennan）大法官*，受他的吸引。

我將會懷念斯卡利亞大法官引發的挑戰與笑聲，他尖銳的、特別值得引用的意見，如此鮮明地闡釋，以至於他的言詞從來不會讓讀者忘懷；我也會懷念他在我生日時送我的玫瑰花，以及能再次與他在歌劇表演登台、擔任跑龍套小角色的機會。

在他寫給喜歌劇《斯卡利亞／金斯伯格》劇本的前言裡，斯卡利亞大法官將二〇〇九年在英國大使館宅邸歌劇晚會的那一晚，形容為他在華盛頓特區的人生巔峰，當時他與兩位華盛頓國家歌劇團的男高音一起，唱了一首集成曲。他稱之為著名三大男高音的演出。他確實是一位優秀的表演者。我何其有幸，能有這樣一位如此聰明絕頂、開朗而機智的同事兼好友。用一首男高音斯卡利亞與女高音金斯伯格的詠嘆調歌詞裡說的，我們不同，沒錯，我們對書寫文本的解釋不一樣，但是我們對最高法院及其在美國政治體系中的位置之敬重，是一體的。

*【譯註】布倫南大法官（William Joseph Brennan, Jr., 1906~1997），以自由思想、進步主義聞名，反對死刑、支持女性墮胎權。

1994年斯卡利亞大法官與金斯伯格大法官到印度出差時，在拉賈斯坦（Rajasthan）的一頭大象上留影。

金斯伯格大法官（左邊穿白色洋裝、手持扇子者）與斯卡利亞大法官（中間穿深色外套、頭戴假髮者）在理查·史特勞斯的歌劇《納克索島的阿麗亞德妮》演出過程中合影。1994年1月7日華盛頓國家歌劇團於華盛頓特區甘迺迪中心的首演夜晚，兩位大法官以臨時演員身份登台。

7. 斯卡利亞／金斯伯格歌劇

當德瑞克．王的喜歌劇《斯卡利亞／金斯伯格》在《哥倫比亞法律與藝術期刊》（*Columbia Journal of Law and the Arts*）重印時，收錄了這兩位大法官撰寫的前言。下面是這兩篇前言，以及歌劇本身的節錄。*

* 本書稍後第五部分，金斯伯格大法官對於司法哲學與同僚情誼價值的討論，也反應在《斯卡利亞／金斯伯格》歌劇中。

◆

《斯卡利亞／金斯伯格》

一齣與歌劇相當的（輕鬆）滑稽仿作

一齣單幕美國喜歌劇
作曲兼歌劇劇本：德瑞克．王
靈感來源：美國最高法院大法官露絲．貝德．金斯伯格與安東尼．斯卡利亞與歌劇前輩韓德爾、莫札特、威爾第、比才、蘇利文、浦契尼、史特勞斯等人*

◆

前言Ⅰ／露絲．貝德．金斯伯格大法官

《斯卡利亞／金斯伯格》對我而言，是美夢成真。如果我可以選擇最想擁有的才能，那會是一口美妙的嗓音。我將會成為一名偉大的女歌手，也許像是雷納塔．提芭蒂（Renata Tebaldi），或貝佛利．希爾斯（Beverly Sills），或者，女中音領域的瑪莉琳．荷恩（Marilyn

Horne）。但是我的小學音樂老師直接把我歸類為麻雀，而不是知更鳥類型。我被告知要把字念出來，而不是把它們唱出來。即使如此，我成長過程中對歌劇的熱情有增無減，雖然我只在沖澡時或睡夢中才會唱歌。

有一天，一位名為德瑞克．王的年輕作曲家兼歌劇劇作家與鋼琴家來找我和斯卡利亞大法官，向我們請教一件事。王在馬里蘭大學法學院研讀憲法時，想到一個歌劇的故事。他想到，斯卡利亞與金斯伯格兩位大法官對憲法的解釋，也許能用歌曲描繪出來。王想要試著「寫寫看」。他寫了一齣喜歌劇，在最後的詠嘆調傳達了一個重要的訊息：「我們不同，我們一體。」——對於《憲法》、美國司法，以及我們所服務的最高法院之崇敬，我們是一體的。

王問我們，是否可以聽一聽這齣歌劇中的一些段落，然後告訴他，我們認為他的作品是否值得繼續完成和演出？各位讀者，當你翻閱這齣歌劇劇本，查看許多王註解的資料來源，想像一下我成為一位令人目眩神馳的女歌唱家，我想你會明白為什麼回答王的問題時，我立刻說：「是的。」

＊ 整齣歌劇內容見《哥倫比亞法律與藝術期刊》第二三七期，頁三八（二〇一五年冬季號）。這齣歌劇的世界首演是二〇一五年七月十一日在維吉尼亞州卡斯爾頓的一個節慶上。本書中的節錄經作者同意。關於這齣歌劇或任何部分的授權或演出，請聯絡：info@derrickwang.com。（單幕歌劇《斯卡利亞／金斯伯格》。音樂與作詞人德瑞克．王。版權所有©2012-2017 Derrick Wang）

前言II／安東尼・斯卡利亞大法官

當金斯伯格大法官確信她身為最高法院大法官時，已經到達她人生的高點、已經人盡其材，可惜啊，我還喃喃地懷疑，也許我還很有競爭性——可以搶當個男歌手，或者隨便什麼其他男演唱家。我的父親有一副男高音的好嗓子，他在伊士曼音樂學院（Eastman School of Music）受訓練。我在喬治城合唱團（Georgetown Glee Club）裡唱歌（該合唱團是由《華盛頓郵報》的樂評保羅・休姆〔Paul Hume〕擔任指揮，杜魯門總統還曾經因為休姆對她女兒瑪格麗特演唱表現的評論，親筆致函感謝）。我人生有一大部分時期，都在唱詩班和合唱團唱歌，甚至包括我在特區巡迴上訴法院的那段時間。而我原本平淡的司法人生，在英國大使官邸舉行的歌劇舞會後的那個夜晚，達到生涯高峰；在那場歌劇舞會上，我加入兩位華盛頓歌劇團的男高音，跟著鋼琴演唱多首歌曲——完成了著名的三大男高音演出。

然而，我想，期待《斯卡利亞／金斯伯格》的作者讓我演出（演唱）我自己，這個期望可能太高了——尤其如果露絲婉拒演出（演唱）她自己。即使如此，這可能會是一部好戲。

◆歌劇節錄

歌劇劇本

時間：現在
場景：美國最高法院某處的一間法官議事室。現場有一尊雕像。

1. 開場（管絃樂團）

2. 詠嘆調：〈大法官瞎了眼！〉（斯卡利亞）
憤怒的詠嘆調，仿韓德爾等人：強而有力的（非閹伶）

開場鬧鈴。[1]斯卡利亞大法官進場，身著代表權力的套裝，韓德爾式的怒氣沖沖。

斯卡利亞：

這個法院如此善變[2]——

彷彿它從來，從來不認識法律！[3]

（憤怒的詠嘆調）[4]

大法官們瞎了眼！

他們怎麼可能滔滔不絕地說這個——？

《憲法》絕對沒有說這些，[5]

他們莊嚴載入的這項權利[6]——

文獻上什麼時候說了這個？

制憲者撰寫與簽名的那些歷久彌新的[7]文字，

沒有這些；

《憲法》絕對沒有說這些！

（肅然起敬的）

我們都很明白制憲者確實說了什麼，

而且（伴隨特定的修正條文）他們的文字會留存，[8]

而且我們開國元勳的文字限制我們，
因為我們沒有被選上，[9]
而因此，當我們解釋它們，
會被期待要嚴苛。[10]

（困惑的）
喔，露絲，妳會閱讀嗎？妳注意到文本，
但妳如此驕傲，未能讀出它真正的意義，[11]
從來沒有如此少的
權利，變成如此眾多——
妳所理解的，
幾乎是幽默可笑的！[12]
（情緒愈來愈高漲）
喔，很好；喔，很好；喔，很好；喔，很好：
妳是我必須反抗的理由！[13]

（詠嘆調反始，帶些花腔）
雖然你們全部同一陣線，
決定公然藐視它，
《憲法》絕對沒有說這個——
所以，雖然你們已經聯合，
你們最好不要懷疑這一點：
既然我還沒退休，[14]
我會繼續大喊：[15]
「《憲法》絕對沒有說這個！」
……

4. 場景：「啊，你在這裡，尼諾」……

突然，門猛然開啟，金斯伯格大法官穿著優雅的套裝，進入議事室。[16]

金斯伯格：

啊，是的，「可怕的花椰菜」。[17]
這個，在我看來，情況在法律上是有疑問的：

你在一個尷尬的位置。
那麼，再一次，若你縱觀整個情勢，
這不是不可想像的惡，[18]
若你可以有一點點彈性——

斯卡利亞：
「彈性！」
像法官們總是要求的不斷讓步。
「彈性！」
如此會變成：這是你們要擴大的一部《憲法》。[19]
「彈性！」
只是「自由派」的另一個說法，[20]
永遠都是「自由派」……
多麼愚蠢！多麼愚蠢！[21]

5. 小二重唱〈永遠「自由派」〉（斯卡利亞、金斯伯格）
威爾第——莫札特混搭。節奏：急板！[22]

斯卡利亞（繼續）：
永遠「自由派」，[23]這些法官：
他們如何從一個裁決飛快地移動到另一個裁決……

金斯伯格：
現在，等一下，尼諾，[24]
根據我們所知道的，
不只有「自由派」值得你的抱怨。
（小聲說）
（他不像是個
節制方面的聖人。[25]）

斯卡利亞：
他們的司法能動主義[26]如何輕推
我們，超越文本的界線……

金斯伯格：

這個最高法院在「謝爾比郡案」（Shelby）[27]裡
大可被稱作「積極主義者」[28]
國會行使執權的權威是最高的[29]——
然而國會失去了正確判斷
的戰役。[30]

斯卡利亞：
隨著他們好高騖遠的[31]責難
以及他們的個人見解……[32]

金斯伯格：
但反對歧視
不是好高騖遠——

斯卡利亞：
這件事，根據妳的鼓吹，[33]
應被適當地根除？[34]

金斯伯格：
是的，經由適當的立法
執行禁令——

斯卡利亞：
除非我們遇到一種情況
例如依據種族的入學方式！[35]
根據妳的想法，[36]
一位大學申請者
他的命運可能被他的膚色決定，
但這是否是一種罪
端看誰來插手。[37]
若是由國家扮演這個角色
不就不算歧視了嗎？[38]

金斯伯格：

但那只是一個因素，
一個因素的一個因素，
一個「一個因素的一個因素的一個因素的一個因素」。[39]
而人們需要保護
免於種族的種姓制度形式的階級歧視[40]
所導致的惡意感染，[41]
這件事看起來會持續，
除非我們很快將它終結。

而說我們的未來將
突然變得「種族中立」
就像一隻駝鳥將牠的頭埋進沙子裡——
因為牠無法忍受
目睹什麼正在荼毒大地。[42]

斯卡利亞：
我同意這很重要，

讓每個被誤解的個人成為整體，
然而，強行賦予權利資格
只會導致更多的傷害。[43]

金斯伯格：
多麼驕傲自大！多麼驕傲自大！[44]

6. 詠嘆調與變奏：〈您正徒勞無功地尋找（一個明線〔bright-line〕規則）〉（金斯伯格）

仿威爾第等人

金斯伯格（繼續）：
我得告訴您多少次，
親愛的斯卡利亞大法官：
您可以免除我們如此的痛苦，
只要您享受
這個想法……
（然後您可以放鬆您僵硬的身段。）[45]

（仿威爾第）[46]
您正為一個不容易解決的問題，
徒勞無功地尋找一個明線規則——
但我們的《憲法》很美的一點是，
和我們的社會一樣，它是可以演化的。

因為我們的開國元勳，當然，都是有遠見的偉人，
但是他們的文化受限於他們所能及之處，
所以，對我們而言，我相信，他們遺贈給我們
允許某些意義開花結果的決定——
（聲音誇飾）
——而且茁壯成長。[47]

（一段簡短的裝飾樂段，從爵士樂中的擬聲唱法獨唱，進展到爵士華爾滋）[48]
讓它們成長……
因為那個時代這塊土地的法律是根基於
正義只對少數人正義的概念，[49]

然而，我們開國元勳的假設是全然無先例可循的，
所以我們必須進一步審視它。

所以，我們將解放我們曾經俘虜的人，[50]
他們值得的人生，不是身為奴隸或妻子。[51]
如果我們不願意如此適應時代變遷，
您能坦誠地說，我們現在過的是更好的[52]日子嗎？

（一段簡短的裝飾樂段，進入一首流行樂福音民謠）
而我們無法等待緩慢的立法
以趕上我們已經在過的生活；
我們有權利，而他們需要保護，
而我們必須謹記，我們是否想要成功：

雖然我們不畏懼原諒，
我們必不能停下撥亂反正的使命——
直到我們人民和我們的《憲法》，居住在[53]

一個國家，一個地方，
不論其地位或種族，
是一個我們所有人真正所屬的國家！[54]

（仿威爾第）
所以，直到每個人都被公平對待，
遠超過開國元勳最初所見，
讓我們的過去和我們的現在，只是
一個被彈性的法律照亮的未來之前篇！

……

（三種風格的急奏：歌劇、爵士與流行音樂）
法律，法律，法律，法律！

……

13. 宣敘部：〈我要求靜默〉（評論員）
……一陣令人不安的長靜默。接著：

評論員：
（尷尬的靜默）
我要求靜默：
現在打破了。
斯卡利亞大法官，
你已經說了：
你救贖的寶貴機會已經消失了：
（突然令人恐怖）
你的命運已經註定了——
你必須被流放！
……

這，
這是你的命運——
除非你公開宣布放棄你的原典主義教義。
為了得到解放，你只需做這一件事。
現在，斯卡利亞大法官，

現在，你要說什麼？

14. 詠嘆調：〈結構是命運〉（斯卡利亞）

……

斯卡利亞（繼續）：

我拒絕你的協議。

……

15. 場景：〈那樣行不通〉（金斯伯格、評論者、斯卡利亞）

……

金斯伯格：

把我和他一起流放，

因為我也說了話。

斯卡利亞：

露絲，不要因我悲慘的命運
而困住妳自己……

露絲，現在就離開，拯救妳自己，
在太遲之前……

評論者：

但是妳的立場是什麼？
金斯伯格大法官，
合理化妳的要求；
解釋這個特別的選擇。

金斯伯格：

我們一起為司法服務，
而這意味我們可以用同一個聲音說話。[55]
而在此，我選擇加入他。[56]

斯卡利亞：
露絲，妳確定這樣有效果嗎？

金斯伯格：
（對評論者，談斯卡利亞）
他說話，
所以我說話，
你可能認為我的言論——有建設性。
所以把我和他一起流放，
因為我也說話。

評論者：
但是，為什麼妳要為妳的敵人這麼做？

金斯伯格、斯卡利亞：
敵人？

金斯伯格：
幾乎不是。

斯卡利亞：
單純喝采！[57]

金斯伯格：
我不會。
但我會為我的朋友這麼做。[58]

評論者：
朋友？
但你們兩個如此……不同！

斯卡利亞、金斯伯格：
沒錯：

16. 二重唱：〈我們不同。我們一體。〉（斯卡利亞、金斯伯格）

斯卡利亞、金斯伯格（繼續）：

我們不同。
我們一體。
美國的矛盾——

斯卡利亞：

我們讚美緊張關係：[59]

斯卡利亞、金斯伯格：

分別的線縷在摩擦中結合
以護衛我們國家的核心。
這個，我們國家的力量，
因而是我們最高法院的設計：
我們是親人，
我們有九位。[60]

斯卡利亞：

為定義而努力，[61]

金斯伯格：

去質疑與參與，

斯卡利亞：

讓我們為我們的傳統代言[62]——

金斯伯格：

或者談論未來的時代。[63]

斯卡利亞：

這件事，責任在我們身上……

金斯伯格：

這件事，自由……

斯卡利亞、金斯伯格：

……去判決我們的線縷如何紡成線：

這使我們不同：

斯卡利亞：

我們一體……

金斯伯格：

我們是從明日的資料來源，鍛造成一個判決……

斯卡利亞：

從潮流的改變形成判決……[64]

斯卡利亞、金斯伯格：

永遠從我們將帶領的路線規畫，做出一個判決……[65]

因為我們的未來

並不清晰，

但有一件事是不變的——
我們尊敬的《憲法》。[66]
我們是這份信賴的執事者，[67]
我們維護它，如我們所必須，
因為我們在最高法院的工作才要開始……

這是為什麼我們將見到司法伸張：
我們不同；
我們一體。

8. 最高法院生活的輕鬆面

歌劇當然不是金斯伯格大法官與其他大法官同仁友誼的唯一基礎。金斯伯格大法官經常發表下面這類演講題目，分享最高法院生活的輕鬆面，並且強調這輕鬆的一面有助於增進大法官的融洽關係——這是金斯伯格大法官高度重視、不斷提倡的一件事。

◆

最高法院生活的輕鬆面

對商業法律師協會（Association of Business Trial Lawyers）的演講*

* 金斯伯格大法官曾多次對不同的觀眾針對這個主題，發表不同版本的演講。我們編輯這段講稿，以符合適當篇幅，並且確保它們在當初演講時特定情況之外的清晰易懂。

加州聖地牙哥
美國格蘭特飯店（US Grant Hotel）
二〇一三年二月八日

在這場演講裡，我要談的不是我工作場所的困難工作，而是我們在大理石宮*生活中較輕鬆的一面，以及某些增進九位大法官之間融洽關係的傳統。

我首先要說的是關於我們例行的聚會。這些聚會從握手開始。最高法院在每天的工作開始前，還有每次會議討論開始前，當我們走進羅賓室（Robing Room）或是與之相連的會議室，我們會握手，每一位大法官彼此握手。（加總起來，用數學的方式算一算，會議前或晨間預備時的握手，共有三十六次。）最高法院聽取辯論的每一天，以及見面討論案件的每一天，我們都會在大法官餐廳一起享用午餐。這個房間很典雅，但午餐不是高級料理。它的餐點來自最高法院的公共自助餐廳，與每位拜訪最高法院的來賓享用的菜色一樣。

我們一起用餐是一種選擇，不是規定，通常有六到八人，偶爾九人全部到齊。當歐康諾大法官（二〇〇六年退休）剛好在特區停留，她有時候會在午餐時間來和我們一起用餐，分享她在美國及世界各地旅行與推廣司法獨立的新聞，使我們的對話更加熱絡。她也提到她在全美小學提倡公民教育的計畫。二〇一〇年退休的史蒂文斯（Stevens）大法官†偶爾也會加入我們。他今年超過九十高齡，仍然熱衷打網球和高爾夫。蘇特（Souter）大法官‡於二〇〇九年退休，他不喜歡城市生活，波士頓例外。所以我們很少在特區看見他，但他定期出現在第一巡迴上訴法院的合議庭中。

我們在午餐上談什麼？也許是剛才聽審完的案件中律師們的表現，或者是城市裡新上檔的表演，例如特區莎士比亞劇院（Shakespeare Theatre）或華盛頓國家劇團，或至少國家圖書館、國家藝廊（National Gallery）或菲利普美術館（Phillips Collection）的展覽。有時候，羅勃茲（Roberts）大法官[§]和阿利托（Alito）大法官[¶]會聊到他們的孩子，年紀較長的大法官——斯卡利亞大法官、甘迺迪大法官、布雷耶大法官和我——則聊聊我們的孫子。

三不五時，我們會邀請一位來賓，讓餐桌上的對話有些變化。最近會期的受邀者包括：前美國國務卿康朵麗莎·萊斯（Condoleezza Rice）、前以色列最高法院主席亞哈倫·巴拉克（Aharon Barak）、前聯合國祕書長科菲·安南（Kofi Annan）、退休的南非憲法法院大法官奧比·薩克斯（Albie Sachs），更近的有南非憲法法院的現任副首席大法官迪克岡·莫塞

---

* 【譯註】大理石宮（Marble Palace）——美國最高法院的建築材料以大理石為主，因此美國最高法院又被稱為「大理石宮」。

† 【譯註】史蒂文斯大法官全名為John Paul Stevens，已於二〇一九年七月十六日逝世。

‡ 【譯註】蘇特大法官全名為David Souter。

§ 【譯註】羅勃茲大法官全名為John Roberts，自二〇〇五年開始擔任美國最高法院首席大法官。

¶ 【譯註】阿利托大法官全名為Samuel Alito。

內克（Dikgang Moseneke）。（到目前為止，退休的美國聯準會主席艾倫．葛林斯潘〔Alan Greenspan〕和前世界銀行行長詹姆士．伍芬桑〔James Wolfensohn〕是唯二受邀兩次以上的來賓。這兩位來賓有不尋常的才能，他們能同時一邊用餐，一邊參與熱絡的餐桌對話。）

我們也會為大法官慶生，在午餐前乾杯——一杯白酒——以及合唱一首〈生日快樂〉，通常由斯卡利亞大法官起音，因為在我們之中，他是最能把音唱準的人。當新任大法官到職，傳統上也會由前一位最資淺的大法官安排一頓歡迎晚宴，我們全體都會參加。

其他我們不定時舉辦的活動，主要是為律師與法官舉行的：新任的聯邦法官會在特區接受一個星期的培訓，我們輪流以晚宴歡迎他們。我們也會輪流介紹「最高法院歷史學會」（Supreme Court Historical Society）雙年系列講座的演講者。

我為歷史協會服務的幾個案例如下。幾年前，我參加一個探討貝爾瓦．洛克伍德（Belva Lockwood）*的工作與人生的計畫，她是第一位被允許成為最高法院大律師的女性。一八七六年，大法官們以六比三票，否決了她的申請。但是三年後，國會通過了一項法律，要求最高法院與聯邦法庭允許符合資格的女性加入。洛克伍德不以擔任律師為滿足，她還於一八八四年和一八八八年兩度參加美國總統選舉。

幾個月後，我在最高法院主持一場重現「穆勒訴俄勒岡州案」（Muller v. Oregon）辯論的歷史教育活動，這是一宗於一九〇八年判決的著名案件。此案涉及俄勒岡州一條限制女性的有薪工作時數每天至多十小時的法律。被告是一家洗衣店的老闆，他想要他店裡雇用的女性員工一星期工作六天，每天工作十二小時；他因為違反上述法律而被起訴。這項爭議所牽涉的問題，在某種程度上直到今天仍與人們的生活相關：只適用保護女性勞工的法律是被允許的嗎？還是我們《憲法》中的平等保護條款，要求勞動法同等保護男性與女性？

此外，我們每年有一段愉快的暫停時間。每年五月，當聽證會結束，也就是在五月底、六月初年度會期尾聲，剩餘的意見書必須完成匯整與送出之前，最高法院會舉行一場非正式的音樂會。這項傳統是一九八八年由布萊克蒙（Blackmun）大法官†開始的，他在退休時把這份工作交接給歐康諾大法官。在過去十二年裡，我參與了這些非正式音樂會的安排。幾年前，我們也增加了秋季獨奏會。最近的演出者包括大都會歌劇院的明星芮妮・弗萊明（Renée Fleming）、蘇珊・葛蘭姆（Susan Graham）、喬伊斯・迪多納托（Joyce DiDonato）、史蒂芬妮・布萊特（Stephanie Blythe）、湯瑪斯・漢普遜（Thomas Hampson）以及布萊恩・特菲爾（Bryn Terfel）。我們二〇一二年春季的非正式音樂會，主要的演出音樂家是世界級的鋼琴師利昂・佛萊雪（Leon Fleisher）。

最高法院還有另一項特別的活動。每隔兩年，參議院的女性議員與最高法院的女性大法官，會一起舉辦晚宴餐敘。第一次餐會是在一九九四年，當時有兩位大法官和六位參議員。二

* 【譯註】貝爾瓦・洛克伍德全名為 Belva Ann Lockwood，本書第二部有一篇關於她的演說。
† 【譯註】布萊克蒙大法官的全名為 Harry Blackmun。

〇一二年，我們最高法院有三位女性大法官，參議院則有十七位女性參議員。

當最高法院沒有開會的那幾個星期，我們當中有些人會挪出一、兩天的時間，拜訪美國的大學或法學院，或者與全國各地的法官或律師開會。冬天與夏天的休會期，我們有些人安排出國講課，或者盡可能學習其他地方的法律體制。例如，在最近幾次的休會期間，我去過澳洲、奧地利、中國、英格蘭、法國、印度、愛爾蘭、以色列、義大利、日本、盧森堡、紐西蘭、南非與瑞典，去這些地方教書、演講，或者參加與當地大法官的會議。二〇一二年的一月底、二月初，我拜訪埃及與突尼西亞，參加了這兩個國家推翻獨裁統治後的第一個週年紀念。二〇一三年九月，我們將與加拿大最高法院的大法官，在渥太華交換意見；而二〇一四年二月，我們將前往盧森堡，與歐洲法院（European Court of Justice）成員開會。

美國最高法院的工作總是充滿挑戰，極為曠日廢時，但也令人極為滿足。我們總是在閱讀、思考，試著書寫，至少讓律師與其他法官了解我們的判決。

各位也許已經注意到，我們在某些議題上，有著尖銳的不同意見——最近的案例包括聯邦授權的健保、平權行動、公立學校廢止歧視計畫、《憲法》第二修正案中對於持有槍枝的權利、企業對於助選或擊敗公職候選人的資金控管、關塔那摩灣拘押中心（Guantanamo Bay）被拘押人的司法權利、國家逮捕無身份外國人的行動等等。但經過所有這些案件討論後，我們仍維持融洽的同事關係，大部分的時間，我們真的很享受彼此的陪伴。一般而言，我們對於彼此的尊重，只會在我們對法律解釋的強烈歧義上，短暫地牴觸到。

我們所有人都同意，我們所服務的最高法院，遠比在任何一段期間組成的個別法官重要太多。而我們的工作，在我看來，是全世界法律人所能擁有的最好的工作。我們的責任是盡全力追求正義。我們的開國元勳非常明智地授予我們大法官終身任期（或者，如《憲法》上說的，如我們「盡忠職守，應繼續任職」），以及國會無法刪減的薪俸。

我們的前任首席大法官威廉．芮恩奎斯特曾經以他最喜愛的運動，來比喻法官的角色：

《憲法》將司法制度放在一個類似籃球比賽裁判的位置，他在比賽關鍵時刻，還是得對家鄉隊的隊員吹哨判犯規：他會被倒噓，但是他看見違規時，就必須吹哨，而不是因為家鄉隊的球迷觀眾想要他吹哨。

首席大法官芮恩奎斯特告誡說，一位法官從這份責任上退縮的那一天，就是他或她該從他們的崗位上辭職的那一天。我全心贊成這條告誡。

第二部

向鋪路人與路徑標示人致敬

導讀

身為一位年輕律師，居住在瑞典期間，金斯伯格認識了「vägmärken」這個字，字面上翻譯成「鋪路人」或「路徑標示人」。[1]很多人認為，這位大法官本人即是一位「鋪路人」或「路徑標示人」的典範，照亮性別平等的道路，為女性與男性拓展人生的機會；然而，眾所皆知，她經常將這份功勞歸於她的先行者，讓眾人能看見這些不為人知的歷史人物，將鎂光燈照在這些為她的機會與成就鋪路的人們身上。即使在沉浸於自己的教育學習與生涯時，她總是會挪出時間回顧、歸功與感謝這些前輩。在她最早的最高法院上訴狀裡，她也這麼做，列出了美國公民自由聯盟協助產出早期性別平等論述的合作律師，並且在每次上訴狀中感謝她的學生。

金斯伯格大法官的頌詞不是嘴上說說或裝模作樣，而是花了許多時間去發現與研究，然後分享這些故事，包括早期的女性律師與法官、最高法院的妻子們、最高法院的猶太裔大法官。即使到了現在，金斯伯格可能是最勤奮認真的最高法院大法官，依然繼續向這些歷史人物與同事致敬。以下的頌詞只是金斯伯格大法官多年來數十篇持續增加的大量頌詞中的一小部分。

1.

貝爾瓦・洛克伍德*

今天晚上，我要談的是一位不願輕易被擊倒的勇敢女性，這位女士在一八七九年時，迫使美國最高法院改變它的作法。她的名字是貝爾瓦・洛克伍德，生於一八三〇年。洛克伍德是第一位獲准進入美國最高法院律師團的女性、第一位在九位大法官面前辯論的女性，也是第一位全程參與美國總統競選的女性。

洛克伍德的出身並不富裕，她生長在紐約州尼加拉郡（Niagara）的家庭農場，她的家庭

---

* 金斯伯格大法官曾多次對不同的聽眾針對這個主題，發表不同版本的演講。這個版本是二〇一四年五月十六日，金斯柏格大法官在巴爾的摩的「馬里蘭州女性律師公會」（Women's Bar Association of Maryland）接受「瑞塔・C・戴維森獎」（Rita C. Davidson Award）時的演講。她在開場時說：「緬懷瑞塔・查瑪茲・戴維森（Rita Charmatz Davidson），我覺得很榮幸能接受這個獎。瑞塔是一位有智慧、精明幹練的女士。非常聰明、有決斷力、風趣、堅持而且勇敢，她發揮她的才能，讓受到冷落的一群人的日子更好過，並且為所有人鼓吹正義、平等與公正。」我們編輯這段講稿，以符合適當的篇幅，並且確保它們在當初演講時特定情況之外的清晰易懂。

也沒有任何社交優勢。二十二歲時，也就是在結婚四年後，她成了一名帶個小孩的寡婦；她進入大學讀書，接受擔任高中教師的訓練，後來，她成為一位校長。一八八六年，她搬到華盛頓特區，兩年後再婚。在首都安頓下來後，她以支持女性選舉權聞名，也堅定鼓吹擴大女性就業機會。在此連結下，她著手進行她長年縈繞心頭的企圖，亦即成為一名律師。在那個年代，女性並不受法律界的歡迎，這是一項不簡單的成就。

她有一位同樣支持女性選舉權的好姐妹伊莉莎白．卡迪．史坦頓（Elizabeth Cady Stanton），史坦頓將洛克伍德比喻成莎士比亞的波西亞（Portia）＊。洛克伍德與波西亞都具有令人印象深刻的聰慧，顯示女性在爭取正義方面，絕對不會落下風，她在這方面真的很像莎士比亞筆下的波西亞。洛克伍德也和波西亞一樣，利用機智、巧思，以及純粹的意志力，動搖社會認為女性在體力與心智上為弱者的觀念。然而，她們兩人有一點重要的不同。波西亞在完成她的任務之前，得先喬裝成一個男人，之後才揭露她真正的身份。相反地，洛克伍德毫無掩飾地挑戰女人與律師工作——更別說政治——無法混為一談的概念。她總是穿著當時被認為得體、但不怎麼舒適的女性服飾。

堅持不懈的努力標記了她成就的道路。一八六九年，三十九歲的洛克伍德當時是兩個孩子的母親，她申請就讀特區的法學院。她的申請案被退件了，出於那些不怎麼美好的往日裡熟悉的理由：她被告知，她的出現「將……分散（班上）年輕男士的注意力」。洛克伍德堅持到底，直到國家大學法學院（National University Law School，即今日的「喬治華盛頓大學法學院」）

讓她錄取。然而，當她畢業時，學校拒絕頒給她辛苦應得的文憑，她又遇到了阻礙。這回班上的男同學再次被認為是絆腳石。學校擔心，與女士一起畢業，會降低男學生文憑的價值。

為了克服這個路障，洛克伍德寫信給尤里西斯·S·格蘭特（Ulysses S. Grant）總統，他出於職權，也兼任該校的負責人。她直言不諱地寫道：「我已經把學業課程都修過了……我要求拿到我的文憑。」雖然總統沒有直接回信給她，但兩個星期後，一八七三年九月，學校的校長頒給洛克伍德她的法學學位。

一八七六年，在哥倫比亞特區擔任執業律師三年後，她達到了經歷資格，想申請擔任美國最高法院律師。最高法院當時以六票比三票，拒絕了她的申請，簡短生硬的解釋如下：

> 依據最高法院的制式規則……以及依據其規範的公平結構，只有男性被准予以律師和辯護律師的身份出現在最高法院前。

洛克伍德不屈不撓，她馬不停蹄地向國會遊說，希望國會允許她的請願。不到三年後，她成功了。一八七九年二月，國會頒布法令，具備必要資格的「任何女士」，「應依請求……獲准在美國最高法院庭上行使法律專業。」（洛克伍德的案子顯示，最高法院與國會之間，有時

＊【譯註】波西亞為莎士比亞戲劇《威尼斯商人》中機智且才貌雙全的富家女嗣。

會進行有效的對話。這件事也顯示，比起最高法院，國會有時較接時代的地氣。想想莉莉・萊德貝特〔Lilly Ledbetter〕的案子。在那個案子裡，最高法院以五比四票，判決萊德貝特太晚提出訴訟。我不同意，我說最高法院做錯了，而國會應該要彌補這個錯誤。後來國會真的採取行動，快速通過了《莉莉・萊德貝特公平薪酬法》〔*Lilly Ledbetter Fair Pay Act*〕。

獲准進入最高法院後二十一個月，洛克伍德成為第一位在最高法院上參與言詞辯論的女士。她利用她在三十一年中所獲得的法律專業技巧，向美國政府索賠——東切羅基印第安人（Eastern Cherokee）祖先的土地在沒有公平補償的情況下被奪走，她為他們保住了五百萬美金的賠償。

洛克伍德追求的不僅是女性選舉權，她要求所有女性的完全政治與公民權利。依照當時的法律規定，女性沒投票權，不能投票選總統，她乾脆自己兩度參選這個職位，指出《憲法》內容並無任何條款阻止女性成為候選人。（她在希拉蕊・柯林頓〔Hillary Rodham Clinton〕競選成為民主黨總統提名人之前的一百二十四年，就大膽踏出這一步。）她寫信給後來的競選夥伴瑪麗艾塔・史滔（Marietta Stow），解釋她為什麼參與競選：「直到我們拿下平等權利，我們才會擁有平等權利；直到我們駕馭它，我們才會獲得平等的尊重。」

一八八四年與一八八八年，在洛克伍德兩度擔任「平權黨」（Equal Rights Party）總統提名人的競選活動期間，她將焦點放在一系列有必要引起大眾注意與政府行動的議題。例如，她主張保護公有地、為美國原住民提供公民身份、廢止《排華法案》、改革家庭相關法律，減少這些法律對女性的不公平，以及利用關稅稅收資助內戰退伍軍人的福利。洛克伍德不是不食人間煙火的理想主義者，她藉自己參選一八八四年競選活動受到關注的優勢，展開她穩定的收費巡迴演講。她利用演講收費資助她的競選活動，最後結算時還多了一百二十五美元。

來到我的議事室的訪客，會在法律助理工作的那一面牆上，看到上頭掛著一張記錄最高法院拒絕認可洛克伍德的選票的複製品。這張選票的旁邊，是一八八四年洛克伍德競選期間刊登的一幅漫畫，當年她的競選對手是克里夫蘭（Cleveland）*與布雷恩（Blaine）†，這種嘲諷漫畫當時很多，這是其中一幅。洛克伍德對這些輕視與惡意批評的人完全無懼，直到她一九一七年逝世時，她一直是一位鎮定自若的樂觀主義者。

從貝爾瓦・洛克伍德擔任律師的年代到現在，情況好轉太多，已今非昔比。如今最高法院入院典禮上的女性占了相當人數。女性在某個爭議案件上代表雙方，已不再吸引特別的注意。今天的女性擔任頂尖大學與律師公會的負責人，還有法學院院長、聯邦法院法官、州法院法官，為地方、州與聯邦層級的候選人，擔任高級主管的位置。目前有三位女性坐在最高法院的大法官位子。即使如此，我們還是需要更多具有洛克伍德的理解與堅忍精神的女性，守護目前的情況不致倒退，並確保我們的女兒與孫女們能夠自由追求與功成名就，沒有任何人為的阻礙阻擋她們的道路。

---

*【譯註】克里夫蘭全名為 Grover Cleveland。

†【譯註】布雷恩全名為 James G. Blaine。

2.

女性在法律界與法院的進步*

我這段演講將描繪的，是女性在美國法律界與法院的進步。回想起這一段過去，我對當中的進步非常振奮。然而，如數字所顯示的，女性在法律界，即使到了今天，尚未成為一個無歧視的行業。社會學研究可以協助判定為何情況如此，或許也可以協助解決這些揮之不去的問題。

在我生長的年代，法院與法律界人士通常有著法國人所稱的「*idée fixe*」（既定想法、偏見），他們堅信，女人與律師工作、法官工作一樣，應該涇渭分明。然而，如古老的文本所透露的，事實不必然如此。

在希臘神話裡，雅典娜被奉為智慧與正義的女神。[1] 為了終結阿伽曼農（Agamemnon）將自己的女兒依菲珍涅亞（Iphigenia）獻祭而引發的暴力循環，雅典娜開設了一個法庭，審判俄瑞斯忒斯（Orestes），制定了法律規範，取代恣意的報復。[2]

我們也回想到《聖經》裡的底波拉（出自《士師記》）。[3] 她同時身兼預言家、法官與軍事領袖。掌管三權的情況，還發生在另外兩位以色列人身上，他們都是男人：摩西與撒母耳

（Samuel）。人們不遠千里來尋求底波拉的裁決。根據拉比們的說法，底波拉獨立而富有，因此她可以無償為他人工作。[4]

就算美國法律體系裡的人對雅典娜與底波拉一無所知，他們抗拒承認女性進入其行列的時間也太久了。直到一八六九年，愛荷華州的阿拉貝拉・曼斯菲爾德（Arabella Mansfield）才成為這個國家第一位得到律師執業許可的女性。同年，聖路易法學院（St. Louis Law School）成為全國第一間為女性敞開大門的法學院。[5]

莉瑪・巴爾卡羅（Lemma Barkaloo）是第一批進入聖路易法學院就讀的女性之一，在她進入聖路易法學院之前，就曾被我的母校哥倫比亞法學院拒絕過。如辛西亞・艾普斯坦（Cynthia Epstein）所提及的，一八九〇年，當哥倫比亞法學院再次拒絕三位女性申請者時，據說該大學財務董事會的一位成員說：「沒有一位女士應該自我降格，在紐約擔任執業律師，尤

* 在這篇評論中，金斯伯格大法官讚頌的鋪路人包括阿拉貝拉・曼斯菲爾德、莉瑪・巴爾卡羅、麥拉・布拉德韋爾、芭芭拉・納奇瑞伯・阿姆斯壯、佛羅倫絲・艾林伍德・艾倫、柏妮塔・薛爾頓・馬修斯與雪莉・蒙特・胡夫斯特德勒。金斯伯格大法官曾多次對不同的聽眾針對這個主題，發表不同版本的演講。這個版本是二〇〇六年八月十一日在加拿大蒙特婁舉行的「美國社會學協會年會」（American Sociological Association Annual Meeting）上，由辛西亞・艾普斯坦邀請發表的。金斯伯格大法官提到，「當我的好朋友辛西亞・艾普斯坦請我在這場會議上演講，我無法抗拒這項邀請。辛西亞對於女性在法律上的研究主題，早在她的作品成書發行之前，就是我關注的對象。」這段講詞後來刊登在《哈佛法律與性別期刊》（*Harvard Journal of Law & Gender*，第三十期，二〇〇七冬季號）上。我們編輯這段講稿，以符合適當的篇幅，並且確保它們在當初演講時特定情況之外的清晰易懂。

其如果我可以拯救她……這些潛在的波西亞女士們，她們的高跟鞋啪噠聲，在（我們學校的）模擬法庭，絕對不會被聽見。」[6]那位董事會成員絕對缺乏底波拉的預言能力。

一旦獲准進入法學院，女性並未受到她們師長與同學伸出雙臂或純粹熱情的歡迎。賓州大學法學院有一個例子：一九一一年，學生會針對一項受到廣大支持的決議舉行投票，要求大一新生班的學生蓄鬍。若學生未能顯示足量的蓄鬍成果，每個學生每星期要被罰款二十五美分。當時幸好有一位學生想起班上那位孤單的女學生，在最後一刻請願，並經過一場激烈的爭辯，這項決議失敗了。[7]

律師界不樂意承認女性進入該社群的情況，在幾起不太光采的例子中展現出來。麥拉・布拉德韋爾（Myra Bradwell）是一位出版商與政治活動家，她想要進入法律界，但被拒絕了。伊利諾州最高法院於一八六九年指出，身為一位已婚婦女，布拉德韋爾將對她簽訂的合約沒有義務。[8]伊利諾州最高法院還認為，沒聽過母國*有女性律師，這也很有參考性。但關於英國的作法，布拉德韋爾寫道：

> 依據我們……英國兄弟的作法，讓一個女人「參與真實法律行動的粗暴與危險之海，是一件殘酷的事，但是，讓她統治整個英格蘭、加拿大和其他被丟進來的附屬國則不是（不可接受的事）」。我們的兄弟會習慣它，之後，在他們看來，女性在法庭上執法，似乎不會比有個女王統治他們差勁多少。[9]

（對於想要推動社會改變的人，幽默感是很有用的。）

一直到一九六八年，法律界大體上仍然是保留給男性的。當時的教科書與教師都如此確認。例如一九六八年出版的一本廣受採用的新生財產案例書，就寫了這樣一段附加註解：「因為，畢竟土地和女人一樣，本來就是要被擁有的。」[10]

一般相信，一九五〇年代與六〇年代勇敢就讀法律學校的少數女性，對男同學尚未造成實質的挑戰（或競爭）。一九七一年，一位傑出的法律教授在一場美國法學院協會的會議上，當同僚們發表對愈來愈多女性入學、正好與國家號召男性參與越戰同時發生的疑慮時，他評論說，不用擔心：「畢竟，法律系女學生只是比較弱的男人。」[11]

一九七〇年代的關鍵大量女學生，與二次大戰時進入法學院女學生人數的過渡期大幅增長，形成對比。在較早期的年代，據說哈佛大學負責人被問到法學院如何度過戰爭時期：「（這）沒有我們想像的那麼糟，」他說：「我們有七十五名學生，而我們還不必允許任何女子進入。」[12]（順便比較一下據說是同一所大學領導者在越戰時期表明的擔憂：「我們得和眼瞎的、跛腳的，還有女人一起留下來了。」）[13]

法學院為什麼等這麼久才為女性鋪下歡迎的紅毯？當中的爭議從女性不會和男性一樣將她們的法學學位發揮到極致，到「愚蠢的問題」，如黛博拉．羅德（Deborah Rhode）最近的文章

＊【譯註】指英國。

裡寫到的——法學院沒有提供給女性的足夠洗手間。[14]

即使環境不友善、令人沮喪的標語寫著「此處不需要女人」，但勇敢的法律女性從來都不願被擊倒。一九六〇年代初，女性占全美國律師人數的三%。[15]今天，她們的人數增加到十倍，達到美國法律界的三〇%。[16]

從一九四七年到一九六七年，女性每學年占法學院名額三%至四．五%。[17]今天，女性幾乎占所有法律系學生的五〇%，[18]更占大型法律事務所合夥人比例超過一半。[19]

在講台後方的進步也很明顯。一九一九年，芭芭拉．納奇瑞伯．阿姆斯壯（Barbara Nachtrieb Armstrong）被派任為柏克萊（俗稱「波特樓」，Boalt Hall）法學院教職員。[20]一九二三年，阿姆斯壯成為助理教授，是第一位美國律師協會（American Bar Association，簡稱ABA）承認的法學院獲得終身聘的女性。[21]將近二十年後（一九四五年），才有另外兩位女性在屬於美國法學院協會（Association of American Law Schools，簡稱AALS）的學校裡，成功拿到終身聘。[22]

當我在一九六三年被任命為羅格斯法學院教職員時，爭取AALS學校終身聘的女性，不到二十位。[23]到了一九九〇年，超過二〇%的法律系教授是女性。[24]到了今天，大約有十九%的法學院院長、二十五%的終身聘教授，以及大約所有法學院三十五%的教職員是女性。[25]

在法律界實際的表現方面，也有類似的進展。至今只有阿拉巴馬州尚未選過女性擔任州律師公會會長。超過一百六十位女性已經擔任過州律師公會會長。兩位女性完成了美國律師協會會長的任期，第三位就在本星期，即將展開她擔任美國律師協會會長的任期。尤其，在每位女性美國律師協會會長任期中，都會選出一位女性擔任該公會代表大會的主席。[26]

二〇〇五年十一月在紐約市律師公會的演講上，哈佛法學院院長艾蓮娜・卡根（Elena Kagan）和我一樣，細述多位女性在法律界的巨大進展。然而，她補充說，並非全部都是好消息：「在大部分的成功指標上，女性律師仍然落後男性律師，」她說。[27]卡根院長首先談論在法學院的情況，她提到一份報告，調查女學生就讀法學院的經驗。這份報告追蹤了其他頂尖法學院的相似調查。這份報告指出，女性在課堂上比較不會自願發言，而且她們拿到較少的學業榮譽。被問到她們是否在法律辯論上為班上前二〇％的佼佼者？有三十三％的男學生回答是，相對之下，只有十五％的女學生回答是。女學生在「快速思考反應、口語辯論、撰寫結辯，以及說服他人」方面的能力，自我評分也較低。[28]「那還剩下什麼？」卡根院長沉思著。

卡根院長的同事拉妮・關尼爾（Lani Guinier）研究了女性在賓州大學法學院的情形，她記錄了一位就讀該校的女學生的評語：「男學生認為法學院很難，而我們則認為我們很笨。」[29]（在這方面，法學院不是獨有的現象。例如一位布蘭迪斯大學〔Brandeis University〕的遺傳學者格里戈里・佩茲科〔Gregory Petsko〕最近就發現，「幾乎沒有例外，（他所認識的）有天份的女性相信她們所擁有的能力，比她們實際擁有的能力少，」而「幾乎沒有例外，（他所認識的）有天份的男性，相信他們有比較多的能力。」）[30]

說到法學院畢業後的生活，卡根院長談到了底線：「女性律師擔任領導者角色的比例，與她們的總數不符。」[31] 雖然女性占總律師人數的三〇%，但女性僅占《財星》五百大企業法律總顧問人數的十五%，法律事務所合夥人的十七%。[32]

另一項明顯的不同是：在哈佛學生的研究裡，將「助人」當作選擇法律為職業考量的女性，以二比一的比例大幅超過男性。在這個數字上，卡根院長提到：我們不該正面積極地鼓勵男性，要更關心公眾服務事業嗎？[33] 卡根院長提出這些問題：女性不成比例地對公眾服務工作顯示出較大興趣，是因為這類工作「比較能自我實現」嗎？或者，因為公眾服務雇用人才「（對女性）較開放——比較能提供進步與認可的機會，……在請假與重返職場上較有彈性？」[34]

女性身為法學院學生與律師的這幅圖像，是有問題的，社會學者可以幫助我們探索。去年九月，《紐約時報》又刊登了一則故事，討論女性真正想要的是什麼，以及她們在專業成就上為何落後男性？這種報導每隔一段時間就會出現。《紐約時報》報導，在一份最近針對耶魯大學女大學生的問卷裡，約有六〇%的人說，她們一旦有了孩子，就會停止或暫停工作。[35] 這篇報導引來的一篇讀者投書說：「我很高興我十九歲時宣稱的事……沒有變成頭版新聞。」[36] 卡根院長用一份二〇〇五年發表的研究反駁，這是一份《哈佛財經評論》（*Harvard Business Review*）的研究報告。這份研究有一項值得注意的發現：曾經在高水準職場工作，之後離開就業市場一段時間的女性，有九十三%的人想要重返職場。[37]

回到我自己這一行，女性在二十世紀中葉，開始在法庭上出現。一九九五年，我寫過文章，讚頌三位在聯邦法院體系的開路先鋒：佛羅倫絲．艾林伍德．艾倫（Florence Ellinwood

Allen），她在一九三四年被任命為美國第六巡迴上訴法院的法官；柏妮塔・薛爾頓・馬修斯（Burnita Shelton Matthews），她於一九四九年被任命為美國哥倫比亞特區地區法院法官；以及雪莉・蒙特・胡夫斯特德勒（Shirley Mount Hufstedeler），她於一九六八年被任命為美國第九巡迴上訴法院法官。[38]為了避免過度干擾我們小組成員的時間，但也為了提醒不久前發生的事，我在此只提這幾位鋪路者中的第一位，佛羅倫絲・艾倫，第一位在「第三條」*聯邦法庭任職的女性。

在加入聯邦法院之前，艾倫就在愛荷華州達成許多「第一」：她是全美國第一位女性助理檢察官；第一位被遴選擔任普通法院法官的女性；全國第一位女性州最高法院大法官。[39]艾倫是第六巡迴上訴法院的終身職法官，最後終於擔任該巡迴上訴法院的首席法官，這是另一項第一。[40]

傳說艾倫本來可能成為第一位美國最高法院的女性大法官。一九四九年，最高法院有兩位大法官的懸缺。據說杜魯門總統並不反對其中一位大法官的懸缺由女性來填滿。[41]然而，如政治策略顧問英迪雅・愛德華茲（India Edwards）、也是民主國家委員會（Democratic National Committee）婦女部的領導者所回憶的，杜魯門總統最後認為，時機尚未成熟。愛德華茲寫下杜魯門徵詢那些最高法院弟兄們的意見時，得到的反應：

*【譯註】美國《憲法》第三條規範的是最高法院、聯邦法院和地區法院法官的任命、終身職與薪俸，這些法官被稱為「第三條法官」（Article III judges），均由總統提名，由參議院確認。

讓一個女人當大法官……會有點困難，因為（其他的大法官）會穿著非正式的大袍與會，也許脫鞋、襯衫沒扣扣子，一邊討論問題，得出判決。我很確定，缺乏女性大法官的衛生設備這種陳腔舊調，也包括在不想要一個女性大法官的理由當中……。[42]

（時代真的改變了：一九九三年時，為了標記我被任命為最高法院大法官，我的同事下令在大法官的更衣室加裝女性洗手間，而且它的大小和男性的洗手間一模一樣。）

一九七八年「全國女法官協會」（National Association of Women Judges）的成立，有助於促進、也終結了女性出現在法庭上被認為是奇觀的日子。在聯邦層級上，甘迺迪、詹森、尼克森與福特總統加總起來，為第三條法院任命了六位女法官。[43]當卡特總統於一九七七年就任時，只有一位女性法官（雪莉．胡夫斯特德勒），是九十七位聯邦上訴法院法官中唯一的女性；而在三百九十九位地區法院法官中，只有五位女性。[44]卡特任命了破紀錄的女性——四十位——擔任終身職聯邦法官，這是一個破除藩籬的數字。[45]

一旦卡特大量任命女性為法官，這股潮流就沒有回頭路了。雷根總統任命了史上第一位最高法院的女性大法官，亦即我親愛的同事，珊卓拉．黛．歐康諾。他也為其他聯邦法院任命了二十八位女法官。[46]老布希總統在他的單一任期中，任命了三十六位女法官。[47]柯林頓總統大量任命了一百零四位女法官，而現任總統*至今任命了五十二位女法官。[48]

今天，除了第五與第八巡迴上訴法院，每個聯邦上訴法院都有至少兩位在任的女法官。九位女性擔任美國上訴法院的首席法官，包括三位目前仍在任。四十位女性曾經擔任美國地區法院的首席法官，包括目前在任的有十七位。加總起來，超過兩百五十位女性擔任過終身職聯邦法官，其中五十八位是在上訴法院。然而，有鑑於女性法官只占了聯邦法院體系的四分之一，還有進步的空間。[49]然而，從我一九五九年自法學院畢業，當時只有佛羅倫絲・艾倫一位女性在聯邦上訴法院擔任法官，這是多麼長的一段距離！

在州法院的部分，也有類似的進展。除了俄勒岡、印第安那與肯塔基州，每一州的終審法院至少有一位女法官；這些法院的首席法官中，有三〇%為女性。

然而，放眼我們的國界之外，我們並非一馬當先。例如，加拿大最高法院的首席大法官是女性，其他八位大法官中有三位是女性。紐西蘭的首席大法官是女性。德國的聯邦憲法法院十六位法官中，有四位是女性，而且有一位女性是該法院一九九四年至二〇〇一年的主席。目前，歐洲法院有五位女性成員，兩位是法官，三位是佐審官。在國際刑事法庭裡，十八位法官中有八位女性，其中一位是該法庭第一位副主席。

在我任職的最高法院，今日的情況沒那麼樂觀。自從歐康諾大法官於二〇〇六年一月三十一日的退休申請生效後，我一直是法庭上孤單的女性。† 在剛結束的會期中，有一百一十七位男性

---

* 【譯註】此篇為二〇〇六年時的演講，當年的總統是小布希總統。

† 在這篇演講發表後，後續有兩位女性大法官加入最高法院，分別是索妮婭・索托瑪約（Sonia Sotomayor）與艾蓮娜・卡根。

在美國最高法院前辯論，但只有二十六位女性做過這件事；有二九八〇位男性被選入最高法院律師團成員，女性只有一六〇三位。如茱蒂絲・瑞斯尼克（Judith Resnik）提醒我的，至今沒有一位女性被最高法院指定為初審案中的「特別主事官」（special master），亦即最高法院為初審與終審法庭的案件。（最高法院針對美國的州際案件，以及美國與一個或多個州之間的案件，擁有最初與最主導的司法權。）上一年度會期中，有二十三位男性擔任法律助理，女性只有十六位。下一年度會期是最近十年最少的：三十位新的法律助理是男性，只有七位是女性。

我常常被問到的一個問題是：女性在法官席上的人數，對我們的司法體系有什麼助益？沒錯，如明尼蘇達州最高法院的吉妮・柯伊恩（Jeanne Coyne）所說的一段名言：在一天結束時，一位有智慧的男性長者與一位有智慧的女性長者，會達成同樣的判決。[50]但同樣正確的是，女性，就像不同的族群與文化背景的人，都對前第五巡迴上訴法院法官艾爾文・魯賓（Alvin Rubin）所描述的「一種受不同生物、文化衝擊與人生經驗影響的特別混合觀點」有所貢獻。[51]我們的司法體系必然會因為其法官背景與經驗的多元，而變得更豐富。當幾乎所有的參與者都是從一個模子出來時，這個體系必然較為貧乏。

3.

從班傑明到布蘭迪斯到布雷耶
美國最高法院有猶太人的席次嗎？*

原本可能比布蘭迪斯大法官早六十三年成為美國最高法院第一位猶太裔成員的這個人，他的早年人生不如布蘭迪斯優渥，也沒有那麼聖潔的人格特質。他的名字是猶大・P・班傑明（Judah P. Benjamin），他的人生道路有些崎嶇。

班傑明於一八一一年出生在維京群島（Virgin Islands）的聖十字（St. Croix），是來自伊比利半島的塞法迪猶太人（Sephardic Jews）之子，他在南卡羅萊納州的查爾斯敦（Charleston）長大，是南北戰爭前紐奧良一位有名的律師。與布蘭迪斯不同，雖然他的童年遵循嚴謹的猶太傳統，但是成年後，他以猶太教外的天主教儀式完成婚禮，而且也不遵守猶太律法或過猶太節

＊　金斯伯格大法官曾多次對不同的聽眾針對這個主題，發表不同版本的演講。這裡刊載的版本，是二〇〇九年九月十三日她對「斯珀特斯猶太研究學院」（Spertus Institute of Jewish Studies）所發表的演講。我們編輯這段講稿，以符合適當的篇幅，並且確保它們在當初演講時特定情況之外的清晰易懂。

慶。然而，他無法甩掉他的猶太身份。他所居住的世界不允許他這麼做。

一八五三年，米勒德．菲爾莫爾（Millard Fillmore）總統提名班傑明為美國最高法院的大法官。但班傑明在前一年被選為路易斯安那州兩位參議員之一，因而婉拒了最高法院的提名。他偏好參議院的工作，顯示當時的最高法院還未成為等同今日重要的政府部門。班傑明是公認第一位擔任參議員的猶太人；一八五八年，他展開他的第二任六年任期。

若班傑明接受了最高法院的這項任務，他的任期可能會很短暫——當然要比布蘭迪斯的二十三年少很多。這是因為一八六一年初，路易斯安那州脫離了聯邦，班傑明辭去了他的參議員職位。若他當時擔任的是最高法院大法官，他可能也會把這個職位辭了。

班傑明在美國最為人所知的，也許是他在南北戰爭前代表南方利益所發表的動人演說——這些慷慨陳詞，今日我們應該強烈無法苟同——以及後來他擔任傑佛遜．戴維斯（Jefferson Davis）南方邦聯的檢察總長、國防部長，以及最後的國務卿。雖然班傑明的仕途亨通，但他所身處的，是美國當時強烈反猶太的時代。政敵稱他為「出賣耶穌的猶大．班傑明」。他因為他的猶太身份，被眾人揶揄，包括報紙、兩方的軍事領袖（北方的格蘭特將軍和南方的「石牆」．傑克森將軍〔"Stonewall" Jackson〕），以及自己在南方邦聯的政客。

南方邦聯投降後，班傑明逃往英格蘭；途中，他驚險遇到勝利的聯邦軍隊、海上的驚濤駭浪與暴風雨。班傑明在美國參議院與在南方邦聯的政治歷險，以及他兩個各自獨立但同樣傑出的法律生涯——先是在紐奧良，之後在英國——常被拿來相提並論。

離開耶魯大學兩年後，由於局勢不明朗，在沒有完成學位所需的條件下，班傑明於一八三二年來到紐奧良試試運氣。他認真學習，勤奮努力，同年便被招入律師界。雖然一開始相當困頓，但是他的名聲和財富，隨著他在一八三四年出版的一本書而發達起來；這本書寫的是路易斯安那州最高法院公開判決的文摘，以及這個法庭在建州前的前輩故事。班傑明的書是史上第一次有人用淺顯易懂的方式，說明路易斯安那州獨特的、來自世界各地龐雜的法律體系，演變自羅馬、西班牙、法國與英格蘭的源頭。班傑明的律師業務蒸蒸日上，加上他聚集起來的人氣，促成一八五二年時，路易斯安那州立法人員選他進入美國參議院。（請記住，直到一九一三年，美國《憲法》第十七修正案生效後，美國參議員才改成由人民直接選出，而不是由幾位州立法人員選出的。）

班傑明的財富，隨著南方邦聯的大敗而暴跌。他抵達英國時幾乎身無分文，而且他大部分的財產都不見，或是被查扣了。他的路易絲安那克里奧爾（Creole）*妻子和受天主教教育的女兒，早在巴黎定居；她們期待班傑明持續支持她們已經習慣的優渥生活。然而，他抗拒了在法國首都發展事業的機會，他偏愛獨立執業，這次是當一位英國的大律師。

儘管依英國規定，他必須重新就讀法律學院（Inn of Court）†與實習，班傑明仍然選擇在

---

*【譯註】路易斯安那的克里奧爾人（主要）指混有法國人、西班牙人、非裔美國人和美國原住民血統的人。

†【譯註】英國的律師學院（英語：Inns of Court）於中世紀時期成立，位於英國倫敦。由林肯律師學院（Linconln's Inn, 1422）、中殿律師學院（Middle Temple, 1501）、內殿律師學院（Inner Temple, 1505）與格雷律師學院（Gray's Inn, 1569）組成，但四所律師學院互不隸屬。

律師界的第二個生涯。關於這一點，與班傑明同時代的人分享說，他滿心歡喜地接受它，而且極為勤奮，當他所屬的林肯律師學院（Lincoln's Inn）決定提早在六個月後授予他完整的律師身份，而不是一般所需的三年，他無疑鬆了一口氣。

班傑明在五十五歲時成為一名英國的律師。他在中年時遭遇的情境，與他年輕時的情況相當。他當時是個剛畢業的律師，經營一間逆境求生的事務所，但是，他寫信給一位朋友說：「我對我的工作非常感興趣，彷彿初生之犢。」班傑明複製他在路易斯安那州的經驗，以出版的方式在他們一群新人中打響了知名度。靠著他在路易斯安那執業期間獲得的大陸法系*知識，班傑明在英格蘭寫了一本作品，名為《班傑明談銷售》（*Benjamin on Sales*）。這本書最初於一八六八年出版，幾乎立刻成為一本法律經典。它的作者受到高度讚賞，而班傑明的餘生都是一位收入頂尖、德高望眾的人，主要的工作是擔任上訴辯護律師。他甚至在獲准進入律師界後七年，就成為英國女王的顧問。一八七二年到一八八二年的十年間，他將至少一百三十六起案件上訴至貴族院與樞密院司法委員會，讓他的聲音被聽見。

一位班傑明的傳記作者告訴我們：「不論班傑明手上的案件多麼無藥可救，他在法庭上一貫的陳述方式，彷彿他不可能輸。」這種不屈不撓的意志，描繪了班傑明在法庭辯護與他對命運起伏的回應。他一生中兩度站上法律專業的巔峰，而且是在兩大洲，第一次是初出茅廬的年輕人，第二次是從一個被擊潰的國家出逃的官員。倫敦《泰晤士報》在一篇訃文上將猶大·班傑明描寫成一位「對厄運不屈不撓，在一連串逃亡與掠奪後，榮耀其先人」的人。

另一方面，眾所皆知，路易斯．布蘭迪斯是美國最高法院的第一位猶太裔大法官。他的任期長達二十三年，從一九一六年至一九三九年。布蘭迪斯在肯塔基州的路易維爾（Louisville）長大，一八七六年二十歲時，他自哈佛法學院畢業，他的學業平均成績是該法學院史上最高的。他與學校的老師們保持親密而長久的關係，二十六歲時，他被徵召回校講授證據法。他在法律界的那段時間，布蘭迪斯被稱為「人民的律師」，這個稱號生動描繪出他在時代社會與經濟改革運動上的重要角色。他也鼓吹美國律師無償公益性法律援助的傳統。布蘭迪斯將他一半的工作時間花在公共議題上，他甚至得因為他花在無償事務上的時間，賠償他任職的波士頓法律事務所。

克服自己最初的疑問後，布蘭迪斯最終成為一位堅定的女性投票權支持者。在這方面，他強調義務和權利一樣重要。一九一三年，他簡單地寫下重點：「我們不能放過她參與公共事務的責任。」對我而言，公民責任的主題，似乎是布蘭迪斯先是律師、後來成為一名法官的主旋律。

布蘭迪斯將他執業所得的財富，大筆捐贈給公益事務，自己在家過著粗茶淡飯的生活。有

---

*【譯註】世界上有兩大法系，分別為起源於歐陸大陸的「民法法系」（civil law），又稱「歐陸法系」、「大陸法系」、「法典法系」、「市民法系」與「羅馬法系」，其特點是以成文法為主，通常不承認判例法的地位。另一大法系為「普通法系」（common law），又稱「英美法系」、「英國法系」或「海洋法系」，其特點為判例法，即反覆參考判決先例，最終產生類似道德觀念般普遍的、約定成俗的法律。

一位朋友敘述說，每次去布蘭迪斯家晚餐，他在去之前要先吃一點，之後還要再吃一些。

一九一六年，威爾遜（Wilson）總統*任命布蘭迪斯為最高法院大法官，他當年六十歲，與一九九三年柯林頓總統任命我為最高法院大法官時同齡。布蘭迪斯的一位同僚詹姆斯·克拉克·麥克瑞諾斯（James Clark McReynolds）是個公開反猶太人的人，和許多當時惡意批評這項提名的人一樣；當布蘭迪斯在會議上說話時，麥克瑞諾斯就會起身，離開會議室。麥克瑞諾斯是在布蘭迪斯被任命為大法官前的兩年，由威爾遜總統任命的，自恃資歷較高；一九二四年，最高法院沒有任何一張公開照片，因為麥克瑞諾斯拒絕坐在布蘭迪斯旁邊。

大部分見過布蘭迪斯的人，則有不同的觀點。當年的首席大法官查爾斯·伊凡斯·休斯（Charles Evans Hughes）描述他是「巨觀與微觀的大師」。評論布蘭迪斯將眼前的小案件轉變成一種大真理的能力時，奧利弗·溫德爾·霍姆斯（Oliver Wendell Holmes）大法官說，布蘭迪斯具有在特定事務上看見通則的能力。他的意見是寶石，引領我們走到今天。他的崇拜者，不論是猶太人或非猶太人，都試著從經文裡尋找能充分描述他對美國憲法思想之貢獻的隻字片語。在這些人當中，小羅斯福總統就不稱布蘭迪斯為「猶大」，而是「以賽亞」。

布蘭迪斯對於司法克制的原則，闡述得比任何一位大法官更有力，提醒法官永遠要注意避免「使我們的偏見介入法律原則」。同時，他也是一位建構憲法中的隱私權與現代法學的自由言論之建築師——一位建造大師。他所寫的最著名的一段話：

贏得我們獨立地位的前輩相信，國家最終的目的，是讓人們自由發展他們的才能；在它的政府裡，審議的力量應該凌駕隨意。他們重視自由，視它為目的，也是方法。他們相信，自由是幸福的祕密，勇氣是自由的祕密。他們相信，想你所想與說你所想的自由，是發現與散播政治真理不可或缺的途徑；缺乏言論自由與集會討論將徒勞無功；而有了它們，討論能提供對抗有害學說傳播的一般足夠保護；對自由最大的威脅，是一群了無生氣的民眾；公眾討論是一種政治責任；而這應該是美國政府的根本原則。

布蘭迪斯不參加宗教儀式或彌撒，但他是一位熱衷的錫安主義者（Zionist，即「猶太復國主義」），而且他鼓勵接下來的兩位猶太大法官——卡多佐（Cardozo）[†]和法蘭克福特（Frankfurter）[‡]——也成為美國錫安組織的成員。研究布蘭迪斯的學者梅爾文．尤洛夫斯基（Melvin Urofsky）評論道，布蘭迪斯為美國錫安主義帶來三項禮物：組織天才；設定目標，帶領一群人達成目標的能力；以及最重要的，一種重塑猶太復國主義者想法的理想主義，而且這種想法吸引了在美國已經功成名就的猶太人。布蘭迪斯主張，必須逃離反猶太主義的海外猶太人，將在以色列的土地上有一個家，他希望，這是一個建造新社會、一個公平與開放的社會，

---

* 【譯註】威爾遜總統全名為 Woodrow Wilson。

† 【譯註】卡多佐大法官全名為 Benjamin Nathan Cadozo。

‡ 【譯註】法蘭克福特大法官全名為 Felix Frankfurter。

免於留在大部分歐洲的偏見之所；在美國安居樂業的猶太人有一項使命、一種義務，以互補的方式，幫助他們的同胞建立那塊新土地。

當布蘭迪斯從最高法院退休時，他的同僚寫了一封離別信：

> 你長年的實務經驗與對事物的嫻熟知識，你研究領域的寬廣以及對最艱難的問題之掌握，加上你的分析能力與闡述內容的面面俱到，使你的司法生涯成為一個極為傑出的成就，而且具有深遠的影響。

法律作為被壓迫者、窮人、少數族群與孤苦無依者的保護者，在布蘭迪斯大法官一生的事業中隨處可見，就如同最早的另外四位猶太裔大法官卡多佐、法蘭克福特、高伯格（Goldberg）*與弗塔斯（Fortas）†的傳承一樣。當最高法院駁回法蘭克福特在一宗案件裡的看法時，他相當沮喪，他防衛性地提醒他的弟兄們，說他「屬於歷史上最被詆毀與迫害的少數族群」。我比較喜歡高伯格正面的評論：「我對正義、對和平、對智慧的關心，」他說：「源自於我的傳承。」其他的猶太裔大法官可能也有同樣的判斷。布雷耶大法官與我，幸運地與此傳承連結。

但是布雷耶大法官的情境與我的，和前五位猶太裔大法官不同。最能解釋當中不同的，是重述一段我想起的歷史，那是幾年前由賽斯．P．韋克斯曼（Seth P. Waxman）說的一段話，他是一九九七年至二〇〇一年一月，傑出的美國司法部總檢察長（solicitor general，在最高法院代表美國利益的司法部官員）。

韋克斯曼提到他的一位前輩菲利普・伯爾曼（Philip Perlman），美國第一位猶太裔司法部總檢察長。伯爾曼在一次「法院之友」的意見書總結裡，成功地主張不動產種族限制合約不合憲。該案件是「雪萊訴克雷默案」（Shelley v. Kraemer），於一九四八年判決。代表美國的意見書是由四位律師撰寫，他們全都是猶太人：菲利普・艾爾曼（Philip Elman）、奧斯卡・戴維斯（Oscar David）、伊伯特・札基（Hilbert Zarky）與史丹利・席維伯格（Stanley Silverberg）。這些名字，除了伯爾曼的，其他都從歸檔的意見書上被刪除了。意見書要點草案上名字的決定，是阿諾・洛姆（Arnold Raum）做的，他是伯爾曼主要的助理，本身也是一名猶太人。「伯爾曼的名字得出現在這裡，」洛姆說：「這已經夠糟了。」他認為，明目張膽地顯示美國的立場是「由一群猶太人提出來的」，絕對不可行。

想想這件事，對照柯林頓總統於一九九三年和一九九四年提名第一〇七位和第一〇八位大法官時的情況，先是我，後來是布雷耶大法官。我們兩人的背景有很多相似點：我們都教授法律多年，都在聯邦上訴法院服務多年。而且我們兩人都是猶太人。然而，相較於法蘭克福特、

---

* 【譯註】高伯格大法官全名為Arthur Goldberg。
† 【譯註】弗塔斯大法官全名為Abraham Fortas。

高伯格與弗塔斯的例子，當時沒有人認為金斯伯格或布雷耶是補進一個猶太人的職位。＊我們兩人都以我們的傳承為傲，並從中汲取力量，但我們的宗教信仰與柯林頓總統的任命案完全無關。

我所感覺到的安全感，顯示在我的議事室三面牆與一張桌子上，以插畫和希伯來文呈現的《申命記》。「Zedeck, Zedek, tirdof.」（正義，正義，是你該追求的。）這些插畫如此宣稱；它們是一直存在的提醒，提醒法官該做的事，如此「他們能夠繁榮興盛」。在我的門柱上也有一個大塊的銀色門框經文盒。這是布魯克林的猶太學校舒拉密斯女子學校（Shulamith School for Girls）一位超級開朗的少女送我的，這所學校是我一位最親愛的法律助理的母校。

我想傳達的是，今天在美國的猶太人很少吃閉門羹，而且不怕讓全世界知道我們是誰。讓我說一個不同方式陳述的問題，可以看出我們在這方面的進步有多大。這個問題是：一位紐約市成衣區的記帳員與一位最高法院大法官的差別在哪裡？我人生的這個世代所見證的不同，是為我母親敞開的機會——一個記帳員，以及那些為我敞開的機會。

＊　在這段評論發表後，另一位猶太裔大法官艾蓮娜．卡根也於二〇一〇年八月七日成為美國第一百一十二位大法官。此外，二〇一六年三月十六日，歐巴馬總統提名一位猶太裔法官梅瑞克．賈蘭德（Merrick Garland）為最高法院大法官，但這項提名案因歐巴馬總統即將卸任而在參議院遭到擱置。（【譯註】賈蘭德後來於二〇二〇年拜登勝出後，於二〇二一年一月被提名通過，擔任司法部長。）

4. 三位勇敢的猶太女性*

獲得「國家猶太女性委員會」（National Council of Jewish Women）頒獎，我的喜悅無法形容，因為這個獎項來自一個以「讓世界更好」（Tikkun Olam）的原則為職志的組織，以謹慎與穩定改進／修復／改善世界為責任；盡個人一份心力，讓我們的社群、國家與世界更人道、更公平、更公義。在社會公義與猶太傳統之間，有一個亙古的連結。尤其是猶太女性的人道與勇敢，是我的精神需要振奮時，支持我與鼓勵我的力量。我將只舉三位女性為例。

我名單上的第一位，是艾瑪．拉撒路（Emma Lazarus），偉大的法學家卡多佐的表妹。拉撒路在「猶太復國主義」這名詞成為流行之前，就是一位猶太復國主義者。她不斷寫作，從一八六六年她十七歲時出版的詩集，到她三十八歲時不幸因癌症死亡為止。她對人類的愛，尤其

* 這篇演講是二〇〇一年三月十二日在華盛頓學會（The Washington Institute）的全國猶太婦女會議上發表的。我們編輯這段講稿，以符合適當的篇幅，並且確保它們當初演講時特定情況之外的清晰易懂。

是對她的民族同胞的愛，流露在她所有的作品中。她的詩《新巨人》（*The New Colossus*）被刻在自由女神像的基座上，歡迎一批批飄洋過海來到美國的移民。

我也從數十年前，一位年紀才十五歲的小女孩寫的一則日記裡，汲取力量。這是她寫的：

經常困擾我的許多問題之一，是為什麼女性一直——而且目前仍然——被認為比男人劣等？說這樣不公平很簡單，但是對我來說，這還不夠；我真的很想知道這天大的不公平的原因！

從一開始，男人被認定凌駕女人，因為他們的肢體力量較大；賺錢的是男人，生小孩的是男人，（而且）做他們愛做的事……一直到最近，女人還默默地跟隨這種狀態，這樣很愚蠢，因為這種情況維持愈久，愈根深柢固。幸運的是，教育、工作與進步已經打開了女人的雙眼。在很多國家，她們被獲准擁有平等的權利；許多人，主要是女人，但也有男人，現在明白忍耐這種情況這麼久，是多麼大的錯誤……

本人，

安妮．M．法蘭克（Ann M. Frank）

這段發人深省的評論是她日記最後的幾篇之一。在座的《安妮日記》的讀者知道，安妮．法蘭克於一九二九年七月在荷蘭出生。她死的時候是一九四五年，當時她被關在貝爾根—貝爾森集中營，距離她的十六歲生日還有三個月。

我第三個例子要提的，是「哈達薩」（Hadassah）*的創辦人亨莉塔．史佐德（Henrietta Szold），她有七個姐妹，沒有兄弟。當史佐德的母親去世時，無親族關係的赫姆．裴瑞茲（Haym Peretz）主動提議為她的母親念祈禱文（Kaddish），因為根據猶太教古老的傳統，祈禱文只能由男士念誦。一九一六年九月十六日，亨莉塔寫了一封信回覆他：

> 對於您提出為我親愛的母親助念祈禱文一事，我無法找到適切的言語，告訴您我多麼深受感動……您所提議做的事（超乎感謝所能表達）——我永誌難忘。
>
> 然而，您可能不了解，我不能接受您的提議……我非常明白，而且非常欣賞您所說的猶太傳統（只有兒子能念誦祈禱文，如果家中沒有男丁，一位男性的外人可以代替）；而猶太傳統對我既親切又神聖。然而，我無法請您為我母親念祈禱文。祈禱文對我而言的意義是，在世的子孫公開……表明他……承繼他父母的猶太社群關係，（因而）傳統之鏈能一代代傳下去，不致斷裂，每一個鏈環延續它自己的連結。您可以為您家族的各個世代做這件事，我必須為我家族的各個世代做這件事……

*【譯註】「哈達薩」是一個美國的猶太志願婦女組織，目前在美國有三十三萬名會員。其宗旨是在美國、以色列與全世界提供服務、慈善與改變的力量。

我的母親有八個女兒，沒有兒子，而我從來沒有從我母親或父親的嘴裡，聽見他們說過一句我們哪一個不是兒子。當我的父親去世時，我的母親不允許其他人取代她女兒的位置念誦祈禱文，所以我很確定，當我被觸動而婉謝您的提議時，我繼承了她的精神。然而，您的提議依然美麗，而我要再說一次，我完全明白，比起我或我們家族的觀念，那更符合一般被接受的猶太傳統。您能了解我的意思，對嗎？

史佐德請求理解、請求尊重我們共同的傳承，但同時容許——甚至讚許——在宗教習俗上的不同，這非常吸引人，您不這麼認為嗎？當一位同事的角色似乎違反某種缺乏的理解，您可以想像更完美的奚落，或更有支持性的言詞嗎？

一九九五年我在美國猶太委員會（American Jewish Committee）年會上發表的談話，今日為真，明日亦然。讓我以這些話作結：我是一位法官，我生為猶太人，以猶太人的方式成長，並以身為猶太人為榮。對正義的要求，遍布整個猶太傳統。我希望，在所有我此生有幸擔任美國最高法院大法官的歲月中，我將擁有力量與勇氣，對於服膺該項要求，堅定不移。

5.

珊卓拉・黛・歐康諾*

感謝這次活動的主辦單位邀請我代表我的同仁來這裡演講，表彰無與倫比的珊卓拉・黛・歐康諾，第一位被任命為美國最高法院大法官的女性。她在最高法院服務的二十五年以及後來的時間裡，一次又一次地展現出她是一位真正的女牛仔，機敏、堅忍，足以面對命運為她帶來的任何挑戰。

同事間的融洽氣氛是一個多位成員法庭有效運作的關鍵。珊卓拉・黛・歐康諾是最高法院成員中，為促進同事情誼付出最多的人，而與其他國外的大法官相比，她做的比任何其他的大法官都多，可謂前無古人。布雷耶大法官描述這種特質：「珊卓拉具有一種特別的天份，也

---

* 這篇演講是二〇一五年四月十五日在華盛頓國家女性藝術博物館（National Museum of Women in the Arts）發表的，當時金斯伯格大法官，與索托瑪約大法官、卡根大法官一起參加已退休的珊德拉・戴・歐康諾大法官接受「塞內卡全球女性領導人論壇」（Seneca Women Global Leadership）的頒獎儀式。我們編輯這段講稿，以符合適當篇幅，並且確保它們在當初演講時特定情況之外的清晰易懂。

許是一種寶石，能照亮整個……她進入的房間；她能在面對強烈意見分歧時（保持）幽默；她能（製造有建設性的）結果；她能在不順的日子裡（提醒大家）……『明天又是新的另一天。』」[1]

在所有歐康諾大法官得到的讚賞中，有一個深得我心。她在亞利桑納州的「懶惰B牧場」（Lazy B Ranch）長大，她會幫牛隻烙印、開拖車，還不到青少年的年紀就會正確發射來福槍。牧場上的一個幫手清楚記得歐康諾：「她不是粗魯、耐操那一型的，」他說：「但是她和我們在大峽谷裡工作愉快——她做事機敏，不落人後。」[2] 歐康諾大法官在她工作與家庭生活的每一個階段，皆是如此。

當她於一九八一年加入最高法院時，她為會議桌帶來其他人完全沒有、或者程度不等同的經驗：歐康諾是成長在一九三〇年代、四〇年代與五〇年代的女性，她生兒育女，做過所有法律工作的類型——公務員、私人事務所、成功的公職候選人、亞利桑納參議員領袖，以及州法院的司法工作，審判與上訴皆有。她是一位靈敏、勤奮的學習者，能駕馭聯邦法的奧妙，快速上手，而且從一開始就跟上其他人的步調。

當我成為新任大法官時，她歡迎我的方式很有她的特色。最高法院有不成文的傳統與習慣。歐康諾大法官明白要自己摸索、學習上手是什麼情況。當我在最高法院一九九三年度的會期上任時，她告訴我一些我需要知道的事——不是嚇人的大量訊息，只剛好讓我能順利度過最前面的幾天、前幾個星期。

一九九三年十月底開會後，我焦急地等待我第一個意見書分派工作，期待——跟隨傳統——新任大法官會被指派一個沒有爭議的、意見一致的意見書。當首席大法官傳下指派名單，我相當生氣。首席大法官給我一個複雜的、一點都不簡單的《雇員退休收入保障法》（ERISA是Employment Retirement Income Security Act的縮寫，為國會所通過最莫測高深的立法之一），這個案子在最高法院的投票結果是六比三。我向歐康諾大法官求教。很簡單。「做就對了，」她說：「而且，如果可以，在他指派下一輪任務前，妳可以先傳閱妳的意見書草稿。否則，妳可能會收到另一個無聊的案子。」這個建議是歐康諾大法官處理所有事情的典型態度。不浪費時間生氣、懊惱，或者嫌惡，只要把事情做好。

歐康諾大法官在《雇員退休收入保障法》這一案中是異議者。當我在閱讀總結法院判決的法庭宣告時，她把一張字條拿給服務員，交給我。上面寫著：「這是妳在最高法院的第一份意見書，寫得很好，我期待更多佳作。」（我記得這張字條讓我多麼開心，後來當索托瑪約與卡根大法官為最高法院發表她們的第一份意見書時，我也送給她們類似的字條。）

身為最高法院的第一位女性大法官，歐康諾大法官立下了一種我無法跟上的節奏。直到今天，我的郵件還充滿了這些請求（大意如下）：去年（或者幾年前）歐康諾大法官拜訪我們學校或國家，在我們的法院或民間機構發表演說，做了這件或那件事；接下來的文字，很有禮貌地修飾，大意是——現在輪到妳了。我的助理們曾經想像歐康諾大法官有個祕密的雙胞胎姐妹，讓她可以分身做很多事。事實上，她確實具有絕佳的時間管理能力。

當她大可以去飛繩釣、滑雪、打網球或高爾夫時，她為什麼去了狄蒙因（De Moines，愛荷華州首府）、貝爾法斯特（Belfast，北愛爾蘭首府）、立陶宛、盧安達？她自己寫道：

> 對男性與女性來說，要獲得權力的第一步，是讓其他人看見，接著是上演一齣引人注目的戲……當女性獲得權力，障礙就會倒下。當社會看見女性可以做什麼，當女性看見女性可以做什麼，就會有更多女性站出來做事，我們所有人將因此而受惠。[3]

在她出國時，她的前法律助理露絲．麥克葛瑞格（Ruth McGregor，現在是退休的亞利桑納州最高法院首席大法官）說：「歐康諾大法官不辭辛勞地鼓勵新興國家，」透過「維繫民主選出的立法人員……以及獨立的司法，（遵循法治）」；同時，她也堅定地提醒我們，「若我們不採取行動保護我們珍貴的傳承，這個國家可能會失去法治。」[4]

一九八八年，歐康諾大法官的活力銳減，在這幾個月裡，她正面對嚴肅的乳癌症治療。雖然因為身體不適而疲憊，她從來沒有錯過最高法院那年忙碌會期的任何一場開庭日。完全康復後，她才談起那段煎熬的日子；她的口述內容在公共電視上播放，給許多正與癌症奮戰的女性希望，給她們繼續堅持的勇氣，希望她們像她一樣。她重新回到從就任大法官時就開始的晨間八點運動課，比醫生預期她可以運動的日子提早很多。「有很多我無法做的動作，」她說：「但我做少一點，做我可以做的。」[5]

她所能做的事，在幾年後奧運女子籃球隊來參訪最高法院時，就很清楚了。當時歐康諾大法官帶她們參觀，最後到了「地表最高的球場」（the Highest Court in the Land），這是位於最高法院最高樓層的全場籃球場。*奧運女子籃球隊練習了幾分鐘後，一位球員將球傳給歐康諾大法官。她第一球沒有投進，但第二球直接進了籃框。

最高法院待審案件上的每一個案子都會吸引歐康諾大法官全力以赴，而且她在會議上或接下來的討論，從來不退怯說出她的看法。當她獨立撰文時，不論同意或不同意，她都會直接而專業地說明她的不同意之處。她會避免斥責同僚的意見為「歐威爾主義」[6]、「顯然誤導」[7]、「不用仔細考慮」[8]，或者「一個法學上的災難」[9]。

在我們共事的十二年半裡，法庭觀察人充分見識到女性和男性一樣，會發出不同的聲音，有不同的看法。即使如此，每一年的會期，有些辯護律師仍透露他們不完全適應最高法院的法官席上有兩位女士。在言詞辯論時，多位傑出的律師——包括一位哈佛法學院教授與至少一位司法部總檢察長——在回覆我的問題時，曾這樣開頭：「是的，歐康諾大法官……」有時這種情況發生時，歐康諾會微笑，輕鬆地提醒律師：「她是金斯伯格大法官。我是歐康諾大法官。」因為預期到這種混淆情況，一九九三年，我在最高法院的第一年會期，全國女法官協會為我們

*【譯註】美國最高法院被稱為是「地表上地位最高的法院」（the highest court of the land），但「court」也是「球場」的意思，因此位於美國最高法院樓上的籃球場便被戲稱為「the highest court in the land」。

兩人做了T恤。歐康諾大法官的T恤上寫著：「我是珊卓拉，不是露絲。」我的T恤上寫著：「我是露絲，不是珊卓拉。」

身為退休大法官，她展開了「離開法庭」的一連串活動。歐康諾目前的行動中最重要的，是建立與推廣網站：www.icivics.org，其宗旨為教育小學生政府的三權。她同樣感興趣的，是支持司法獨立，主張法官經由任命，而非選舉產生。她經常接待來美國參訪的外國法律專家，她也遠渡重洋，與國外的律師和法官見面，很多次是受美國國務院之邀。[10]

幾年前，歐康諾大法官在莎士比亞劇院的劇作《亨利五世》中快閃演出一晚。她飾演法國皇后伊莎貝爾（Isabel）的角色，她看起來充滿女王風範，她念了簽約那一幕的名句：「或許，一個女人的聲音會有些幫助。」[11]它確實會有幫助，如歐康諾大法官在她於最高法院服務的四分之一世紀中不斷展現的，以及在她所有作為中展現的。

珊卓拉・黛・歐康諾與露絲・貝德・金斯伯格大法官手上拿著美國奧運女子籃球隊於1995年12月6日參訪最高法院時送給她們的籃球禮物。

6.

格洛麗亞・斯泰納姆*

我滿心期待著今晚，因為我們今天的演講者，格洛麗亞・斯泰納姆是人群中最不關心自己、最關心別人與付出最多的人。我還清楚記得我打開《紐約》（*New York*）雜誌，在裡面看到第一期《Ms.》雜誌時的情景。格洛麗亞開明的大腦、勇敢的心，以及努力不懈的精神，啟發了那股運動以及其他許多的努力，借用她的朋友馬爾洛・湯瑪斯（Marlo Thomas）的話來說，這些努力解放了女孩與男孩們，成為你和我。

至少半個世紀以來，格洛麗亞名副其實地被稱為女性主義的面容，婦女解放運動的形象。為什麼是她，而不是其他人？沒錯，她美貌不凡。但這不是原因。蓋爾・柯林斯（Gail

---

* 這篇演講是二〇一五年二月二日在紐約市律師公會發表的，當時金斯伯格大法官將介紹當天「露絲・貝德・金斯伯格女性與法律年度精采論壇」（Annual Justice Ruth Bader Ginsburg Distinguished Lecture on Women and the Law）的演講者格洛麗亞・斯泰納姆。我們編輯這段講稿，以符合適當篇幅，並且確保它們當初演講時特定情況之外的清晰易懂。

Collins）*在為格洛麗亞八十歲致辭時，指出格洛麗亞與其他吸引群眾的名人不同之特色，是她對同理的天賦：當格洛麗亞成為關注的焦點，她不拿擴音器；「她幾乎都在傾聽。」

和我親愛的同事歐康諾一樣，格洛麗亞很多時間在飛行，前往世界上有待努力的角落，她的發聲也許有能幫助當地人的地方。珊卓拉有名的一項事蹟是，她靠著從進入最高法院後開始的晨間八點有氧課來維持身材。格洛麗亞說，她維持身材的方法，是「靠著在飛機場和城市之間跑來跑去」。

她擅長說服的藝術，藉由輕柔地帶領他們跟著她，來抓住聽眾。在數不清的例子中，舉個例來說。一九七〇年代的某一天，格洛麗亞和我一起參加在賓州巴克丘瀑（Buck Hill Falls）的「第二巡迴法院司法會議」。我們與社會學者里昂內爾．泰戈（Lionel Tiger）和福坦莫法學院（Fordham Law School）威蘭（Whelan）教授爭論的主題是：在我們的《憲法》裡，應該或不應該有《男女平權修正案》？一開始時，觀眾的意見完全分歧。但是當格洛麗亞說完後，對《男女平權修正案》投票的結果，幾乎是一致通過。

因為她不眠不休地努力，讓我們的國家、我們的世界成為女孩與女士們一個更安全、充滿機會、更快樂的地方，請加入我熱烈歡呼「格洛麗亞」，邀請她上台。

---

*【譯註】美國新聞記者與作家，曾寫過《美國女人》（*America's Women*）。

7.

紀念偉大的女士們：最高法院妻子們的故事*

我工作的地方——美國最高法院——宏偉的房間和大廳裡隨處可見偉大人物的畫像和半身雕像，包括一百二十九幅畫像，二十八幅是首席大法官，一〇一幅是大法官。我從亞碧蓋兒・亞當斯（Abigail Adams）†身上得到靈感，決定該撰文紀念這些女士了——在十九世紀與二十

---

* 金斯伯格大法官曾多次對不同的聽眾針對這個主題，發表不同版本的演講，包括二〇〇五年九月十六日在麻薩諸塞州雷諾克斯（Lenox）的范特福特樓（Ventfort Hall）。她也與她一九九六年會期的法律助理蘿拉・B・布瑞爾（Laura W. Brill）共同寫了這個主題的一篇文章，布瑞爾最早想出這個演講與文章題目。這篇文章後來的增補與修改，最後刊登在《最高法院歷史期刊》二十四期，p. 255（1999），金斯伯格大法官感謝她的法律助理吉莉安・E・梅茲格（Gillian E. Metzger）、亞歷山卓・T・V・伊德索（Alexandra T. V. Edsall）與蘿切兒・L・蕭瑞茲（Rochelle L. Shoretz）的協助。本篇是採自范特福特樓演講以及期刊文章的部分，經編輯符合適當篇幅，並且確保它們在當初演講時特定情況之外的清晰易懂。

† 【譯註】亞碧蓋兒・亞當斯—美國第二任總統約翰・亞當斯（John Adams）的妻子、第六任總統約翰・昆西・亞當斯（John Quincy Adams）的母親。當他的夫婿在外地工作時，她經常與他書信往來，在信中呼籲重視與保護婦女權利。

世紀初與最高法院有關的女士。當然不是大法官——直到雷根總統於一九八一年劃時代地任命歐康諾之前，沒有一位女性在最高法院裡服務——我要寫的是大法官的人生伴侶，他們的妻子。

我今天的演講將關注三位十九世紀的女士，她們的名字，也許連研究最高法院最勤奮的學生都沒聽過：先是十九世紀前半葉的波莉．馬歇爾（Polly Marshall）與莎拉．史多利（Sarah Story），然後是十九世紀中到二十世紀初的瑪爾維納．尚克林．哈倫（Malvina Shanklin Harlan）——她們分別是首席大法官約翰．馬歇爾（任期為一八〇一～三五年）和喬瑟夫．史多利大法官（Joseph Story，任期為一八一一～四五年）與第一位約翰．馬歇爾．哈倫大法官（John Marshall Harlan，任期為一八七七～一九一一年，他的孫子成為第二位約翰．馬歇爾．哈倫大法官）。我將把焦點放在瑪爾維納．哈倫，但也會提到二十世紀初的一位最高法院大法官的妻子海倫．赫倫．塔夫特（Helen Herron Taft），她的家人與朋友叫她「奈莉」（Nellie），是威廉．霍華德．塔夫特（William Howard Taft）的妻子，塔夫特（在奈莉的期望下）先擔任總統，後來擔任首席大法官（一九二一～三〇）。

俗話說：「每一位偉大男人的背後，都有一位偉大的女人。」然而，很少人注意到大法官背後那位女人的生活，而有心想要訴說這幾位十九世紀人妻故事的人，會遇到一個很大的阻礙——由這些女性親自書寫的原始素材，保存下來的很少。例如有一本由約翰．馬歇爾大法官寫給她妻子的書信印成的書，書名是《我最親愛的波莉》（*My Dearest Polly*）。可惜的是，根據這本書的編纂者所說：「雖然波莉留下了（約翰・馬歇爾）寫給她的信件，」但約翰不是一個好的保存者，「沒有留下任何波莉寫給他的隻字片語。」[1]

喬瑟夫與莎拉・史多利的兒子威廉・史多利（William Story）搜集與出版了大量有關他父親一生的信件；但沒有一封莎拉寫給喬瑟夫的信出現在這本合集裡。[2]一本堪稱喬瑟夫・史多利完整傳記的索引，在莎拉名下只有三個條目：「與史多利結婚」、「對女兒去世的傷痛」、「等同無效」，以及「覺得科頓・馬瑟（Cotton Mather）無趣」。[3]當然，關於莎拉絕對不只如此。

第一位約翰・哈倫大法官的妻子瑪爾維納・尚克林・哈倫確實寫了一本自己的作品，在一本認真的回憶錄裡，她詳細描述她的工作與生活；但這本回憶錄長年被忽視，埋沒在美國國會圖書館的大法官檔案之中。稍後我將談到瑪爾維納回憶錄最終出版的過程，並呈現她評論中的一些例子。

海倫・赫倫・塔夫特比瑪爾維納・哈倫早出生大約四分之一個世紀，她也談過她的人生與時代。她的手稿並未淪落到圖書館藏之中。她的丈夫和女兒為手稿的出版談好了吸引人的條件。他們認為，撰寫她的人生故事，將有助她克服離開白宮後的憂鬱。海倫仔細研讀報告與信件。她負責回憶，而她當時從布林莫爾學院（Bryn Mawr College）休假返家的女兒則進行寫作。海倫・塔夫特的《完整多年的回憶》（*Recollections of Full Years*）於一九一四年出版。[4]這本書賣得很好。在這個時候，女子選舉權運動在美國境內正如火如荼展開。就在這一年，哈珀柯林斯出版社（HarperCollins）發行了一本由卡爾・史菲拉扎・安東尼（Carl Sferrazza Anthony）撰寫的新傳記，書名是《奈莉・塔夫特：萊格泰姆時期不傳統的第一夫人》（*Nellie Taft: The Unconventional First Lady of the Ragtime Era*）。

最早，聯邦城市華盛頓特區是一處沼澤，一個幾乎沒有建築物的城鎮，大多是男人在這裡過夜睡覺的地方。在那段日子裡，每當最高法院在首都開議時，法官們一起住在同一間宿舍的屋簷下。他們把妻子們留在家裡。

十九世紀的大部分時間，最高法院的大法官們經常「騎乘巡迴」（circuit ride），往返距離華盛頓特區很遠的巡迴法院，在這段嚴謹的、有時危險的旅程期間，妻子們通常待在家中。[5]這當中也有明顯的例外；我將提及兩個人。任期為一七八九年至一八一〇年的威廉・古辛（William Cushing）大法官有一輛特製的馬車，讓古辛夫人可以和他一起騎乘巡迴。當他們的馬車在未鋪面的路上顛簸行進時，她的工作是向她的夫婿朗讀文件。[6]茱莉亞・安・華盛頓（Julia Ann Washington）也會和她的夫婿布希羅德・華盛頓（Bushrod Washington）一起騎乘巡迴；布希羅德・華盛頓是喬治・華盛頓的姪子，他的大法官任期從一七九八年至一八二九年。[7]安・華盛頓的健康不佳；為了讓旅途的顛簸比較能忍受，布希羅德會為她朗讀。[8]但這種夫妻在一起的例子較不尋常。對大部分的大法官伉儷而言，騎乘巡迴區與住宿在華盛頓特區，都意味著長時間的分離。

大法官在特區開會期間的住宿生活，減少了家庭生活，但它對一項明顯的目的是有益的

——大法官們朝夕相處，有助於穩固剛建立且資金不足的最高法院憲法權威。最近出版的首席大法官傳記提到，約翰．馬歇爾如何利用宿舍餐桌與共同房間，還有馬德拉白葡萄酒（madeira），培養同袍情誼，以消弭異議，達成最高法院一致的意見，這些意見經常是由他自己撰寫與發布。約翰．馬歇爾努力維繫的意見一致，為手無寸鐵的第三權，抵擋來自其他政治分支機構的攻擊。[9]

雖然馬歇爾首席大法官嚴格區分他的法院生活與家庭生活，他對妻子的關愛並沒有少。在一封寫於一七九七年費城的信中，約翰．馬歇爾告訴波莉他的思念。「我很喜歡（大城市）一、兩天，」他寫給波莉：「但是，之後我開始需要簡單的餐食和水。今天我很想和你們一起共進晚餐，吃一塊冷肉，有兒子們在我們身邊，看小瑪麗在地上跑來跑去。」[10]

一八三二年，波莉去世後隔年，馬歇爾回憶道：「她的判斷是如此有理而且安穩，在感到迷惘時，我經常藉助她的想法。我不記得曾經後悔採納她的意見。只會有時後悔拒絕了它。」[11]但實際上，這段延續將近半個世紀（四十九年）的婚姻[12]，也為約翰．馬歇爾帶來不少焦慮。

據說，波莉身體虛弱，而且有慢性疾病。[13]她對噪音非常敏感，以至於約翰．馬歇爾為了避免吵到她，在家都赤腳走路。維吉尼亞州里奇蒙市（Richmond）的官員甚至把鎮上大鐘的鐘錘包裹起來，好讓波莉可以不受驚擾地睡覺。[14]

最能彰顯波莉對她夫婿的重要性的，也許是刻在馬歇爾墓碑上短短的幾個字，這是他在去世前兩天囑付的。墓刻上的名字和日期，只記錄了馬歇爾將近八十歲的人生中的三件事：他的出生日、與波莉的結婚日，以及往生日。

若約翰・馬歇爾是他虛弱妻子仁慈的保護者，那麼這位首席大法官年輕的同僚喬瑟夫・史多利則在一段接近聯合企業的婚姻中，意氣風發。[15]喬瑟夫・史多利的第一段婚姻，因為妻子瑪麗在婚後七個月去世便嘎然而止。他與第二任妻子莎拉・渥多・威特摩（Sarah Waldo Wetmore）的婚姻，是一個快樂且持久的結合。喬瑟夫寫給莎拉的信件，透露出一種互敬的關係。喬瑟夫向莎拉詳細描述首都的文化與政治生活，以及最高法院的工作，包括他對律師們與對他們的論述之印象。[16]例如，在解決一項著名的遺囑爭議，發表完意見後，史多利大法官語帶玄機地寫說，他回家後想告訴莎拉關於這個案子的更多事，因為「當中有一些私人故事的祕密」。[17]

一八四三年簽署的遺囑中，史多利宣告他「對於（他的）妻子謹言慎行的完全信任」，能為他們的子女提供幸福。[18]他遺贈給莎拉「所有……她名下的物品，或者（由他）持有，但是以她自己個別的資產（經由購買）供她使用的物品」。[19]喬瑟夫認為，這些財產完全屬於莎拉，[20]雖然麻州的立法單位尚未立法讓一個女人在婚後能持有與管理她自己的財產。[21]史多利也把他所有的版權、手稿、信件與其他著作留給她。[22]（我應該補充一下，史多利著作的版權費加總起來，每年的金額超過他的大法官薪俸兩倍。）史多利的遺囑最後一段聲明格外令人動容，象徵了一段人生伴侶關係，回答了喬瑟夫不想讓莎拉煩惱的問題。「我建議，」他寫道：

「但不是命令，我的妻子賣掉與處理掉我所有的酒、所有的書……，這些她可能不會想要自己用的東西，而且不要只因為它們屬於我而留下來，作為我們長久與親密婚姻的紀念物。」[23]

喬瑟夫．史多利是第一位打破最高法院只有大法官弟兄可入住宿舍傳統的人。莎拉．史多利陪伴喬瑟夫在華盛頓特區的一八二八年二月的會期。馬歇爾首席大法官對此心情複雜矛盾。他告訴史多利，如果莎拉要和大法官們一起晚餐是可以的，大法官的圈子可能會從一位女士的「人性化影響」中受益。[24]但另一方面，還有其他事要做。馬歇爾表達希望莎拉不要「完全控制」她的夫婿。[25]這次實驗不完全成功。莎拉．史多利顯然相當喜愛華盛頓的社交圈；然而，她的消化系統不習慣宿舍的伙食。[26]也許，她也厭倦了「在廂房等待會議結束」的時光。[27]她比她的夫婿早一步離開特區，隔年也沒有回來。[28]

然而，莎拉的停留動搖了最高法院的住宿文化。一八二九年被任命的約翰．麥克林（John McLean）大法官決定，他要和妻子住在特區的家中，不和其他大法官同僚住在一起。威廉．強森（William Johnson）大法官是當年經常提出異議的人，他也另覓其他住處。馬歇爾首席大法官因而深感不悅。他正確地預期到，大法官分散住處，意味更多個別的意見，將破壞馬歇爾辛苦經營與建立的一致聲音。[29]

現在，我回來說第一位妻子瑪爾維納．尚克林．哈倫的故事，她的夫婿約翰．哈倫在最高法院服務的期間是一八七七年至一九一一年。這個故事是哈倫家族與大法官傳記作者熟悉的，但直到二〇〇一年，很少人知道。瑪爾維納．尚克林．哈倫於一八三九年出生，一九一六年去世，但是她名為《一段漫長生命的回憶》（Memories of a Long Life）的回憶錄，是從一八五四年她遇見約翰・哈倫那年開始，記錄到一九一一年，她去世的那一年。瑪爾維納的手稿包括了口耳相傳的軼事、對哈倫家族的觀察、對印第安那州、肯塔基州與華盛頓特區在內戰前後時期的觀察，也包括對宗教，當然還有對最高法院的見解。

我被瑪爾維納《回憶錄》紀年式的紀錄所吸引，這本回憶錄是那個年代一位勇敢女性的所見所聞。我認為其他人會和我一樣，覺得這份手稿引人入勝。有好幾個月的時間，我連絡了幾間大學與商業出版社，希望他們對瑪爾維納的《回憶錄》感興趣，但徒勞無功。當我就要放棄這項努力時，「最高法院歷史學會」讓這項計畫起死回生。

學會將二〇〇一年夏季號的一整期都獻給了瑪爾維納的《回憶錄》。在學會期刊付梓前，手稿經過嚴謹的加註，而且由歷史學者兼辛辛那提大學（University of Cincinnati）法學教授琳達・佩吉比茲維斯基（Linda Prybyszewsky）寫了一篇訊息豐富的導讀；佩吉比茲維斯基曾投入撰寫大法官的傳記，書名為《約翰・馬歇爾・哈倫訂定的共和國》（*The Republic According to John Marshall Harlan*）。歷史學會取得了許多吸引人的照片，散見於當期季刊中。當期季刊封面放的是十七歲的瑪爾維納與二十三歲的約翰，於一八五六年結婚當天的照片。

為了引起大眾對學會這期出版刊物的注意，我徵詢《紐約時報》最高法院記者琳達・格林豪斯（Linda Greenhouse）的意見，評估《紐約時報》是否能刊載一篇關於這份回憶錄的評論。她說，《紐約時報》不太可能為一本期刊寫評論，但是也許可以做一些有益的事。她會再想一想。讀過格林豪斯在《紐約時報》報導的讀者知道，她是個深思熟慮的人。

二〇〇一年八月，《紐約時報》刊登了兩篇關於瑪爾維納《回憶錄》的專題報導。《紐約時報》週日版的第一頁，刊載的是那幅結婚照，並描述了那篇回憶錄。下一個星期續載的故事包括了手稿裡的數段節錄，其中也有與南北戰爭相關的回憶。

第一段節錄是瑪爾維納決定嫁給約翰的軼事，約翰來自蓄奴的肯塔基州。瑪爾維納出生以來的十七年，都住在印第安那州，她寫道：

> 我所有的親戚都強烈反對奴隸制度，那是南方「莫名其妙的制度」。確實，一位對我疼愛有加的舅舅是如此完完全全的主張廢奴者，（在我認識我夫婿之前）我認為，與其我嫁給一個南方人、搬去南方住，他寧願在墳墓裡見到我。

雖然肯塔基是一個蓄奴州，它對美國內戰時期的聯邦還是很忠誠。約翰．哈倫在他們兩人結婚五年、有兩個小孩後，徵詢過瑪爾維納的意見，加入了聯邦的軍隊。整個內戰期間，他都在軍中服役。

數十年後，一九〇三年，戰爭的故事仍在人們之間流傳。瑪爾維納的回憶錄中描寫到那年的一場晚宴：

當時餐桌邊大約有十幾個人。我的夫婿興致正高昂，開始滔滔不絕地說起內戰時發生的事。

他描述的是一次他與連隊匆匆行軍，經過田納西州與肯塔基州，追著南方邦聯軍的突襲者約翰．摩根（John Morgan）。他講到一個地方，是他和他的聯邦追趕部隊的先鋒，幾乎要追上從對岸穿越邊境的摩根軍隊的後衛時。

突然，（晚宴上的一位賓客）路爾頓（Lurton）*法官放下了刀叉，往後靠在他的椅子上，他的臉上露出驚嘆的光芒，以極興奮的聲音叫住我夫婿：「哈倫，該不會我剛發現我一生難忘的那一天，是誰想要開槍射我吧？」

我的丈夫以同樣驚異的音調說：「路爾頓，你是想告訴我，你在那次突襲時跟著摩根嗎？現在我知道我為什麼沒有追上他；而我感謝上帝，我那天沒開槍射你。」

在座嘉賓對我的夫婿口述故事的戲劇性後續激動不已，因為他們剛得知，那場分裂戰事的傷口，如何完全癒合了；因為有兩個男人（一個從肯塔基州，另一個從田納西州來），這個統一與團結的國家的公民，一起擔任聯邦法院的法官。彷彿內戰從來不曾發生。

路爾頓法官參加那場晚宴時，服務於美國第六巡迴上訴法院；七年後，一九〇九年，他被任命為大法官，前兩年與哈倫大法官一起在最高法院共事。

《紐約時報》對瑪爾維納《回憶錄》的報導，吸引了多家出版社的注意，顯示出媒體的力量。蘭登書屋（Random House）提出的條件讓哈倫大法官的繼承者與最高法院歷史學會最為滿意。二〇〇二年春天，「現代圖書館」（Modern Library）版本出現在書店架上，正好趕上母親節。瑪爾維納回憶錄的讀者反應很好。一位評論者評論說，閱讀這本書「像是與一位健談者對話，」也像是遇見一位「很有天份的說故事人。」

一八七七年約翰．哈倫被任命為最高法院大法官時，宿舍傳統早就結束了，一個最高法院任命案，意味這名大法官的小家庭要一起搬到華盛頓特區。也意味大法官妻子的一份無給職。

瑪爾維納．哈倫寫了一段大家期待最高法院妻子應該舉辦的週一「家庭接待會」。訪客的人數不少。瑪爾維納報告說，每一次週一的「家庭接待會」，她可能要招待兩百至三百位賓客。[30]這些招待會不是平實無華那一種。相反地，接待會的桌上擺滿了誘人的沙拉和蛋糕。現場有音樂家，讓年輕人可以跳一、兩首華爾滋，年長者則在一旁觀看。[31]由大法官的妻子們舉辦的週一「家庭接待會」持續到一九三〇年代休斯首席大法官的任期。[32]

一八五六年，當十七歲的瑪爾維納離開她父母位於印第安那州的家，展開她在肯塔基州的婚姻生活時，她的母親給她的建議是：「妳非常愛這個男人，所以嫁給他。記住，從現在開始，他的家是妳的家；他的親人，是妳的親人；他的興趣，是妳的興趣——妳一定不可做他想。」[33]

---

*【譯註】路爾頓法官全名為Horace Harmon Lurton。

瑪爾維納很看重這個建議，但並未在所有方面遵循它。她繼續追求她在音樂上的興趣[34]，後來在她的夫婿回美國參加最高法院會期時，她還自己在海外居住[35]。關於她決定在那段時間與幾位朋友去義大利旅行的決定，她寫道：「這件事所展現的獨立，對我的女兒們是如此的新穎和驚奇，以至於她們稱我的義大利之旅是『媽媽的叛變』。」

然而，她最主要的野心，是她夫婿的功成名就。她的目標是成為約翰．哈倫的助手，而不是獨立於他。她對他封她的綽號「老女人」相當驕傲。她認為，這顯示「他重視她，認為她擁有只有歲月淬鍊才能獲得的判斷與經驗」。

當約翰．哈倫成為最高法院大法官，瑪爾維納與第一夫人露西．海斯（Lucy Hayes）建立起友誼，露西．海斯因為熱衷禁酒運動，而得到了「檸檬水露西」的綽號。[36]這段友誼讓哈倫家經常受邀到白宮。[37]

在白宮的夜晚，最高法院的妻子們並不總是安靜地站在她們的男人身後當壁花。瑪爾維納提到一次晚宴上，首席大法官韋特（Waite）*因為「阻止」貝爾瓦．洛克伍德在一八七〇年申請在最高法院前擔任辯論律師，得忍受他的妻子與第一夫人的嘲笑。[38]

瑪爾維納說了一段我很喜歡的插曲，顯示最高法院的妻子們並不只參與她們夫婿社交的那一面而已。哈倫大法官喜歡搜集與美國歷史相關的物品。[39]他從最高法院馬歇爾的辦公室裡拿回首席大法官塔尼（Taney）†用來簽署一八五七年「德雷德．史考特訴山佛特案」（Dred Scott v. Sandford）[40]所用的墨水台，[41]這個案子判決奴隸的後裔無法成為美國公民，而且偉大的「正當法律程序條款」保障了任何人奴役另一個人的權利。這項判決是身為大法官的哈倫強烈反對的，而這項意見後來也被南北戰爭與美國憲法《第十四條修正案》推翻了。

哈倫身為一位有騎士風範的紳士，答應要將塔尼的墨水台拿給一位他在招待會上遇到，自稱為塔尼首席大法官親人的女士。瑪爾維納認為這項承諾並不明智，所以她把這個墨水台藏起來，混在她專屬的物品當中，哈倫大法官只得向這位據說是塔尼親戚的女士說，墨水台被錯置，不知去向了。

這件事後幾個月，最高法院聽審了所謂的「民權案例」（Civil Rights Cases）的辯論，[42]之後產生一八八三年的判決，推翻了一八七五年的《民權法案》（*Civil Rights Act of 1875*），[43]該法案之前由國會通過，要求各種公共設施應提升平等措施，不能因種族而有所區別。當時只有哈倫大法官一人不同意推翻一八七五年《民權法案》的判決，就像他在十三年後的「普萊西訴弗格森案」（Plessy v. Ferguson）一樣，這個一八九六年的判決開啟了「隔離但平等」的信條。他費了好幾個月的時間準備他的不同意見書，但是「他的思緒拒絕順暢流動」。瑪爾維納在她的回憶錄中寫道，他似乎陷入「邏輯、先例與法律的泥潭中」。[44]

我先前提到，瑪爾維納生長在強烈反對蓄奴的自由州家庭。[45]她非常希望她的丈夫寫完那

---

* 【譯註】首席大法官韋特的全名為Morrison Waite。
† 【譯註】首席大法官塔尼的全名為Roger Taney。

份不同意見書。一個星期天早晨，當這位大法官參加教堂禮拜時，瑪爾維納從她收藏的地方拿出塔尼的墨水台，為它「好好清潔、擦拭，並裝好墨水。然後，她從（她丈夫的）書桌上拿走所有其他的墨水瓶，將這個具歷史意義的……墨水台直接放在他那疊紙前面。」[46]當哈倫大法官回家時，瑪爾維納告訴他，他將「在（他的）書桌上找到一些靈感」。[47]瑪爾維納的回憶錄接下來寫道：

> 塔尼的墨水台在「德雷德．史考特案」判決、在暫時緊繃的奴隸束縛……在內戰前的日子裡所扮演的歷史角色，在那天早上，這些記憶似乎起了魔術師的作用，釐清了我丈夫的思緒，對於法律應該的取向……去保護最近被解放的黑奴，讓他們能享受平等的民權。他那天下筆如有神，而且……很快地完成了他的不同意見書。[48]

下次我對某個意見書的思緒「拒絕順暢流動」時，我可能會到馬歇爾的辦公室，尋找一支筆，求得寬恕，也許是布萊得里（Bradley）＊大法官用來撰寫如今惡名昭彰的「布拉德韋爾訴伊莉諾州案」（Bradwell v. Illinois）之一致意見書時使用的筆，[49]這是一八七三年的一項判決，承認州政府排除女性執行法律業務的權利。布萊得里大法官在他的意見書裡說：「天生膽怯和虛弱的女性，明顯不適合擔任公眾生活中的許多行業……」[50]在他的觀點中，女性的相關「領域」不應該超過「家庭事務」。他的意見根源自比《憲法》更高的法：「女性首要的命運與使命，是完成身為妻子與母親的高貴與良善之職責。這是造物主的法。」[51]（布萊得里大法官若得知今天的女性成為太空人、商業飛機飛行員、州長、參議員與眾議員、州與聯邦法官、最高法院大法官，不會訝異不已嗎？）

關於大法官妻子的故事，我最後一個要說的，發生在二十世紀。我會談到海倫（「奈莉」）．赫倫．塔夫特的一些生命面向，她一心想要自己嫁的男人成為總統，而且汲汲營營地促成這個美夢成真。可惜的是，她在塔夫特總統的一任任期中，曾兩次中風，第一次中風導致她無法言語，她一直努力克服這項障礙。

奈莉．赫倫打從年輕開始，就毫不隱藏她的聰明才華，她那一代許多被婚姻綁住的女性會覺得這麼做是需要的。她在大學裡修的是化學與德文，[52]在第一個小孩出生前，她在一所女子私校教書。[53]追求奈莉時，威廉．霍華德．塔夫特會參加奈莉在辛辛那提主辦的週六夜晚「沙龍」，參加的人討論古今中外智者們的思想，包括班傑明．富蘭克林、約翰．亞當斯、愛德蒙．伯克（Edmund Burke）、馬丁．路德、盧梭與伏爾泰。[54]塔夫特很仰慕奈莉「對各種知識的渴望」，以及「她的工作能力」。[55]她的信條是：「活著是為了學習。」

一八八六年威廉與奈莉結婚不久前，[56]奈莉造訪華盛頓特區。塔夫特寫信給她：「親愛的奈莉，我很想知道，妳和我會不會在那裡擔任官職？喔，會的，我忘了；當然我們會，妳會成

*【譯註】布萊得里大法官的全名為Joseph Philo Bradley。

為財政部長。」[57]根據她公公的說法，奈莉很有經濟頭腦，精於計算。塔夫特很明智地將家庭的財務管理交付給她。[58]一八九七年，他們結婚十一年後，塔夫特在一封信裡向奈莉吐露這樣的情感：「妳對我的生命如此重要……我真高興妳不會討好我，坐在我腳邊說甜言蜜語。妳是我最親愛、最好的批評者，在激勵我成為最好的冒險者這件事上，妳對我意義重大。」[59]他們夫妻在辛辛那提的日子裡，奈莉做了很多事，其中之一，是她成立了辛辛那提交響樂團，而且擔任好幾年的總監。

由於奈莉著眼於美國總統大位，一八九二年時，她對她的丈夫在擔任司法部總檢察長後，被指派為美國第六巡迴上訴法院法官有些保留。[60]她後來在她的自傳裡回憶：「我的想法引導我認為，我丈夫在法院的任命，並非如此值得慶賀……我甚至那時候就開始擔心法院工作的窄化效果，我比較希望他……有一個全面的專業發展。」[61]

塔夫特於一九〇一年離開上訴法院，成為菲律賓總督。[62]他和奈莉在馬尼拉住了下來。當時霍亂肆虐整個島。而當老羅斯福總統告訴塔夫特，他被列入最高法院大法官人選，最後會被任命為首席大法官，奈莉仍然很抗拒。「我一直反對他走司法的路，」她寫道：「但在這個時候，我得承認，我有一點動搖。」[63]塔夫特明白菲律賓嚴重的情勢，以及他在那裡工作的重要性，與奈莉討論後，他婉拒了最高法院的任命案。[64]

威廉與奈莉在菲律賓的那幾年，相較於軍事領導者的作風，他們基本上尊重當地文化，設法為民主化的自治鋪路。在那幾年中，奈莉奉行活著就要學習的精神，到菲律賓各個島嶼旅行，也去了日本、西伯利亞、俄國和西歐。

塔夫特於一九〇八年成為總統候選人。《華盛頓郵報》寫到奈莉的影響力時說：「她很有理由為她丈夫的成功自豪，因為若不是她決定不讓他成為最高法院大法官，他就無法接受提名，成為總統。」[65]

身為第一夫人，奈莉在媒體界相當成功。《華盛頓郵報》評論說：「在工於心計方面，她可能是最適合她現在所處位置的女士。」[66]《紐約時報》言簡意賅地說：「她有大腦，而且用了它。」[67]在其他作為上，奈莉在東京市長的協助下，引進了櫻花林，如今每年在首都讚頌春天的到來。[68]在她的許多「第一」裡，一九〇九年，她是第一位在就職日當天，與總統一起乘車的第一夫人，她不僅是第一位乘坐汽車的第一夫人，還是第一位自己開車的第一夫人。

塔夫特於一九二一年成為美國的首席大法官。這是他最想要的職位。奈莉強烈的野心，是看見她的丈夫被選為總統，但在她的自傳裡，沒有一章寫的是他成為最高法院終身職的那一部分。但是我們從一封塔夫特寫給他女兒的信裡，得到這樣的訊息：「她去哪裡都毫不遲疑，接受所有她想接受的邀請，若有任何事吸引她，就算是夜晚她也出門。」[69]奈莉於一九四三年去世，距離她的八十二歲生日只差一星期。[70]她在世時，見到全部三名子女拿到法學學歷——她的兒子羅伯特（Robert）與查爾斯（Charles），和她的女兒海倫（Helen），海倫還擔任過布林莫爾學院的院長。[71]

最高法院大法官配偶的生活，從我描述的那些日子至今，已經改變很多了。配偶們不再於星期一，或任何一天，張羅「家庭接待日」訪客；他們追求自己的事業或興趣。至今有兩位男士被計入最高法院大法官的配偶，增添了「人性」的多樣性。這些配偶們在法庭有一區特別的座位，而且他們每年一起午餐聚會三次，輪流負起掌廚大任。最受歡迎的共同掌廚之一，是我的丈夫，超級大廚馬丁・D・金斯伯格。午餐會是在地面樓層的空間舉行，這裡曾被指定為「女士餐廳」，然而在歐康諾大法官的建議下，於一九九七年會期恰如其份地重新命名為「娜塔莉・柯內爾・芮恩奎斯特餐廳」（Natalie Cornell Rehnquist Dining Room）。（娜塔莉・芮恩奎斯特是重新裝潢這個房間的主要推手，她在一九九一年去世。）

芮恩奎斯特首席大法官幾年前在一次演講中說：「變化是生命的法則，司法必須改變，以符合我們在未來即將面臨的挑戰。」[72]改變正等著最高法院即將展開的新會期。但因為大法官與他們的夥伴們——工作上的和人生的夥伴——所理解、關心與互相尊重的方式，我預期這些改變將迎刃而解。

第三部

性別平等：女性與法律

導讀

一九七〇年是露絲．貝德．金斯伯格人生的分水嶺，當年她三十七歲。受到最近活躍的法律系女學生「覺醒的意識」（the awakening consciousness）之啟發，這位剛獲得終身教職的羅格斯法學院教授，將她對學術與法律分析技巧的關注，從極為重要（但不真正吸引人）的主導美國與海外法院的訴訟程序，移轉到法律前的性別平等。（補註一下，金斯伯格大法官本人可能會對我們將她早年的學術專長描述為不吸引人，不以為然。「我喜歡所有的程序法案件，」她告訴我們。[1]她在法學院時就喜歡研究訴訟程序，並於一九六〇年代早期，學習與撰寫有關瑞典訴訟程序的書，還在羅格斯法學院和哥倫比亞大學法學院教授程序法的課。擔任最高法院大法官時，她繼續享受撰寫程序法訴訟意見，因為芮恩奎斯特首席大法官投其所好，指派她撰寫程序法意見的件數，比任何其他大法官還要多。）

一九七〇年五月一日法律節，金斯伯格大法官在紐澤西的羅格斯法學院主持一個關於「女性解放」的學生專題小組。年底時，她參加了一場美國法學院協會在芝加哥舉辦的年會，她在會上主張法學院學術社群有「兩項值得立即注意的工作」：第一，「從法學院教科書與教室講課中，去除以女性的刻板印象描繪的取笑式穿插內容」；第二，「在標準課程開課單中，注入探討性別歧視的素材。」[2]在這些事件之餘，她被學生說服，在隔年春學季教授性別歧視課程，並利用部分的暑假時間為這堂課蒐集素材。「在一個月的時間裡，」她回憶道：「我讀遍了曾經出版過、與女性法律地位相關的每一個聯邦判決，以及每一篇法律評論文章。但這不是什麼壯舉，因為這類的判決不多，相關的法律評論也很少。」[3]

一九七一年，她的兩個小組簡報都轉化成法律期刊的出版文章，成為她在性別平等議題上最早的兩篇期刊文章；在接下來一九七〇年代的數年間，性別與平等的先鋒文章在法律期刊中如海嘯般氾濫開來。

一九七一年春天，金斯伯格教授開了她第一堂性別歧視與法律的研究專題。這堂課有一項實習，要求她的學生參與已經出現在美國公民自由聯盟紐澤西分會案卷上的實際案例。很順利地，一九七一年春季與夏季，她也與美國公民自由聯盟的全國辦公室合作兩份上訴狀。第一份上訴狀（她後來稱之為「祖母級上訴狀」）是代表查爾斯．莫里茲（Charles Moritz）對聯邦第十巡迴上訴法院的上訴案；莫里茲是個孝順的兒子，上有一位年老、健康狀況不佳的老母。莫里茲挑戰了《國內稅收法典》裡的一則條款，該條款允許報稅人因為自己工作，雇請他人照顧撫養親屬的費用，列為扣除額——除非他們像莫里茲一樣，是單身男子。第二份（或稱「媽媽級」）上訴狀，是代表莎莉．里德（Sally Reed）向美國最高法院提出的案件；在兒子去世後，莎莉．里德想要管理她仍為青少年的兒子的不動產，但她被拒絕成為代理人，而男孩的父親成為代理人，這是因為莎莉所居住的愛達荷州規定：男性必須比女性優先考慮為指定為死去、而且未留下遺書的親友之財產管理人。

在第一篇上訴狀中，金斯伯格教授在《憲法》第五條修正案的平等保護元素下，建立一個強調性別平等的有力論證。第二篇上訴狀集中且延續這條論證，這次則是根據《憲法》第十四條修正案中明確的平等保護保障。這兩篇上訴狀使金斯伯格一躍成為在最高法院代表性別平等方面，最重要的訴訟律師。「里德訴里德案」於一九七一年十一月二十二日判決，至今仍是歷史性的里程碑：最高法院史上第一次以「平等保護條款」裁定一條以性別為基礎的法規無效。（「里德案」判決後幾個月，第十巡迴法院同樣打破了稅法當中撫養照顧的性別分類，准予查爾斯．莫里茲他的扣除額。）

里德案宣判後數個星期，美國公民自由聯盟投票建立了一個「女權計畫」，於一九七二年春季開始運作。金斯伯格同意擔任統籌者。隔年，她被指派為美國公民自由聯盟的三位總法律顧問之一，她擔任這個職位直到一九七九年底。

同時間，哥倫比亞大學法學院，亦即十三年前金斯伯格以全班第一名成績畢業的學校，聘請她成為該校一百一十四年以來，第一位終身職的女性法律教授。（金斯伯格大法官稱一九七二年為法律學者的「女性年」——在美國衛生教育福利部的壓力下，全美國的法學院勉為其難地動了起來，將女性加入他們原來幾乎清一色為男性教職員的教學團隊中。）雖然她在哥倫比亞教的是像民事訴訟這樣的標準法學課程，和她在羅格斯法學院教授的一樣，但她也引進了她在羅格斯開始的研討會模式，教授哥倫比亞法學院學生性別與法律，並且讓他們參與實際和性別議題相關的訴訟與立法計畫。

一九七二年，金斯伯格與加州大學柏克萊分校的赫瑪．希爾．凱（Herma Hill Kay）和紐約州立大學水牛城分校的凱尼斯．大衛森（Kenneth Davidson），一同著手撰寫一本關於性別歧視與法律的判例書（如大家所知的法學教科書）。《性別歧視：文本、案例與素材》（*Sex-Based Discrimination: Text, Cases and Materials*）於一九七四年出版。這是美國（非常可能也是全世界）第一本該類書籍，在全國法學院如雨後春筍增加女性與法律課程之際，這本書成為教授與學生們一本重要的參考。

金斯伯格在這本判例書中，貢獻了三個章節。第一章討論的是美國《憲法》下的女性法律歷史、平權修正案，以及最高法院在性別歧視案例中，援用平等保護原則的新走向（這一章包括了「莫里茲案」、「里德訴里德案」，以及金斯伯格上訴到最高法院的第二個指標級案件，「弗朗蒂羅訴李察森案」。第四章探討女人與女孩們在教育機構所遭受的無數歧視，從性別考量的入學政策、被中學球隊排除在外，到懷孕女學生被退學。第六章則提供聯合國的性別平等宣言，以及瑞典排除女性不平等模式的「比較式旁觀」觀點。

在那十年間，金斯伯格教授發表了超過二十五篇法律文章，依時序記錄與批評性別平等相關尚不為人知的法律，包括合憲與不合憲的——她本人貢獻許多，有助於形塑法律的新樣貌。在美國公民自由聯盟的支持下，她主導了二十四件最高法院案件的上訴狀或意見書，其中九件是代表訴訟當事人，十五件是以「法院之友」的身份寫的。其中有六次，她親自上最高法院報告與辯論。她只輸掉一個案子。從「里德案」開始，在她通篇的訴狀中，比起任何律師，更能形成反映法院意見的法律辯論，讓她贏得了「女權運動的瑟谷德．馬歇爾（Thurgood Marshall）*」之尊稱。在她於一九八〇年離開教職與訴訟工作，成為聯邦哥倫比亞特區巡迴上訴法院的法官時，州與聯邦法院已經歷了一場巨大的變革。

然而，當金斯伯格成為一名法官時，她對於最高法院在性別歧視案件上平等保護信念的貢獻，並未結束。一九九六年，在她擔任美國最高法院第三年任期時，她代表最高法院的六位大法官，為「美國訴維吉尼亞州案」撰寫主要意見書，澄清與強化最高法院在她於一九七〇年代的建議下，所建立對性別平等的態度。

金斯伯格於一九七〇年代親筆撰寫關於性別與法律的文字——包括訴訟書狀、學術與一般文章、國會證詞、受訪與演講——可以輕易集結成一本大部頭書。在這裡，我們選了當中幾篇文章，反映那些多樣傳達方式的範疇、實質內容與風格。

首先是金斯伯格教授的〈女性與法律：一場論壇的引言〉，因為這篇文章捕捉了她在一九七〇年代初進入法律爭端的時刻——當時，女性人權這個主題在法律判例書與課堂都聞所未聞，很少聯邦法院嚴肅看待性別歧視，女性法律運動尚未開始連珠炮似地要求最高法院檢視性別法律與政府政策。第二篇是由馬丁．金斯伯格——露絲．金斯伯格的「人生伴侶」，如她經常稱呼他的——撰寫的，以他一貫的典型機智與幽默，敘述金斯伯格的前兩個案子（「莫里茲案」與「里德案」）如何出現的故事：〈美國聯邦第十巡迴法院如何讓我的妻子獲得她的工作〉。接下來，我們提供一個金斯伯格為女性平權所撰寫的訴訟摘要範例——「弗朗蒂羅案」回應狀的節錄——後面是一篇名為〈《男女平權修正案》的必要性〉的文章，她在文章中駁斥平權修正案反對者預告的「三件恐怖的事」。接著是總結這項議題的合頂石：「美國訴維吉尼亞案」的「法庭宣告」（bench announcement，最高法院對媒體與大眾宣布的一種口頭摘要），這是金斯伯格大法官針對憲法平等原則援用在性別歧視上最重要的意見。本章最後一篇文章是二〇〇八年一篇期刊文章，〈支持消除性別歧視：一九七〇年代平等原則的新展望〉，這是金斯伯格對於「一九七〇年代的努力之後續影響」的思考。

*【譯註】瑟谷德·馬歇爾於一九六七至一九九一年間擔任美國最高法院大法官，他是第一位擔任此職的非裔美國人。

1. 女性與法律：一場論壇的引言*

規範目前兩性社會關係的原則——其中一個性別在法律上從屬於另一性別——本身是錯誤的，而且如今成為人類進步的主要阻礙；……它應該要被完美的平等所取代，承認一方對另一方沒有權力或特權，而且另一方非無能或殘缺。

——約翰・史都華・彌爾（John Stuart Mill），[1]《女性的屈從地位》（*The Subjection of Women*, 1869）

作為一九七〇年五月一日法律日活動的一部分，羅格斯法學院的學生律師協會籌辦了一場小組討論，主題是女性的解放……身為小組討論的主持人與羅格斯法學院唯二法學女教授之一，我受邀為這場研討會簡要致詞。以下是我對於法律日節目最新的評論摘要。

I 比較式的旁觀角度

「家庭是我們國家大多數人最自然的生活樣式。但它應該是自由與獨立的人一起共同生活。」[2]瑞典首相奧洛夫．帕爾梅（Olof Palme）將這些意見囊括在他對瑞典家庭主婦的回應，因為她們擔心瑞典政府對收入課稅制度的改變，會導致她們的努力「貶值」。瑞典的稅賦制度大致上與美國相同：由於妻子的收入與丈夫的合併申報，使許多妻子對於外出工作怯步。新制度則引進了個人申報制度；每個人，不論結婚與否，都將以各別賺取的收入課稅，而且採用統一的分級課稅稅率。帕爾梅首相解釋說，他們期待的目標——女性的獨立與平等——是瑞典已經透過婚姻法、教育領域、勞動市場與社會福利，希望達成的重大進步目標。

在美國，最近幾年對女性地位的尊重，達到了一種「初生態」。由兩種性別的女性主義者所發動，法院與立法者開始正視女性宣稱為人類的完整會員資格，值得人生與自由的正當程序保障，以及平等的法律保護。然而，達到平等機會的距離還很可觀。有些歐洲國家很晚才賦予女性投票權，但是在讓女性對社會事務擁有平等發言權的承諾方面，比美國更快跟上。[3]例如，讓我們來比較瑞典在所得課稅上的發展，與美國最近的「改革」。一九六九年的《稅務改革法案》不僅延續，而且還大幅擴增了美國稅法的「婚姻懲罰」特色，也就是：當兩位配

＊ 這篇文章最初刊載於《羅格斯法學評論》（*Rutgers Laws Review*）第一期（1971），頁二五。我們根據長度與上下文情境，做了微幅的編輯。

偶都工作，所得幾乎相同時，比起他們未婚同居、以個人所得報稅，兩人將支付明顯更多的所得稅。[4]一九六九年的《稅務改革法案》鼓勵的「結婚同居」，是以先生工作、妻子在家為基礎。[5]

II　就業與教育的新視界：平等保護的可能性

雖然，「女人……只是長大的孩子」這種看法已經不流行；[6]然而，認為女性（如果她們是中上階級，先不管稅務限制）已經享有所有可能世界中最好的優勢，這種想法仍然盛行：她們可以選擇有薪工作，或是追求家庭幸福。還有，當女性選擇有薪工作，她們有時還能得到特殊保障立法的優惠。許多態度保留的男性，也許也包括一些女性，仍然堅稱，他們相信世界上仍存在一種對女性提供選擇權與保護理想的情境。[7]

然而……在最初那幾年，女性的選項是被導引的。[8]有一齣極受歡迎，而且在很多方面堪稱典範的學齡前兒童電視影集的內容，依其導演（一位女性）的說法，「當然是男性導向的。」[9]給托兒所與幼兒園讀者的書籍，持續鼓勵男孩要有成就，而鼓勵女孩順從。[10]勞動力市場中受法律裁罰的保護，無論它對世紀之交在血汗工廠工作的婦女帶來什麼好處，[11]它在最近也因為女性競爭高薪職位，十足使男性蒙羞了。[12]國家的「保護」和雇主放任的歧視（有時是由男性主導的工會教唆）[13]，已使許多婦女被擋在門前，被剝奪晉升的機會，並使許多與男性從事相同種類與份量工作的女性，其工資水平明顯較男性為低。[14]

目前，聯邦立法與準則，以及婦女為執行這些法律而付出的種種努力，已開始從舊式的國家保護法限制、雇主的歧視性行為中，拯救順從的多數[15]。國家層級的主要措施是一九六三年的《公平薪酬法》（*Equal Pay Act*）[16]、一九六四年的《民權法案》第七章，[17]以及最近由勞動部頒布的準則，其主旨都在消除聯邦合約下對職場婦女的歧視。[18]這些趨勢發展為社會提供了一個新型保護的希望：保護男女追求適才適所就業的平等權利。深具代表性的，是最近發生的一起案件：聯邦地區法院宣布，《伊利諾伊州女性就業法案》（*Illinois Female Employment Act*）對婦女的工時限制，不符合《民權法案》第七章。重要的是，原告是雇主，他們成功地辯稱，國家「保護性」的立法阻擋了他們晉升或指派女性員工從事需要加班的工作，同時也為男性員工帶來額外的加班負擔。[19]

正當立法和行政措施為女性求職者增加了機會，司法機構在另一個關鍵領域——教育領域——也當起領頭羊。一九七〇年，三名法官組成的聯邦地區法院，在「科爾斯坦訴維吉尼亞大學案」（Kirstein v. University of Virginia）的判決中，[20]很可能標誌了長期努力的轉折點，也就是在《聯邦憲法》（*Federal Constitution*）的支持下，為婦女提供平等機會。[21]法院認為，維吉尼亞大學夏洛茨維爾分校（Charlottesville）排除女子就讀，不符合《第十四條修正案》的「平等保護條款」；法院批准一項計畫，要求學校當局在兩年過渡期後，招收與男學生人數完全相同的女學生。自從「布朗訴教育委員會案」（Brown v. Board of Education）*以來，十六年已經過去，[22]「柯爾斯坦訴維吉尼亞大學案」卻是第一個宣布，州立教育機構將提供給男性的教育機會排除女性，屬於違憲行為的判決。[23]

值得注意的是，可能擺脫「國家行動」之憲法規定的「私人」高等教育機構，也開始主動進行類似的改革。例如，康乃爾大學藝術與科學學院在一九六九～七〇學年宣布，他們將以依男學生相同的條件招收女學生，並為男女學生提供相同的住宿選擇。[24]紐約大學法學院過去只為男學生提供獎學金，如今也向女學生開放，並且為單身的女學生提供先前只保留給單身男學生和已婚夫婦的宿舍；為了回應其校內女學生的要求（女學生在目前的法律博士課程，人數已占十五％），它已經開始招募女性擔任常規教職。[25]哈佛法學院已同意為女學生提供宿舍住宿、改善醫療服務，並資助旨在增加法學院女學生人數的招生計畫。[26]數十所大學和學院以及幾所法學院，亦著手開設有關社會性別角色的課程。

當然，大學方面的情況還不是一片美好。雖然一九六九～七〇年獲准進入耶魯大學部的女學生表現優異，該校校長仍然婉拒增加女學生入學的要求。他顯然倚仗那些強烈不相信男女合校者的勢力，說：「我們不應該犧牲男學生的人數，增加女學生人數，除非絕對必要。」[27]十四位法學院女學生在說服芝加哥大學法學院把對聘任女性律師有歧視的就業安置公司排除在外的行動失敗後，她們向「公平就業機會委員會」提出訴訟，控訴學校與三家芝加哥律師事務所違反了《民權法案》第七章。[28]最近，婦女團體也向美國勞動部提出訴訟，對象是有聯邦合約的大學與學院；這些申訴尋求調查招生政策、財務協助、畢業生就業安置、教職員工聘任與升遷，以及薪資差異。[29]關於小學與中學教育的相關問題，也正在審理中。在許多美國南部地方提出的學校結束隔離計畫，雖然消除了種族隔離，卻以性別隔離取而代之。無疑地，這類計畫可能被認為是持續種族歧視的門面。但是，這些政策也產生了一個問題：州政府強制的性別隔離，在高中以下學校是否是憲法允許的？[30]

「科爾斯坦訴維吉尼亞大學案」的判決[31]指向重新檢視其他地區「平等保護條款」的施行情況。例如在「賽登伯格訴麥克索利老啤酒屋案」（Seidenberg v. McSorley's Old Ale House）中，[32]法院宣布在平等保護條款下，該酒館一百一十五年只服務男性顧客的營業方式是違憲的。在訴訟的初步階段，法院指出：「堅持古老的騎士主義觀念所支持的作法，當不再需要其理由或依據時，也許只會使婦女孤立於日常生活的現實，並在法律上持續維持經濟剝削和性剝削。」[33]在向原告做出簡易判決的最後處置中，法院認為這樣的歧視是「沒有合理依據的」。[34]

另一方面，司法覺醒並未普遍。愛達荷州有一條州法律規定：「在要求平等有權管理（無遺囑之亡者的遺產）的幾個人中，男性必須比女性優先。」[35]而該州最高法院最近裁定，這條規定符合「平等保護條款」。這種類型的判決，以強大的美國最高法院判例為支撐，[36]解釋了為什麼女權主義者正重新積極地敦促人們採用他們建議的「平等權利修正案」。[37]

---

*【譯註】此案全名為「布朗訴托彼卡教育局案」（Brown v. Board of Education of Topeka）

III 一九九〇年的婦女與環境

近幾個月來，大眾媒體對一項激進婦女運動的報導頻率高，而且有時會引起誤解。對女性主義組織和活動的關注沒有放錯地方，但是，在當前的十年，發展出較不順從的多數似乎是必然的。那些嘲笑婦女解放運動，或者將目前女權主義的訴求一筆勾銷，只將它當作是民權運動後進行的一次影子行動的人，需要調整他們的眼光。當然，在美國，很多靈感是來自黑人為實現平權而做出的有組織的努力。但是，在婦女選擇權發展速度比美國更快的歐洲國家，那種模式並不是近在眼前，可以隨之傚尤的。促成此現象的因素之一，肯定是一項受到普遍關心的議題：愈來愈多人承認，長期來看，要減輕環境問題，需要提高對節育問題的重視。對原本不關心女權主義目標的人來說，女性的人生若能跳脫「子女、教堂、廚房」*的展望，將呈現出新的、具有吸引力的境界。如果一九九〇年的美國人口是兩億兩千萬人，而不是三億人，那麼，我們還可期盼一個可容忍的未來。[38]這種考量，也許超過對隱私權，或是婦女所主張的《第十四條修正案》的權利之關注，[39]而且可能已經至少影響了一些正面回應廢止或廢除墮胎法律的立法者或法官的投票意向。

未完成的婦女平權事業正累積動能；一九七〇年代導向婦女平等的思想和能量，可能會對未來幾十年普遍期望的健康環境與社會大有貢獻。女性主義議題的主要項目，是在就業與教育上有警覺地施予平等；普遍存在的優質兒童照護機構（目前蘇聯和以色列實施的模式）；不會懲罰與丈夫同等收入的妻子、但充分承認因為安排照顧勞動者的撫養眷屬所產生之商業費用的稅賦制度；消除仍然反映在公共設施與住宅、刑法、財產法和家庭法中的歧視性作法。[40]這項運動的先導者應該是政府和大學。[41]對於實現一個光明的未來很關鍵的，是積極且對政治敏銳的女權組織之發展——致力於平等原則，卻也具有活動所需的實用主義思想的團體，畢竟這項運動最終要能夠成功，必須獲得廣泛民眾的支持。

＊【譯註】「子女、教堂、廚房」——這是一句傳統的德語口號，原文為：「Kinder, Kirche, und Küche」，描述德國傳統價值觀中保守的女性社會角色，即婦女應照顧與教育子女、處理家務並遵循教會的道德規範。這句口號在納粹德國時期曾被用力宣傳，隨著戰爭結束與之後女性主義的興起，這句口號逐漸變成歷史。

2.

美國聯邦第十巡迴上訴法院如何讓我的妻子獲得她的工作

馬丁．金斯伯格這位稅務律師、法律教授與美食大廚，在他能親自念出他為第十巡迴上訴法院年會準備的講稿之前，於二〇一〇年六月二十七日逝世。兩個月後，金斯伯格大法官站在科羅拉多州科羅拉多泉（Colorado Springs）的與會人士前，這麼開場：「我親愛的丈夫，一位偉大的稅務律師，為我們家二〇〇九年的納稅申報申請展延，但他已先寫好他為第十巡迴上訴法院準備的講稿，我知道他會希望你們聽見。所以，請忍耐我一下。我對時間的掌控不如他，但我會盡力而為。」接著，她朗讀了他的演講稿，中間有笑聲，有掌聲，她僅對馬丁的文字做一點修正（見下）。當她念完，聽眾立刻為她（和馬丁）起立鼓掌。

如你們所聽說的，我的專業領域是稅法。當首席法官亨利邀請我今天演講，暗示講題可能是我最喜愛的主題，很自然地，我準備了一個長篇講稿，準備發表最高法院在稅務案件上的精采表現。可惜的是，首席法官大表不予苟同，所以，我今天只會說到我這輩子與露絲閣下一同做的唯一一件大事。我將讓你們回想起這件我們一起擔任律師的案子。這也是我們兩人有幸在第十巡迴上訴法院辯論的一次。雖然這段回憶必然會讓你們覺得精采，但你們全部都是輸家，因為我向你們保證，最高法院在稅務上的案件，才是超級有趣的題目。

一九六〇年代，我在紐約市從事法律專業（主要是稅法）的工作，露絲在紐華克（Newark）的羅格斯法學院開始她的法律教學生涯。她教授的課程之一是《憲法》，接近一九七〇年時，她開始研究平等保護問題，這些問題可能由基於性別的成文法規造成。這是一項令人沮喪的學術研究，因為當時的美國最高法院從未判定任何基於性別區分的立法類別無效。

當時和現在一樣，我和露絲晚上在家時，在相鄰的房間工作。她的房間比較大。（在這裡，金斯伯格大法官插了話：「而我必須反對——事實並非如此！小房間是我們的臥室，也是我工作的地方；大房間是飯廳，馬丁在那兒工作，他的四周環繞一個很大的稅務書庫架。」）一九七〇年秋天的一個晚上，在我的小房間裡，我正閱讀稅務法院最新公布的判決意見，看到一個親自到庭的訴訟當事人，查爾斯．莫里茲，在一張明確說明的紀錄中，根據《國內稅收法典》第二一四條的規定，他報稅的時候，有一筆六百美元的眷屬照護扣除額被拒絕了，儘管稅務法院認為莫里茲執行的事實完全適用成文法規——除了其中一點。原來，莫里茲先生是一家圖書公司的編輯，兼需要出差的業務員。他八十九歲的母親與他同住，受他撫養。為了能照顧母親，不把她送去養老院，同時能繼續從事有酬工作，莫里茲支付一位非親人至少六百美元

——實際上比這還多了很多——以便在他外出時，有人能照顧他的母親。

但這當中僅有一個小問題，讓他在稅務法院踢到鐵板。稅法提供最高六百美元的扣除額給任何類別（離婚、喪偶或單身）的女性納稅人、已婚夫婦、喪偶的男子或離婚男子，但不包括一個從未結過婚的男人！莫里茲先生正好是一個從未結婚的單身男人。「扣除額是一項立法美意，」稅收法院援引，而且補充說，如果納稅人提出憲法異議，那就別想了：稅務法院自信滿滿地斷言，眾所周知，《國內稅收法》不受合憲性的攻擊。

請容我岔題一下告訴各位，在稅務法院，莫里茲先生雖然不是律師，但他寫了一份起訴狀。它只有一頁的篇幅，裡面說：「如果我是一個盡職的女兒，而不是一個盡職的兒子，我便會得到扣除額。這是沒有道理的。」稅務法院似乎正是從那篇起訴狀，看出這位納稅人可能會提出合憲性異議。在我看來，莫里茲先生的一頁呈文，是我讀過最具說服力的訴訟狀。

回歸正題，我走到隔壁的大房間，把稅務法院最新公布的判決意見交給我的配偶，然後說：「讀看看。」露絲溫情而友善地大聲嚷道：「我不讀稅案。」我說：「讀這篇，」然後回到我的小房間。

不到五分鐘後——那是一則很簡短的判決意見——露絲踏進我的小房間，帶著各位能想像的最大笑容，說：「讓我們把這個案子接下來吧！」而我們真的接了。

我和露絲當然是無償接下莫里茲的上訴案，但由於納稅人並不貧窮，我們需要一個無償組織。我們想到了「美國公民自由聯盟」。美國公民自由聯盟當時的法務總監梅爾·沃夫（Mel

Wulf）自然希望審查我們提出給第十巡迴法院的上訴狀，事實上，當中九〇%是露絲撰寫的上訴狀。當梅爾讀完，他大大地被說服了。

幾個月後，美國公民自由聯盟向美國最高法院提起了第一宗性別歧視／平等保護案。你們當中許多人都記得，那個案子是「里德訴里德案」。當時梅爾想起「莫里茲案」，便問露絲是否願意代表上訴人莎莉・里德，主筆撰寫美國公民自由聯盟呈給最高法院的上訴狀？露絲寫了，後來美國最高法院推翻了愛達荷州最高法院的裁決，一致同意莎莉勝訴。

這對莎莉・里德是一件好事，對露絲也是，露絲後來保住了兩項工作，一個是哥倫比亞大學法學院的終身聘教授，那是她離開羅格斯法學院後的職位；另一個是美國公民自由聯盟新成立的「女權計畫」負責人。

現在回到「莫里茲案」。第十巡迴法院——由哈洛威（Holloway）法官為合議庭撰寫判決意見書——發現莫里茲先生被剝奪了法律的平等保護權，推翻了稅務法院的判決，並允許莫里茲先生六百美元的扣除額。

令人驚訝的是，政府提出了移審申請。政府主張，第十巡迴法院的判決，基本上將使數百條聯邦法規蒙上違憲的陰影——這些法律像《稅法》舊版二十四條一樣，完全是基於性別而加以區分的。

在個人電腦流行之前的年代，我們沒有簡單的方法可以測試政府聲稱的主張。但是，當時的司法部總檢察長厄文・格里斯沃爾德（Erwin Griswold）設法為他的移審申請附加一份數百條可疑的聯邦法規清單，解決了這個問題——這份清單動用了美國國防部的大型電腦才順利產出。移審申請在「莫里茲案」中敗訴，而這份電腦清單後來被證明是無價的禮物。在這十年當中，露絲在國會、最高法院和許多其他法院中，成功訴請這些法規違憲。

因此，我們前往第十巡迴法院的旅程非常重要。首先，它挹注了露絲於一九七〇年代初期的職業生涯，讓她從一名勤奮的學者，轉變為技能嫻熟且成功的上訴律師，接著又造就她下一個在法院裡的更高職位。其次，在迪恩·格里斯沃爾德（Dean Griswold）的幫助下，莫里茲先生的案子完備了露絲積極追求的訴訟議題，直到她於一九八〇年加入特區巡迴上訴法院。

總而言之，一宗稅務案件取得了令人矚目的成就，而爭議的金額加總起來是二九六·七美元。

如各位所見，在四十年前將那些稅務法院最新公布的判決意見帶到露絲的大房間時，我改變了歷史。世界因此變得更好。而且，我該聲稱，我因為此事，為國家做出了重大貢獻。我決定相信，正是這項重要的貢獻，讓我今天能受邀與各位講話。即使你們心裡想聽到的演講主題大幅上的意義不那麼重要，而且幽默許多，例如最高法院在稅務案件中的表現，但我和露絲真的很高興再次回到第十巡迴上訴法院，與你們在一起。

◆

在念完馬丁．金斯伯格的講稿後，金斯伯格大法官被聽眾問到她是否知道查爾斯．莫里茲的近況。她報以笑容，念了米恩的一段童詩：「詹姆斯．詹姆斯．莫里森．莫里森．威瑟比．喬治．杜波里」／他「非常照顧他的母親，雖然他只有三歲」。「我肯定知道的是，」她說：「他非常照顧他的母親，即使她活到九十三歲。」

3.
「弗朗蒂羅案」回應狀

一九七〇年秋天時，莎朗．弗朗蒂羅（Sharron Frontiero）是駐在阿拉巴馬州蒙哥馬利（Montgomery）麥斯威爾空軍基地（Maxwell Air Force）的美國空軍中尉。她的丈夫喬瑟夫．弗朗蒂羅（Joseph Frontiero）是蒙哥馬利亨廷頓學院（Huntingdon College）的退伍軍人和全職學生。根據聯邦法律，政府會為已婚軍人的「被撫養人」提供額外的住房津貼和基礎醫療服務——但法律定義的「被撫養人」，對男性服役者比對女性服役者有利。如果喬瑟夫是現役軍人，而莎朗是學生，那麼她將自動被視為喬瑟夫的被撫養人，無需考慮她的收入，從而使該家庭有資格獲得法定的福利。然而，身為一名女性服役者，莎朗卻被要求證明她的丈夫依靠她的部分，超過他的花費一半以上，如此她的家庭才被視為符合領取津貼的資格。莎朗確實支付了家庭的大部分費用，但還是比需要支持喬瑟夫生活花費的一半，少了一點。於是莎朗向聯邦法院提起對國防部長、空軍總司令以及她的指揮官的訴訟，聲稱聯邦法律為女性服役者提供較不優渥的家庭福利，侵犯了她享有法律上平等保護的憲法權利。

此案到達美國最高法院後，當時仍是教授身份的金斯伯格，代表美國公民自由聯盟，寫了一份長達七十頁的法院之友意見書，支持莎朗．弗朗蒂羅的主張。在這份意見書中，她細數女性遭受歧視的悠久歷史，以及最高法院的立場直到一九七一年都堅定不移，亦即：依性別進行的法律區分（金斯伯格經常稱之為「性別角色鴿巢」（sex-role pigeonholing））是合情合理的，因此符合憲法。她將之描述為「一體適用」的審查標準；正如最高法院於一九四八年總結的，這種標準授權立法者畫定「兩性之間的明顯分界線」。金斯伯格在自由聯盟的意見書中的核心論點是：基於性別的立法畫界，應該像種族分類一樣，被標記為「可疑的」（suspect），因此法院應該將基於性別的法律區分，延伸至與大法官在一九七〇年代初，為基於種族的法律區別保留（並且仍然給予）的相同「嚴格審查」（strict scrutiny）。嚴格審查的基本特徵是：要求國家藉由證明某項規定「對一項必要的國家利益是有需要的」，因而為該利益「從嚴限縮」（narrowly tailored），以說明其正當性。一位法律評論員曾稱此標準為「理論上嚴格，但現實上致命」，這句話很有名，因為這項標準的援用，經常導致法院得出種族區分為違憲的結論。[1]

莎朗．弗朗蒂羅的律師原本請求美國公民自由聯盟協助撰寫最高法院回應狀，但後來婉拒做出這項主張，使得金斯伯格與美國公民自由聯盟打算主動以法院之友的身份遞交意見書。然而，經過討論協商，雙方達成共識，美國公民自由聯盟與弗朗蒂羅的律師共同提交了最終的回應狀，回應政府稱該條聯邦法規合憲的論點。回應狀中陳述金斯伯格「將性別標示為可疑的分類標準」（sex as suspect）那部分之論點，刊載如下。此次案件是金斯伯格首次現身最高法院，她與弗朗蒂羅的一名律師分配好辯論時間，金斯伯格則第一次親自向大法官提出了「將性別視為可疑分類標準」之主張。

◆

南方貧困法律中心（Southern Poverty Law Center）、上訴人、法院之友美國公民自由聯盟，聯合回應狀

一九七三年一月十二日提交美國最高法院，「弗朗蒂羅訴李察森案」，411 U.S. 677（1973）*。

僅基於性別的社會角色之立法判斷，援用了一種可疑的標準。

一、……迄今為止，最高法院從未承認性別為一種立法區別的「可疑的」標準[2]，而且根據上訴人的說法，它從來不應該如此……。在促請宣稱本案中的性別標準為可疑時，上訴人僅是重申十年前有些人注意到美國社會普遍存在的性別歧視，在社會、經濟和政治方面造成了影響，他們清楚明白這件事：「法律之前人人平等的權利，不論男性或女性，這是民主及其對個人終極價值的承諾的根本，必須在這塊土地上的基本法律中予以體現。」「總統婦女地位委員會」（Presidential Commission on the Status of Women），《美國婦女》（*American Women*）第四十四～四十五頁（一九六三年）。（這段聲明顯示，期待法院提供「必要」的澄清，以消除「憲法保護婦女權利方面的模稜兩可」）。

二、（在政府的答辯狀中）被上訴人承認，誘發嚴格審查的主要成分，在性別標準方面是固有存在：「性別，如種族和血統，[3]是一種可見且不可改變的生物學特徵，與能力沒有必然關聯。」（被上訴人答辯狀第十五頁。）另一方面，被上訴人指出「種族歧視與性別歧視不同，在憲法史上具有特別不利的地位。」（被上訴人答辯狀第十六頁。）這項主張是無可爭議的。美國內戰後「憲法修正案」被採納的那段期間，國會首要關心的問題當然與婦女無關，與來到我們國家的新移民也不相關。然而，平等保護的原則從一開始就反映了一個基本概念，即立法區分不應該基於與能力沒有必然關聯、且不受人為控制的特徵。根據此一概念，最高法院於一九七一年正式將外國人身份歸入可疑的類別。見「葛拉漢訴李察森案」[4]（Graham v. Richardson），403 U.S 365（1971）。

＊【譯註】為美國最高法院判例集結成冊後的標示法，如此處即指：《美國判例彙編》四一一卷，第六七七頁（1973）。

三、然而，被上訴人主張，儘管性別標準「與能力沒有任何必然關聯」，但不能將其列為可疑的，因為婦女占了未被政治過程排除的多數。此處有一項被跳過的事實是，在我們國家的大部分歷史中，這群為數眾多的多數人，在政治上是無聲的。參見弗雷克斯納（E. Flexner）的《奮鬥的世紀》（*Century of Struggle*，一九五九年）；《從基座向上》（*Up from the Pedestal*，克拉迪特〔A.S. Kraditor〕編，一九六八年）；法院之友意見書，第十二至十八頁。即使到了今天，在許多州，女性在陪審工作方面，也未與男性共享全部的權利和責任。參見法院之友意見書，第四十一至四十二頁。在教育機構、就業市場上以及最顯著地在政治舞台上，女性繼續居於次等地位。[5] 聯想到應該歸屬於被上訴人的人數論點之價值，前勞動部長霍奇森（Hodgson）於一九七〇年時觀察到，在勞動市場上對女性的歧視，「比對任何其他少數族群的歧視更為微妙和普遍。」[6]

女性的「政治影響力」可以被描述為「實質的」（如被上訴人在其答辯狀中所做的），僅用幻想代替事實。美國參議院中沒有一位女性。眾議院只有十四位女性。在過去的二十年中，只有一位女性擔任過眾議院委員會主席；[7] 沒有一位女性曾經擔任參議院委員會主席。在聯邦政府GS-16級及以上的職位中，不到三％的職位是由女性擔任。[8] 截至一九七二年十月三十一日，女性在美國外館所占比例接近四分之一，但擔任使領館副館長者所占比例不到三％。[9] 在州層級方面，沒有女性擔任過州長，只有不到六％的州議員是女性。[10]

四、與被上訴人的人數論點密切相關，而且作為否認性別標準為可疑的最終原因是，被上訴人主張，性別區分「並不表示隱含男尊女卑的立法判斷」。（被上訴人答辯狀，第十七～十九頁。）根據被上訴人的說法，以下法規均未有如此的判斷體現其中：宣稱婦女不適合擔任調酒師的法規（「高薩爾特訴克雷瑞案」〔Goesaert v. Cleary〕，335 U.S. 464〔1948〕）；設立女子大學的法規，讓女性具備擔任祕書、家庭主婦以及其他「適合其性別」的其他職業（相較之下，該州設立的男子大學則為軍事學校，提供全方位的文科與工程學學位）（「威廉斯訴麥克內爾案」〔Williams v. McNair〕，316 F.Supp.134〔DSC 1970〕，aff'd mem.，401 U.S. 951〔1971〕*）；假定婦女忙於家庭和孩子，因而應免於勞煩擔任陪審團的法規（「何伊特訴佛羅里達案」〔Hoyt v. Florida〕，368 U.S. 57〔1961〕）；成為女性在藍領工作中尋求報酬和晉升機會均等之主要障礙的法規（「穆勒訴俄勒岡案」〔Muller v. Oregon〕，208 U.S. 412〔1908〕）。[11]

對這些立法判斷的評估不像被上訴人那麼草率的法律學者，對此事有不同的看法。被上訴人認為暗示沒有「自卑烙印」（stigma of inferiority）的每項判斷，都顯示為「對個人能力、興趣、目標和社會角色的錯誤（至少是無根據的）假設」……

那些「保護」婦女免於完整參與經濟、政治和社交生活的立法判斷，被一些人視為「善意

*【譯註】Supp.為《聯邦法院判例》，DSC指「南卡羅萊納州地區法院」，aff'd mem.為「協議備忘意見確認」縮寫。

的」，因為這些人認為這些判斷，將女性劃歸為「隔離但平等」的角色。大多數的男性和女性都聲稱，他們珍視傳統上與母親和妻子有關的特質，例如無私、敏感、順從、溫和。但是，社會科學家的調查結果明白顯示，與養家餬口的男性有關的特徵如自信、進取、獨立等，被認為是較有價值的……

大量證據表明，「順從的多數」會察覺到「善意」的分類和「隔離但平等」的委婉語背後的真實判斷。在一個所有具影響力和權力的位置幾乎都被男性把持的社會中長大，女性相信她們屬於次等的性別。女性缺乏自尊心，而且她們自己相信，當男生比當女生好，例如，父母雙方都比較喜歡男嬰，男性也有這種想法。如瑪汀娜・霍爾納（Matina Horner）*所發現的：「要很長一段時間……才意識到女性的（刻板印象）形象，實際上已經到了被內化的程度，從而獲得了對（女性）行為施加心理壓力的能力，而這往往是（女性本身）沒有察覺到的……。社會，甚至更重要的是，根植於這種形象的內在心理障礙，確實限制了她們與男性競爭的機會。」霍爾納，〈對與女性成就相關的衝突之理解〉（Toward an Understanding of Achievement-Related Conflicts in Women），《社會問題期刊》（*Journal of Social Issues*），第二十八期，第一五七、一五八頁（一九七二）。[12]

五、企圖擺脫傳統模式的女性，遇到了弱勢團體成員所面臨的所有偏見和敵意。比「離散和孤立的人」情況更糟，[13]因為至少對其他弱勢團體而言，他們有籌組政治組織的優勢，但女性彼此是分開的，因此與被上訴人歸罪她們的政治潛力，相距甚遠。對於那些想要選擇跳脫女性刻板印象的女性而言，尤指那些不想受到「保護」，而希望在沒有人為約束的情況下，發揮個人潛能的女性，這些強加的傳統男性—女性角色的分類，很難說是一種「善意」。在此案中，一對夫妻偏離常規——妻子是家庭養家餬口的人，而從妻子為這個婚姻單位[14]提供一半以上的支持的角度來看，丈夫是「被撫養人」——「善意」立法判斷不斷提醒我們，從主導的、或者全由男性決策的機制來看，生命不應該如此安排。

結論

總言之，上訴人建議，將性別標示為可疑類別的時間已經延誤，這項標示將可提供處理這起案件之申訴唯一完全令人滿意的標準，並且應作為評估這項申訴的起點。

---

*【譯註】瑪汀娜・霍爾納——美國心理學家，她所提出最知名的概念是「成功恐懼」（fear of success）。

◆

金斯伯格教授應該輸掉了「將性別標示為可疑的類別」這一戰，但她贏了「弗朗蒂羅案」，以及隨後幾年，在最高法院為爭取女性平等的更大場戰爭。在由布倫南大法官撰寫的複數意見書中，只有四位大法官同意她的觀點，認為性別區分值得嚴格審查，但另外四位法官，雖然拒絕將性別區分標示為可疑，但認為該法規將扶養定義為特定性別，這一部分違憲，並引用了金斯伯格教授一九七一年的「里德訴里德案」。莎朗．弗朗蒂羅後來以八比一大勝。

由於少了必要的第五票贊成「性別」和「種族」一樣，應該皆屬於「可疑的」類別，金斯伯格在隨後的案件中，勸使大法官將性別歧視案件解釋為一種「中級的」（intermediate）審查標準。*最高法院的中級標準最初是在一九七六年的「克雷格訴伯倫案」（Craig v. Boren）中提出的，在該案中，金斯伯格再次與美國公民自由聯盟提交了法院之友意見書。在一篇由布倫南大法官撰寫的意見書中，最高法院說：

> 為了經得起憲法《第十四條修正案》中平等保護條款所導致的合憲性挑戰，性別區分必須是為了服膺必要的政府目標，並且必須與實現這些目標密切相關。

新的標準——與法律上對性別區分歷史悠久的「一體適用」作法相去甚遠，但不算是嚴格審查，嚴格要求國家展現其基於性別的區分是為了達成「必要的國家利益」所做的從嚴限縮——後來證明其效力已足以使許多在兩性之間「劃清界線」的大多數聯邦與州法律失效。金斯伯格在這場針對性別法律的正確司法途徑之役中，最高潮的篇章，是當時已身為大法官的金斯伯格在「美國訴維吉尼亞州案」（一九九六，也稱為「維吉尼亞軍事學院案」〔Virginia Military Institute，簡稱ＶＭＩ〕）中發表的主要意見宣告，請參閱第三部第五節。

＊「弗朗蒂諾案」的回應狀一筆註釋暗示了金斯伯格想要的方向。她在那筆註釋中引用了一篇最近刊登在《哈佛法律評論》（*Harvard Law Review*）的文章，這是由她的前法律教授與心靈導師傑拉德．岡瑟撰寫的。岡瑟認為，最高法院在沒有公開承認的情況下，已經在朝著「更新的平等保護」邁進。他的證據包括金斯伯格的「里德案」。岡瑟寫道，儘管最高法院否認他們在「里德案」中改變了標準，但是「若不假設對性別作為區分因素的一些特殊考量納入了分析，便很難理解（「里德案」的）結果……。唯有透過帶入一些與性別相關的的特殊懷疑……才能使結果完全具有說服力。」

4.

《男女平權修正案》的必要性

一九七二年三月二十二日，美國參議院和五個月前的眾議院一樣，通過了《美國憲法》的《男女平權修正案》（*Equal Rights Amendment*，簡稱ERA）。擬議的修正案隨後送交各州批准。《男女平權修正案》的基本規定仿照授予婦女投票權的《第十九條修正案》，只有簡單規定：「美國或任何州不得以性別為由，剝奪或限制法律上的平等權利。」

「弗朗蒂羅案」於一九七三年五月判決；幾個月後，金斯伯格發表了提倡《男女平權修正案》的文章。這既不是她對該主題的第一次談話，也不是最後一次，但有效地列出了修正案的歷史，以及它應該被批准的理由，並駁斥了反對者提出的主要論點。有鑑於有三位大法官拒絕加入布倫南大法官的意見，不願將性別區分視為「可疑的」類別，使得指出《男女平權修正案》的合理性、為此大聲疾呼似乎更為緊迫。正如鮑威爾大法官（Powell）*為這三位大法官寫的：

《男女平權修正案》若獲採通過，將正好實質解決這個問題，它已經得到國會的同意，並已提交各州批准。若這項修正案適時通過，它將代表人民的意志在憲法規定的方式中實現了。在我看來，在國家立法機構正遵循其傳統民主進程運作、對擬議修正案進行辯論之時，最高法院倉促與不必要地採取行動，已承擔了決定性的責任。

同意修正案的國會將各州批准的最後期限定在一九七九年三月二十二日。一九七三年，激進的保守主義者菲莉絲．施拉弗利（Phyllis Schlafly）和她的「停止《男女平權修正案》」（STOP ERA）組織竄起，並在許多州活躍起來。當「STOP ERA」及其相關組織成功阻攔批准程序時，國會將各州批准期限延長至一九八二年中，但還是無濟於事。一九八二年六月二十一日，《男女平權修正案》距離法定批准州數三十八州，尚差三州，此案因而成為廢案。

相較於一九七三年時的情況，雖然金斯伯格大法官本身在一九七〇年代的工作——以及自《男女平權修正案》失敗以來三十多年來的許多其他工作——使得對一項憲法修正案之需要，不再那麼迫切，但她仍然希望看見美國《憲法》中明確載入性別平等。二〇一四年，在華盛頓特區的「國家新聞俱樂部」（National Press Club）發表講話時，她解釋了她對此案抱持期望的原因：「我希望我的孫女們拿起美國《憲法》時能看到那個概念——即男女是同等地位的人——我希望讓她們看見這是我們社會的一項基本原則。」[1]

* 【譯註】鮑威爾大法官全名為 Lewis Franklin Powell, Jr.。

◆

《男女平權修正案》的必要性

《美國律師公會期刊》（*American Bar Association Journal*），一九七三年九月*

法律之前男女平等的觀念，既不是新穎的理解，也不是當年擬定《內戰修正案》（*The Civil War Amendments*）†的國會的理解。湯瑪斯．傑佛遜（Thomas Jefferson）這樣說：

> 如果我們的國家是純粹的民主國家，我們的審議工作仍需將婦女排除在外，為了防止道德淪喪和問題含糊不清，婦女不應放蕩地出現在男人的聚會裡。[2]

十九世紀中葉的女性主義者，當中許多人是廢奴運動的熱衷工作者，他們在內戰後向國會尋求明確保證男女平等的權利。然而，憲法《第十四條修正案》的案文使性別平等保證的支持者感到震驚。他們的關注點集中在修正案夭折的第二部分，該部分首次在《憲法》中加入了「男性」（male）一詞。「男性」這個詞彙的連詞用法，總是與「公民」（citizen）一詞一併使用，引起了人們的關注，他們擔心第十四條修正案第一部分冠冕堂皇的措詞——合法訴訟程序和法律的平等保護——對婦女其實有所保留。[3]

經過近一個世紀的努力，選舉權修正案獲得批准，賦予女性公民投票的權利。該修正案最有力的支持者將之視為起點，而非終點。在《第十九條修正案》批准過的三年後，「全國婦女黨」（National Woman's Party）成功地將一九二三年以來，每屆國會皆舊案重提的《男女平權修正案》提交國會。在該修正案首次提出之際，全國婦女黨執行長闡釋：

> 當我們正在為全國選舉權修正案而努力時……我們強烈地意識到，我們不會因此便為這個國家的婦女爭取到完全的平等，我們只是邁出了……爭取這項平等的一步。[4]

不了解這條修正案歷史背景的人，對修正案的籠統性、缺乏影響評估調查，表示強烈反對。「正當程序條款」與「平等保護條款」的模式，應該足以表明該修正案的文字敘述，是一種完全體現《憲法》基本原則的負責方式。在提出修正案之前，全國婦女黨在律師和專家顧問的協助下，條列出與婦女地位有關的各州和聯邦立法，以及法院判決。他們也成立了由不同經

---

* 本文最初發表於《美國律師公會期刊》第五十九期，頁一〇一三（一九七三年九月）。我們依文章長度和上下文進行了編輯。

† 【譯註】《內戰修正案》——合指美國憲法第十三、十四、十五條修正案。《第十三條修正案》旨在廢除奴隸制度；《第十四條修正案》旨在保障美國公民權利，不再將黑人排除於美國公民之外；《第十五條修正案》旨在禁止政府不可因種族、膚色、曾經為奴隸而剝奪其投票權。

濟地位和專業女性團體組成的諮詢委員會——包括工廠工人、家庭主婦、教師和學生、聯邦雇員。每個委員會都對男女平等權利和責任的理想，進行了研究。閱讀一九二〇年代法律期刊上關於該修正案的辯論，很有啟發性。一九七三年時依舊有人提出的反對意見，當時就被切實回答了。[5]

反對該修正案的人建議採取替代路線：透過國會和各州的常規立法程序，制定專門的法規，以及依《第十四條修正案》進行判例訴訟。[6]然而，只有那些未能從過去經驗吸取教訓的人，才能接受這種建議。

在立法方面，直到一九六三年國會通過《公平薪酬法》之前，這方面的努力可說是一事無成。這項立法幾乎沒有開創性。第二次世界大戰期間已強制實行同工同酬的要求，在後來不再需要鼓勵婦女加入勞動行列的年代，這項要求便悄然銷聲匿跡。[7]同工同酬是一九五一年國際勞工組織（International Labor Organization）會議的主題，並由啟動一九五八年「歐洲經濟共同體」的「羅馬條約」批准施行。最重要的是，複雜的動機刺激了國會的行動。透過以下論點，一些國會議員認同了這項法案：同工同酬可防止男性失業；由於無法以廉價獲得女性勞動力，雇主將更願意雇用男性。[8]

隔年，性別連同種族、宗教和國籍被歸為一體，納入一九六四年的《民權法案》第七章。這是一項重大的進步，因第七章是抵制就業歧視的最有力武器。但是，性別是以走後門的方式被加進第七章的。一位堅決反對第七章的南部州國會議員提出，在禁止歧視的項目中增加性別的修正案。他的動機昭然若揭，但他的策略適得其反。[9]

一九七二年，國會在該年的《教育修正案》（*Education Amendments*）第四章中，禁止了對有性別歧視的教育機構提供聯邦補助。第四章有幾個例外，例如，所有私立和某些公立大學的招生方式被排除在外，因此這項修正案的執行機制薄弱。

這三項措施——《公平薪酬法》、《民權法案》第七章和《教育修正案》第四章——是國會主要的貢獻。從未竟之功來看，這並不是個了不起的成就。司法部總檢察長在本年度會期告訴最高法院，最近的一次政府電腦搜尋顯示，《美國法典》中的八百七十六條條文提及性別。[10]在某些州，類似的搜尋已發現數百條需要修改的州法規。[11]

在沒有推動《男女平權修正案》的情況下，重大的立法修訂會進行嗎？若過去的經驗是一個準確的晴雨表，答案可能為非。因為州或聯邦的立法很少關注一九二〇年代全國婦女黨指出的歧視性法規。國會通過《男女平權修正案》後，這些立法仍然不願意禁止在大學入學時的性別歧視，雖然一九七一年紐曼（Newman）報告指出：「與對弱勢團體的歧視相較，對女性的歧視在學術界仍然是公開且社會可以接受的。」如一張圖所示，一九六九年一所知名州立大學的新生課程簡介警告：「新生入學的女性僅限於特別符合資格的女性。」[12]美國空軍學院今年發出一則直言不諱的回應：教育局長表示，如果修正案獲得批准，我們將在一九七五年招收女性。如果修正案未獲批准，女性將得等待很長一段時間，才能期待入學。[13]

有些州的立法分析提供了在修訂案的刺激下，可預期的修訂種類樣貌。有些人擔心修正案通過後，將發生令人無法容忍的改變，這些分析應該能使那些人放心。他們提議將理想的保護範圍擴大到男女兩性；例如，州最低工資法也將進而適用於男性；他們絕不建議剝奪任何性別目前享有的實際利益。[14]

若修正案獲得批准，舉幾個例子說明註定要送進廢料堆的法律：亞利桑那州法律規定，州長、州務卿和財務長必須為男性。[15]在俄亥俄州，只有男性可以擔任郡法院程序中的裁決人。[16]在威斯康辛州，理髮師可以修剪男性和女性的頭髮，但化妝師只能服務女性。[17]喬治亞州的法律仍然忠於布萊克斯通（Blackstone）所論述的十八世紀中葉英格蘭法律，規定：

> 丈夫是一家之主，妻子則受制於他。她的合法公民身份已合併到丈夫的公民身份，除非法律個別承認她，無論是出於保護她自己，或是為了保護她的利益，或是為了維護公共秩序。[18]

另一段尷尬文字來自同一州：「指控或暗示一位白人女性與一位有色人種有染，是缺乏特殊傷害證據的誹謗。」[19]立法惰性將這類法律留在書上。湯瑪斯．愛默生（Thomas Emerson）教授如此總結這種情況：「這不是修正案的弱點，而是強項，它將迫使人們迅速考慮早就應該著手進行的改變。」[20]

若要提《第十四條修正案》對司法和訴訟做出的貢獻，那麼最高法院一八七三年至一九六一年的判決，就可以告訴我們這一點。在《第十九條修正案》成立之前，婦女可以被剝奪選舉權。當然，她們是《第十四條修正案》所指的「人」，但兒童也是，如最高法院在一八七四年注意到的。[21]陪審團的權利可以只保留給男性，[22]這是一九七一年時最高法院拒絕重新審查的一項主張，儘管道格拉斯（Douglas）大法官*敦促他的弟兄們這麼做。[23]女性，無論個人才華如何，都可以排除在被認為更適合男性的職業之外，例如律師和酒保。[24]

進入二十世紀後盛行的一種典型態度，是我們國家最偉大的法學家之一哈朗・菲斯克・史東（Harlan Fiske Stone）的回應，他是著名的「卡羅琳產品公司案」（Carolene Products）註腳的作者，為「可疑的」分類說法提供了理論依據。一九二二年，當史東首席大法官擔任哥倫比亞大學法學院院長時，一位想學法律的巴納德學院（Barnard College）畢業生問：「為什麼哥倫比亞大學不錄取女學生？」這位尊貴的學者以他最不典型的方式回答：「我們不收，因為我們不收。」[25]

有人從反對立場提出該修正案的諸多「恐怖」之處。其中四個是修正案反對者的宣傳品中最主要的論點。

---

*【譯註】道格拉斯大法官的全名為William Orville Douglas。

第一項恐怖

婦女將失去保護性的勞動法的好處。如今，對這些法律的挑戰，很少是來自希望女性過度勞動的男性雇主。自《民權法案》第七章通過以來，挑戰保護性勞動法的人，絕大部分是藍領工作者，想要克服她們所認為使她們無法得到高薪工作和職位晉升的制度。在絕大多數的第七章就業歧視案件中，法院已經理解了這些挑戰。[26]立法機關開始放棄對婦女無用的保護，並向所有工人提供真正的保護。世界上有很多典範。例如在挪威，反對「只為婦女提供特殊保護」者，主要是婦女組織，一九五六年一項工人保護法案確保了男女兩性雇員的安全和健康。此外，最高法院最近採行的路線，是擴大僅有益於某一性別的法律，而不是使之無效。在「弗朗蒂羅訴李察森案」中，已婚男性軍人的附帶福利，便擴大到已婚女性軍人。全國婦女黨在數十年前的一九二六年時這樣說：

> 理想的保護性立法應該施行於所有工人……包括婦女但排除男性的立法……藉由阻擱她的經濟活動機會……限制了女性工人的活動範圍。而且，（對女性而非對男性）的限制性條件，強化了一種有害的假設，即有償勞動主要是男性的特權。[27]

第二項恐怖

妻子將失去贍養權。只有當我們的立法者或法院反覆無常、惡意地忽視公共福祉，而且公然無視修正案支持者的意圖時，這種情況才會發生。[28]在愈來愈多即將採行《男女平權修正案》的州，不會對現行的贍養法規有任何改變。在這些州以及在修正案下的所有州，丈夫或妻子均可根據夫妻的情況得到支持。在任何特定家庭中是誰付錢，將取決於該家庭內的責任分工。如果某一配偶是養家餬口的人，而另一位在家裡執行無償服務，則負責養家餬口的那位配偶，將需要支持在家工作的配偶。

該修正案背後的前提是，一個在家工作的人之所以這樣做，是因為她或他想這麼做，而不是因為一個沒有明說的信念，認為這是無從選擇的事。很遺憾地，該修正案的批評者忽略了這個重點，亦即：《男女平權修正案》並未強迫任何樂於擔任家庭主婦的女性放棄該角色。相反地，它藉由清楚表明這是經過選擇，而非在不考慮她個人喜好的情況下強加給她，從而強化這個角色。

第三項恐怖

婦女將被迫入伍服役。只有在男性也是被迫入伍的情況下，這種情況才會發生，而且其任務是根據個人能力，而不是根據性別進行分配。隨著兵役結束，就該考慮另一面的問題了。希望入伍的女性必須達到比男性高更多的標準；服役中的婦女被剝奪了男性享有的附帶福利，而且並未得到同等的專業培訓機會。一位空軍上校在一九七二年十二月的一份證詞中，指出對女性標準較高的原因。[29]他解釋說：「我們已經有，並且持續有我們能……錄取……的女性人數的兩倍申請人……我們沒有多餘的男性員額能夠錄取。」

年輕婦女團體在國會聽證會上作了一致的證詞，表示她們不希望被免除服役的責任。在這些團體中，最引人注目的是擁有二十萬人的「女大學生協會」（Intercollegiate Association of Women Students），該團體名副其實地被稱為「美國中間族群」（middle American）。[30]

早在女性與軍隊成為《男女平權修正案》一項充滿激情的議題之前的一九四八年，德懷特・D・艾森豪（Dwight D. Eisenhower）將軍就指出：

> 像大多數老兵一樣，我先前也強烈反對女兵。我認為這將會帶來極多困難，不僅僅是管理方面的困難……而是其他一些更個人化的方面，會為我們帶來麻煩。但這些都沒有發生……。在紀律方面，她們是……陸軍的典範。不僅如此，她們在整個統率過程中的影響力還不錯。我堅信，在另一場戰爭中，她們必須像男人一樣被徵召入伍。[31]

最後一項恐怖

公共場所的洗手間不能分性別。斷然不是如此，據國會修正案的擁護者所說[32]，他們對「便盆問題」受到關注覺得很有趣。除了提及憲法對個人隱私的考慮外，他們還對不贊成當前安排的四分之一反對勢力表示好奇。表達關注的人是否假設男性會想要使用女性的洗手間？還是女性會想要使用男性的洗手間？無論如何，航空公司設計的巧妙方案，提出了解決問題的一種方法。

有人表示，擔心在《男女平權修正案》通過後，恐怕會有「訴訟潮」。但是，一九七〇年代根據《第五條修正案》和《第十四條修正案》提出的性別歧視訴訟案急遽增加顯示，如果有訴訟潮的話，批准《男女平權修正案》將遏制這一趨勢流。該修正案將促使國會和各州針對迄今尚未修訂的法規進行修正，全面立法修訂。姍姍來遲的法規修訂，正在全國各地引發數百起案件。[33]儘管司法方面的挑戰日益升高，但立法機關仍然不動如山，這些挑戰在最高法院於「弗朗蒂羅訴李察森案」中的裁決後，進一步推升。但是，批准該修正案將使批准日到生效日的兩年內，未進行必要法規修訂的任何立法機關，明確被認為是不負責任。

迄今為止，已有五分之三的州批准了該修正案。這三十個州占了本國人口的絕大部分。內布拉斯加州想要撤回其批准決議。但是，過去紐澤西州和俄亥俄州曾對《第十四條修正案》採取同樣的行動，紐約州則在批准後撤回其對《第十五條修正案》的批准決議。然而，當時的國會顯然已經決定，批准動作一旦完成，就無法撤銷。紐澤西和俄亥俄州仍被算進同意《第十四條修正案》的必要四分之三個州。在批准《第十五條修正案》的州中，紐約也被計入批准同意州之一。[34]

總之，《男女平權修正案》將使本國對男性與女性的權利和責任有新的展望。它堅決拒絕兩性之間的立法劃分界線，是憲法上可以容忍的。相反地，它尋求一種法律制度，根據個人的優點，而不是根據與需求或能力無必要關係的、不可改變的出生特徵，來評判個人。正如紐約市律師公會的「聯邦立法委員會」（Federal Legislation Committee）所解釋的：

> 該修正案將消除明顯歧視，包括因為對女性在社會上適當「角色」的觀念，禁止或阻礙女性充分發揮其政治和經濟能力的所有法律。任何因其身高或家庭角色而需要的任何特殊例外或其他優惠待遇，可以藉由法規保留，利用那些因素作為區分的基礎——而不是性別。[35]

5. 「維吉尼亞軍事學院案」法庭宣告

在最高法院會期間的許多個早晨，大法官們登上華麗法庭的法官席，宣讀法院的判決。要讀完完整的最高法院意見書，將需要好幾個小時（而且可能會讓聽眾睡著），因此最高法院採取了較為實際的方法。主要意見書的執筆人將判決濃縮至其精髓，然後理想上宣讀一段簡潔明瞭的敘述，說明法院的作法及其原因。以下是金斯伯格大法官在「美國訴維吉尼亞州案」（被稱為「維吉尼亞軍事學院案」〔VMI，全名為Virginia Military Institute〕）的判決中宣讀的法庭宣告，她稱這是她擔任法官多年來，個人最滿意的法庭宣告之一。

值得一提的是：金斯伯格在她這份法庭宣告中，唯一引用的判例是「密西西比女子大學訴霍根案」（Mississippi University for Women v. Hogan，一九八二）。那些引用的段落是最高法院第一位女性大法官歐康諾寫的。歐康諾大法官當時剛完成第一年任期，為這宗五票對四票的案子撰寫主要意見，該案判決：將男學生排除在該大學全為女性的護理學院之外，屬違憲。

完整的「維吉尼亞軍事學院案」意見書，記錄於518 U.S. 515（1996），除了金斯伯格，包括歐康諾大法官在內的五位同事也加入了。首席大法官芮恩奎斯特提出一篇判決的協同意見書，意味他同意這項結果，儘管不同意主要意見書的理由。托馬斯（Thomas）大法官＊未參與該案的審議或裁決，因為他的兒子當時正就讀維吉尼亞軍事學院。唯一的反對者是斯卡利亞大法官，他堅定地捍衛單一性別教育，認為這是教育多元選擇的合法例子，並指責多數大法官基於性別的分類，提供了對「中級審查的重新定義，使其與嚴格審查無異」。他還指責最高法院「摧毀」了維吉尼亞軍事學院，此預言後來被證明是錯誤的。正如金斯伯格大法官不只一次指出的，自從女性被接納入學以來的幾年中，維吉尼亞軍事學院及其學員似乎表現良好，正如她所預期的。（有關金斯伯格大法官對斯卡利亞不同意見書的反應，請參閱〈悼念一位可貴的同事〉，第一部第六節。）

◆

法庭宣告

一九九六年六月二十六日

《美國訴維吉尼亞州案》，第九四—一九四一號

（*United Sates v. Virginia*, No. 94-1941）

《維吉尼亞州訴美國案》，第九四—二一〇七號

（*Virginia v. United State*, No. 94-2104）

此案是關於一所非凡的軍事學院——維吉尼亞軍事學院，維吉尼亞州高等公立教育機構中唯一的單一性別學校。自一八三九年成立以來，維吉尼亞軍事學院已為維吉尼亞州與國家培育了諸多民間與軍事領導人。該校身為領導者培訓基地的獨特課程和輝煌記錄，吸引一些女性冀望入學。美國代表足以勝任該學院學員課程活動所需能力的所有女性，於一九九〇年提起訴訟，堅定認為，依據《美國憲法第十四條修正案》的「平等保護條款」，維吉尼亞州可能無法僅向男性保留維吉尼亞軍事學院所能提供、而沒有其他維吉尼亞學校能負擔的教育機會。

該案在法院已纏訟多年。在第一輪中，地區法院判決美國敗訴，認為全男性的維吉尼亞軍事學院符合該州提供多元化教育計畫的政策。第四巡迴法院則撤銷該判決，結論認為，「只利於某一性別」的多元政策，並不符合平等保護原則。

在第二輪中，下級法院考慮了維吉尼亞州提出的補救方法，並認為令人滿意。這項補救方法是：由一所私立女子大學瑪麗．鮑德溫學院（Mary Baldwin College）成立一所「維吉尼亞女性領導人學院」（Virginia Women's Institute for Leadership，簡稱ＶＷＩＬ），為女性提供課程。第四巡迴法院說，維吉尼亞女性領導人學院的學位，不會有維吉尼亞軍事學院學位的歷史優勢和威望，而且這兩項課程在方法上有顯著差異——維吉尼亞軍事學院的課程是嚴格的「逆境型」，而維吉尼亞女性領導人學院的課程則是「合作型」。但是總體而言，下級法院認為，

＊【譯註】托馬斯大法官全名為 Clarence Thomas。

這兩所學校「足以匹敵」，能滿足平等保護的要求。

我們推翻此一決議。我們的推論著眼於美國投訴的實質意義，並根據無可爭議的事實：至少有某些女性能夠達到維吉尼亞軍事學院對男性要求的體格標準，能夠勝任維吉尼亞軍事學院學員所需進行的所有活動，她們喜歡維吉尼亞軍事學院的學程，勝於維吉尼亞女性領導人學院的學程，可以採用維吉尼亞軍事學院的方法，而且如果她們有機會，會想要就讀維吉尼亞軍事學院。

地區法院承認，維吉尼亞軍事學院可以透過招生，「達到至少十%的女性入學」——該法院說，這一數字「足夠……為女學員提供正面的教育經驗。」如果大多數女性不願意選擇維吉尼亞軍事學院逆境型的教育方法，那麼很多男性也不會想在維吉尼亞軍事學院的環境中接受教育。但是，擺在我們面前的問題，不是「是否應強迫女性或男性就讀維吉尼亞軍事學院」。而問題在於，維吉尼亞州是否可以在合憲的情況下，拒絕具有意願和能力的女性接受維吉尼亞軍事學院獨特的訓練和就學機會——而這些是維吉尼亞女性領導人學院沒有提供的。

要回答這個問題，我們必須有一個衡量標準，即律師所稱的「審查標準」。簡而言之，即我們的判例所確立的標準：捍衛政府性別區分之行為的人，必須證明該行為具「必要的理由」。為了證明這一點，法律中性別界線的捍衛者必須表明，「至少，那個（備受挑戰性的）分類符合重要的政府目標，而且，（任何）被採用的歧視性手段與實現這些目標，在很大程度上相關。」提高以性別區分的審查標準，並非使性別成為被禁止的分類，但是它確實能將只因為她們是女性，而拒絕她們依據她們的能力，平等追求、實現、參與，並為社會做出貢獻之法律或官方政策，標記為推定無效——與平等保護原則不相容。

在這個嚴格的標準下，仰賴過分籠統的概括想法，用通常為男性或通常為女性的「傾向」，來估測大多數女性（或大多數男性）的特質，將不足以拒絕那些才華與能力超越平均水平的女性向外發展的機會。正如本院在十四年前於「密西西比州立女子大學訴霍根訴案」中所說的，國家行為者不能基於「關於男女角色與能力的固定觀念」，而關起大門。

補救的法令必須導正違憲行為——在本案中，違憲行為指的是將女性類別完全排除在男性享有的非凡教育／領導才能發展的機會之外。為了導正這種違憲行為，並提供真正平等的保護，尋求並符合維吉尼亞軍事學院品質教育的女性，應該得到任何應得的，一分都不能少。因此，我們推翻了第四巡迴法院的判決，並將此案發回訴訟，以符合此意見。

6.

支持消除性別歧視

一九七〇年代平等原則的新展望*

一九七〇年代，一股復興的女權運動在美國蓬勃發展起來。那些年，我是一名法律教師、美國公民自由聯盟的法律總顧問，也是美國公民自由聯盟的女權計畫創始人。我生逢其時，能夠在對的時間、對的地方，參與將婦女權利永久置於美國人權議程中的努力，這是我的榮幸。在這些評論中，我將重提很久以前的那些事，並以我個人的觀點和經驗，描述一九七〇年代的努力所造成的影響。

自一九七〇年以來，世界上大多數的國家／地區都制定了相當新的憲法。較新的政府基本法律通常包含一條廣泛的平等條款，特別禁止基於種族、性別、族裔、性取向、宗教和其他群體特徵的歧視。試舉當中幾個例子：一九八二年通過的《加拿大權利與自由憲章》（Charter of Rights and Freedom）、南非種族隔離後的《憲法》和《歐洲人權公約》（*European Convention of Human Rights*），都有上面這一串文字。

相對於二十世紀後期的權利宣言，《美國憲法》的歷史已經超過兩百二十年。它是世界上仍然有效的、年代最悠久的成文憲法。除了在一九二〇年賦予婦女投票權的《第十九條修正案》外，我們的《憲法》中沒有關於性別歧視的明確條款。確實，一直到南北戰爭之前，《憲法》裡對平等的提議，沒有隻字片語。美國的平等保護法理學，主要涉及對《第十四條修正案》的備用命令解釋，即政府單位不得拒絕任何人「法律上的平等保護」。

這些加進一八六八年《憲法》的文字，曾經被狹義地解釋，但隨著時間的流逝，它們被證明具有成長潛力。一八九〇年代，美國最高法院說，州法律授權執行的種族隔離，符合憲法的平等保護原則。然而到了二十世紀中葉，最高法院開始意識到這個判決是多麼地錯誤。最高法院在一九五四年的「布朗訴教育委員會案」中承認，州政府加諸的種族隔離，至少在公共教育機構中，永遠不可能平等。然而，一直到一九七一年之前，最高法院駁回了每一位女性因為州或聯邦法律拒絕其平等保護的申訴。

一九七一年，最高法院轉往一個新的方向。大法官們開始對平權倡導者的主張，做出積極的回應，他們主張對平等原則進行更全面的解釋，一個更符合美國社會的平等原則，正如自十八世紀末建國以來的進化一樣。

＊　這篇演講是二〇〇八年六月，金斯伯格大法官在美國威克森林法學院（Wake Forest Law School）於義大利威尼斯開設的暑期課程發表的。我們依篇幅與上下文流暢，編輯了這段講稿。

在一九七二年初啟動的美國公民自由聯盟女權計畫，以及我首先在（紐澤西州立大學）羅格斯法學院、後來在哥倫比亞大學開辦的法學院研討會上，同時展開三方面的工作：我們同時試圖促進公眾理解、立法改變和司法教義的變革。我在本堂課裡，主要把焦點放在訴訟方面的努力。

從某種意義上來說，我們在一九七〇年代的任務很簡單：目標很明確，事情並沒有什麼微妙之處。各州和國家的法規書中，充斥著我們所謂的基於性別的差異。一九七一年夏天向最高法院提交的美國公民自由聯盟上訴狀的附錄中，附上了作為例證的法律。那份上訴狀是為「里德訴里德案」的上訴人撰寫的，該案是一九七〇年代首次在最高法院出現的性別歧視／平等保護案件。在許多條目中，「里德案」上訴狀附錄包括一條我們從英格蘭承襲的家庭規範，該規範曾經盛行於美國和世界其他地方的民法以及普通法領域。編入規範的法規通常這麼寫：

> 丈夫是一家之主。他可以選擇任何合理的住所或生活方式，而妻子必須配合遵守。

關於需要修法的聯邦立法方面，美國司法部總檢察長也許在無意間提供了重要的協助。當時的司法部總檢察長是前哈佛法學院院長厄文．格里斯沃爾德。一九七三年三月，他要求最高法院對美國公民自由聯盟在上訴法院勝訴的「莫里茲訴國稅局局長案」（Charles E. Moritz v. Commissioner of Internal Revenue）判決，進行複審。

莫里茲在《國內稅收法》中的所有地方都遇到了明顯的性別歧視。他對一則條款提出質疑，該條款允許單身女性為照顧年長體弱的被撫養人申報扣除額，但單身男性則無此福利。國會後來對法律進行修改，消除基於性別的差異。隨著現在與未來孝順的兒子已經被給予曾經只保留給孝順女兒的好處，最高法院的審查似乎沒有迫切需要。然而司法部總檢察長仍促請處理案件，因為上訴法院的判決「為附錄E中列出的許多聯邦法規，蒙上了違憲的陰影」。

附錄E是什麼？那是用當時國防部的電腦印出的資料（在個人電腦流行前的古老年代，這是一份令人意想不到的資訊）。這份資料逐條列出了《美國法典》中「包含基於性別相關標準的區分」之法條。這是一張改革計畫的路線圖。人們可以利用這份司法部總檢察長提供的清單，敦促改正性立法，同時將能引起公眾關注、加快變革步伐的質疑，提交法庭。

但是，如果我們的目標都條列在法律書籍中，那麼我們的工作就是在這方面遇到阻力。我們的起始點，與向法院尋求援助、反對種族歧視的倡導者的起始點不同。一九六〇年代，和至少一九七〇年代初的法官和立法者認為，要求對男女實行差別待遇的法律不是惡意的，而是對婦女有利的善意運作方式。那些年的立法者和法官幾乎都是富裕的男性白人。擔任民選與被任命職位的男性，通常認為自己是好丈夫與好父親。他們認為，女性擁有所有可能的世界中最好的世界。女性若想工作，可以去工作；她們若選擇留在家裡，就可以留在家裡。（當然，丈夫收入差的婦女，從來沒有那種選擇權。）如果她們不想，可以免除陪審工作；或者如果她們選擇去做，就可以去擔任陪審員。她們可以迴避軍事任務，也可以受徵召入伍。那麼，她們在那裡抱怨什麼呢？

我們的任務是與公眾一起，教育美國立法機關和法院的裁決者。我們試圖向他們傳達，他們對世界的看法有問題。正如最高法院開始傾聽人民心聲的一年半後，布倫南大法官在一九七三年判決的「弗朗蒂羅訴理查森案」主要意見書中所寫：「傳統上，（基於性別的差別待遇）被一種『浪漫的家長式主義』的態度合理化，這種態度實際上（通常）不是將女性放在座台上，而是放在籠子裡。」

在美國公民自由聯盟與我有聯繫的人，會在心裡牢記認識聽眾的重要性——大多是某個年齡層的男性。如果我們用彷彿向一個「家鄉父老」的聽眾講話的方式，可能會適得其反。相反地，我們試圖激發法官與立法者的理解，讓他們明白，他們自己的女兒和孫女可能會受到這種情況的不利影響。我們將自己當成在聽眾面前的一位老師，而根據我們了解案件背後的現實情況，這些聽眾的程度差不多只有小學三年級。

為了追溯婦女何時、為什麼以及如何開始進行憲法裁決的故事，我將從半個多世紀以前的一九五七年，佛羅里達州希爾斯伯郡（Hillsborough）法庭的一場訴訟開始。葛文德琳・何伊特（Gwendolyn Hoyt）因謀殺丈夫而受審；行兇的工具是棒球棍。葛文德琳・何伊特是我們今天所謂的受虐婦女。她生病的丈夫虐待她、羞辱她到了臨界點。她因為憤怒與沮喪而失去理智，以棍棒重擊結束了夫妻倆的爭執，致使她以謀殺罪被起訴。

出自於家長主義對女性居於「家庭和家庭生活中心」的考量，佛羅里達州當時沒有女性擔任陪審團成員。葛文德琳．何伊特被清一色為男性的陪審團裁定犯有二級謀殺罪。她的想法很簡單：若陪審團中有女性，她們也許較能理解她的心態，她們投下的票，即使不是無罪釋放，至少或許能讓她被判犯行較輕的過失殺人罪。

一九六一年，最高法院（當時由首席大法官厄爾．沃倫〔Earl Warren〕領導，他們的觀點被廣泛認為是積極的「自由主義」）駁回了葛文德琳．何伊特的請求。最高法院這麼做，是因為遵循了牢不可破的判決先例。那個判例反映了長期存在的男主外、女主內的「分離領域」觀念，即男人的命運，因為他的天性，成為養家餬口的人，是一家之主、家庭對外的代表；而女人的命運，因為她的天性，成為獨自生養孩子、使家中井井有條的人。這種想法的代表，是一九四八年的一項判決，「高薩爾特訴克雷瑞案」，該案維持了密西根州禁止女性擔任調酒師工作的禁令，除非她的丈夫或父親擁有該場所。這個判決的結果使一個擁有酒館的婦女和她擔任調酒師的女兒沒了工作。

一九七一年，就在葛文德琳．何伊特案做出判決的十年後，最高法院轉向了。美國各地的下級法院亦然。轉折點是「里德訴里德案」。「里德案」涉及一名愛達荷州波夕市（Boise）的十幾歲男孩理查．林恩．里德（Richard Lynn Reed），他在一場不幸事件中死亡。他的父母早已分居，然後離婚了。理查的母親莎莉．里德（Sally Reed）在理查生前未能成功讓他脫離父親的監護。理查住在父親家中時，被父親的一把槍射出的子彈射死。情況顯然是自殺。失去唯一孩子的莎莉．里德希望能處理兒子的遺物。她向遺囑檢驗法院提出申請，要擔任理查死亡遺產的管理人。男孩的父親塞西爾·里德（Cecil Reed）後來也提出了同樣的申請。

愛達荷州遺囑檢驗法院拒絕了莎莉·里德的申請，儘管這是第一次，並根據以下這條州法規，指定了塞西爾·里德為遺產管理人：在平等有權管理死者遺產的人之間，「男性必須優先於女性」。後來中級上訴法院裁定莎莉勝訴，但愛達荷州最高法院裁定她敗訴。

莎莉·里德並不是個見多識廣的幹練女人。她曾經是一名白領文書員，後來以在自家照顧老年人和殘疾人士謀生。她可能不認為自己是女權主義者，但她強烈地意識到自己所在州的法律是不公正的，並且堅信司法機構可以補償她的委屈。最終，她的信念成真了。

「里德案」宣判後十七個月，在「弗朗蒂羅訴李察森案」裡，最高法院裁定，軍方剝奪女性軍官的福利中，對已婚男性自動提供的家庭與醫療津貼，不符合憲法。空軍中尉莎朗·弗朗蒂羅是成功的挑戰者。弗朗蒂羅中尉抱持這項明確的觀點：她認為這些有問題的法律，是對同工同酬的明顯否定。

莎朗·弗朗蒂羅（現在是柯恩〔Cohen〕）不是您可能會從人群中選出的可能先鋒。莎莉·里德也不是。莎朗和莎莉都是市井小民，對拋頭露面感到不自在。但是她們知道自己被虧待了，她們有勇氣去抱怨，並且相信司法體系有能力為自己的申訴辯護。

弗朗蒂羅中尉獲勝兩年後，最高法院宣布愛荷華州的一條法律違憲，該法律允許父母在女兒年滿十八歲時停止撫養女兒，但要求父母撫養兒子直到年滿二十一歲。同年，一九七五年，最高法院裁定了一宗我最掛心的案件——「溫伯格訴維森菲爾德案」（Weinberger v.

Wiesenfeld）。此案源於一九七二年的一樁悲劇，當時紐澤西州一所公立學校的教師寶拉．維森菲爾德（Paula Wiesenfeld）在分娩過程中去世。她的丈夫史蒂芬．維森菲爾德（Stephen Wiesenfeld）想要親自照顧嬰兒，但卻被剝奪育兒社會保障福利，原因是該福利僅適用於喪偶的母親，而不適用於喪偶的父親。所幸史蒂芬．維森菲爾德後來在最高法院獲得全體一致的判決，勝訴了。

為了捍衛性別區分的作法，政府原本主張這種區分是完全合理的，因為寡婦，作為一種類別，比鰥夫更需要經濟援助。最高法院承認，一般來說這是對的，但是反映一般女性或一般男性狀況的法律，甚至不再適合政府的作業方式。最高法院指出，美國許多寡婦並不仰賴丈夫的收入，而像史蒂芬．維森菲爾德這樣的父親人數雖然很少，但卻不斷增加，他們已經準備好，願意而且能夠親自照顧自己的孩子。用性別作為一種方便的代號，來表示經濟上的需要，或者撫養嬰兒的意願，並不符合平等保護原則，如今最高法院已逐漸理解這項原則。（判決結果是，史蒂芬．維森菲爾德拿到了育兒津貼，他是一位極為關愛子女的父親。經過這次訴訟，曾經是喪偶母親的育兒津貼，後來成為喪偶父母的津貼。）

接下來在一九七六年，最高法院的多數承認，它正對明顯的性別區分採用一種提高的審查標準——「較嚴格審查」（hightened scrutiny）。該案是「克雷格訴伯倫案」，在這件案子裡，最高法院否決了奧克拉荷馬州一項允許女子在十八歲時購買一種僅含三．二％酒精的飲料「淡啤酒」，但要求男子等到二十一歲才能購買這種輕釀酒的法規。這是一條愚蠢的法律，該州試圖解釋的理由是，男孩比女孩較常開車、喝較多酒、犯下較多與酒精有關的犯罪行為。有人也許希望最高法院是選擇一個較有價值的案子來宣布這項「較嚴格」審查的標準。儘管如此，這還是一個政策上的重要進展。

是什麼導致最高法院對性別議題的理解看見曙光，而且逐漸增強？如傑出的憲法學教授保羅．弗倫德（Paul Freund）曾經說的，法官的確會看報紙，而且，不是受到當天天氣的影響，而是受到那個時代氣候的影響。

造成一九六一年葛文德琳．何伊特案和一九七〇年代的莎莉．里德、莎朗．弗朗蒂羅、史蒂芬．維森菲爾德、柯爾提絲．克雷格（Curtis Craig）和其他幾個人的案子不同結果的條件轉變，是以下這些因素。從一九六一年到一九七一年，婦女在家庭外的工作迅速擴張。這種擴張伴隨著女權運動的復興，在美國，部分原因是受到一九六〇年代種族正義運動的激勵，也因為像世界其他地方一樣，由西蒙．波娃（Simone de Beauvoir）於一九四九年出版的傑出著作《第二性》（*The Second Sex*）所代表與激發的新思想力量。婚姻模式的轉變、更安全的節育方法、更長的壽命，以及關鍵的通貨膨脹——所有這些都促成了產生這種新現實的社會動力：在一九七〇年代，這是美國史上第一次，「一般的」女人在成年後能生活在一個不以照料兒童為主要責任的家庭中。（這一方面的發展，如一位哥倫比亞大學著名的經濟學教授伊萊．金茲伯格〔Eli Ginzberg〕在一九七七年說的，很可能是二十世紀後期「一樁最突出的現象」。）

國會最終在司法部和一份民權委員會報告的協助下積極參與，該報告最初是由美國公民自由聯盟女權計畫，與我在哥倫比亞大學法學院進行為期一年的研討會學生一起完成的。立法機關消除了司法部總檢察長格里斯沃爾德於一九七三年清單上的大部分（但不是全部）「基於性別相關標準的區別待遇」。

總而言之，如我所見，美國最高法院在一九七〇年代有效地與政府政治部門進行對話，處理性別歧視案件。最高法院謙虛地寫道，它沒有提出偉大的哲學。但是，透過推動與加強立法和行政部門對基於性別區分的重新審查，最高法院協助確保法律與法規將能「趕上一個已經改變的世界」。

值得注意的是，在美國為性別平等判例奠定基礎的一些指標案件，原告是男性。當然，男性也對根源於某種關於女性的思考方式不滿——例如她們是被撫養人、很像孩子、從屬於男性戶主。類似史蒂芬．維森菲爾德的案例幫助法官——當時的法官幾乎都是男性——了解，過度的性別區分是有問題的。男性也可能因為性別角色的刻板觀念而處於不利地位。而且，正如史蒂芬．維森菲爾德的案例所說明的，對男性與女性生活樣態概括式的想法，也可能對孩子造成不愉快的後果。

一九七〇年代晚期，國會繼續在這場對話中扮演關鍵角色。立法機關已將一宗法院訴訟提出討論，對於將女性排除在美國軍事學院——包括西點軍校、安納波利斯（Annapolis）海軍學院和空軍學院——之外的作法，提出質疑。國會向女性開放了這些學院的大門。然而，在這一領域的改變，直到一九九六年最高法院裁定「美國訴維吉尼亞州案」後，才算完成。該訴訟涉及維吉尼亞軍事學院，這是一所全男子的州立大學，長期以來一直是該地方培育優秀人才的培訓地。該州並沒有為女子提供可相比擬的就學機會。在「維吉尼亞軍事學院案」啟動時，已有女學員從其他的美國軍校畢業十多年了。海軍陸戰隊將一名職業女軍官晉升為三星將軍，但也許具有諷刺意味的是，她負責的是人力與計畫工作。服役的女性負責守衛無名戰士墓、駕駛飛機，從事許多曾經是她們無法進入的領域的工作。最高法院在「美國訴維吉尼亞州案」中裁定，該州有選擇權：它可以讓女性加入維吉尼亞軍事學院，或者可以關閉學校。

公眾的認知進步了，因此人們理解「維吉尼亞軍事學院案」並非真的與軍事有關。法院也不是質疑單一性別學校的價值或是否能繼續經營。而是，「維吉尼亞軍事學院案」是關於一個州大力投資一所大學，旨在培養企業和公民領袖，幾個世代以來辦學成績輝煌，但他們將這種無與倫比的就學機會嚴格局限給予男性。我認為「維吉尼亞軍事學院案」是一九七〇年代努力打開大門的最高潮，讓女性可以在沒有人為約束的情況下，勇敢做夢與實現夢想。

一九七〇年代的最後一個故事是蘇珊．斯特魯克（Susan Struck）上尉的案子，她是在越南服役的美國空軍軍官，一九七〇年，她在那裡懷孕了。軍方給她兩個選擇：在基地墮胎，或退出軍旅生涯。（斯特魯克上尉的案子早於最高法院一九七三年的「羅訴韋德案」〔Roe v. Wade〕判決，該判決認為婦女擁有控制自己生育能力的憲法保障權利。在當時，多個軍事基地暗地裡為女性服役人員，以及男性服役人員的眷屬提供墮胎服務。）斯特魯克上尉是羅馬天主教徒，她不願意墮胎，並且承諾不會利用超過她累積的休假日分娩，也已安排好嬰兒出生後，立刻由他人收養。她提出訴訟，以抵制空軍要求的除役規定。她在初審法院和上訴法院都敗訴。但是她在華盛頓州得到美國公民自由聯盟優秀律師的協助，每個月確保她能留下，不被免職。

最高法院同意聽取她的申訴。這是一個理想案例，可以好好討論與懷孕和分娩相關法律及法規的性別平等問題。（最高法院後來裁定，基於懷孕的歧視不是性別歧視，但若最高法院在經過完整簡報與言詞辯論之後才考慮與判決「蘇珊．斯特魯克案」，這種裁定結果可能就不會發生了。）司法部總檢察長格里斯沃爾德認為，訴訟可能是政府的損失。他建議空軍放棄斯特魯克上尉的除役令，同時放棄其自動為懷孕婦女除役的政策。空軍遵照辦理，這位司法部總檢察長隨即提出，此案因在法律上已訴由消失，不予受理。

為了讓案子起死回生，我打電話給斯特魯克上尉，問她是否被拒絕了任何可以證明我們反對訴由消失，不予受理為正當理由的事。她證實，她沒有薪水或津貼的問題。「有沒有任何因為妳是女性，而有妳想要、卻無法獲得的好處？」我問她。「當然，」她在一九七二年十二月的談話中說：「我想成為一名飛行員，但空軍不為女性提供飛行訓練。」我們笑了，我們都同意當時若攻擊這種職業排除女性，是沒有希望的。我認為，在今天，只把飛行訓練保留給男性是沒有希望的。這是美國一九七〇年代在訴訟／立法／公共教育工作努力上，所取得的成就的一項衡量標準。

第四部

從法官成為大法官

導讀

威廉．傑佛遜．柯林頓（William Jefferson Clinton）於一九九三年一月上任，這是自一九八〇年吉米．卡特（Jimmy Carter）輸掉大選以來的第一位民主黨總統。像所有的總統一樣，他希望能任命至少一位大法官進入美國最高法院，尤其因為距離上次民主黨總統任命大法官已經過數十年。當拜倫．懷特（Byron White）大法官在三月宣布，他將於六月最高法院年度會期結束時退休，這位新任總統如願以償，並開始尋找合適的候選人。卡特總統即將卸任的最後幾個月，任命了露絲．貝德．金斯伯格進入華盛頓特區巡迴上訴法院；現在，金斯伯格法官也在柯林頓總統考慮最高法院大法官候選人的名單上。

歷時近三個月的甄選過程，一波三折，過程中包括多位「領先的」候選人。其中有紐約州州長馬里歐．古莫、內政部長布魯斯．巴比特（Bruce Babbitt）和聯邦法官史蒂芬．布雷耶。雖然金斯伯格法官的名字出現在最初的「名單」上，但一直到遴選過程後期，她才成為決選入圍者之一。用一位白宮官員的話說：「選到她，只是因為她前面所有的骨牌都倒了。」[1] 正如金斯伯格大法官數年後幽默而謙虛說的：「我是最後一位還站著的。」[2]

直到六月十三日星期日，柯林頓總統和金斯伯格法官在白宮的一次重要會面之後，最終決定才出爐。週末前的星期五，她正在馬里蘭州的「潮水客棧」（Tidewater Inn）參加特區巡迴司法會議，打算當天稍晚返回特區，然後晚上搭飛機前往佛蒙特州參加一場婚禮。還在司法會議上時，金斯伯格法官接到喬爾．克萊因（Joel Klein）打來的電話，克萊因是一位德高望眾的律師，近日與白宮就提名程序密切合作。他建議她待命，以便稍後接聽電話，這通電話可能會要求她取消前往佛蒙特州的計畫，方便她與總統會面。回到哥倫比亞特區後，她果然接到了克萊因的電話，克萊因對她說：「妳可以去佛蒙特了。」金斯伯格夫婦週五晚上出發前往佛蒙特州，但才剛登記入住他們的飯店房間，白宮法律顧問伯納德．努斯鮑姆（Bernard Nussbaum）就來電，要求金斯伯格法官盡早返回華盛頓，與總統會晤。露絲和馬丁於是參加了星期六晚上的婚禮，在星期日早上飛回了哥倫比亞特區。

露絲．金斯伯格不喜歡早起，尤其是週末，但星期天早起趕搭第一班飛機返回華盛頓特區不是問題。那是個美麗、陽光燦爛的日子，金斯伯格回到位於南水門（Watergate South）的家中，為即將到來的白宮審查小組，以及她和柯林頓總統在白宮的會面做準備。

努斯鮑姆和審查小組首先抵達，並準備開始工作。但起初，馬丁這位出色的廚師也開始為他們做午餐。他記得他準備的是「一道非常著名的托斯卡尼簡單料理，包括白腰豆、鮪魚罐頭、檸檬汁，我的作法有點不同，但更好吃。幸好家裡有蔥，這就是全部所需要的，蔥花、香菜，加上幾個罐頭，每個人都驚嘆不已。」[3]

若審查小組的人員對食物感到驚訝，那麼他們會對金斯伯格夫婦準備審查過程多麼輕鬆，留下深刻印象。「我審查過一百名法官，」當時的白宮副法律顧問羅恩·克萊恩告訴我們：「而我從來沒見過像露絲和馬丁那樣準備充分的人。馬丁什麼都有，我的意思是真的什麼都有，像是『哦，你們想看看露絲一九四六年以來的納稅申報表嗎？這個是曾經在她家中工作與提供家務服務的人員清單、他們的社會安全號碼、移民文件。』如果我想進最高法院，我需要嫁給像馬丁這樣的人。」[4]（每個人都以為稅務律師馬丁負責所有這些有條不紊的紀錄，但實際上，多年來都是露絲整理全部的家庭財務紀錄，金斯伯格夫婦對外人的印象覺得很有趣。）

當馬丁和審查小組仔細過濾金斯伯格夫婦細細保留的紀錄、享用馬丁料理的美食時，努斯鮑姆和金斯伯格法官則前往白宮與總統會面。為了避開媒體關注，總統指示努斯鮑姆避免將會面安排在橢圓形辦公室，而是安排金斯伯格法官從後門進入白宮，然後到二樓的家庭私人住所等他。「我們在程序和候選人方面被洩漏很多，」柯林頓總統對我們說：「我說，當然為了好做事，我們可以在週日讓她從後門進入，沒有人會知道……。我相信大多數洩漏這些訊息的人，他們星期天不在這裡工作，就帶她從後門進來。」（二十多年後，柯林頓總統還記得金斯伯格法官對她「神神祕祕」進入白宮的的反應。「我得把她走私進白宮，這讓她覺得很有趣。她喜歡這樣，而我喜歡她有幽默感。我認為，如果沒有一點幽默感，要忍受最高法院長年的訴訟，而且對最高法院有積極影響，撰寫超越自我的意見，是非常困難的。」）[5]

剛從佛蒙特州回到家的金斯伯格法官身上還穿著休閒褲、輕便上衣和夾克，她想在前往白宮之前穿上一套較正式的衣服，但努斯鮑姆向她保證沒必要。他說，總統直接從高爾夫球場回來，也會穿得很隨性。但是當總統走進來時，他穿著西裝，打好領帶。原來當天他臨時決定不去打高爾夫，而是上了教堂，並且穿上了「星期天最好的衣服」。金斯伯格靠過來輕聲說：「努斯鮑姆，你對我做了什麼？！」努斯鮑姆回答說：「我不知道發生了什麼事，計畫有所改變。但請放心，妳看起來很好。」[6]

柯林頓總統和金斯伯格法官會談超過一小時。金斯伯格感受到一種立即而堅定的融洽關係：「比爾．柯林頓，不論他有什麼問題，他與女性交談時很自在。」[7]他們談論了性別平等和教會／州的案例。總統對最高法院案件的了解，以及他對憲法教義的理解，讓她留下深刻的印象。她和他談到她的童年時代，以及她擔任女性維權律師的工作。他們討論了一九五七年小岩城中央高中（Little Rock Central High School）的合併，以及該校錄取的九名黑人學生如何被阻擋進校，直到艾森豪總統派遣國民兵護送他們入校。

金斯伯格法官告訴柯林頓總統，當她於一九九〇年到小石城的阿肯色大學法學院演講，順道拜訪中央高中時，有多麼地感動。她提醒總統，他們其實在那個場合見過面。原來柯林頓是當時的阿肯色州長，他的妻子希拉蕊．柯林頓當時是美國律師公會婦女委員會會長，他們兩人來聽金斯伯格法官的演講時遲到，但在演講結束後，三人曾簡短交談。（金斯伯格法官後來告訴我們，那天晚上她打電話給馬丁。她告訴他州長和他的妻子來聽她的演講，愛開玩笑的馬丁說：「這個嘛，晚上在小岩城還能做什麼嗎？」）[8]

露絲．金斯伯格離開白宮時，對於她與柯林頓總統的會面覺得相當滿意。她對自己說：「我真的很喜歡他，而且我認為他也喜歡我。」[9]柯林頓總統的確喜歡金斯伯格法官：如他在接受我們採訪時回憶的：「我們相談甚歡，對我來說，那有點是已經定案了……。我感覺相當強烈，我相信自己對她的感覺，我想進行下一步。」他對我們說：「每個法官都需要具備處理極多樣與複雜問題的聰明才智，以及對於所做成判決對人類影響之直覺與立即理解。我只是和她談論她的生活和經歷、她的家庭、她的工作和她的判斷，而這就是我真正想知道的——妳知道，這不僅僅是她寫過的東西，這遠超乎她的知性關注。她擁有這些判決的真正人類影響力。」[10]

會面結束後，努斯鮑姆希望總統立即致電金斯伯格法官，但總統正好有幾位朋友來訪，他們一起觀看NBA芝加哥公牛隊和鳳凰城太陽隊的第三場總決賽。努斯鮑姆打電話給金斯伯格，對她說：「先不要睡覺，妳可能會接到電話。」[11]沒想到這場籃球賽竟然是NBA史上最長的比賽之一，長達三小時二十分鐘。（太陽隊最後在延長加賽中以一二九比一二一擊敗了公牛隊。）露絲本身不是籃球迷，他與馬丁整晚在家裡等電話響起。

當籃球比賽終於在晚上十一點半結束，柯林頓總統向賓客道了晚安，然後下到白宮廚房打電話給金斯伯格法官。他透過白宮總機打給她，但是連線有問題。打第一次時，他說「哈囉，哈囉」，但是金斯伯格聽不見他的聲音。第二次簡短通了一下，他說：「我把妳吵醒了嗎？」但是連線還是有問題。「掛上電話，」總統說：「我馬上回撥給妳。」這次，柯林頓總統親自撥了電話號碼，終於通訊良好。他開玩笑說：「如果我要求婚，我們最好要有好的連線。」「我明天將邀請妳接受這個職位，」他說：「我對這件事真的很滿意。」[12]

總統接著告訴金斯伯格他選擇她的原因，談到她代表女權所做的工作，她在法官工作上的出色表現，以及他相信，她身為獨立的主流進步法學家，可以成為最高法院真正的領導人。他還開玩笑說，遴選過程與他剛剛觀看的馬拉松拉鋸籃球賽有些相似。總統結束電話時告訴他的被提名人，隔天一早帶著接受提名感言到玫瑰園：「妳很有個人特質，」他說：「明天只要說出您內心的話。」[13]「所以我知道，」她回憶道：「隨著這個好消息帶來的亢奮，我不得不靜下心，撰寫隔天可以發表的感言。」[14]但是，掛斷電話後要做的第一件事，是與馬丁慶祝擁抱和親吻。

1.

玫瑰園接受提名演說

一九九三年六月十四日這一天，華盛頓特區是個陽光普照的好天氣。下午兩點鐘一過，柯林頓總統與金斯伯格法官走出白宮，踏進玫瑰園。他們肩併肩站在政治人物、媒體、金斯伯格的家人與朋友面前的講台上。

在宣布提名露絲．貝德．金斯伯格之前，柯林頓總統簡短說了十分鐘，他先讚揚即將退休的拜倫．懷特大法官的傑出表現，接著說，他提名金斯伯格法官進入最高法院，有三個理由：「首先，在她擔任法官的數年中，真實展現出自己是全國最好的法官之一，眼光進步、判斷明智，意見平衡且公正。其次，在她畢生代表這個國家的女性從事的拓荒者工作中，她已經匯集了真正歷史性的成就，記錄了美國法律與公民最佳的傳統。最後，我相信，在往後幾年，她將能成為最高法院建立共識的一股力量，就如同她在上訴法院時一樣，如此我們的法官能為我們的共同體所用，表達他們對《憲法》的忠誠。」[1]

描述金斯伯格的法律背景、她克服過的障礙，以及她的人格後，柯林頓總統總結說：「簡單地說，她的經歷清楚說明了她心中的想法。在她的一生中，一次次地為升斗小民挺身而出，較貧困的人、社會的局外人，並且藉由告訴他們，他們在法律體系中占有一席之地，讓他們知道，《憲法》與法律會保護所有的美國人，而不只是保護有權勢者，從而帶給他們很大的希望。」[2]

柯林頓總統可能是希望為兩黨政治的大法官同意過程鋪路，多次提及金斯伯格法官是一位溫和人士，稱她為「中庸派」、「共識建立者」、「療癒者」，一位「無法被稱為自由派或保守派」的法官。他繼續談到「全面的」尋找過程，特別提到布魯斯．巴比特和史蒂芬．布雷耶為領先的候選人，「未來可能會發現他們自己在那個位置。」他總結他的談話：「我很榮幸提名這位開路律師、鼓吹者與法官，成為美國最高法院第一〇七位大法官。」[3]

當金斯伯格法官走到麥克風前，觀眾立刻起立鼓掌。她把她的講稿放在演講台上，紙頁在夏日的微風中輕輕吹起，她小心翼翼地把手放在講稿上。白宮的演說撰稿人沒有提供初稿，她的講稿也沒有行政長官編輯過。幾年後她透露：「那段短短時間裡最棒的一件事之一，是我的講稿不必經手任何一位白宮官員，時間根本不夠。」[4]她只在與總統步入玫瑰園前十五分鐘，把講稿給他看過。[5]

柯林頓總統將麥克風往下調整高度，讓這位身材嬌小的被提名大法官的聲音能被聽見。露絲．貝德．金斯伯格以她的習慣娓娓道出每個字句，發表了她的接受提名演說。

◆

「接受提名演說」

華盛頓特區

白宮玫瑰園

一九九三年六月十四日

總統先生：

我深深感激您對我的信任。我將鞠躬盡瘁，不負您指派這項任務的期望。我也很感謝丹尼爾．派翠克．莫尼漢參議員。我在紐約出生與成長，一九八〇年，當卡特總統提名我擔任哥倫比亞特區巡迴上訴法院法官時，莫尼漢參議員是第一位打電話祝賀的人。莫尼漢這次給了我同樣的鼓勵。

在這愉快的時刻，請容我介紹對我意義非凡的三個人：我的丈夫，馬丁．D．金斯伯格；我的女婿小喬治．T．史佩拉（George T. Spera Jr.）；以及我的兒子詹姆斯．史蒂芬．金斯伯格（James Steven Ginsburg）。

我相信，總統剛才所做的宣布意義重大，因為這終結了女性，至少占了我們社會一半天才的女性，似乎只能在高位曇花一現的日子。回想卡特總統在一九七七年擔任總統時，還沒有一位女性擔任過最高法院大法官，當時只有一位女性——加州的雪莉．胡夫斯特德勒（Shirley Hufstedler）服務於下一個聯邦法院層級，即美國的上訴法院。今天，珊卓拉．黛．歐康諾為最高法院的法庭增輝，有二十三位女性在聯邦上訴法院層級服務，其中兩位是首席法官。我確定很快會有更多人加入她們。

有鑑於法學院在錄取學生方面的改變，在我看來，這似乎是不可避免的趨勢。我在一九五○年代時的法學院，班級人數超過五百人；那個班級的女學生不超過十人。如總統所說，當我拿到學位時，整個紐約沒有一家法律事務所願意雇用我擔任律師。今天，很少有法學院招收的女學生低於四○%，而且有許多達到五○%的標準，甚至超過。而且，感謝《民權法案》第七章，如今沒有任何一道門被阻攔。

我的女兒，珍，在幾個小時前，從澳洲打了一通祝賀電話，提醒我一項我們有幸經歷的改變徵兆。在她一九七三年中學畢業紀念冊上，珍．金斯伯格的「志向欄」寫的是：「看見我母親被任命為最高法院大法官。」下一行寫著：「如果有必要，珍將會任命她。」總統先生，珍很高興您做了這件事。她的弟弟詹姆斯也是。

我預期會被問到，我對於在最高法院法庭擔任一位好法官的見解，而且要說得詳細一點。今天下午這個場合不適合針對這個主題長篇大論，但我可以說明幾個主要的方針。芮恩奎斯特首席大法官有一段話我銘記在心：一位法官應該要根據相關的事實與可援用的法律，為每一起案件公平判決，即使這個判決，用他的話來說，不是鄉親父老想要的。

接下來，我所知道最好的總結，是歐康諾大法官最近從紐約大學法律教授伯特・努伯恩（Burt Neuborne）的一篇論文中節錄出來的。這段評論是關於小奧利佛・溫德爾・霍姆斯大法官。這段文字是這樣：

當一位現代的憲法法官遇到一宗「困難的」案子，霍姆斯會站在她那一邊，輕輕提醒自己三件事：（一）對於可用的政策選擇，保持知識上的誠信；（二）對尊重多數政策選擇，保持訓練過的自我克制；（三）即使面對多數的行動，也要表現個人自主辯護的原則性承諾。

對於這些，我只能說：「阿們。」

這次難得的機會與挑戰，我虧欠如此多的人：致一九七〇年代一股復興的女權運動，為像我這樣的人開啟了大門；致一九六〇年代的民權運動，女權運動即是從之吸取靈感；致我在羅格斯與哥倫比亞大學法學院的教職同仁，以及我在特區巡迴上訴法院十三年的同仁，他們塑造與提高我對同僚價值的欣賞。最親近的，是我一直受到我的人生伴侶馬丁・D・金斯伯格的協助，從我們青少年時期，他就是我最好的朋友和最大的鼓舞者；我也受我婆婆艾芙琳・金斯伯格（Evelyn Ginsburg）的協助，她是世界上最支持孩子的父母；我還受一對兒女的協助，他們對父親的廚藝欣賞遠勝於對母親的，所以很早就把我從廚房淘汰出來。

最後，我知道希拉蕊・柯林頓鼓勵與支持總統的決定，希望擢用所有有才能的美國人。我今天才正式認識柯林頓夫人。但是，我急著補充，我不是我們家中第一個站在她身邊的人。有另一位我親愛的家人，對她來說，第一夫人已經是一位老朋友——她是我可愛的孫女克拉拉（Clara）。看看這張去年十月拍攝的，沒有特別擺姿勢的美照，當時柯林頓夫人拜訪這間紐約市的幼兒園，帶領這群小孩唱刷牙歌。前面右邊這一位就是克拉拉。

我最後還有一位要感謝的人。是我的母親，西莉亞・安姆斯特・貝德（Celia Amster Bader），她是我所認識最勇敢、最堅強的人，但她太早從我身邊被帶走。但願她活在一個女性能夠夢想與達成夢想、女孩和男孩一樣被珍視的年代，我祈願我成為她想成為的那個人。

我期盼這個夏天激發靈感的幾個星期，而且若我獲得同意確認，也期待在鄰近的最高法院工作，盡我最大的能力，服務社會，促進法律的進步。謝謝。

當金斯伯格結束她的演說時，玫瑰園裡很少人的眼睛不是濕的。聽眾立刻起身鼓掌。人們互相點頭，表示讚許。總統顯然也因為她「最後一位要感謝的人」而感動，他拭拭眼角的淚，用哽咽的聲音告訴他的被提名人：「這是個了不起的工作。」[6]

二〇一四年我們採訪柯林頓總統，他明顯驕傲地回憶起玫瑰園的事。「那是愉快的一天。老天，那天天氣真好。她與家人一同前來，開心得不得了。妳知道嗎，我記得，她幾乎難掩興奮——她是個守口如瓶、謹言慎行的人，但我很高興她那天很開心，而且不怕表現出來。這對

1993年6月14日，柯林頓總統在白宮玫瑰園宣布提名金斯伯格為最高法院大法官。金斯伯格法官手上正拿著一張照片，裡面是希拉蕊與金斯伯格的孫女克拉拉、她幼兒園的班上同學一起唱〈刷牙歌〉。

我來說很有意義。我認為，這可能意味她不僅是在最高法院的一股智識力量，也會是一股個人的力量。」[7]

柯林頓總統補充說，金斯伯格法官說到她母親的那一段，深深打動他。「我很能體會，」他告訴我們：「因為我也受我母親的影響，而且因為……她與母親的關係、她母親為她做的事，以及她們的相處，我認為，這些與她後來為缺少這些鼓舞的女孩和婦女所追求的機會，很有關係。」[8]

被問到提名金斯伯格擔任最高法院大法官有什麼感想時，他輕聲笑說：「和我提名她的那天比起來，我今天感覺更棒。她在最高法院內外，都是一位超優秀的大法官。她對女性是一個偉大的典範，她捍衛的是我認為這個國家最重要的事。她讀過整部《憲法》，她不會想要重新制憲，以符合她的政治觀點，而是去理解它。妳們知道，她的工作是繼續做開國者告訴她去做的事，也就是建立一個更完美的團結聯邦。」[9]

2.

參議院確認聽證會開場致詞

當然，露絲．貝德．金斯伯格從法官轉為大法官的故事，並沒有因為她接受總統的提名而結束。在美國的憲法制度中，由總統提名最高法院大法官候選人，但必須經過參議院同意總統的人選，才能擔任終身任職的大法官。參議院司法委員會於一九九三年七月下旬舉行了為期四天的聽證會，討論金斯伯格的提名事宜。

當時的參議院司法委員會主席參議員喬瑟夫．拜登（Joseph Biden）宣布會議開始時，他這麼開場：「金斯伯格法官，歡迎您，相信我，今天上午在這裡，您會受到歡迎。」然後，他描述了他早上從德拉瓦州出發的通勤火車，以及他如何翻閱《紐約時報》，搜尋有關聽證會的報導：「當我意識到那是在第八或十或十二版時，我的心裡唱起歌來；自從我擔任這個委員會主席以來，這是我經歷過最美妙的事：一場重要的聽證會需要刊登在八版、九版或十版，這是因為到目前為止，這項提名引起的爭議很少。」[1]

會議室裡的氣氛輕鬆友好，較像是畢業典禮或家庭聚會，而不是爭議性或火藥味十足的聽證會。自從金斯伯格六月十四日獲得提名以來，華盛頓大多數的媒體、權威人士和政界人士都預言這個過程將「一帆風順」和「迅速確認」。也許是希望避免重蹈對立與令人尷尬的羅伯特．博克（Robert Bork）和克拉倫斯．托馬斯聽證會，畢竟美國人對那兩次聽證會仍然記憶猶新，因此走道兩旁的參議員似乎都盡量表現中規中矩。正如參議員霍維爾．赫夫林（Howell Heflin）在他的致詞中所說：「與最近的氣氛相比，差異多麼大啊：友善勝過對抗；從後面拍背，取代了從後面捅一刀；提問是動機，而不是傷害。」[2]

在拜登主席和奧林．哈奇（Orrin Hatch，委員會中的少數黨成員）開場致詞後，金斯伯格法官由她的「保證人」來介紹，包括紐約州的參議員丹尼爾．派翠克．莫尼漢與阿方斯．達馬托（Alfonse D'Amato），以及哥倫比亞特區的國會議員艾莉諾．霍姆斯．諾頓（Eleanor Holmes Norton）。之後委員會其餘成員也陸續致詞。這些致詞幾乎都是正面的。連最保守的參議員也表示，儘管他們在某些特定議題可能與金斯伯格法官的立場有所不同，但他們尊重她的才智與能力，並認為她完全有資格擔任最高法院大法官。

在發誓要提供「絕無謊言，句句屬實」的證詞後，金斯伯格介紹了她的家人和朋友，笑得開懷，言談舉止毫不拘泥（至少對那些不太認識她的人來說），充滿能量與熱情：「今天我有一個如此大的家庭，如此延展的大家庭，不只是我身後要介紹的最親近家人，還有我的朋友、我的法律助理、我的祕書。我的感謝溢於言表，因為他們，我今天才能在這裡。」[3]

露絲介紹了馬丁，他坐在她的身後，面帶笑容，以「我三十九年的人生伴侶」身份，散發出驕傲的神氣。她介紹了她的孩子和孫子，並引起多次笑聲，包括介紹她三歲的孫女克拉拉時，還提到白宮攝影師為了讓「嚴肅的法官」微笑，要她「想一想克拉拉」。然後，她介紹了克拉拉的哥哥，七歲的保羅（Paul）：「我必須告訴你們，為了準備聽證會，我讀了很多本書，關於法律書狀、意見書、法律評論的書，但世界上沒有一本書對我的意義像這一本那麼重大。這本是保羅的書。他說：『我的祖母非常非常特別。』」金斯伯格向參議員與攝影師展示了書頁，當她翻到最後一頁，聽證會場爆出了笑聲，因為那一頁是一幅蠟筆畫的美國地圖，以及描繪當他和母親在墨爾本聽見總統宣布他祖母的提名時，震驚的反應：「我從澳洲就一直在廣播裡聽到她的聲音。」[4]

金斯柏格法官隨後致詞，她看著她準備好的講稿，清晰且不疾不徐地朗讀，每隔幾分鐘停頓一下，看看在座的參議員。

◆

開場致詞

美國參議院

司法委員會聽證會

一九九三年七月二十日

首先，請容許我說，我很感謝貴委員會成員在總統提名後緊接的幾週內，花時間與我寒喧。目前對在座各位來說是一段特別忙碌的時間，我非常感謝你們的禮儀規格。

對於一路陪伴在我身邊的莫尼漢參議員來說，一千聲感謝都無法傳達我的謝意。儘管他的時間排得很滿，在此煎熬的預算審查期間，他陪同我拜訪參議院議員、讓出自己的辦公桌供我使用，每當我心情跌宕時，他會激勵我。昨天晚上，他送我一束最美的玫瑰。總而言之，他是一位被提名人所能得到的最親切、最明智的顧問。

來自我偉大家鄉紐約州的達馬托參議員自願加入莫尼漢參議員，引介與贊助我，我對此深表謝意。自六月十四日以來，我在參議院展開許多具啟發性的談話，但是我與達馬托參議員同行訪問真是太有趣了。我的孩子們從小就認為母親的幽默感需要改進。他們試圖進行這項改善工作，並找了一本簿子來記下他們的成功紀錄。這本簿子的名稱是「媽媽笑了」。我與達馬托參議員的訪問至少會為「媽媽笑了」這本簿子提供三個條目。

諾頓眾議員從我們還很年輕時，就一直是專業的同事和朋友。身為替所有人鼓吹人權和公平機會的倡導人，諾頓一向勇敢而機警，而且才華洋溢。我很高興她是我的介紹人之一，也很榮幸身為諾頓的選民。

最重要的，是總統對我能勝任最高法院大法官的信心，這會是即將開始的程序裡，份量最重的。我心中想告訴他的話，超過筆墨所能形容。我只能簡單地說：若得到國會的同意確認，我將全力以赴，證明他對我的信任是正確的。

你們從我給你們的問卷答覆中可以看出，我是布魯克林人，生於斯，長於斯——父親是第一代美國人，母親剛好是第二代。我的父母都無法上大學，但他們都教我熱愛學習、關心他人，為我想要的或信仰的事物努力。當猶太裔與信仰意味可能遭遇大屠殺、人性價值被踐踏時，他們的父母具有遠見，毅然決定離開舊大陸。我的人生只有在美國這塊土地上，才可能發生。像其他許多人一樣，我非常感謝這個國家為渴望自由呼吸的人們，提供入境機會。

我非常幸運能與一位對他這一代人來說，確實非比尋常的伴侶，共度人生；這位男士在我們相識時才十八歲，他當時相信，如今依然相信，無論在家還是在外工作，女性的工作與男人的工作同等重要。我就讀法學院時，法律界大多數人對女性並不青睞。我成為律師，是因為馬丁與他的父母毫無保留地支持這項選擇。

最近幾個星期，家人、鄰居、朋友、同學，羅格斯和哥倫比亞法學院的學生、法律系教職同事、與我一起工作的律師、全國各地的法官，以及許多不認識我的男男女女，紛紛捎來祝福，令我深受感動。龐大且令人振奮的祝福顯示，對於我們許多人來說，一個人的性別對於他或她在最高法院服務的資格，不再特別、不再不尋常。

確實，在我的一生中，我期待在最高法院的大法官席上看到三名、四名甚至更多的女性，這些女性不是由相同的模子塑造出來的，而是膚色各異的。湯瑪斯．傑佛遜總統曾經告訴他的國務卿：「任命女性擔任公職是一項創新，但公眾對此還沒準備好。」他補充說：「我也還沒。」是的，前面的路還很長，但是距離傑佛遜總統的這番話，我們已經走了多麼遠！

這個國家愈來愈能夠人盡其才，對未來有著宏大的願景，然而，若不是懷抱著公民平權夢想的男男女女在很少人願意聆聽的時代，堅定努力，我們就不可能走到這一步，而我今天肯定也不會在這間會議室裡。我想到像蘇珊．B．安東尼（Susan B. Anthony）、伊莉莎白．卡迪．史坦頓和哈莉葉．圖伯曼（Harriet Tubman）這樣的人。我站在這些勇敢人們的肩膀上。

最高法院大法官是《憲法》的守護者，兩百多年來，這部憲章是美國政府的基本工具。它是世界上仍然有效力的最古老成文憲法。但是，在捍衛憲法權利的工作上，大法官們並不孤單。最高法院與國會、總統、各州和人民，共同承擔這份重責大任。持續實現一個更完美的聯盟、《憲法》的願景，需要政府與政府政策方面進行最寬廣、最深入的參與。

正如莫斯利─布勞恩（Moseley-Braun）參議員提醒我們的，世界上最偉大的法學家之一勒恩德．漢德（Learned Hand）法官曾經說，注入在我們《憲法》中的自由精神，首先必須放在組成這個偉大國家的男人和女人心中。漢德法官對這種精神的定義，我完全贊同，也就是：不太確定其正確性，因此尋求了解其他男士和女士的想法，並在沒有偏見的情況下，權衡他人與本身的利益。漢德法官所描述的精神，致力於打造一種連最少的聲音都能被聽見，並與最大的聲音一併考量的社群。只要我能在司法界服務的一天，我就會將這則智慧放在心頭。

在最近的訪問中，有些人問我為什麼想成為最高法院大法官？這是我接受的訓練之一，能為社會服務的最大機會。作為最後的司法手段，最高法院提出的爭議觸及並關乎我們國家及人民的健康與福祉，它們影響我們自己和後代的自由能否維繫。在最高法院任職，是一位法官所能被授予的最高榮譽與最極致的信任。這意味盡我所能——與法律並為法律而努力——作為讓我們的社會井然有序且自由的一種方式。

讓我嘗試概括地說明，我如何看待判決工作。我認為，我的態度既不自由派，也不保守派。相反地，它植根於我們的司法制度、法官、我們的民主社會中。《憲法》的序言首先談到「我們人民」，然後談到其被選出的代表。司法排在第三位，而且與政治紛爭分開，因此其成員可以依法公正地進行審判，而不必擔心任何壓力集團的不友善。

用亞歷山大・漢彌爾頓（Alexander Hamilton）的話說，法官的任務是「確保法律施行的穩定、正直和公正」。我還要補充，法官執行這項任務時，應該避免大張旗鼓，而要適當的謹慎。她應該判決眼前案件，而不是急著處理還沒看到的案件。她應該時刻保持警惕，正如法官、後來成為大法官的卡多佐所說的：「正義不是一蹴可幾。它是被緩慢的進步所征服。」

我們——這個委員會與我——將要進行許多小時的對話。你們安排了這場聽證會，協助完成一項重要任務，為你們的參議院同僚準備，考慮我的提名案。

「制憲會議」的紀錄顯示，制憲代表們最初將任命聯邦法官——最主要是最高法院大法官——的權力，委託給你們和你們的議員同僚，只讓參議院決定，而不是委託給總統。直到會議即將結束時，制憲者才決定授予總統提名任務，並讓參議院擔任諮詢與同意的角色。

最終制定的《憲法》文本，在最高法院大法官的任命程序，和美國其他政府官員，例如內閣長官的任命程序之間，並沒有區別。但是隨著歷史的發展，你們和過去的參議員已經明智地思考過這些任命工作，相較於被任命者的任務。

聯邦法官的任期可能超過任命他們擔任法官的總統。只要他們能勝任工作，他們就能繼續服務。正如《憲法》規定的，他們只要「盡忠職守」，就能留任。最明顯的是，最高法院大法官參與塑造了一個憲法判決的永久機構。他們不斷地遇到制憲者沒有說出來的、未解決的，或是不確定的事情。因此，當參議院考慮一項最高法院提名案時，參議員們理當關心被提名人為國家服務的能力，不僅是針對此時此刻，而且要從長遠來看。

自從總統宣布我的提名以來的五個星期內，我已經向各位提供了數百頁關於我，以及數千頁由我撰寫的內容——我擔任法律教師時的著作，主要是關於訴訟程序法；我擔任法庭律師十年間，倡導法律之前男女平等時撰寫的訴狀；關於男女平等同一主題的無數篇演講和文章；十三年的意見書——未出版的意見書與已出版的意見書一併計算，超過七百篇——這些是我擔任哥倫比亞特區巡迴上訴法院法官時做出的所有判決；以及針對法官和律師在我們法律體制內的角色，所發表的幾篇評論。

我知道，這些素材已經通過委員會仔細審查。那是我的態度、看法、方法和風格最切實、最可靠的指標。我希望各位主要根據這些長達三十四年的書面紀錄，來評斷我的資格，也希望各位在這些書面紀錄中，能發現我已經準備好從事這項艱難的工作，並具備執行最高法院判決所需要之見多識廣與獨立判斷。

我看這個大法官同意的程序，很類似上訴法院裡一方面是書面紀錄和訴狀，另一方面是庭上的言詞辯論，這兩者之間的區分。到目前為止，書面資料是上訴法院判決中最重要的元素，但是言詞辯論常常有助澄清，並且讓法官的心思集中在要求他們做出的判決的本質上。

當然，這當中有著重大的區別。各位很清楚，我經歷這一系列的程序，目的是要被評斷是否適合作為一名法官，而不是一名律師。因為我是法官，並且希望繼續擔任法官，所以各位期待我在這個立法會議廳中說出，或者預告我將對最高法院可能要裁決的問題如何投票，那會是不對的。如果我在這裡排練我將會說些什麼，以及我將如何辯論此類問題，我就是做出缺乏判斷的舉動。

我們體制中的法官必須判決具體的案件，而不是抽象的問題。每起案件都是根據特定事實向法院提出的，其判決應該根據那些事實與適用法律，而這些事實與法律，要從當事方或其代表的角度來陳述和解釋。宣誓做出公正裁決的法官不能提出任何預測、任何暗示，因為這不僅顯示對特定案件細節的忽視，而且也表現出對整個司法程序的輕蔑。

同樣地，因為各位正在考慮我獨立審判的能力，所以，若我是各位——若我是一位議員——我對公開辯論的議題將如何投票的個人看法，就不是各位要仔細審查的重點。正如奧利佛．溫德爾．霍姆斯大法官所建議的，「一位法官最神聖的職責之一，就是不要將（她的）信念讀進《憲法》。」我已經嘗試過，而且我將繼續嘗試遵循霍姆斯大法官所立下的典範，將這份職責奉為神聖。

正如各位所知，我將這次聽證會看作是再次確認我們友好、禮貌的大好機會，而且相互適當尊重是我們交流的主調。我謹記法官應感謝民選政府部門——國會和總統——對於法院意見如何影響他們職責的尊重。立法部門的相互體貼，也使我感到鼓舞。正如一位參議員於兩個月前在聯邦法官協會（Federal Judges Association）的一次會議上所說：「我們在國會必須更加縝密與謹慎，讓法官能夠更有效地完成他們的工作。」

至於我本人的態度，或者用《憲法》的話說，「盡忠職守」，我珍視親愛的朋友法蘭克·格里芬（Frank Griffin）在這次提名時給我的建議——他是一位愛爾蘭最高法院不久前退休的大法官。格里芬大法官寫道：「對同事、法律專業與公眾的禮貌和慎思熟慮，是法官可能擁有的最佳素質。」

在我結束本開場陳述時，很適合表達我對拜倫·懷特大法官超過三十一年奉獻最高法院的深切敬意與讚賞。懷特法官在他退休時感謝同仁的祝福，他寫道，他期望偶爾坐上美國上訴法院的法官席，當最高法院觀點的採用者，而不是參與者。他表達了所有下級法院法官的一個希望。他希望「最高法院的委任工作將會是清晰明瞭，為其意義留下最少的分歧空間」。若獲得同意，我將忠於這則建議，並努力寫出既「正確」又「嚴密」的意見。

感謝各位的耐心。

當金斯伯格法官預測，她一生中期望在最高法院的大法官席位上看到「三、四位，也許甚至更多」女性，當時有一位年輕律師坐在拜登參議員的身後，專心聆聽金斯伯格的談話，並做了很多筆記。這位當時才三十三歲的工作人員是艾蓮娜．卡根，是拜登參議員在金斯伯格確認聽證會上的特別顧問。當卡根聽到金斯伯格法官的預測時，她可能不知道十七年後，她會成為被指定的第四位女性大法官，並且將在最高法院與金斯伯格大法官共事。

聽證會第一天剩餘的時間，以及接下來兩天，各委員會成員分別進行三十分鐘的問答。質詢過程通常是輕鬆友好的，即使氣氛變得嚴肅或引起爭議時，參議員的舉止仍然表現出尊重。幾位參議員，包括民主黨人與共和黨人，都代表自己的女兒，向被提名人金斯伯格表示感謝，感謝她為性別平等所做的努力。金斯伯格耐心而透徹地回答了問題，談及自己在性別歧視方面的經歷、她擔任辯護律師所經手的特殊案件、她撰寫過的議題，以及她擔任法官時所撰寫的意見書。正如她在開場陳述中所指出的，金斯伯格法官婉拒回答她若擔任最高法院大法官，將如何對可能呈送上來的議題投票。

其間有幾次有趣的交流，包括金斯伯格法官回應她為什麼用「性別歧視」時，是用「gender discrimination」，而不是「sex discrimination」*。當她講述她在一九七〇年代在哥倫比亞法學院與她慧黠的祕書米莉森（Millicent）的故事時，每個人都笑了。當時米莉森幫她打字，內容包括性別歧視的訴訟摘要、文章和演講，後來米莉森忍不住說：「我一直在打這個字，sex，sex，sex，一次又一次。讓我告訴妳，聽妳演講的聽眾，聽妳演講的男人……這個字讓人第一個聯想到的，不是妳所指的。所以，我建議妳使用文法書的用語，用『gender』這個字，這樣能避免使人分心的聯想。」[5]

七月二十二日星期四是聽證會的第三天，當天結束時，參議員們結束了對金斯伯格的質詢，並以參議員哈奇和拜登發表高度讚賞的閉幕詞作結。委員會在晚上八點前休會，這時大家互相擁抱，金斯伯格看起來喜氣洋洋，熱情洋溢，但也筋疲力盡。《芝加哥論壇報》（*Chicago Tribune*）的琳達．坎貝爾（Linda Campbell）對此做了很好的總結：「她做了說明。她做了闡述。她發表批評。她提出異議。她甚至笑了。最終，她戰勝了。」[6]

在金斯伯格法官的證詞圓滿結束後，被提名人於委員會最後表決前，還有一天的聽證。最後一天的排程，先是被提名人與參議員舉行閉門會議，接著是見證者的公開議程，包括支持或反對提名的證詞。（在托馬斯的聽證會之後，司法委員會領導群為每一位最高法院被提名人召開例行閉門會議，以審查被提名人的聯邦調查局調查檔案，以及可能存在的任何個人指控。以金斯伯格來說，由於沒有任何指控，這場會議時間不到兩小時便結束了。）

這群人從閉門會議中出來後，接下來的三小時，有六個小組發表公開證詞，除少數例外，

---

*【譯註】sex有「性」與「性別」兩種意思。

這是一次名副其實的人氣大會，與會者大多大力支持金斯伯格確認為大法官。五個支持金斯伯格法官提名的小組包括美國律師公會的代表（給予她最高級別的推薦）、私人案件和學術界的知名人物（包括法律界傳奇切斯特菲爾德．史密斯〔Chesterfield Smith〕、雪莉．胡夫斯特德勒、傑拉德．岡瑟和赫瑪．希爾．凱）、前同事、職員和教授，以及前客戶史蒂芬．維森菲爾德；維森菲爾德談到了金斯伯格如何成功挑戰歧視性的條款，使他在妻子因分娩去世後，可以獲得社會保障福利，讓他能待在家裡照顧他們剛出生的男嬰。在第三個小組聽證後，參議員黛安．費恩斯坦（Dianne Feinstein）說：「如果金斯伯格夫人是另一種宗教，那麼她在整個聽證結束後，可能會被封聖。」[7]

唯一反對金斯伯格法官提名的證詞小組，主要由「捍衛生命權」（pro-life）團體的領導人組成，他們一向反對任何「捍衛選擇權」（pro-choice）的候選人。正如小組內一位成員所說：「身為一名女性與律師，我很欽佩金斯伯格法官多年來的成就，以及她在本委員會前表現出的個人特質。她理所當然應該被譽為制定現行平等保護和性別歧視法律的先驅。不幸的是，金斯伯格法官開創性的努力，似乎與她對於女性必須擁有不受約束的墮胎權之觀點，密不可分。」[8] 來自極端保守派「老鷹論壇」（Eagle Forum）和「家庭研究委員會」（Family Research Council）的八名代表，還指控她是「激進的教義派女性主義者」，具有「耿耿於懷的激進女性主義觀點」。[9]

在那個星期五下午兩點四十三分，敲下休會的議事槌之前，參議員哈奇稱讚總統做了一個絕佳的選擇。拜登參議員隨後感謝哈奇參議員是一位「紳士和學者」，最後並說：「希望下個星期四，我們能向美國參議院提出這項建議。」[10]

喬爾．克萊因在提名過程中與白宮密切合作，並協助金斯伯格法官為同意確認聽證會做準備工作。她深信她能輕鬆獲得參議院的同意：「大家都認為她是一位備受尊崇的法學家。她不被認為是站在司法爭論某一極端的人。兩邊的同事都尊重她。在我看來，她是個有故事的人，帶著一生的工作價值，從所有方面來看，除非聽證會上發生可笑的事情，否則她將贏得十票中的九票。」[11]

不出所料，在聽證會結束後不到一星期的七月二十九日，司法委員會以十八票對零票，一致通過露絲．貝德．金斯伯格的提名，並將其候選人資格提交參議院。司法委員會在提交給參議院的報告中說：「露絲．貝德．金斯伯格法官是委員會可以強烈推薦給參議院的提名人選。本委員會的建議，是根據金斯伯格法官的氣質、性格、司法紀錄和司法哲學。我們對這項建議充滿信心。」[12]

八月三日，參議院以九十六比三的投票結果，確認了金斯伯格為美國最高法院大法官一職。八月十日，金斯伯格在首席大法官芮恩奎斯特主持下，先在最高法院，然後在白宮舉行儀式，宣誓為最高法院的第一〇七位大法官；十月一日，在大法官們一起參加的最高法院傳統儀式上，再次宣誓就任。十月的第一個星期一，即最高法院一九九三年度會期的開議日，這位新任大法官與七位兄弟、最高法院的第一位女性大法官歐康諾，一起坐上了大法官席。

1

露絲・貝德兩歲時照片。

2

露絲・貝德在表哥席摩・貝森（Symour Bessen）與蘿絲琳・貝森（Roslyn Bessen）的婚禮上擔任伴娘，走過教堂中間走道。1951年10月。

3

青少年時期的露絲與理查・貝德在紐約州阿第倫達克山脈（Adirondacks）的巴爾弗湖滑雪小屋（Balfour Lake Lodge）。約於1946年。

4

露絲・貝德的專業婚紗照。1954年6月。

5

哥倫比亞法學院教授露絲・貝德・金斯伯格，攝於1980年春，卡特總統提名她為美國哥倫比亞特區上訴法院法官後不久。

6

露絲・貝德・金斯伯格、她的夫婿馬丁・金斯伯格及他們的子女珍與詹姆斯，攝於維京群島聖托馬斯島（St. Thomas）外海。1979年12月。

7

露絲・貝德・金斯伯格與她的夫婿馬丁・金斯伯格搭乘巴士從戴高樂機場到巴黎市中心。約於1988年。

8

馬丁・金斯伯格在他位於華盛頓特區的Fried, Frank法律事務所。2004年8月。

9

露絲・貝德・金斯伯格於1978年11月1日在「杜倫訴密蘇里案」言詞辯論後攝於最高法院前階梯上，這是她以律師身份在最高法院的最後一次辯論。照片中她的右邊是兒子詹姆斯・金斯伯格，左邊是馬丁・金斯伯格的妹夫愛德・史蒂伯曼（Ed Stiepleman）和外甥大衛・史蒂伯曼（David Stiepleman）。

10

首席大法官芮恩奎斯特主持下的最高法院官方非正式照片，攝於1993年12月3日最高法院西會議室。照片中左邊坐著的是史蒂文斯大法官，右邊坐著的是布萊克蒙大法官。後方站立者由左至右依序為托馬斯大法官、斯卡利亞大法官、歐康諾大法官、甘迺迪大法官、蘇特大法官與金斯伯格大法官。

11

歐巴馬總統與金斯伯格大法官於2009年2月24日一場國情咨文報告後，相互擁抱。

12

金斯伯格大法官與歐巴馬總統伉儷攝於白宮。

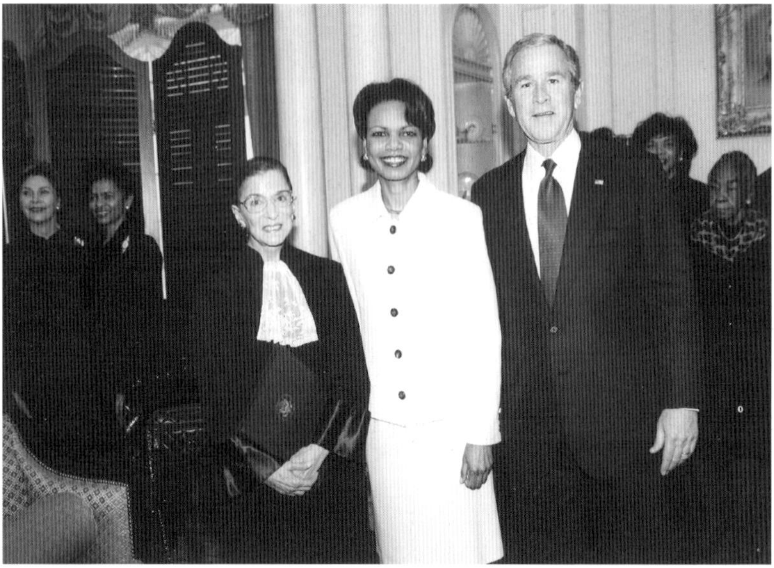

13

金斯伯格大法官、小布希總統與國務卿康朵麗莎．萊斯合影於2005年1月28日，在金斯伯格大法官主持萊斯就職國務卿當天。

14

金斯伯格大法官於2005年訪問中國時，拜訪浙江杭州靈隱寺，與一位佛教住持會面。

15

最高法院的正式團體照，從2010年到2016年2月13日斯卡利亞大法官逝世時的大法官組成陣容。大法官們在一面紅色法蘭絨幕前依年資就位，有五位坐著，四位站著。前排坐著的由左邊開始是托馬斯大法官、斯卡利亞大法官、羅勃茲首席大法官、甘迺迪大法官與金斯伯格大法官。後排站者由左起是蘇托馬約大法官、布雷耶大法官、阿利托大法官與卡根大法官。

16

金斯伯格大法官的兒子詹姆斯・金斯伯格與妻子派翠絲・邁寇斯的婚禮後，攝於最高法院東會議室的全家福照片。後排站者由左至右為：喬治・史伯拉（George Spera）、克拉拉・史伯拉（Clara Spera）、保羅・史伯拉（Paul Spera）、珍・金斯伯格。中間坐者由左至右：薩汀德・貝迪（Satinder Bedi）、金斯伯格大法官、詹姆斯・金斯伯格、派翠絲・邁寇斯、哈金德・貝迪（Harjinder Bedi）。坐在地板上的，由左至右：阿比蓋兒・金斯伯格（Abigail Ginsburg）、米蘭達・金斯伯格（Miranda Ginsburg）。

金斯伯格大法官去世前擔任美國最高法院大法官的四位女性，於2010年10月1日授權儀式的這一天，攝於大法官會議室。由左至右為歐康諾大法官、蘇托馬約大法官、金斯伯格大法官與卡根大法官。

第五部

判決與正義的大法官

導讀

這一部分列舉幾篇金斯伯格大法官的演說、講座與文章，記敘她所服務的最高法院之本質、大法官的工作，以及從她的角度來看，他們盡責地執行運用《美國憲法》條款、解釋國會通過的法規時，應該做或注意的標準。令我們驚訝的，是這位大法官如何發表一段演講、把它用在其他場合、在不同情境運用其不同論點，接著再一次或更多次的反覆修改後，加進註釋，最後送印。這些不同的反覆修改，讓我們有自由度去選擇她擔任大法官這幾年所關心的主題中，較簡短、較容易取得的資料。（同樣的過程在金斯伯格於一九七〇年代擔任律師時提交給最高法院的性別平等案件的訴狀中也很明顯，這些訴狀隨著時間的流動，很有生命力地加長或縮短、改變重點，或者在細節中有所變化。她的夫婿馬丁・金斯伯格描繪他妻子的演化過程：「以前是『訴狀』，而現在是『演講』。」）[1]

金斯伯格不是習慣於抽象觀念或天花亂墜的人。她的聲音，不論是在大眾前或在紙頁上，都溫和有節制，然而，她的風格很特別，她的論點經常從他處引經據典，或者是她自己有名且可引用的金句。她的法律分析深入「真實世界」——其歷史與日常細節，以及大小或公私單位彼此、以及與民主國家人民互動的方式。她總是很注意塑造與指引我們司法體系的歷史與目的、公平與有效性。在她整個演講與寫作中，她會納入對其他民主政體司法制度的「旁觀」角度對我們司法制度的啟發，並且向經由法律改善世界的鋪路者與路徑標示者致敬。在本章選出的文件中，她所討論的核心關懷，是對所有人的尊嚴與平等之尊重。

工作方式

我們從金斯伯格大法官對最高法院「工作方式」的入門文章開始，這對於認識她所謂的「我工作場所的程序」是無價的；從大法官如何挑選他們審理的案件，到最高法院前言詞辯論的本質與目的，到大法官們如何形成判決，以及向公眾撰寫與發出書面意見書。對於法學院一年級學生與任何想了解最高法院的閒雜人，沒有更好的指引了。

（說真的，金斯伯格大法官本人有些相當不尋常的工作方式。她不需要正常睡眠的能力，是一項傳奇；她工作到凌晨四點、早上很晚才到她的議事室的癖好——比法院開議早一些，準備聆聽言詞辯論——每一位職員和助理都知道。她睡得少，是從高中開始持續到大學的習慣之一；大學時，當她的室友都上床睡覺後，她會爬到一處安靜的角落，讀書到凌晨。但我們扯遠了。）

本章的第二篇文章討論的是金斯伯格大法官所認為最高法院工作最重要的主軸：司法獨

立。她的論點，可從歷史上與目前的案例來支持：「法律規範在任何一片土地上最重要的，是司法獨立，法官不受其他政府部門的指使，因而具備公正行使法律的能力……（然而）若法律所服務的社會不悉心維護司法獨立，司法獨立的地位有可能動搖。」

本章的第三篇是首席大法官芮恩奎斯特於二〇〇五年九月初因癌症於任期內逝世時，金斯伯格大法官對他的哀悼文。她在文中對這位冠上美國首席大法官顯赫頭銜將近二十年的人物，給予人性與個人的描繪。金斯伯格大法官的回憶，一方面讓讀者更加了解任何一位首席大法官在最高法院工作上獨特的「同等地位中居首」之位階，也強調了首席大法官對最高法院的管理技巧，以及對一個獨立司法制度的承諾。她說芮恩奎斯特是她遇過「輕鬆展現最公平與最有效率」的長官。

判決

一九九三年夏天，柯林頓總統提名金斯伯格法官擔任最高法院大法官的前幾個月，她發表了一篇由演講變成法律評論的文章〈以司法之聲發言〉，探討判決的合宜風格與實質內容。引言的段落透露了她的司法哲學：她在「原典主義者」（originalist）——忠於他們認為建國者對《憲法》的原始認知——與擁護「活的《憲法》」者——認為《憲法》的原則應放在建國者當年無法想像的變動情勢下來解釋——這光譜兩端中的位置。

金斯伯格援引麥迪遜（Madison）*與漢彌爾頓的話，支持一部活《憲法》的概念。她以一段美國平等理想的簡短歷史、一個因為早期的美國人「無法全面認知到或反映人性平等與尊嚴理想」的文化而受限的概念，來闡釋她的見解，而且她寫道，這個概念具有「成長潛力」。她說，《憲法》的故事，是「對一度被隔絕在外的一群人，給予憲法權利與保障……的延伸過程：曾經被奴役的人、沒有財產的人、美國原住民，以及女性。」（關於這個重要主題，見第一部第七節歌劇《斯卡利亞／金斯伯格》節錄，當中的主角金斯伯格大法官（女高音）與最高法院大膽敢言的原典主義者安東尼．斯卡利亞（男高音），即針對他們對憲法解釋的對立理論，相互爭辯。

有了這個基礎後，金斯伯格轉而討論判決的「風格與實質內容」。關於風格，她贊同法官之間的同僚情誼，以及在他們的法庭上與書面意見上「站在道德高處」。金斯伯格支持這種方式，不是因為禮貌的緣故（雖然，我們感覺到她相信禮貌通常是一件好事），而是因為同僚情誼可以導向較佳的意見，並且提高大眾對司法的信任與尊重。（她從實際的意見書中，舉出詳細的過激言詞「辛辣」案例，甚至列出幾個名字，雖然只是在附註。）

關於實質內容，她說：「就憲法和普通法的裁決而言，從本質上來說，審慎的提議

---

*【譯註】麥迪遜，指詹姆斯．麥迪遜（James Madison），美國的開國元勳、第四任總統（1809-1817）。因在起草與力薦《美國憲法》和《權利法案》中的關鍵角色，被譽為「憲法之父」。

（measured motions）在我看來似乎是正確的。從經驗教訓來看，教義上的延伸部分過快形成，可能會變得不穩定，」因而「對司法機構帶來壓力」。在第五部第四節的〈麥迪遜演說〉中，她提出了「羅訴韋德案」，作為最高法院「做太早、做太多」的典型例子。金斯伯格認為，最高法院在「羅訴韋德案」包覆式的判決，引發了持久的政治爭議，未能解決問題的關鍵面向：女人控制自己生殖生活的能力，對於人生和法律上的平等至關重要。在她看來，法官不是「柏拉圖式的監護人」，而是在民主中扮演相互依存的角色，參與「與政府其他組織以及與人民的對話」。對於金斯伯格法官而言，歷史告訴我們，法院應避免阻礙，或大幅超越政治進程，而應該進行漸進式的「決策的溫和烙印」，通常是判決眼前需要判決的案件，將進一步的發展留給之後的案例。

比較式的旁觀與平等理想

金斯伯格大法官在〈對人類輿論的合宜尊重〉一文中指出，她察覺到近年國會對最高法院引用「外國法律」——美國以外的國家、多國的，以及國際法院的裁決——有爭議，她認為，「向國界之外學習」，「完全適合美國的律師與法官」。她說明，從最高法院成立最初，到二十一世紀，大法官都引用了其他國家和國際機構法院判決的案件。（她指出，就連口頭上反對這種作法的斯卡利亞大法官，有時也縱容其中。）

的確，這種對海外法律機構裁決作法的「比較式旁觀」，一直是她作為律師、法律教師、法官和大法官的實務方法，也是她的文章和演說中反覆出現的特徵。在〈國際背景下的「布朗訴教育局案」〉一文中，金斯伯格大法官探討了該判決如何反映與促進國際人權發展。第二次世界大戰時期，國際間對於納粹「階級種族主義」的反應，使美國陷入兩難境地：由於其自身的種族隔離政策，包括遭種族隔離的非裔美國士兵在與希特勒的戰爭中奮戰與死亡，美國要如何維持其在世界上的威望和道德領導力？她反思，最高法院於一九五四年做出的「布朗案」判決結果，在全世界被報導出來，「推動了在法律與實踐上，尊重世界上所有人的人性尊嚴之演進，雖尚未完成」，並激勵了她為女權發聲的工作。

在一篇簡報與動人的後續工作，即二〇〇八年米爾芮德．洛文（Mildred Loving）過世後一年發表的〈評「洛文訴維吉尼亞州案」〉（Loving v. Virginia）中，金斯伯格大法官說「這是美國最高法院有史以來最重要的判決之一」。在一九六七年的該案件中，最高法院宣布維吉尼亞州一條反異族通婚的法律違憲。當年的首席大法官厄爾．沃倫為一個意見一致的最高法院寫道，「僅由於種族分類而限制結婚自由，違反平等保護條款的核心含義。」

〈評多元價值〉一文，再次受到「比較式旁觀」的滋養，思考平權行動（affirmative action）的法律與實踐，金斯伯格將平權行動描述為「使平等理想不僅止於嚮往的努力」。金斯伯格大法官是哥倫比亞法學院第一位獲聘終身教職的女性，她自稱是尼克森政府鼓勵大學和學院聘任女教師行動的受益者。（確實，她將一九七二年稱為「婦女年」，理由是該年全男性或幾乎全男性的機構所聘任女性的人數大幅成長。）她的演講追溯了平權行動的法律地位，從最初的一九六〇年代，到它在最高法院意見中的風風雨雨，例如「巴基案」（Bakke，一九七八）*、「葛拉茲案」（Gratz，二〇〇三）†和「格魯特案」（Grunter，二〇〇三）‡。（她發表這篇多元價值的演講之後判決的一宗平權行動案——「費雪訴德州大學案」（Fisher v. University of Texas）——被收錄在第五部第七節的口頭反對聲明中。）金斯伯格大法官從二〇〇七年一篇指西雅圖計畫考慮根據種族分別，將學童分發到指定小學與中學之作法違憲的意見書中，指出「引人注目的界線」：「停止基於種族的歧視之方法，是停止基於種族的歧視。」金斯伯格以不同的觀點加入了異議者：「使用具有種族意識的標準……以保持不同種族的隔離，和使用具有種族意識的標準……使不同種族聚集在一起，這之間有法律和實踐上的區別。」正如她對聽眾所說的，她深信「所有人都將從一個更多元、更包容的社會受益，彼此理解、適應，甚至擁抱我們的差異，同時為共同的利益團結起來。」

「我反對」

本章未收錄任何金斯伯格大法官的主要意見書、協同意見書，或者不同意見書（這類的代表文章只要一篇，就會塞滿這整本書，還要外加一些頁數才夠）。若要看美國最高法院的意見書，讀者可以前往最高法院的網站（supremecourt.gov），或者官方的美國報告（United States

Report），在每座法律圖書館都可以找到實體版。相反地，我們在這裡只呈現金斯伯格部分最著名、最精簡，也最少技術形式的法律意見——法庭宣告（bench announcement）。法庭宣告是主要意見——以及反對意見（但較不尋常）——的口頭摘要，是最高法院在法庭上向等待的媒體與民眾發布剛完成的意見。她在「美國訴維吉尼亞州案」中，指標型主要意見的法庭宣告已重現於第三部第五節。她認為相當重要，需要在法庭上發布的數則反對意見，亦呈現於後。

但首先，為了讓你做好準備，我們先提供一篇關於異議的演說，是二〇一三年金斯伯格大法官在巴黎發表的。在這場演說中，她檢視了發表不同意見的場合，以及善與惡，「這是我在最近會期必須經常思考的主題。」她對異議升高警覺的原因，並不難發現：起因於最近幾年最高法院的組成改變，以及她在當中位置的改變。自從羅勃茲首席大法官與阿利托大法官上任後，九位大法官的意見分成五比四，五票通常是最高法院的保守派成員，而四票反對的，是比較自由派的大法官。因為這些指派的大法官上任，最高法院進入歷史上人事最沒有變動的時期（十一年），在這段時期，金斯伯格與布雷耶大法官是最高法院等級制度裡最資淺的，金斯伯格是第八位，布雷耶是第九位。但隨著蘇特大法官於二〇〇九年、史蒂文斯大法官於二〇一〇年退休，以及索托瑪約大法官於二〇〇九年、卡根大法官於二〇一〇年就任，金斯伯格成為自

---

* 【譯註】全名為「加州大學董事會訴巴基案」（Regents of the University of California v. Bakke）。

† 【譯註】全名為「葛拉茲訴布林格案」（Gratz v. Bollinger）。

‡ 【譯註】全名為「格魯特訴布林格案」（Grutter v. Bollinger）。

由派裡最資深的大法官（而且也是最高法院裡年紀最長者）。因此，在保守派—自由派分裂為五比四的情況下，她成為決定由誰來撰寫不同意見書的人。簡言之，金斯伯格已經能獨當一面了。

很特別的是，在這篇關於不同意見書的演講中，她將異議視為大法官之間對話的一部分。隨著草稿的傳閱，在主要意見作者與異議者之間來來回回，能強化最高法院最終的成品。如金斯伯格大法官陳述的，不同意見書也會對大眾、國會與未來的法院說話。她區分了兩種不同意見書，一種不同意見書涉及聯邦法規的解釋，能「把球丟回國會」；另一種不同意見書是關於憲法問題，它「訴求的是未來某一天的智慧」。在演說後面的幾頁，選錄了她在演說中討論到的異議，也是她最重要的幾篇當庭不同意見宣告。

最高法院的年度重點

本章以金斯伯格大法官描述最高法院的工作方式開始，以她回顧年度會期的工作結束。每年的五月底或六月初，大法官會向第二巡迴上訴法院報告年度司法會議，報告即將結束的年度會期大事。當年度會期結束，她會更新這段回顧。完整的〈二〇一五～二〇一六年會期重點〉在本書付梓時剛出爐，是金斯伯格大法官對她這本選集的結語。

1.

最高法院的工作方式*

我將把這次演講的焦點，專門放在介紹我的工作場所中的程序。為什麼要介紹程序？在大約十七年的時間裡，這是我身為法學院教師的主要領域。但更重要的是，如果缺乏形成我們決策基礎的規則、慣例和傳統的基礎，我們就無法確實掌握我們判決的實質內涵。我將從美國《憲法》和聯邦法律分派給美國最高法院的重大工作開始。基本上，最高法院是處理聯邦法律引起的問題之最後裁決者。

我們裁決的聯邦法律，可能是《憲法》本身。然而，我們通常不是處理憲法問題，而是涉及廣泛領域的普通法律，例如，有關破產、聯邦稅收、智慧財產權、環境保護、養老金和醫療保健的法規。而且，我們不僅定期針對國會或州立法機關通過的法律進行裁決，而且還針對行

* 金斯伯格大法官曾多次對不同的聽眾針對這個主題，發表不同版本的演講，包括渥克森林大學法學院於二〇一六年七月在義大利威尼斯的夏季課程。我們編輯這段講稿，以符合適當篇幅，並且確保它們在當初演講時特定情況之外的清晰易懂。

政行為（包括美國總統的行為）的合法性進行裁決。

今天，美國最高法院已不是法學家所說的一個「糾錯」場所。我的意思是，最高法院不會僅因為下級法院做出了有爭議的，甚至是明顯錯誤的裁決，而受理案件。關於更正特定案件的錯誤，我們主要依靠聯邦上訴法院和州司法體系中的上訴法院（包括州最高法院）。（世界上大多數國家都有司法體系。美國有五十二個體系。除了聯邦法院體系之外，每個州和哥倫比亞特區都有自己的兩層或三層法院體系。）在大多數情況下，美國最高法院只會考慮審理我們所謂嚴重分歧的案件，這些案件是其他法院（聯邦法院、州法院或兩者兼而有之）強烈反對的聯邦法律問題。我們審理的案例中，約有七〇％屬於這個類別。

我的談話分為三個部分。首先，我將描述最高法院高度選擇性的同意審理程序；接下來，我將談到法庭上的言詞辯論；最後，我將探討判決形成的方式，以及意見如何構成與發布。

1. 同意審理程序

最高法院的會期在每年十月的第一個星期一開議前，會在前一週召開一場漫長的會商，作為新會期的開始。在這場九月底的會商中，最高法院處理夏季幾個月內積累的請求審理的上訴書——即從六月至九月初提交的移審聲請書。如我們所有的會議一樣，會商是閉門會議的形式，而且嚴格保密。當最高法院進行會商時，除了九位大法官外，其他任何人都不能進入會議室，沒有祕書、法律助理，甚至沒有傳令員。這些會議沒有錄音，也看不到筆記型電腦。如果有敲門聲或電話響了，那就是最資淺的大法官去應門或接電話，目前這是卡根大法官的工作。會議結束後，最資淺的大法官會留下來，將會議上決定採取的行動轉達給行政人員，行政人員的工作是向大眾發布最高法院處置的情況。

會期開始後，即從十月到六月，我們通常每隔一到兩星期就會商討聲請書。安排在每個標準會議上的聲請書，數量在一百到三百案之間。加總起來，目前最高法院每年共收到六千到七千份的聲請書。

我們如何處理那些數千筆的審理申請？通常，我們只會將其中不到十五%的案件付諸表決。稍後，我將描述我們如何將龐大的會議討論清單，縮減至最高法院將實際在會議上討論的相對少數案件清單。首先，我將告訴各位我們的幾種投票選擇。

大多數情況下，投票只是同意或拒絕審理。（要同意審理，需要四票——比多數少一票。）一旦同意審理，我們將安排完整簡報和言詞辯論的日期。但是我們還有其他選擇。我們可能會決定保留某個案件——暫時延後處理該上訴書，直到另一起已經同意審理、具相同或相關議題的案件裁決。

或者，最高法院可能因為一個或多位大法官想進一步考慮他或她如何投票，或者也許想要多一些時間準備一份反對法院拒絕審理的不同意見書，而將案件重新排入之後的會議。（有時，拒絕受理而產生的不同意見書從來不會刊登——實際上，這便意味成功了——因為不同意見書的草稿在內部傳閱後，會產生作者想要的效果：讓一位或多位大法官重新考慮此事，並給予同意審理所需的票數。我最喜歡的一些意見書屬於該類別。你們讀不到這些文章，因為它們已經成功地將法院的公告，從拒絕審理改為同意審理。）

在每個會期的許多案件裡，最高法院會駁回下級法院的判決，並將案件發回原法院，讓原法院根據最高法院最新發布的判決重新考慮，而該判決將對重審的案件樹立具有約束力的判例。舉一個典型的例子，幾個會期前，在裁定對十八歲以下的人判處死刑違憲後，我們發還了幾個其他相同議題的案件，以便下級法院可以將我們先前的判決用於這些案件。從那時起，我們認為青少年，由於他們心智未成熟，即使被判謀殺罪，也不能被判處沒有假釋可能的無期徒刑。

有時，大法官在針對審理申請進行投票之前，會邀請司法部總檢察長與會，聽取他或她的意見。這位總檢察長是司法部官員，在最高法院中負責代表美國。在美國不是當事方的案件中，我們徵求他的意見，這時他的角色是真正的法院之友；在諮詢聯邦行政機構和具有相關訊息與專業知識的官員後，總檢察長便針對聯邦法律的健全發展所造成的問題重要性與否，提出自己的看法。我們通常——但絕非總是——會聽取總檢察長的意見，決定是否同意審理。我不會像某些法律評論家一樣，稱他為「第十位大法官」。因為他不會參加我們的會議，法院與他之間，沒有公開紀錄以外的對話。

每年大約有十次左右，最高法院認為某個案件是重要的，且答案如此明確，以至於我們投票決定根據書面的移審聲請書和反對移審書，直接對該案件進行總結判決，無需進一步的簡報或言詞辯論。在一九七〇年代中期，當我和一位同事向美國最高法院提出移審聲請書，要求複審猶他州最高法院的一項判決時，我們有過那種令人振奮的經歷。我們的客戶是有收入的受雇婦女，由於雇主正在減少其勞動力，她們因而被解雇。這些婦女只好到別處尋找有薪工作，但沒有成功。她們在被裁員和尋找新工作期間，已經懷孕了幾個星期。

過去，猶他州的一條法律完全拒絕對孕婦提供失業補償。猶他州的最高法院維持了這條法律，宣稱憲法的正當程序及平等保護條款，不排除拒絕懷孕工人的失業補償。猶他州法院顯然認為，一旦婦女懷孕，就不能認為她是真正的勞動力。她已經——或即將——不再能準備好願意或能夠工作。

美國最高法院認為沒有必要進行正式陳述，全體一致並簡要地推翻了猶他州的判決，認為猶他州拒絕向能夠工作的孕婦提供失業補償，顯然是違憲的。能用這種方式勝訴——無需提交詳細的訴狀或出席言詞辯論——是律師的美夢成真。（對高爾夫球選手來說，這就像在前九洞打出一桿進洞。）

回到我們如何處理大量的移審聲請書：每次會議前幾天，首席大法官會從排入會議的多頁移審聲請書中，選擇大約十二件他認為值得討論的案件。第二天，任何大法官皆可將其他案件加進這份清單。沒有任何一位大法官要求討論的案件，將自動被拒絕。這是所有聲請書中約八十五％案件的命運。正如我剛才提到的，唯至少有四名法官投票贊成時，討論清單上的案件才會被同意審查。

對於每一份聲請書，無論案件多麼不起眼，都會在法律助理的報告中進行總結和解釋。除了阿利托大法官外，所有現任大法官都會參與「集體審議小組」（一種共用選案助理的方式）的移審聲請書篩選工作。阿利托大法官與他的法律助理則在他的議事室中，單獨審查所有的聲請書。我們其餘的大法官，加上我們的法律助理（每位大法官有四位）合併在一起，首席大法官的行政助理會將移審聲請書平均分配到八個大法官議事室。我的助理告訴我，他們大約三分之一的時間是花費在聲請書上，他們剛開始擔任這項工作時花的時間較多，當他們熟練消化下級法院的意見和審理申請後，花的時間少一些。

反過來，大法官則花費許多時間決定要做出的判決。我們閱讀法律助理的報告，以及從對法律與人生經驗中、從合議庭的運作中得到的判斷。必要時，大法官會親自檢查移審聲請書和反對移審書，並且做她（或他）認為要確定該案是否適合最高法院裁量的其他功課。

自一九八八年以來，最高法院對其案卷幾乎擁有完全的控制權。在此之前，最高法院不得不受理屬於某些類別的案件——有將近二〇%需要進行全面簡報和言詞辯論的案件，最高法院幾乎沒有選擇權。從一九八八年的會期開始，在最高法院的積極支持下，國會取消了大多數「必須裁決」的案件。

我們仍然有義務聽審的案件很少。它們主要是某些《選舉權法》（*Voting Rights Act*）案件，以及由最高法院作為初審和終審法庭的初審管轄權案件。（初審管轄權案件通常涉及兩個州——或一個州和美國——之間的爭議，通常是關於邊界、土地所有權或水權爭議。例如幾年前，紐澤西州和紐約州就愛麗絲島〔Ellis Island〕填海區土地的所有權問題針鋒相對，愛麗絲島曾經是歐洲前往美國的移民的入境站。最後紐澤西州在這場激戰中占了上風。）

隨著一九八八年最高法院大部分強制性管轄權的取消，以及最高法院更加明確地認識到不應該試圖作為糾錯的審級，最高法院每年會期安排辯論的日期，數量從大約一百四十宗案件，減少至七十至八十宗案件。有了更多的時間，希望大法官可以寫出更好——或者至少更好理解，而且也希望更短——的意見書。（要寫得言簡意賅確實需要時間。）

騰出更多的時間也有助於減少大法官之間的分歧。在最近的會期中，最高法院在大約四〇%的爭議案件中，做出一致的判決，至少在底線判斷方面。這是美國媒體很少注意到的一點——這一事實是，在我們處理的相當大比例的案件中，我們一致同意，沒有異議。相反地，最高法院有爭議的案件中只有不到二十五%的比例，以五比四的票數明顯分歧。

關於最高法院反應的新聞報導，有時會誇大一項拒絕審理案件的重要性。我不時讀到最高法院確認或維持某項判決的新聞，但事實上該報導稱我們確認的案件，甚至沒有出現在會議討論的清單上。拒絕審理完全無法揭露若最高法院對該案進行審理，將會做出什麼判決。理解這一點是很重要的。

我們通常在等待下級法院的一場嚴重「分歧」——在沒有最高法院干預的情況下，不可能修復的分歧——這不僅是為了減少我們的案件量。先等待幾間法院的裁決，可以使我們對問題發生的不同事實背景，以及下級法院對適當解決方案的意見範圍有所了解，從而能加深我們對問題重要性的理解。

若沒有法院之間的分歧，我們便拒絕審理的主要原因，是我們對聯邦司法機構——聯邦地區法院和上訴法院——以及州級法院有能力的法官的真正尊重。像所有凡人一樣，這些法官都是會犯錯的，但是他們努力「做正確」，而且他們通常都會這麼做。最高法院的大法官並不比其他聯邦法院的法官有更大的智慧。美國一些最好的法官錯過了最高法院的提名。在某個時間點，選出特定的九個人擔任大法官，在這過程中，運氣扮演了重要的角色。關於最高法院在司法體系中的位置，大法官羅伯特・H・傑克遜（Robert H. Jackson，他從一九四一年起一直擔任最高法院大法官，直到一九五四年去世，中間還外派擔任第二次世界大戰後紐倫堡大審的首席檢察官）說得最好：「我們之所以是最後的審判，不是因為我們不可能錯；而是因為我們是最後的審判，所以我們不可能錯。」

現在，我從我們如何決定要審理哪些案件，繼續講「開庭日」。

2. 開庭日

如我剛才所說，美國最高法院在選擇審理案件上，花費了很多心血，但是與上訴法院不同，在上訴法院，訴訟人有權利來到法院，但最高法院要花一點時間，決定哪些案件需要安排言詞辯論（所有案件都需要，除了十幾個或更少的案件，可根據移審聲請書和反對移審書而總結判決的案件）。我們也不需要爭論言詞辯論時間的長短。因為所有安排在行事曆上的言詞辯論案件，不論多麼複雜，照例雙邊都各有半小時。當辯論時間快結束，會發出白色的五分鐘警告燈，接著是紅色。當講台上出現紅燈時，時間就到了——律師和大法官都必須停止講話。

《紐約時報》記者安東尼．路易斯（Anthony Lewis）是最高法院敏銳的觀察者，他曾描述目前在最高法院的一天：

言詞辯論並不像十九世紀那樣，在最高法院的運作中扮演那麼重要的角色，當時丹尼爾．韋伯斯特（Daniel Webster）（以及其他律師界的菁英）會為一個案件爭論好幾天……現代的最高法院嚴格限制了言詞辯論……限縮到（每一方）半小時。但是言詞辯論仍然具有重要的作用。這是大法官必須……與代表和他們利益衝突的律師直接交鋒的一次機會。這也是公眾難得能深入了解真正判決者的想法的機會。與華盛頓的其他官員相比，大法官仍做他們自己的工作，只有少數幾位年輕的法律助理協助。在法庭觀察他們如何詢問律師，即是見證一場精采的公開過程，沒有預先的劇本，直接顯露人性。在充斥官僚主義與公關的首都，最高法院似乎是老派的、小規模的、個人化的。對律師來說，言詞辯論是直接碰觸這九顆心靈的機會——用一個想法、一個短語和一個事實。在辯論中勝訴的案件並不多，但若律師不能或不願意（誠實而且有說服力地）回答大法官的問題，（案件）就可能敗訴。

我完全同意安東尼．路易斯的觀察，我無法對言詞辯論的角色，做出更好的描述。

從最根本來看，最高法院的言詞辯論與其他美國聯邦和州級上訴法庭的言詞辯論並無二致。言詞辯論不是大型演講的場合，而是為了進行有關此案的對話，為了讓熟稔案情的律師與做過功課的法官之間，進行對話或討論；所謂做過功課的法官，就像上訴律師所稱的，是一位「熱血法官」（hot bench）——他們已經先讀了我們正在審查的最新判決、任何相關重點法規，接著，他們讀了紀錄的相關部分，以及與該案有關的其他司法判決。然後，我們也看當事雙方提交的、幾乎總是很長的聲請書與反對移審書，並根據它們的品質，也看支持性的摘要，即所謂「法院之友」寫的意見書。

有人告訴我，有些律師討厭他們精心計畫成演說的言詞辯論被中斷，而有些法官提出的問題很少。哈利．布萊克蒙大法官於一九九四年從最高法院退休，於一九九九年去世，他經常說起一九七〇年當他被任命為最高法院大法官時，雨果．布列克（Hugo Black）大法官給的建議：「哈利，」布列克大法官提醒說：「永遠不要從法官席上問很多問題，因為如果你不問很多問題，就不會問很多愚蠢的（問題）。」

但是在我看來，如果律師在言詞辯論時間只能做概括的總結，而無人發問，那就失去了一個寶貴的交流機會。我相信，如果她很機敏——如果她喜歡接受與回答可能透露裁決者心思的問題，同時留意利用問題作為進展到關鍵點的跳板，那麼，她就能為客戶爭取更好的結果。因此，我沒有聽從布列克大法官的建議。而在那方面，我並不孤單。

大法官的問題，讓律師有機會滿足法庭上的需要，尤其是針對至少提問人認為重要，或者在沒有律師協助的情況下，法院可能較無法滿意解決的議題。有時候的確是這樣，大法官提出一個問題時，心裡是想著說服某一位同僚，或者至少是要激發同僚的想法；在這時候，律師可能會感覺到大法官正與她交談，但她並不是真正說話的對象。在其他時候，提問者可能試圖暗示律師，某個她正熱烈闡釋的論證是失敗的，因此律師最好繼續下一個主題或調整策略。若律師過於堅持遵照一份事先備好的腳本或大綱，可能會錯過這些提示。

我理解，由九名成員組成的最高法院，與通常由三名法官組成的上訴法院，在動態平衡上有所差異。四個人（律師和三名法官）之間容易處理的澄清說明、插話、經常打斷的對話方式，在十個人的對話中不太可行。（各位無疑都知道，美國最高法院始終是全院庭審，除非某案件需要迴避，否則每一個案件所有九位大法官都會參與。我們從來不會出於任何目的，分成若干個合議庭。）

與許多國家的上訴法庭不同，特別是那些具有大陸法系基礎的國家，如德國或義大利等，美國的上訴法院不指派一位記錄法官（reporting judge），孜孜矻矻地準備案件資料，作為判決參考。相反地，我們每個人都完全自己準備。在言詞辯論時，首席大法官不會決定誰能發言，或何時可以進行詢問。任何一位大法官均可在他或她想到的時候，在指定的辯論時間內問問題。

儘管這種形式並非完美無缺（有些人希望雙方時間超過半小時，以及較少提問），但最高法院的辯論在很大程度上順利完成其任務。這經常減少或消弭疑惑，而且也能減少或突顯爭議中的議題。這也為律師提供了與裁決者面對面的機會，這是最後一次明確的機會，以相關論點說服大法官扭轉判決。（相較之下，在典型大陸法系的法院中，上訴律師通常講話時幾乎不會被打斷。作為法官，我很難被動地聆聽律師的講話。）

我們在法庭上不允許使用相機，但會及時提供書面筆錄和辯論的錄音帶。

最後，我繼續談判決的部分。

3. 形成判決

為了形成判決，在平常的兩週開庭期間，最高法院在每週三下午開會，討論之前週一的案件；而每週五開會，是處理累積的聲請書，並討論在該週二與週三聽審的案件。在開庭期間的第二個週五下午，首席大法官會傳閱他屬多數決時所撰寫的意見書；而當他不屬多數決的大法官，就會向全院傳達由多數決中最資深的大法官所做出的任務分派。

在全院會議上，首席大法官最先發言與投票；最資淺的大法官最後發言，最後投票。我們的前任首席大法官芮恩奎斯特描述過當他還是最資淺大法官時的失落，他說，他在會議上明智的言論未能受到全部大法官的關注，因為「（決定性的）選票（已經）被表決（超過）高於那條線了。」然而，他以「新發現的清新思路」報告說，「排行從第九位上升到第七位，再升至第一位」，他對於「更像圓桌討論」的想法是學術性的：「在抽象中好的，」不太可能「在實務上有太多貢獻，而且無論如何，這在資深大法官們自然遵循的年資制度中註定如此。」

是的，索托瑪約大法官說，當投票表決通過，一方或另一方已經握有明顯的多數，有時會出現一些急躁的氣氛，期待長話短說。但是最資淺的位置，現在輪到卡根大法官，當第九票決勝負時，偶爾會有打破僵局的機會。但較晚發表談話的大法官確實有一項優勢。他們有機會調整自己的陳述，合併考量其他較早表達的大法官的觀點。要有效地做到這一點，必須既做好準備，又要當一位好聽眾。

最高法院會議上的討論通常很熱烈，也很少拖延。當我們都發言完畢，首席大法官可能會說：「它將以書面決定。」確實如此。會議表決始終是暫定的。意見書撰寫者可能會發現，會議的定位，整體或部分「寫不出來」，因此撰寫者最終會寫成另一個方向。

或者，作為異議的意見書經過傳閱後，可能獲得多數的認可，進而成為最高法院的意見。（我清楚記得幾年前，有一個只拿到兩票的不同意見，最終成為六票的多數意見。）哈利・布萊克蒙與瑟古德・馬歇爾兩位大法官存放在國會圖書館並向大眾公開的報告顯示，我於一九七〇年代中在最高法院辯論的一起案件，最初的表決是以五比四反對我的立場。然而，在大法官們進行幾次會後交流以及幾次洗牌後，我主張的立場最終贏了。

在特別談到意見書撰寫時，我和我的同事們非常重視「最高法院的意見書」這一個標籤。這種重視，展現在我稱之為「親愛的露絲」的信件裡對傳閱意見的回應。（在最高法院所有的內部通訊，我們只用名字。）「親愛的露絲」通常寫著：「請考慮增加、刪除、拿掉、修改，以說明（如此等等）」，或者更希望的是，「若您能刪除、加入、更改或調整如下，我將加入您的意見。」在這種時候，我會從首席大法官休斯（他的首席大法官任期自一九三〇年至一九四一年）的評語中，得到很大的安慰。休斯說，他在最高法院服務的許多年當中，總是努力將他的意見書寫得既有邏輯又清楚，但是若有另一位大法官，因為他的一票才能成為多數，而且他堅持特定的字句需要加入，它們就會被加入，然後讓法學院去弄清楚那是什麼意思！

實際上，我同事的評論經常會幫助我精進某個觀點。沒有什麼比一個好的異議迫使一個人為了在最高法院辯護，而琢磨她的報告更好的事。（相較之下，大多數大陸法系風格的上訴法院不允許刊登不同意見書，或者個別同意書；他們僅會有一份無記名、制式風格的法院判決書。）

我傾向而且繼續追求寫出正確且簡短的意見書，沒有過度的離題、修飾，或者分心去指責不同觀點的同事。（但我懷疑我能與布雷耶大法官一樣，節制與遏制使用註釋的各種誘惑。）而且值得重複一提的是，最高法院真的很重視融洽關係。是的，在最近幾年會期裡，所有有爭議的案件中，有二〇％到二十五％左右，我們的表決結果是五比四，然而，如我之前所說的，我們一致同意的比例很值得注意——在四〇％上下。

我認為，最令人印象深刻的是，儘管大法官們在某些議題上存在巨大分歧——例如競選經費、就業歧視、平權行動、墮胎和避孕措施的使用、關塔那摩灣被羈押的囚犯、憲法《第二條修正案》的含義等——但我們仍然是好朋友，是互相尊重並真正享受彼此陪伴的人。我們的相互尊重偶爾被撼動時，大多是因為我們有時對法律的解釋存在強烈分歧。我們所服務的最高法院，比任何時候組成法庭的特定個人都重要得多。而我們的工作——通常是在一間美國聯邦法院的審判工作——依我認為，是一位美國律師所能冀望的最好工作。我們不為客戶服務，我們的使命是做對的事情——法律所要求的正義。我們的開國元勳明智地將司法獨立保證（包括終身任期、任職期間不減薪）納入《美國憲法》，保障我們做到這一點。（在其他許多國家的憲法法院則採取不同的保障獨立機制：一種長期的、不可延續的任期——例如九年、十二年或十五年。）

比較一下聯邦法官享有的穩定保障，與必須參加定期選舉的州法院法官的不穩定保障。在美國的五十個州裡，有三十九個州的法官，至少在某個官僚層級上得面對選舉。人們可以了解美國司法機關選舉的起源；這種作法可以追溯到最初十三個州仍為英國殖民地的時期，原因是當時的人民對英國國王派任的法官並不信任。然而，至少就我的判斷，選舉方式是選擇或聘請法官一種危險的方式。布蘭達・哈爾夫人（Brenda Hale）是英國最高法院的第一位，而且仍然是唯一的一位女性，她在二〇〇三年的一次演講中說：

> 司法部門最重要的任務之一，是保護個人不受國家權力的影響。這包括保護少數族群，通常是不受歡迎的少數群體，免受多數人的憤怒波及……。如果（法官）必須定期（自己）參加選舉，（她）會發現這件事更困難。

我同意此一判斷。

2. 司法獨立*

在任何國家，法治的根本，是一個獨立的司法機構，法官不受政府其他部門的管轄，因而有能力公正地執法。然而，正如美國和其他地區的經驗所證實的，司法獨立很容易受到攻擊；如果法律所服務的社會，不悉心確保維護它，它可能會分崩離析。

我的談話集中在我最了解的體系，美國政府的第三部門——聯邦法院——的司法獨立，以及政治部門為限縮這種獨立所做過的事。

一

根據《美國憲法》，聯邦法官的任期基本上是終身的，沒有強制性的退休年齡，國會不能削減其薪資。[1]透過這些保護措施，美國的開國者力圖促進司法機構的獨立，脫離國會與總統，從而保障法官能公正裁決案件的能力。但是我懷疑，如果我們沒有一種文化，不許任何企圖使法院服膺總統或國會的形象，那麼，憲法的阻絕方法，是否仍能保護聯邦法官？

關於這種文化，有一個著名的案例。大約七十年前，小羅斯福總統宣布了對美國最高法院進行「填塞」（pack）的提議。因為當時的最高法院在此之前拒絕了羅斯福總統的「新政」計畫，判決在十三個月裡制定的十六項聯邦社會與經濟立法違憲。

羅斯福總統因為無法替換當時坐在最高法院的「九個老人」，感到相當沮喪，他向參議院送交一項法案，以解決最高法院的不順從。他的提議是，針對最高法院服務滿十年或以上、且在七十歲過後的六個月內沒有退休的每位大法官，增加一名大法官員額。[2]羅斯福總統的提議，將立即使最高法院的規模，從九名大法官擴增到十五名。（如果一九三七年的這項計畫應用於當前的最高法院，那麼今天我們的法庭上將會有十三名大法官。）一九三七年底呈現出來的兩項發展，有助於擊回羅斯福總統的計畫：公眾對總統企圖掌控最高法院的一股強烈反對；以及大法官之間日益加深的理解，認同將社會和經濟政策問題交由立法判斷，是很恰當的。羅斯福總統的想法從未改過。那些關心我們體制的健全和順利運作的人認為，以填塞最高法院計畫來符合政治部門（國會和總統）的喜好，將會嚴重削弱司法機關作為政府平等部門的地位。

---

* 金斯伯格大法官曾多次對不同的聽眾針對這個主題，發表不同版本的演講，包括渥克森林大學法學院於二〇〇八年七月在義大利威尼斯的夏季課程。我們編輯這段講稿，以符合適當篇幅，並且確保它們在當初演講時特定情況之外的清晰易懂。

二

我現在談談最近對美國法官安全構成的一些威脅，尤其是在判決時不考慮「鄉親父老」期望的法官。

先談一則登上頭條新聞的轟動案件。二〇〇五年初，佛羅里達州的聯邦法院遇到一宗引起大眾注意的訴訟案。在佛州州法院的命令下，一家醫院拔除了腦部嚴重受損的女性泰瑞・席亞弗（Terri Schiavo）身上的餵食管，她的狀況引發了拒絕生命維持器權利的巨大爭議。國會插手這場爭議，通過了一項最不尋常的法規，賦予聯邦法院管轄權，要求他們聆聽席亞弗父母的請求，但不改變管轄的實質法律。[3]但聯邦法院依法規規定，拒絕以下令方式恢復餵食管、推翻佛州州法院的判決。這不是多位國會議員想要的結果。在憤怒中，當時的眾議院多數黨領袖指責聯邦法官「藐視國會和總統」。[4]他警告說：「總有一天，該為這件事負責任的人，得為他們的行為來答詢。」[5]他說：「國會多年來一直在逃避其追究司法責任的責任。以後不是這樣了。」[6]

同樣令人不安的是，同年兩起針對法官的暴力事件，震驚了全國。一位州法院法官在亞特蘭大的法庭上被公然謀殺，另一位聯邦法官的母親和丈夫在該名法官位於芝加哥的住家中被謀殺。[7]此後不久，一位著名參議員在參議院發表了一段被廣泛報導的演講。在嚴詞抨擊「積極主義法學家」（Activist jurists）之後，他暗指司法能動主義與「本國最近發生的法院暴力事件」

之間，可能存在「因果關係」。[8]

國會的嚴厲批評不僅是口頭上的。二〇〇五年五月，眾議院司法委員會考慮成立「聯邦司法監察長辦公室」。[9]該辦公室將調查有關司法失職行為的指控，並呈報給國會。委員會主席在宣布這項建議時說，法官必須「因為其尚未達到彈劾水平的行為，受某種程度的懲罰。」[10]若當時的主席接下來的行動，顯示他為研擬的監察長所設想的角色，法官就得好好關注這個問題了。二〇〇五年六月，該主席的辦公室向一間美國上訴法院發送了一封信，抱怨該法院對一位毒品案件的被上訴人處以不合法的低刑期。這封信要求「迅速回應……以修正」該項判決，[11]即使政府不打算對該刑期進行上訴。他們完全不管交付這項判決的聯邦法律，是否將向最高級別的司法部官員訴求更高的刑責，而不是向法官，當然也不是向國會。

國會另一項令人不安的舉措是：提議禁止聯邦法院依外國法律判案。[12]這種誤解的背後原因，似乎是反對引用外國法律。正如布雷耶大法官在最近的一次專訪中所解釋的，引用外國法律和判決應該沒有爭議。[13]布雷耶大法官強調：「參考其他地方的案件，從來不會有約束與限制。」我們僅解釋及採用我們自己的《憲法》和我們自己的法律。布雷耶大法官解釋說，但是，「看看其他（與我們自己具有相似對民主承諾的）人如何解決類似的問題，」可以增加我們的儲備知識。布雷耶大法官將參考外國和國際法庭的裁決，比擬成參考一部專題論文或一位教授的著作。

為了避免我看起來過度散播負面想法，我應該強調出聲捍衛司法部門的人，這些不會隨著黨派界線分化的有識之聲。被一些人認為屬「自由派」的《紐約時報》，最近刊登了一篇社論：「法院不會永遠受歡迎；他們並不總是正確的。但是，如果國會成功削減司法機構對政府其他兩權進行檢查的能力，國家的自由度將大幅降低。」[14]通常被認為是保守派的前司法部總檢察長泰德・奧爾森（Ted Olson）發表了類似的觀點：「美國人理解，」我希望他是對的：「沒有任何一種制度是完美的，沒有法官能避免錯誤，但是如果我們不尊重司法程序以及讓司法程序運作的法官，我們的社會就會崩壞。」[15]

歷史顯示，國會不太可能運用核彈——彈劾——對付對那些辜負「鄉親父老」期望方式來判案的法官。自《憲法》施行的兩百二十多年來，眾議院只彈劾過十三位聯邦法官；其中僅七個彈劾案最後被參議院定罪，[16]這些法官之所以被免職，並不是因為錯誤地解釋了法律，而是因為顯而易見的非法行為，例如勒索、偽證，以及對美國發動戰爭。[17]

儘管因政治力對聯邦法官進行彈劾是遙不可及的事，但是對司法獨立的另一種威脅，卻不能如此輕易消除。值得提醒人們的是，在柯林頓總統的第二任期中，對聯邦司法被提名候選人的政治挑戰是永不休止的。在那些年裡，參議院的同意確認過程常常偏離檢驗每位被提名人的資格，而試圖揭露被提名人所隱瞞的一些「自由派」議題。對許多民主黨人而言，布希總統接下來的任期是以牙還牙的時候，一個從意識形態上，阻止或拒絕布希的提名人選進入聯邦司法機構的機會。

在提名或確認過程中大量加入政治元素，意味填補司法職位空缺的時間，將大大被拖延。

面對愈積愈多的案件，這種拖延有可能侵蝕美國聯邦司法機構所能提供的司法品質。大量的空缺無可避免地會消耗精力，並打擊被留在工作崗位上工作繁重、人手不足的法官之士氣。

我還應該提到近年來國會的法案櫃裡，一系列限縮司法管轄權的措施。其中一項法案將嚴格限制聯邦人身保護令審查的範圍。[18]另一項法案將取消聯邦法院判決任何與《十誡》、效忠誓詞、國家座右銘（「我們相信上帝」〔In God We Trust〕）有關案件的管轄權。[19]還有另一項法案將從聯邦法院的權力中，拿走裁決自由行使或確立宗教主張、隱私權主張（包括提出「任何性行為、性取向或生殖問題」的主張）以及任何「基於不考慮性別或性取向的結婚權」，要求平等保護法律主張的權限。[20]

所有這些提議，以及其他類似想法的法案，都以失敗告終，正如歷史系的學生所能預料的。對不喜歡的判決進行「司法權剝離」（jurisdiction-stripping）的反應，一直有人提出。在一九五〇年代，種族隔離和家庭安全的案件，已列入某些立法者的清單上；一九六〇年代，是聯邦法院對某些刑事司法事件的審查；在一九七〇年代，是忙於實現學校的種族融合；在一九八〇年代，是墮胎與校園祈禱。這些動作都沒有成功，而且最近為遏制聯邦法院管轄權所做的努力也沒有更多進展。一個簡單的事實使聯邦司法機構免於遭受這種性質的攻擊，即：阻止一項法案比頒布一項法案容易。

最後，我要提的是，在二〇〇四年提出，並於次年起死回生的國會與法院的一次對抗。最近的一次嘗試名為《二〇〇五年國會司法能動主義問責法案》（*Congressional Accountability for Judicial Activism Act of 2005*），這項法案將使美國最高法院宣布聯邦法律違憲的判決，可經由眾議院和參議院的三分之二票推翻。[21]（加拿大的《權利與自由憲章》〔*Charter of Rights and Freedoms*〕[22]允許立法機關推翻最高法院裁定某法規與《權利與自由憲章》保護的權利不符之判決。但加拿大議會尚未利用此一特權。）

作家兼記者安東尼·路易斯指出，若一部憲法賦予立法機構推翻最高法院解決憲法問題的裁決，「從它將能消除多數決限制的角度來看，是比較民主。」[23]但是，路易斯也正確地提醒我們，用以色列最高法院前主席亞哈倫·巴拉克的話來說：「民主不僅是多數的治理。民主也是基本價值的治理……整個民主架構所賴以奠基的價值，即使多數也無法動搖。」[24]美國的開國元勳並未構想基於純粹多數主義的法治，[25]而且我認為目前也沒有理由打開這扇門，讓立法機關超控。

補充美國州法院的部分。大多數州的法官，至少在某些級別上，是在定期選舉中選出的。我出國旅行時經常被問到一個問題：「一個選出的司法機構不是與司法獨立完全背道而馳嗎？」一位被選出的法官如何抵擋「鄉親父老想要的是什麼」？對於這些問題，我沒有完全令人滿意的答案。

回到我的出發點，當前首席大法官芮恩奎斯特將一個獨立的司法機構描述為美國的標誌與驕傲時，他重複了自從我們成為一個國家以來便表現出來的主題。

我認為，我以來自不同政治光譜兩端的兩位美國法律學者的話來做結，是很恰當的——一位是以「保守派觀點」聞名的布魯斯·費因（Bruce Fein）；另一位是以「進步的視野」而聞名的伯特·諾伯恩。儘管在辯論中他們經常站在相反的立場，但他們聯合一起，同聲說出司法獨立的價值。在他們共同撰寫的論文裡，結論是：

> 美國的司法獨立強固了有秩序的自由、家庭安寧、法治和民主理想……。揮霍這份無價的憲法恩賜，以安撫無知政治黨派的叫囂，將會是愚蠢的。[26]

3.

向首席大法官芮恩奎斯特致敬*

當我的前法律助理阿曼達・泰勒（Amanda Tyler）請我在這場集會上發表演說，紀念威廉・哈布斯・芮恩奎斯特時，我原來期待的是首席大法官出席參加我們為他慶祝他在最高法院服務三十三年、最後十九年擔任首席大法官的日子。雖然他勇敢地與一種可怕的疾病奮戰，仍無法完成所有同仁所希望的，主導最高法院二十年的願望。九月四日，他去世後的第二天，我們每個人都透過最高法院的新聞辦公室發布了聲明。我的聲明傳達的是，在我擔任律師、法律教師和法官的所有長官中，芮恩奎斯特首席大法官是最公正、最有效率的人。他掌管六位自以為是的男士和兩位自以為是的女士，但能使我們所有人同步按時完成工作。歐康諾大法官回顧了這位首席大法官如何駕馭簡短聲明的藝術，她說：「他以堅定的原則，但輕鬆的態度，領導最高法院。」我們對他懷有崇高的敬意和深切的感情，而且也努力隨著他成功帶領的和諧氣氛，維持最高法院的運作。

在他如麻的職責中的一項，是首席大法官會分派作業給我們：在每兩週的庭期結束時，每當他在多數那一邊（這種情況經常出現），就由他決定誰來寫那一篇意見書。沒錯，偶爾會有人發牢騷，例如被委派撰寫一個疲弱的《雇員退休收入保障案》意見書的大法官，會發出抱怨。但是在每個年度會期結束時，大家普遍同意，案件的分配總體上是公平的。而當首席大法官宣布，所有主要意見必須在六月一日前傳閱，所有不同意見書在六月十五日前傳閱，我在最高法院完整十二年任期中，沒有一個人錯過最後期限。

他這項讓球員同步按時完成工作的相同才能，在言詞辯論、法院會議、美國司法會議、史密森學會會議，以及其他各種會議上，一樣很明顯。這位首席大法官成功的祕訣之一，就是他具有一種無禮的幽默感。他可以做出讓人想笑的撲克臉，有時甚至讓人爆笑出來。

首席大法官說話平實，不會裝腔作勢或帶太多感情。有一個典型的例子。當雷根總統在一九八六年六月十七日的新聞簡報上宣布任命他為首席大法官時，一位記者問當時還是大法官的芮恩奎斯特：「你……認為這是夢想的巔峰嗎……？」即將上任的首席大法官回答：「我不會這樣說，但是當你六十一歲的時候，不會每天都有機會得到一份新工作。」

芮恩奎斯特在最高法院的第一份工作，是從一九五二年二月至一九五三年六月，擔任羅伯

---

* 金斯伯格大法官於二〇〇五年十月二十七日在喬治華盛頓法學院發表這段演講，後來這篇講稿刊登在《喬治華盛頓法學評論》（*George Washington Law Review*）第七十四期，第八六九頁。我們對這篇講稿稍加編輯，以符合適當篇幅與上下文順暢。

特．H．傑克森大法官的法律助理。在那個順利的開端後，他幾乎做了法律人的所有工作——私人執業律師、在行政部門服務、在最高法院審判，甚至一度在初審法院判案。有一次我在最高法院上談到最高法院的運作時，描述過幾年前的這一段故事。當時首席大法官笑了，所以我覺得應該可以重述這段故事。

一九八四年六月，當他還是一名大法官時，他自告奮勇去里奇蒙市主持一場民事陪審團的案件。（你們當中許多人都知道，六月是最高法院最忙的時候，幾週之內，我們所有人都得加緊趕工，以便產出或改進我們在夏天休會之前需要公告的意見書。）根據新聞報導，當時的大法官芮恩奎斯特，以船長般的作風，迅速掌控了訴訟程序。可惜的是，後來第四巡迴法院全體同意推翻了他參與陪審團做出的判決。

經過那次一審判決的經驗後，這位首席大法官便安份地留在他自己的最高法院。按桑塔亞那（Santayana）*的智慧，他牢記過去，不重蹈覆轍。而且，他留意傑克森大法官在他那句名言中捕捉到的現實：最高法院大法官「不是因為我們不會犯錯，而成為最後的判決者；而是因為我們是最後的判決者，所以不會犯錯」。

這位首席大法官是一個低調的人，不會與新聞界（或他的同事）講述他自己的夢想。（如果他確實有一些美妙的夢想，它們可能會是他自己烤的「普通的」漢堡味道，或者是兒子吉姆偶爾為他做的巧克力棒。）可能出現在他的願望清單上的，有：看見威廉．哈布斯．芮恩奎斯特的繪畫與特納（Turner）和康斯特布爾（Constable）的作品一同在國家美術館展出；接替羅伯特・蕭（Robert Shaw）成為光榮合唱團的指揮；了解柴可夫斯基《黑桃皇后》（*Pique Dame*，改編自普希金的同名小說）中老祖母如何每次贏牌的祕訣；在他出版的書中增加一個懸疑性十足的謎團，充滿驚險的戶外動作，讓這本書值得與雷蒙德・錢德勒（Raymond Chandler）[†]的書一較長短。

一九八六年七月三十日，當他被參議員拉沙特（Laxalt）問到，他為什麼相信自己有資格擔任首席大法官，芮恩奎斯特這麼說：

> 我對聯邦司法系統和美國司法機構非常感興趣……。我非常想努力看見司法體系取得進展，不僅在（最高法院和）下級聯邦法院，而且希望看見透過全國州法院中心（National Center for State Courts）幫助州法院，至少為他們爭取財務支援，但不會指揮他們。

最近幾年訪問最高法院的訪客，幾乎不會不注意到首席大法官親自設計的長袍，這件長袍是當地劇場公司夏季演出吉伯特與蘇利文的《伊歐蘭特》（*Iolanthe*）中，英國大法官的服裝。這件長袍有著閃閃發光的金色條紋，就像英國大法官的長袍一樣，但是首席大法官芮恩奎斯特

* 【譯註】指喬治・桑塔亞那，西班牙裔美國哲學家與作家。他最著名的一句話是：「那些不能銘記過去的人註定要重蹈覆轍。」
† 【譯註】雷蒙德・錢德勒——美國著名推理小說家。

的版本沒那麼富麗堂皇，比較像是軍士長的條紋，而不是英國大法官的條紋。為什麼一個不習慣裁縫細工的男人，會決定穿這樣的服裝呢？用他自己的話說，他不想被女性專美於前。（歐康諾大法官有幾條迷人的圍巾、英國禮服的衣領，還有柔軟的法式軟綢領巾；我也戴英式和法式蕾絲軟綢領巾，有時還戴加拿大的法國風衣領。）

我和首席大法官在重要議題上經常有不同的看法。但他有時使我驚喜。有兩個例子，一個來自我擔任律師的時代，另一個是我在最高法院任職的時候。

大衛．夏皮羅（David Shapiro）在一九七六年十二月的《哈佛法律評論》文章中，評論當時還是大法官的芮恩奎斯特在最高法院前四年半的任期，寫道：「他依『合理依據標準』（rational basis test）審查，從未投票裁定政府的行動非法。」即使荷馬也會睡著。其實不到兩年之前，亦即一九七五年三月，最高法院判決一位年輕父親史蒂芬．維森菲爾德的案子，他的妻子在分娩時死亡，使他成為鰥夫。史蒂芬的妻子是一位老師，是《社會保障法》稅捐定期支付的對象。當家中的男性工作收入者死亡，留下妻子獨自撫養小孩時，《社會保障法》每個月會向尚存的母親提供撫養子女的福利。但是，當過世的工作收入者是女性時，這條法律並不發放育兒津貼給尚存在人世的父親。

最高法院達成了一致的判決：性別界線違憲，違反了平等保護原則。但是，大法官們在理由上意見分歧。多數認為，該法律對女性工作收入者的歧視是不允許的，因為該法律對她們家庭提供的保護，少於對男性工薪家庭所提供的保護。律師還辯稱，法律歧視男性為父母，因為它沒有為他們，像為女性一樣，提供同樣的機會照顧自己的孩子。芮恩奎斯特大法官拒絕這兩個論點，但他很滿意嬰兒最終得到了無差別的對待。他寫道：「當唯一的問題是一位往生工作收入者的孩子，是否應該有機會受到唯一留下來的父母的全職照顧時，區分父親或母親是不合理的。」

大衛・夏皮羅並沒有錯過「維森菲爾德案」。如他寫信給我時說的，他有一張關於芮恩奎斯特大法官非典型意見書的索引卡。但那是在個人電腦時代之前。夏皮羅教授在報告他的研究結果時，只是放錯了、或忽略了這張卡片。

另一個驚喜是，一九九六年六月，我宣讀了「維吉尼亞軍事學院案」的法院判決和意見。讀了下面的意見書以及準備言詞辯論的摘要時，我擔心首席大法官不會同意我對此案的觀點。但令我高興的是，他同意此判斷，認為維吉尼亞州為男性提供了寶貴的教育機會，對女性並未提供同等的機會。斯卡利亞大法官是唯一的異議者，他針對首席大法官的意見諸多批評，那些意見可能增加了他往我這一方的表決數。

首席大法官芮恩奎斯特認為，獨立的司法體系是我國的標誌和驕傲。在有關聯邦司法機構狀況的年度報告以及公開演講中，他敦促國會抵制旨為削弱第三權的手段，以守護此獨立性。

以下是個人的觀察。這位首席大法官承襲他的傳統，有時似乎是北歐冷靜的典範。但是我親眼見到他的人性面。六年前，在我長達一年的大腸癌發作時，他協助緩解我的焦慮。在最痛苦的幾個星期裡，他減輕我的工作，讓我決定什麼時候可以處理較富挑戰的案件。他在上個年度會期自己面對癌症時，其勇氣和決心堪稱楷模，激勵其他與難纏疾病奮戰的人們，繼續以他們最好的一面生活與工作。他最好的一面實在太棒了。他在上個年度會期撰寫了相當部分的最高法院意見書，並且在管理最高法院的會議和運作方面，一如往常地完全掌握。

芮恩奎斯特是第十六任首席大法官，第三位被拔擢為核心法官席位的大法官。他在二〇〇四年四月的演說中描述了他的工作，以及前面十四位首席大法官的表現：

> 首席大法官（相較於總統）就任時，只有他本人。他與其他已在位的八位大法官一起擔任此職位，而他們對他並沒有任何虧欠。透過歷史性的權責運用，他在最高法院主持開庭、主持法院的會議；若他的票屬多數票，他便指派法院待審理案件的意見書準備工作。他也代表聯邦司法機構，針對與之有關的事務發言……。也許對於這份工作最好的描述，就是首席大法官掌握了一些工具，使他在同等地位者中居首，但他的地位高低，將取決於他如何使用這些工具。

在首席大法官芮恩奎斯特對美國司法會議的領導和對最高法院的監督中，他有效發揮了國會賦予他的工具與傳統。在他對第三權的管理中，他贏得了所有關心聯邦法院與聯邦體系健全及福祉的人們，歷久不衰的肯定。

4. 麥迪遜演說：以司法之聲發言*

引言

「麥迪遜講座」（The Madison Lecture）呈現與發展出兩個主要的主題：人權和司法，尤其是在我們國家的聯邦法院。[1]我的演說將談及這兩個主題；我將先談談合議制風格，接著再談上訴裁決之實質內容的適切性。我對這些問題的看法，反映我過去超過三十年的經驗。這些觀點的成形，是從我一九六〇年代開始擔任法律教師，到一九七〇年代我協助啟動美國公民自由聯盟的女權計畫時期，以及最近的十三年，我有幸服務於美國哥倫比亞特區巡迴上訴法院。我

* 這篇文章最早刊登於《紐約大學法學評論》（New York University Law Review, 1992）第六十七期，頁一一八五，原本是一九九三年三月九日於紐約大學法學院舉辦的第二十四屆「詹姆斯．麥迪遜講座」內容，講題是關於憲法。金斯伯格大法官感謝她一九九二—九三年會期的法律助理大衛．艾倫（David Ellen）與瑪拉．波拉克（Malla Pollack）協助她準備這篇講稿與文章。

認為，我希望傳達的關於法院的內容，與開國元勳——麥迪遜及漢密爾頓——的期望相符。作為序言，我將對那些期望發表評論。

麥迪遜當時的期待，仍然提振著聯邦法官的士氣。在他於一七八九年六月的演講中，向國會介紹了促成《人權法案》的修正案，麥迪遜主張：

> 若（一部《人權法案》）納入《憲法》，則獨立的司法法庭將以一種特殊的方式，將自己視為這些權利的守護者；他們將是堅不可摧的堡壘……自然會抗拒一切侵犯權利的行為……由權利宣言在《憲法》中規範的。[2]

當今的獨立司法法庭，在遵循法院已實現麥迪遜所期望的傳統方式時，算是忠於這樣的「原旨理解」。

在〈聯邦黨人文集第七十八號〉（Federalist No. 78）這篇散文中，漢彌爾頓說，聯邦法官為了維護人民的權利與特權，必須有權檢核立法和行政機關的行為是否合憲。[3]但是他補充說明對這種神聖權威的認可。漢彌爾頓寫道，司法機關從其職能的本質上來看，永遠會是「最不危險」的政府部門，因為法官既不持有刀劍，也不保管社群的錢包；最終，他們必須仰靠政治部門來做出判決。[4]注意到這一點現實，我相信，而且會在這段講話中解釋，為什麼有效的法官努力說服，而不是發表武斷的意見。她用「溫和而克制」的聲調說話，[5]與政府的同級部門、州政府，甚至與她自己的同事進行對話，而不是抨擊攻訐。

我剛才談到開國元勳的「原旨理解」，而那種表達，如我所理解的，在本序言中具有澄清作用。在一九八七年「麥迪遜講座」第二本合集《逐步演變的憲法》（*The Evolving Constitution*）前言裡，諾曼・道爾森（Norman Dorsen）強調，正如首席大法官約翰・馬歇爾在一八一九年時所做的，我們政府的基本工具是一部不斷演變的文獻，「一部『意圖要傳世百年』的工具」。[6]道爾森教授援引首席大法官休斯在一九三四年反對的觀點，認為「《憲法》的偉大條款必須局限於制憲者的解釋，伴隨他們身處時代的條件和前景，所置放在他們身上的情況。」[7]正如道爾森教授所評論的，這種理解一直、也應該繼續作為共同的基礎。[8]

在最近十年以及更多的兩百年紀念活動中，最高法院大法官瑟古德・馬歇爾提醒我們，雖然憲法的悠久歷史確實值得慶祝，但制憲者對那些被視為「我們人民」的人，眼界明顯有限。[9]這個國家剛建立時，符合資格的選民與制憲者有些許的相似：選舉權僅限於擁有財產的成年白人男性、不仰賴其他人的人，因此被認為是值得信賴的公民，不易受到主人、領主或監督人的影響或控制。[10]一七八七年，在美國當時的十三個州中，只有五個州廢除了蓄奴制，在任何一個州，婦女都不算是選民或是在政治上活躍的一部分，即使在白人男性中，財富多寡也從嚴限制了選民的資格。[11]與一位朋友在信件中談到家鄉麻薩諸塞州的投票資格時，愛國者，也是第二任總統約翰・亞當斯（John Adams）闡釋道：

開啟如此富有爭議性和爭執的根源是危險的，就如藉由企圖改變選民的資格來開啟它；它沒有盡頭。新的要求聲浪將會升起；婦女會要求投票；十二歲到二十一歲的小伙子會認為自己的權利未得到足夠的重視；還有每個身無分文的人，在各種狀態下，都會要求和別人同等的聲量。它容易混淆與破壞所有區別，並使所有階級皆降至一個共同的水平。[12]

儘管我們的第二任總統如此，但聲量均等化與打破階級差異，一直是最近世代的主要關注點，而且正如人們所預期的，也是數場麥迪遜講座的焦點。[13]在這個重要的觀點上，雖然「平等的」（equal）或「平等」（equality）這兩個字詞，相較於「個人權利」，甚至沒有出現在最初的美國《憲法》或組成《權利法案》的前十條修正案中，[14]個人平等尊嚴的理想，是我們憲法傳承的一部分，甚至是南北戰爭前的最初理解。我們的開國元勳反對國王的父權制，反對政治權威可以合法仰賴出身階級的想法。他們身處的文化使他們無法完全意識到或者實踐人類平等與尊嚴的理想。例如，湯瑪斯・傑佛遜擔任總統時，曾告訴財政部長：「任命女性擔任公職是一項創新，公眾對此沒有準備，我也沒有。」[15]但是，開國元勳在《獨立宣言》裡寫下對平等的承諾，在《獨立宣言》與《權利法案》中，寫下對個人自由的承諾。這些承諾具有成長潛力。正如歷史學家理查・莫里斯（Richard Morris）所寫，美國憲法史的主要部分，是憲法權利與保障如何（透過修正案、司法解釋和實踐）擴展到曾經被排除在外的一大群人的故事：曾經被奴役的人、無財產的男人、美洲原住民，以及婦女。[16]

1. 上訴判決的合議性

現在，我要說的是本講座討論的兩個主題中的第一個主題——上訴法官合宜的判決風格，用漢彌爾頓的話說，上訴法官的使命是「確保一個穩定、正直和公正的法律行政」。[17] 正直、知識和最重要的判斷，是漢彌爾頓賦予司法機關的素質條件。[18] 那最重要的素質——判斷——如何從上訴法官撰寫的意見書中傳達出來？適度、克制與合議制在司法裁決的形成中，應該扮演什麼角色？我將描述三種不同提出上訴意見的模式，作為背景說明，這三種模式分別為：個別的、機構的，和介於兩者中間的。[19]

個別裁判的模式，是英國上議院貴族法官（Law Lords）的特徵，上議院貴族法官即是英國的最高法院。傳統上，上議院貴族法官由五個人組成，他們依案件順序發表意見，每個合議庭成員陳述他自己的判斷及其理由。[20]

與每位法官單獨提出意見的傳統相反的，是由法國和德國作為代表，並傳布到國外的「大陸法系」或稱「民法法系」的傳統，這種法律體系要求的是集體、全體的判決。在該類型的處置中，分歧的意見不會被揭露。不同意或個別同意書也不會刊載出來。案件通常遵循一種制式的、匿名的方式，以單一、法院全體同意的意見判決。[21]

當約翰・馬歇爾成為首席大法官時，我們的最高法院開始朝機構意見的方向邁進。馬歇爾建立了以最高法院單一意見書宣布判決的慣例。[22]馬歇爾的最高法院，當然包括其領導人，具有強烈的機構使命感，這一使命因為全體一致而成效卓著。在那個年代，馬歇爾因壓制異議而飽受批評。湯瑪斯・傑佛遜抱怨道：「一個意見在一場祕密會議中聚集，也許是一個人的多數，公開時似乎是一致同意，其實是被一位狡猾的首席大法官操縱，他對法律自有盤算，用他自己算計的推理，搭配其他懶惰或怯懦的大法官的默許。」[23]

但是，即使在馬歇爾擔任首席大法官的漫長任期內，他最終也多次提出異議，並曾經有一度同意另一項個別意見。[24]今天，我們以這種中間之道前進。我們的上訴法院通常會為法院提出一項判決或意見。在這方面，我們與高度心繫機構的大陸法系法官有些相似，雖然我們的法官大多會認同他們發表的意見。然而，為了與英國或「普通法系」的傳統一致，我們對於每位法官個別發言的權利，沒有正式的限制。

為了指出個別與機構的審判模式之間的差異，我藉由一位大陸法法學家於一九八九年寫的信來說明。[25]這封信來自法國最高行政法院（Conseil d'Etat）的一位成員；法國最高行政法院是拿破崙創建、至今仍具有功能的傑出機構。寫信給我的一位委員和他的幾位同事，注意到在哥倫比亞特區巡迴法院中的一場上訴辯論。這場上訴的訴由是一宗刑事定罪；主要問題涉及《第五條修正案》的禁止雙重追訴。[26]當這起案件判決後，我向這幾位法國訪客發送了幾頁的副本，包含合議庭的判決、三份意見書，每一份是一位法官寫的。讓我來轉述這幾位委員的反應：

依據我們的標準，你們做出判決的方式令我們感到驚訝。你們對理論和判例意義的討論很精采。但是在我看來，分歧的意見與判決應該發布的方式，兩者相去甚遠，尤其對刑事案件來說。法院的判決應該精確、簡潔，而不是教授之間的討論，而是以法律之名發言的人宣布的命令，並簡短扼要寫出，給人簡短的解釋。太長的判決會顯現出不確定性。

然而同時令我印象深刻的是，法院成員給予訴訟人和讀者猶豫與懷疑的內容，又不致降低美國人如此信心滿滿的司法公信力。[27]

這位委員對於我們立刻承認這些法律判決（包括憲法裁決）並不總是清晰明確，似乎感到沮喪，甚至震驚。然而，退一步想時，這位委員對我們的司法體系如此穩固，可以容忍法官之間對於法律的內容公開表達歧異，印象深刻，非常羨慕與欽佩。[28]

但是，過於沉溺於撰寫個別意見書，可能會損害司法機關的判決聲譽和對法院處置該有的尊重。當法院經常性地無法表現出合議庭體制的樣子，法治的優點如一貫性、可預測性、透明度和穩定性可能被削弱。[29]兩種傾向會危及這個體系：過於頻繁地訴諸個別意見書，以及與法院多數立場有出入的不恰當措詞陳述。

關於第一個危險，回想一下「偉大的異議者」——奧利佛．溫德爾．霍姆斯大法官；但事實上，他持異議的次數還不及他大多數的同事。[30]首席大法官哈倫．菲斯克．史東曾經寫信給卡爾．利韋林（Karl Llewellyn）（兩位先生都是公開的不同意權捍衛者）：「您知道，如果在每個案件上，我都寫下對意見書中的某些不同觀點，您和我的所有其他朋友，都將不再閱讀我的個別觀點。」[31]關於法規解釋，布蘭迪斯大法官多次提醒：「更重要的是要定位依法治理在個案中的重要性與關聯性，而不是正確地解決事情。」「事情通常如此，」布蘭迪斯繼續說：「即使錯誤引起嚴重關切，透過立法能夠提供糾正。」[32]德高望重的憲法學者保羅．弗倫德曾經擔任布蘭迪斯大法官的法律助理，他回憶卡多佐大法官隨時準備平息他在普通法的異議（最高法院在「伊利案」（Erie）[33]前，有較多的普通法案件），以便讓法院的意見一致。[34]

比起上訴法院三位法官合議庭的裁決，最高法院判決的一大特色，是個別同意與不同意。例如，在哥倫比亞特區上訴巡迴法院一九九二年六月截止的統計年度中，法院對於未總結處置的案件做出了四〇五項判決；這些判決中有超過八十六％的判決是一致的。[35]在同一時期，最高法院對一一四件有完整意見書的案件做出判決；只有二十一．九％的判決是一致的。[36]一個喜歡將卡特與雷根／布希任命的大法官分開[37]的媒體，沒有放大這項事實，但它在很大程度上可以解釋這種差異：上訴法院審理案件的性質，結合我們的操作手法，用力將我們往中間拖拉，朝著中庸方向前進，遠離明顯的創意或過於僵化的立場。[38]（但是，拖拉的力道還不夠強，以至於我最近提出的建議沒有被接受。在一九九三年二月的美國上訴法院會議上，我建議當法官合議庭意見一致時，標準作法應該是通過法院發布判決，不需揭露意見書作者。我認為這樣能鼓勵簡潔，並可能加快處理速度。但與會的法官很少人認為這個想法吸引人。）

關於聯邦案件的性質，與最高法院不同，上訴法院處理重大憲法問題的頻率，遠低於處理法規解釋、政府部門或地區法院裁決的合理性等較不重大的問題。正如布蘭迪斯大法官所指出的，在大多數此類案件中，最好是有最終的解決方法，[39]以一種意見為佳。此外，與高等法院本身相較，下級法院法官更受最高法院判例的約束。

說到我們的運作方式，我首先要說明，巡迴法院中的三位法官合議庭，不可自由偏離先前合議庭已經公布的判決；巡迴法院的法律，只能經由法院全院庭審改變。[40]為了確保每個合議庭都知道其他人在做什麼，哥倫比亞特區巡迴法院和其他的聯邦巡迴上訴法院，一旦經一個合議庭同意，在發布判決前至少一週，會將其意見發給全院傳閱。[41]

其次，與地區法院法官不同，地區法院法官是聯邦法院體系中真正的權力持有者——從案件提交到一審最終判決，是他們各自的轄區之主——在任何情況下，沒有一個上訴法院的法官可以獨占上風。為了吸引第二票，並為巡迴法院建立持久的法律，一位法官可能會發現有必要調整自己的立場，有時不那麼魯莽，有時多一點含蓄。[42]比起一個多人合議庭，三人合議庭能更有效率地傾聽與說服彼此。

每年有幾次我們全院庭審時——在哥倫比亞特區巡迴法院時，若我們全數到齊，共有十二人——我能理解為什麼最高法院如此難以達成意見一致。大法官不僅更常處理憲法問題，在許多案件裡，只有透過推翻前例或憲法修正案，才能糾正錯誤。另外，在第一輪投票每人發表意見後，大家就開始疲倦了。在三個人之間進行對話——以及就意見書草案交換意見——要比九個人或十二個人一起討論容易得多。[43]

為法院撰寫意見書時，必須對同事的心思敏感，這可能意味著要避免某些論點和權威，甚至某些措詞。[44]當法官發現需要撰寫一篇個別意見書時，機構方面的顧慮，應該影響文中的語氣嗎？

我首先強調，不同意見書和個別同意書並不是圓滿案件所要特別避免的。正如布倫南大法官為異議辯護時所說的觀點：「我們社會中的任何人，律師或外行人、老師或學生，都不能認為誠實而且真誠地表達一種意見，是違反某些不成文的禮貌或莊重的行為。」[45]但是，我質疑的是個別意見書中訴諸情緒字眼，那些產生更多的白熱、而不是更多光明的表達方式。想想這份一九九一年四月哥倫比亞特區巡迴法院判決的範例。異議者開始說：「我的同事們從我們眼前訴狀與爭論的問題一路向前衝，在一種如同小說般可疑的理論中尋找庇護。沒有判例的支持、沒有法院的辯論發展，也沒有對本案的事實做出回應……今天宣布的這一理論，產生的過程不明不白。」[46]附帶一提，這段辛辣的言論，反對的是一個全院庭審的意見，即除了唯一的反對者外，所有法官都同意的意見。

幾十年前，羅斯科·龐德（Roscoe Pound）注意到，一位上訴法院的法官，在一份意見書中加上了「對（意見書作者）同事過於嚴苛的指責、激烈的辱罵、歸咎法院多數的不良動機，以及影射（其他法官）忽視、偏見或愚笨，這種行為不利於公眾對法院、法律，以及司法部門的尊重。」[47]然而，人們只需要仔細翻閱目前《美國最高法院判例彙編》（*United States Report*）和《聯邦法院判例彙編》（*Federal Reporter*）第二集，就會看見大量的法院、同事的意見書或主張裡的譴責字眼，例如「愚蠢」[48]、「可笑」[49]、「令人髮指」[50]、「不能當真」[51]、「莫名其妙」[52]、「不平等的典範」[53]、「對人民的迎頭痛擊」[54]、「赤裸裸的自圓其說」[55]、「讓人想起謝爾曼（Sherman）行軍穿越喬治亞州」[56]，以及「歐威爾式的」。[57]

第三巡迴法院資深法官柯林斯．J．塞茲（Collins J. Seitz）最近評論道：「語言質疑同事的動機，」可能讓這位個別意見作者享受一時的暢快，但「對增進法院合作關係沒有任何幫助。」[58]塞茲法官建議「等一天看看」——我甚至會建議等一、兩個星期——「再決定是否送出一篇用詞尖銳的回應。」[59]

我堅信，最有效的不同意見書，是「站在自己的法律立場上」；[60]如此能闡明分歧，但不傷及合議精神，或者傷害公眾對司法的尊重與信任。我試著每年寫幾篇個別意見書，就像我過去為上訴人撰寫上訴狀一樣——在收到法院意見書前，我先寫好草稿，這是一份我的理由之肯定性陳述，之後若有需要再調整，以符合多數意見的陳述。在具路徑標示作用的模範中，我們可以看看柯蒂斯（Curtis）大法官*在「德雷德．史考特案」中經典的不同意見書，[61]以及較接近我們時代的，第二位約翰．馬歇爾．哈倫大法官的不同意見書。[62]

從一種比較性的旁觀觀點，我認為愛爾蘭最高法院於一九九二年三月五日「總檢察長訴X案」（Attorney General v. X）的案件很具啟發性。[63]這起案件涉及一名十四歲的女孩，據稱她被

* 【譯註】指Benjamin Robbins Curtis大法官。

一個學校朋友的父親強暴並懷孕。她和她的父母去了英格蘭進行人工流產。但是，當他們得知總檢察長已從愛爾蘭高等法院（初審法庭）獲得命令，禁止他們的旅行及其目的，便立刻返回家中。這個案件的爭議點在於《愛爾蘭憲法》的一則條款說：「國家承認胎兒的生命權，並在正當考慮母親平等的生命權情況下，在其法律中保證尊重，並盡可能在務實可行的範圍內，以其法律捍衛與維護該權利。」[64]

實際上，愛爾蘭尚未通過任何施行法律，因此法院被召集起來，直接釋憲。由五名法官組成的最高法院以四比一，表決撤銷了高等法院於一九九二年二月十七日的禁令。[65]每位法官各抒己見，但大多數法官認為，有鑑於有紀錄的「真實與實質」風險，這個女孩有可能自殺，終止妊娠是被允許的，即使在愛爾蘭本地。在此裁定中，首席大法官提到了判例，要求法官在他們的裁決中，記住《憲法》序言裡的指示，即由人民通過的憲法，「是為了促進公共利益，應注意謹慎、正義與透明，如此個人的尊嚴與自由乃得確保。」[66]首席大法官說，這些概念與司法解釋，「會隨著社會的改變和發展，而逐漸改變或發展。」[67]

持異議的大法官並未花費任何力氣指稱其同事的觀點為「積極主義者」或「帝國主義者」。[68]他只是肯定地聲明他的觀點，認為那些證據不足以推翻該強制令。[69]他認為，「自殺威脅可以被遏止。」[70]他說：「我們的選擇是在胎兒一定會死亡，以及恐怕會發生的真實危險之間……但是該母親以自殘死亡，沒有必然的程度。」[71]他總結說，《憲法》的「平等權利」條款，要求司法機關防止必然的死亡，而不是可以預防的死亡。

我選擇這個例子，並不是要當成比較國內外憲法規定和法律制度關於墮胎立場的跳板。[72]我選擇「總檢察長訴X案」只是為了證明，即使在最激情、政治最敏感的案件中，撰寫有效的意見書並不需要一位法官去責備同事，指責他們沒有看清真相，或沒有做正確判斷。[73]

由於關心法律專業在禮節上受到侵蝕，第七巡迴法院從一九八九年秋天開始，進行了一場「律師之間、法官之間，以及律師與法官之間訴訟案與指導關係的研究和調查」。[74]負責這項研究的委員會，於一九九二年六月發布最終報告，促請法官們樹立榜樣，維持道德風範。具體來說，該報告呼籲法官避免「輕視個人的評論或批評，或者諷刺與貶低另一位法官的評論」，而應該「謹慎、尊重、在意見書中有禮貌，始終謹記：另一位法官所表達的立場，通常是該名法官認真努力去正確解釋法律和事實的結果。」[75]對於這個好建議，我們可以說「阿們」。

2. 第三權判決中的審慎提議

從風格講到第三權判決的實質內容，我將在這場演講的剩餘部分，強調法官在我們的民主制度中所扮演相互依存的角色。法官並不獨自塑造法律學說，但正如我一開始所指出的，他們參與了和其他政府機構的對話，也參與和人民的對話。[76]「法官確實並且必須立法，」霍姆斯大法官「毫不猶豫地承認，」但他警告說：「他們只能填隙式地這樣做；他們被限制為莫耳與分子運動。」[77]在我看來，審慎的提議主要是針對合憲性以及普通法的裁決，這樣是對的。經驗告訴我們，教義的枝幹太快速成形，可能最後證明是不穩定的。[78]近幾十年來最突出的例子是「羅訴韋德案」。[79]為了說明我的觀點，我將對比一九七三年這個令人屏息的判決，及法院對於與「羅案」同時代，牽涉明確基於性別區分的其他案件，[80]並將在此處進一步延伸該比較。

在「羅訴韋德案」[81]中，七比二的判決宣布德州的一項刑法墮胎法規束縛了女性的自主權，令人無法容忍，「違反了《第十四條修正案》的正當程序條款」；該條德州法律「禁止一切墮胎行為，除非為了拯救孕婦的生命」。[82]假設最高法院在此處便停下來，正確地宣布這條美國最極端類的法律違憲，並且沒有繼續往下發展，如最高法院在「羅案」中所做的，製造出一種遮蓋了主題的管理體制，一套實際上取代了當時有效力的所有州法律的法規。[83]若是如此，我們是否還會看見長達二十年的爭議呢？反映在最近一案的，是最高法院在「計畫生育組織訴凱西案」（Planned Parenthood v. Casey）中分裂的裁決。[84]我相信，一個較不全包式的「羅案」，一個僅擊倒德州極端法律，並且到此為止的判決，可能較有助於減少爭議，而不是引發爭議；我也將會歸納我如此認為的原因。

在一九九二年的「計畫生育組織訴凱西案」判決中，三位掌控的大法官接受對流產管道的幾項限制是合憲的，這可能不算嚴格遵守「羅案」的判決。[85]雖然那幾位大法官沒有仔細考慮無法克服這些限制的婦女之困境，但他們在法院關於墮胎的意見書中增加了重要的一環——他們承認婦女「控制生育能力」與「平等參與國家經濟和社會生活的能力」之間，有著密切的關聯。[86]在「羅案」判決本身，對於「女性控制自己的命運以及她在社會上的地位」的概念[87]並不那麼突出，這一點還連結到孕婦自由行使其對醫生醫學判斷的權利。[88]若「羅案」判決更聚焦於女性平等問題的面向，並且相應地在當時不要企圖超越最高法院在一九七〇年代對性別區分案件的判決，它可能就不會成為風暴中心了。

實際上，在「羅案」判決時的最高法院同一會期，其行事曆上有另一個案件可能可以作為橋梁，將生育選擇與基於性別的對婦女不利待遇聯繫起來。該案是「斯特魯克訴國防部長案」（Struck v. Secretary of Defense）；[89]該案涉及一位越戰時期的上尉，空軍打算將她除役。也許這是我的一廂情願，但我認為，「斯特魯克案」對最高法院具有極大的教育意義，並且很可能增進公眾對這方面議題的理解。蘇珊·斯特魯克上尉是一名職業軍人。根據她的指揮官的說法，她擔任管理和護士的表現堪稱典範。[90]斯特魯克上尉並未迷上一九六〇年代末與一九七〇年代許多軍人染上的毒品和酒精，[91]但她駐紮越南時確實懷孕了。她承諾會利用她累積的假期去生產，她實際上也這麼做了。她表示有意在孩子出生後，立即做安置收養，她確實也這麼做。她的宗教信仰使她無法尋求墮胎一途。[92]

斯特魯克上尉案的兩個特點值得注意。首先，她所挑戰的規範是明確而典型的。這條規範是：「當一位女性軍官由一位醫官確定懷孕，她將在實際可行的最短延誤時間內，從軍職退役。」[93]為了完備任何疏忽，空軍有一條備用規則：「當任何一位女性軍官確定……在任職軍官時產下一名活嬰，該女性軍官的委任職務將在實際可行的最短延誤時間內終止。」[94]

斯特魯克上尉案中第二個引人注目的元素，是她能選擇的那條逃脫路線，她選擇不去走。

一九七〇年代初的空軍法規規定：「空軍醫療服務機構在履行職務時，不受州法律的約束。若有醫學顯示或出於醫療健康原因，可在空軍醫院終止妊娠……最好是在懷孕二十週之前。」[95]

斯特魯克上尉據理力爭，稱她所面臨的不必要的除役規定，不合理地限制了她的個人自主權與尊嚴；她主要認為，強制執行解雇她的規定，違反了《第五條修正案》中正當程序條款所涵蓋的法律保障之平等保護。[96]她進一步說，空軍行政當局進行差別化待遇，令人反感，允許成為父親的男性繼續在軍中服役，但不允許成為母親的女性繼續服役；而且允許墮胎的女性繼續服役，但不允許產下嬰兒的女性繼續服役。[97]她的申訴在下級法院沒有成功，但在一九七二年十月二十四日，「羅訴韋德案」宣判前不到三個月，最高法院批准了她的移審聲請。[98]

這時，空軍決定寧願轉戰，也不願交戰。一九七二年十一月，空軍批准了斯特魯克上尉一條曾經是不可免責的免責條款，並允許她繼續擔任空軍軍官。司法部總檢察長迅速而成功地建議，該案已訴由消失，不予受理。[99]

鑑於最高法院整個行事曆上大量的案件，大法官們對「斯特魯克案」案情的進一步關注，令人懷疑。然而，如果有更多的時間和空間反思，也許有位女性大法官坐在法庭上，那麼大法官們是否至少能得到以下這兩種見解？首先，即使軍方，一個不以前衛政策著稱的機構，都已採取行動提供墮胎設施，那麼，「羅案」的強力判決不是不必要的嗎？第二，面對斯特魯克上尉無意退役，最高法院是否已理解一個論點，或者至少瞥見了一個現實，但後來又抗拒了——因懷孕和生育選擇而對女性不利的對待，是否為歧視的典範案例？[100]斯特魯克上尉受到差別待遇的基本假設是什麼？令她解雇的法規簡直是明目張膽，毫無掩飾。這些法規有效地宣布，對孩子的責任會使母親失去勝任其他工作的能力，但對父親則沒有影響——不是出於生物學原因，而是因為社會以這種方式下達命令。[101]

斯特魯克上尉起初要求最高法院對她的案件進行最高程度的審查，認為她所遇到的基於性別的區分，是立法或行政行為的「可疑」類別。[102]她後來退一步，向最高法院建議一種中間的審查標準，根據該建議，對婦女不利的案件，至少要提高、即使不是最高的審查強度。[103]在一九七〇年代期間，最高法院明確認可對於被認為是基於性別的分類，確實運用一項提高的、被標記為「中級」的審查級別。[104]

歐康諾大法官在去年的「麥迪遜講座」仔細地追溯了這個發展，[105]我只想以總結的方式回顧一下。直到一九七一年，女性才在最高法院挑戰性別歧視違憲的案件裡占上風。[106]而一九七一年至一九八二年的幾年中，最高法院判決了一系列明顯以性別區分的州與聯邦法律違反正當程序或平等保護約定，屬違憲行為。[107]

例如，最高法院於一九七三年裁定，軍中已婚女性有權獲得國會僅為軍中已婚男性提供的住房津貼與家庭醫療福利。[108]兩年後，最高法院認為，州法律規定允許父母在女兒年滿十八歲後停止撫養，但要求父母撫養兒子直至兒子年滿二十一，是違憲的。[109]一九七五年、後來又在一九七九年，最高法院宣布州陪審團選擇制度不得將女性作為某一級別而排除或豁免。[110]在一九七五年至一九八〇年間的判決中，最高法院刪除了社會保險[111]與工人賠償機制[112]中，主要明確基於性別的分類。一九八一年，最高法院不再允許州法律指定丈夫為家中的「首腦與主人」。[113]一九八二年，在歐康諾大法官的一份意見書中，最高法院裁定，州不能將就讀州立護理學院的入學資格僅限於女性。[114]

這些判決的背景，是從一九六一年至一九七一年間，在多方面風起雲湧的發展，包括女性在家庭外就業的情況、[115]一九六〇年代的民權運動、在這場奮戰中確立的判例，[116]以及由西蒙·波娃於一九四九年出版的傑作《第二性》在國內外掀起的女性主義運動。[117]基本上，法院廢止了僅在少數州保留到一九七〇年代的過時法律。[118]然而，在一系列案件的核心，那些與工人的配偶或家庭的社會保險福利相關的案件，[119]這些判決並未完全譴責立法機關的作為。實際上，最高法院開啟了與政府政治部門的對話。本質上，最高法院指導國會和州立法機關：重新考慮這些問題的古老立場。如果你確定需要對女性採取特殊對待，例如，因為女性遭遇到逐漸被理解的社會與經濟偏見或不利處境，而需要進行補償性立法，我們已經提供了一條可行的通道。[120]但是你的分類必須細緻，適合補償理由，而不是基於對「女性（或男性）就是這樣」的偏見。[121]同時，最高法院的法令並未移除任何福利；相反地，這些福利擴及到女性工人的丈夫、鰥夫，或者之前國會只授予男性工人家庭成員的家庭福利。[122]

有人可能會說，球被大法官們踢回了立法機關，當下的政治力量可以在那裡運作。最高法院謙虛地寫道，它沒有提出宏偉的哲學思想；[123]但是，透過要求立法部門重新檢視過去習慣的性別區分，最高法院有助於確保法律和法規將「趕上一個變動的世界」。[124]

相較之下，「羅訴韋德案」[125]並未尋求與立法者對話。相反地，它似乎完全將球從立法者的球場上移走了。一九七三年，當「羅案」的判決宣布時，全國的墮胎法正在轉變中。如最高法院本身指出的，州立法機關「朝向墮胎法規解放」的趨勢明顯。[126]這股立法改革運動與當時進行中的另一項法律修訂工作同時並進——從「過錯離婚制度」轉變為「無過錯離婚制度」，這項改革席捲了各州的立法機關，並在一九八〇年代中期攻占了所有的立法機關。[127]「羅案」的判決缺乏審慎的動議，基本上使得沒有一個州的法律，完全符合最高法院仍然准許的墮胎法規劃分方式。[128]圍繞著那個非比尋常的判決，一場有組織的、大聲疾呼的反墮胎運動得以集結並取得成功，在相當長的一段時間裡，朝反方向扭轉立法潮流。

法院對合憲性的審查，是已經在我們國家存在約兩個多世紀的標誌性與自豪的制度。[129]然而，法院對社會改革過程的兩種極端干預模式，對這項制度增加了壓力。一種極端的情形，是最高法院大膽地走在政治程序之前，如同有人認為它在「羅案」中的表現。[130]另一個極端情形是在二十世紀初，最高法院發現——或強迫——自己移到後衛，反對變革，打擊與十九世紀放任作法相牴觸的新經濟規範理念，認定它們違憲。[131]這兩極的判決，在某方面激起了人們對司法機構的抗議。尤其最高法院被貼上「積極主義者」或「帝國主義」的標籤，使其作為憲法問題最終仲裁者的地位也岌岌可危。[132]

我並非指最高法院在追求一個憲法準則時，永遠不應該走在政治部門之前。一九五四年宣告公立學校種族隔離作法違反平等保護原則的「布朗訴教育局案」，[133]是最與目的相符的判決案例。二十世紀中葉以後，種族隔離制度在幾個州仍然是法律強制執行的制度，它們受到世紀之交時最高法院本身提出的憲法解釋，即「隔離但平等」的政策之掩護。[134]

與各州的立法改革運動形成鮮明對比，且與擴大墮胎管道的「羅案」同時代的，是一九五四年時，州立法廢除種族隔離學校的前景相當黯淡。我認為情況會這樣，是因為「種族歧視」與「基於性別的歧視」之間的距離。大部分的女性是男人一生的伴侶，負責生養子女。一旦女性的自我意識被喚醒，覺悟到以性別為基礎的分配機會與責任之不公，在家庭中就可以開始或加強對其他成員的教育，包括對自己的父親、丈夫、兒子和女兒。[135]然而當黑人被法律局限在個別的領域，並沒有相同的機會能夠教育多數的白人。[136]

但是需要強調的是，「布朗案」並不全然是一個大膽的判決。首先，瑟古德．馬歇爾和與他一起對抗種族不公義運動的人，謹慎地擺設好墊腳石，通往具里程碑意義的判決。[137]在最高法院的「羅案」做出判決之前，尚未安置過同一類的路標。[138]其次，「布朗案」並未在所有制度作證上，發動對「吉姆．克勞」（Jim Crow）制度*的全面攻擊；相反地，最高法院只將注意力集中在隔離的學校上；[139]它將後續行動留給未來和未來的案件。「布朗案」協助推動的一場蓬勃發展的民權運動，在一九六四年的《民權法案》達到高潮，[140]為最高法院最終完全否定「吉姆．克勞法」奠定了基礎。

重要的是，關於我剛才提到的男女共同生活的觀點，吉姆．克勞時代的終結是在一九六七年，即「布朗案」判決後十三年的「洛文訴維吉尼亞州案」，[141]這起案件中被攻擊的法律，是該州一項異族婚姻禁令。當最高法院判決該條法律違憲時，也有效地裁定在種族區分方面，「隔離但平等」的學說已死——在美國管轄範圍內的任何角落皆然。[142]

美國《憲法》的制定者允許將解釋《憲法》的重要主權交給最高法院；但正如我在一開始指出的，制憲者並未被配置刀劍來執行其宣告。根據一則經常流傳的傳說，一八三二年，安德魯・傑克遜（Andrew Jackson）總統提到一則他不滿意的最高法院判決時說：「首席大法官做出了他的判決，現在讓他執行。」[143]大法官們具有說服的威信，但並不具有執行的實際力量，因為具有自我保護的意志，以及理解他們不是一群「柏拉圖式的守護者」（Platonic Guardians），[144]他們通常會跟隨社會上其他地方發生的改變，但不會帶領改變。[145]然而，最高法院不會大膽冒進，以防無法控制的強烈反彈之風險，因此，最高法院透過憲法裁決，可以加強社會改革力道，或者發出可通行的綠燈信號。與「羅案」不同，一九七〇年後大多數的性別區分案件，最高法院正是以這種方式運作。它透過溫和型的判決，認可改革的方向，既不逾越，也不分歧。另一方面，「羅案」則制止了朝改革方向發展的政治進程，因此我認為，這種作法延長了分歧的存在，並推遲了妥善解決此議題的時間。最近的「計畫生育組織訴凱西案」判決[146]明顯從「羅案」[147]退縮，並且進一步使缺乏能力或知識，以克服勞民傷財型法規的女性，

---

*【譯註】「吉姆・克勞」的出處被認為是一八三二年一齣諷刺音樂劇《蹦跳的吉姆・克勞》（*Jump Jim Crow*），後來「吉姆・克勞」成為「黑人」的代名詞。「吉姆・克勞法」為一八七六年至一九六五年間美國南部各州以及邊境各州對有色人種實行種族隔離制度的法律。

排除在最高法院的保護範圍之外。[148]然而，最新的判決可能對始於一九七〇年代初、並於一九八〇與一九九〇年代振興中的政治運動有正面影響，這場運動不僅只針對法院，或大多針對法院，而且也主要針對人民的代表，以及人民本身。人們可能希望，這股更新的力量將會——在相對較短的時間內——以肯定女性的尊嚴及平等的方式，找出解決這個重要問題一勞永逸的方法。[149]

結論

總結我在本次演講中試圖傳達的訊息，我回想起我的老師兼朋友傑拉德．岡瑟教授在我擔任法官時所給予的建議。岡瑟教授心中惦念著一位偉大的法學家，勒恩德．漢德法官，他剛剛完成了漢德法官的傳記。岡瑟教授說，優秀的法官「思想開放，而且以旁觀角度……留意法官自身的能力限制，以及尤其是我們憲法機制前提的限制；法官……認知到，只感覺到採取填補間隙行動的需求，並不意味將法官降級為不重要或機械性的角色；相反地，他們是為創新、重要的司法貢獻，提供最負責任的空間。」[150]

5.

「對人類輿論的合宜尊重」：比較觀點在憲法訴訟中的價值*

我將本次演講的標題定為「對人類輿論的合宜尊重：比較觀點在憲法訴訟中的價值」。各位可能會注意到，「合宜尊重」（The Decent Respect）的引用，來自我們的《獨立宣言》。為了解釋為什麼十三個殖民地要與英國王室斷絕關係，湯瑪斯．傑佛遜以相當的篇幅宣布了「獨立」的原因。他這樣做是出於「對人類輿論的合宜尊重」，目的是向「公正的世界」昭告我們成為「美利堅合眾國」的原因，並接受公評。

建國的世代認知到，成為世界上的一個國家，意味著我們的所作所為將在其他國家受到關

* 金斯伯格大法官多年來曾對不同的聽眾針對這個主題，發表不同版本的演講，包括一場是二〇一三年七月，在杜蘭大學（Tulane University）法學院於巴黎進行的夏季課程。我們編輯這段講稿，以符合適當篇幅，並且確保它們在當初演講時特定情況之外的清晰易懂。

注；這也意味著我們將成為國際法的制定、承認與執行的參與者。因此，《憲法》第六條便使條約成為本國的最高法律，與國會頒布的法律具有相同的高度。第一條第八款列舉的國會權力中，制憲者特別規定：「定義與懲罰……違反國際法的罪行。」美國第一任首席大法官約翰．傑伊（John Jay）表達了他對此的共識。他在一七九三年寫道：「藉由在地球上的國家中占有一席之地，」美國已經「服從了國際法律。」「國際法律」（law of nations）這個詞彙即是我們今天所謂「國際法」（international law）的核心。

我們的第四任，也是任期最長、最德高望眾的首席大法官約翰．馬歇爾做出了一項區分，在理解上很重要。他區分了約束美國法院的「國際法律」，以及不約束美國法院的外國法律和外國司法判決。在一八一五年的一項判決中，馬歇爾解釋，由於我們是國際世界的一員，因此國際法律是我國土地法的一部分。但是，外國法庭關於其本國法律的判決，不會控制美國法院的主權。馬歇爾補充說，即便如此，當其他國家的法院處理與我們遇到的類似問題時，他們的判決因為其可能具有的說服價值，便值得我們關注。

在大多數情況下，自約翰．馬歇爾領導美國司法以來的兩個世紀，聯邦法院與州法院都已了解兩者之間的區別：國際法是我國法律的一部分；外國法律則不然，但是我們可以從外國的法學家如何解決類似我們所面臨的問題，得到一些訊息。二〇〇五年，《威廉與瑪麗法律評論》（William & Mary Law Review）發表了一篇長達一百六十六頁、全是案例的調查報告，顯示美國法院從一開始就在很大程度上參考外國法律與外國法院的判決。

我在此將穿插一些個人經歷。這將幫助各位了解，為什麼我所說的「參考國界之外」在我看來，完全適合美國的律師和法官，而且恰當。一九六一年我從法學院畢業後兩年，受聘於「哥倫比亞大學法學院國際法計畫」，合著了一本書，主題令人振奮：《瑞典民事訴訟程序》（*Civil Procedure in Sweden*）。這本書是一位美國作者與一位來自書中討論體系國家的律師合作，共同出版的系列叢書之一。之所以選擇瑞典，是因為在一九四〇年代，它修改了《司法程序法》，這是一種典型民法風格的法典，目的是注入瑞典法學家認為的英美體系中最好的法律元素。在哥倫比亞大學的計畫中，要檢視的其他兩個國家是法國和義大利。（德國的體系已經於一九五八年由卡普倫〔Kaplan〕教授和馮梅漢〔von Mehren〕教授寫成兩篇內容詳盡的文章，發表在《哈佛法律評論》上了。）

我與斯堪地納維亞半島沒有家族關係或其他聯繫，所以我很好奇，為什麼是找我？若對法國和義大利的體系有所了解，在商業上會有些回報，但是瑞典的人口很少，不超過我的家鄉紐約市的人口，而我立即想到的唯一明顯好處，是能夠認識英格瑪．伯格曼（Ingmar Bergman）電影裡使用的語言。我懷疑哥倫比亞大學看不起女畢業生（讓男生忙著寫法國和義大利文的程序法），這就是那個計畫怎麼會找上我的原因。

這項工作後來證明很有啟發性。並不是因為瑞典體系中有什麼可以完全搬來美國。但是，我學到從比較的角度來看待我們做事的方法，了解對我們而言正確的事物，不一定適用他人，而且也體會到我們能從國外的體制學到一些東西，應用到改革我們自己的程序法。其他啟發性的經歷，還有我在一九六四年至一九七二年間擔任《美國比較法雜誌》（*American Journal of Comparative Law*）的編輯委員會成員，並參加了「國際比較法學會」（International Academy of Comparative Law）在德國漢堡、瑞典烏普薩拉（Uppsala），以及最難忘的，在義大利阿布魯佐（Abruzzi）的佩斯卡拉（Pescara）舉行的會議。

因此，一九七〇年代當我還是律師時，我便敦促美國法院承認男女平等的公民身分為憲法原則，在我看來，以比較的眼光看事情是有益的。第一個例子就是「里德訴里德案」。「里德案」於一九七一年判決，是最高法院對性別歧視判決的轉折點。（詳細說明一下「里德案」，該案挑戰的是愛達荷州的一條法律，該法律規定在親人未留下遺囑而死亡的情況下，男性優於女性，被指任為遺產管理者，請參見《倡議消除基於性別的歧視：一九七〇年代對平等原則的新見解》〔*Advocating the Elimination of Gender-Based Discrimination: The 1970 New Look at the Equality Principle*〕，第一五四頁。）

我在「里德案」的上訴狀中提到了兩個外國判決。兩者都是當時西德憲法法院的裁決。其中一個涉及《德國民法典》的一項條款，當中規定：當父母對子女的教育有不同意見時，由父親決定。西德憲法法院裁定，該規定與該國第二次世界大戰後的憲法不符，後者明確承認男女享有平等的公民身份。第二個案件涉及大型農場繼承的限制。為了避免分割財產，法律規定長子將繼承全部財產，不需介意這位長子有姐姐。該法律也被裁定為違憲。

我在「里德案」上訴狀中引用了這兩個判決，從來沒有預期最高法院會在其意見書中提及它們（確實沒有），但這部分是出於心理層面的影響。我試圖傳達的信息是：如果這是西德憲法法院今天對平等的理解，那麼美國最高法院能落後多遠？結果我們的最高法院沒有停留在後面，它一致通過宣布愛達荷州的男性優先法規不合憲。

現在，與我一起快速前進到二〇一〇年七月舉行的艾蓮娜・卡根提名為美國最高法院大法官的聽證會。參議院司法委員會成員多次對國際法和外國法律提出質疑。一位參議員對於卡根擔任哈佛法學院院長期間，「新生（被要求）修習國際法課程」感到「失望」。另一位參議員竟然說：「開國元勳未在任何地方提及使用外國法律。」這位參議員問道：「請解釋，為什麼有時可以使用外國法律來解釋我們的憲法或法規、條約？」還有另一位參議員問：「（法官）是否（應該）從外國法律尋找好主意」或「從外國法律獲得啟發，以便做出他們的判決。」

被提名的卡根用她典型的幽默回答：「我喜歡好主意，」她說：「不管是從哪裡來的，只要可以得到。」她補充說：「知道其他國家的作法，可能會很管用。」例如，她提到當年她身為司法部總檢察長，提交了一份關於外國官員刑事豁免的意見書。她澄清說，當然，就美國法律而言，外國的判決不能歸類為判例，但是它們可以提供訊息，就像透過閱讀法律評論文章獲得一些見解一樣。「我覺得很困擾，」一位對她的回答不滿的參議員說，她「認為我們可以從外國法律得到好主意。」

的確，在我們的大部分歷史中，美國法院實際上都是獨自進行合憲性審查。大多數國家堅持議會至上的原則，使得法院在依基本政府約法所載的規定，衡量普通法和行政行為方面，沒有任何作用。但是特別在第二次世界大戰之後的幾年中，許多國家透過法院對合憲性進行審查，以此作為抵抗壓迫性政府和被煽動多數的一種保障措施。今天，國家的、跨國的與國際人權憲章和法院，在我們二十一世紀的世界裡扮演著舉足輕重的角色。

關於此一發展，前首席大法官芮恩奎斯特在一九九九年一本比較憲法論文合集的前言中寫道：

在將近一個半世紀的時間裡，針對合憲性行使司法審查權的美國法院除了他們自己，並無其他參考先例，因為僅有我們的法院行使這種權力。第二次世界大戰後，許多新的憲法法院建立時，這些法院自然會參考美國最高法院的判決以及其他參考資料來制定他們自己的法律。但是現在憲法已在許多國家紮根……現在是美國法院開始尋求其他憲法法院的裁決，協助他們自己審議程序的時候了。

幾年後，歐康諾大法官發表了相同的觀點：「雖然最終我們必須承擔解釋我們自己法律的責任，」她說：「（其他地方）傑出的法學家已經思考過我們在這裡面臨的相同棘手問題，我們從他們那裡能學到很多。」我認為這是完全正確的，也是卡根大法官出席參議院司法委員會時提出的觀點。

我想強調一個相關的觀點。回想一下，我們的開國者相當關心我們法院的裁決將如何影響其他國家對美國的看法。約翰．馬歇爾在一八一六年觀察到，美國司法機構將面對「外國非常感興趣」的案件……（而且）「其中的法律原則和國家禮儀經常構成一種基本的探究。」如今，美國所作的判決仍受到「公正世界」的審查，甚至比美國剛成為一個新國家時還受重視。最近的一個例子是：各大洲國家的媒體報導了最高法院二〇一二至一三年會期最後一週宣布的三項判決。

是的，對於我們應該關注「人類輿論」的這種想法，存在著分歧。十九世紀中的首席大法官寫道：

> 我們認為，沒有人會認為，在歐洲文明國家或在這個國家輿論或感受的任何變化……，應該誘使法院對《憲法》的文字進行更寬鬆的解釋……超出這部憲法制定與通過時所承載的精神。

這些文字是在一八五六年寫下來的。它們出現在首席大法官塔尼為意見分裂的「德雷德．史考特案」所撰寫的意見書，這份意見書援引了偉大的「正當程序條款」，贊成個人奴役另一個人的權利。

正如我引用卡根大法官的確認聽證會上參議員的言論，今天，美國的法官和政治人物在參考美國國界以外判例的適當性方面，分歧很大，尤其是涉及基本人權的問題。例如，我親愛的同事斯卡利亞大法官便表達強烈反對，他建議：最高法院「應停止提出外國人的觀點，作為其判決合理依據的一部分。在與自己的想法相符時援引他國法律，反之則不予理會，這不是理性的判決，而是詭辯。」在二〇〇五年一段刊登出來的與布雷耶大法官的一次談話中，斯卡利亞大法官說，布雷耶大法官可以去了解國際法律的發展，但他不應該將這些訊息寫在他的意見書之中。

這是限定性解釋。二〇一二年三月，斯卡利亞大法官在一份不同意見中，直指一份判決將獲得律師有效協助的權利，延伸至認罪協商中。斯卡利亞大法官指出：「在世界上許多國家——也許是大多數國家——禁止進行美式的認罪協商……。在歐洲，許多國家透過要求檢察官起訴所有可起訴的罪行，堅持所謂的『合法性原則』……。這種制度反映出令人敬佩的信念，即法律就是法律，違反法律者應該承受規定的罰責。」在二〇一二至一三年會期的最後意見書繳交日，斯卡利亞大法官在反對《婚姻保護法》（*Defense of Marriage Act*）案中表示異議，並比較式地引用了德國《憲法》第九十三條。斯卡利亞指出，美國最高法院不能「說明法律是什麼」，除非為了解決特定案件或爭議，而有必要這麼做的時候。他指出，德國憲法法院則不受此限。它可以在訴訟案件之外的場合，談論《德國基本法》（*German Basic Law*）的含義。

另一個尖刻批評比較觀點的，是美國第七巡迴上訴法院法官理查德．波斯納（**Richard Posner**），他在幾年前評論道：「引用外國法律為權威，是對備受質疑的普遍自然法則心血來潮的想法；或者幻想全世界的法官構成了一個智慧與良知的單一菁英社群。」波斯納法官的觀點，部分是擔憂美國的法官不理解外國意見之所以產生的社會、歷史、政治與制度背景。我們大多數人甚至不懂這些法律與判決所用的語言，除了普通法的領域之外。

波斯納法官在這方面的說法當然是正確的：正如卡根大法官對參議員的謹慎回應，外國的意見對美國法官而言，是沒有任何約束力的判例。但是對於解決棘手問題，它們可以充實相關知識的庫存。是的，面對外國法律素材時，我們應該懷抱對相異點和非完全理解的敏感度，但是我認為，非完美不應當致使我們放棄從外國資源可能傳達的經驗和智慧中學習。

在關於參考國外經驗的批評中，最令我百思不解的，就如同卡根大法官在參議院司法委員會審查其提名時，她以她典型的迷人方式提出的觀點：毫無疑問，美國的法官可以自由參考各式評論——法律重述、專題論文、法學教授甚至法學院學生在法律評論中寫的大量文章，以及在網路時代為數眾多的法律部落格。如果我們可以參考這些資料來源，為什麼不能參考與我們面臨類似問題的分析，例如加拿大最高法院、南非憲法法院、以色列最高法院、德國憲法法院，或者歐洲人權法院的意見？

亨利·菲爾丁（Henry Fielding）在他的一部小說（《約瑟夫·安德魯斯》〔*Joseph Andrews*〕）中寫道，案例在思想上比準則更有力。提到這個建議，我將簡要介紹一下最高法院最近的一些判決，這些判決牽涉國際或外國法律來源，協助解決了一些憲法問題。二〇〇二年的一項頭條判決——「阿特金斯訴維吉尼亞州案」（Atkins v. Virginia）——六人多數（所有大法官，除了首席大法官、斯卡利亞大法官與托馬斯大法官）裁定，處決精神障礙罪犯是違憲行為。最高法院指出，「國際社會對精障罪犯的罪行判處死刑的作法，是壓倒性地反對」。

隔年，最高法院在一個名為「勞倫斯訴德州案」（Lawrence v. Texas）的案件中，也參考了國外作法。「勞倫斯案」的判決推翻了一九八六年的一項判決，裁定德州一項禁止兩名同性成年男子自願從事親密性行為的法案違憲。由於尊重「人類輿論」，「勞倫斯案」的法庭強調：「請願人在此案中尋求的權利，在許多其他國家，已被視為人類自由不可分割的一部分。」為了支持這項論點，最高法院援引了一九八一年歐洲人權法院的一項領先判決——「丹吉恩訴英國案」（Dudgeon v. the United Kingdom）——以及隨後的歐洲人權法院裁定，確認男女同性戀者親密、兩廂情願行為，享有受保護的權利。（最高法院最近判決，認定聯邦《婚姻防衛法》〔*Defense of Marriage Act*〕的一項重要條款違憲，「勞倫斯訴德州案」便在當中扮演了重要角色。）

在反恐戰爭引起的案件中，目前的最高法院已經多次表現出「對人類輿論的合宜尊重」。例如，二〇〇八年六月，最高法院在「布梅迪恩訴布希案」（Boumediene v. Bush）中裁定，國會取消聯邦法院聽取被關押在關塔那摩灣的外國人提出人身保護令請願的司法權，是違憲行為。

最高法院在二〇〇四年的「漢迪訴倫斯斐爾德案」（Hamdi v. Rumsfeld）判決，已為「布梅迪恩案」奠定了基礎。在「漢迪案」中，最高法院認為，總統未經國會授權，無法下令由軍事委員會審判被拘禁在關塔那摩灣的拘留犯。即使在「我們最挑戰和最不確定的時刻」，當「我們國家對正當程序的承諾受到最嚴峻考驗的時候」，歐康諾大法官在為「漢迪案」的四位大法官多數撰寫的意見書中寫道：「我們也必須在國內信守我們在國外為之而戰的原則。」她提醒：「歷史和常識教導我們，不受查核的拘留制度，有可能成為壓迫與虐待的手段。」

芝加哥大學法學院的兩位教授（艾力克・A・波斯納〔Eric A. Posner〕和艾德里安・維米爾〔Adrian Vermeule〕）立刻發表了他們對歐康諾大法官聲明的異議。他們強調，自由與死亡之間，人們並不會選擇自由勝於死亡。他們說，面對恐怖分子威脅，一個不限縮公民自由的政府，「是病態到僵化的，不是先進的。」然而，我們反對的，是不尊重人類尊嚴的那股勢力，比起和那股勢力成為一丘之貉，還有更大的失敗嗎？

我將以法院於二〇〇五年三月「羅珀訴西蒙斯案」（Roper v. Simmons）的判決，結束這段論說。最高法院藉由裁定對犯下死刑罪刑的十八歲以下青少年科處死刑，屬違憲行為，承認了「國際輿論反對青少年死刑的壓倒性傾向」。甘迺迪大法官為最高法院寫道，國際社會的輿論「對我們的結論提供了值得重視且重要的確認」。他解釋說，承認「其他國家和人民對某些基本權利的明確認可，並不會降低我們對（美國）憲法的忠誠度。」（在去年做出的一項判決中，最高法院裁定對青少年判處無法假釋的無期徒刑，也屬違憲，即使這位青少年犯的是謀殺罪。）

儘管我承認預測是有風險的，我仍相信美國最高法院將出於國際禮讓與謙虛的精神，繼續遵循「對人類輿論的合宜尊重」。要國際禮讓，因為有些事對我們的福祉至關重要——打擊國際恐怖主義是一個典型的例子，需要世界各國的信任與合作。要謙虛，因為用歐康諾大法官的話來說：「其他法律體系正不斷創新、嘗試和尋找……每天出現新的法律問題的解決方案，我們可以從中學習並受益。」

在這方面，我對二〇〇三年九月以色列時任首席大法官亞哈倫・巴拉克的觀察，留下深刻的印象。他指出，九月十一日挑戰美國的一個兩難，是如何在不犧牲該國最珍視的價值觀——包括我們對人類尊嚴的尊重——的情況下，進行反恐戰爭。巴拉克說：「我們在以色列，有我們的九一一、九一二，等等。」他談到他們最高法院在平衡雙方所做的努力，一方面是政府迫切需要確保國家及其公民安全的責無旁貸，另一方面要適當考慮「人類的尊嚴與自由」。他特別提到一個最高法院面臨的問題：「在面臨『計時炸彈』威脅的情況下，使用暴力（較直白地說，是刑求）質問恐怖分子，是否合法？亦即，當警察認為他們所逮捕的人，知道炸彈將在何時何地引爆的情況，是否可以刑求？他的最高法院回答：不合法，「永遠不要使用暴力。」他闡述道：

> 這是民主的命運，不是所有的手段都可以被接受……並非敵人所採用的所有方法都是可以用的。有時候，一個民主國家必須用單手戰鬥，另一隻手綁在背後。儘管如此，它仍然占上風。維護法治與承認個人自由，建構了（一個民主國家）對安全的理解之重要組成元素。歸結到底，（那些價值觀增強了）其精神，以及其克服困難的力量（與能耐）。

對於這段意見，我毫無保留地同意。

6. 法律之下的人類尊嚴與平等正義

國際情境中的「布朗訴教育局案」
南非普利托利亞大學人權中心*
（University of Pretoria, Centre for Human Rights）
二〇〇六年二月七日

雖然「布朗案」的判決並未提及國際法或國際輿論，但毫無疑問，該時代的氛圍在很大程度上，解釋了為什麼種族隔離在一九四〇年代後期，亦即第二次世界大戰後，開始瓦解。美國及其盟國成功地摧毀了希特勒的大屠殺王國，以及納粹統治歐洲時盛行的級別種族主義。但

* 金斯伯格大法官多年來曾多次對不同的聽眾針對這個主題，發表不同版本的演講。我們編輯這段講稿，以符合適當篇幅，並且確保它們在當初演講時特定情況之外的清晰易懂。

是，當我們參戰時，我們自己的部隊就是種族隔離的。在戰爭中期的一九四二年，瑞典經濟學家貢納爾．邁達爾（Gunnar Myrdal）出版了《美國的困境》（*The American Dilemma*），並在書中寫道：「美國因其國際上的優勢、強權與未來國家安全，必須向世界展現美國黑人能圓滿地融入其民主。」

隨著戰爭的進展，人民的意識日益增強，一位年輕的猶太教拉比羅蘭．B．吉特爾索恩（Roland B. Gittelsohn）當時是一名軍中的隨行神職人員，他為太平洋硫磺島上新挖掘的美國海軍陸戰隊士兵墓葬念了一段悼文。在杜魯門總統圖書館保留的文字中，吉特爾索恩拉比描述了當時的樣子，以及應該有的樣子：

> 這裡躺著熱愛美國的人……，軍官和士兵、黑人和白人、有錢人和窮人，全在一起……。在這裡，沒有人會因為自己的信仰而偏愛另一個人，也不會因為他的膚色而鄙視他……。在這些人當中，沒有歧視、沒有偏見、沒有仇恨。這裡有最崇高、最純潔的民主國家……。我們當中不論是誰……認為自己比那些恰好在少數族群中的人優越，將會使這場儀式，使它所紀念的血腥犧牲，成為……（一場）……空洞的訕笑。
>
> 因此，作為我們的莊嚴、神聖的職責，我們生者，現在將我們自己奉獻給新教徒、天主教徒與猶太人、白人和黑人的權利，奉獻給他們所有人在此付出代價的民主。

「布朗案」判決書的作者，首席大法官厄爾·沃倫在一九五四年判決後大約十八年，回顧道：

（美國種族關係政策的逆轉）主要是因為（第二次世界大戰）本身而促成的。首先，同盟國的主要敵人，納粹德國，也許是全世界歷史上最明目張膽、最殘酷的種族主義國家……。在希特勒的德國，非雅利安人的種族隔離和滅絕行動震驚了美國人，但也成為一個困擾的類比。在許多美國人宣稱自己堅決反對希特勒的作法時，卻容忍非白人在自己國境內受到的隔離與屈辱。高唱反對納粹的平等主義，與美國本身種族隔離之間的矛盾，令美國十分難堪。

一九五四年，「布朗訴教育委員會案」宣判的那一年，美國與蘇聯之間的冷戰正全面展開。維吉尼亞大學法學教授邁克爾·克拉曼（Michael Klarman）是二〇〇四年一本具紀念意義的《從吉姆·克勞到民權》（*From Jim Crow to Civil Rights*）一書的作者，他這麼描述那個時代：「美國的民主正受到考驗，南部白人至上主義是它最脆弱的部分，因為戰後全世界的殖民政權被推翻，使得這種現象更為醒目。」杜魯門總統的民權委員會警告說：「美國並非那麼強大，民主理想的最終勝利並非那麼必然，以至於我們可以忽略世界其他地區對我們的（不良）紀錄的看法。」

在「布朗案」中提交給美國的法院之友意見書中，司法部總檢察長敦促：

美國對少數族群的歧視，對我們與其他國家的關係造成不利影響。種族歧視……甚至引起友好國家對我們的民主信仰忠誠度表示懷疑。

這份意見書包括一封國務卿迪安．艾奇森（Dean Acheson）的信，內容談及種族歧視對美國外交關係的負面影響。艾奇森寫道：

在國外媒體、廣播電台以及如聯合國的國際組織中，美國因為對國內少數族群的各種歧視作法，不斷受到攻擊……。

在美國國內持續存在的種族歧視，一直是使本國政府在日常外交關係中不斷遭遇尷尬的源頭；它危及我們繼續擔任世界自由民主國家的道德領導角色。

在首席大法官宣布最高法院全體一致的結論後一個小時內，「在公共教育領域，『隔離但平等』的說法已無立足之地，」美國之音以三十四種語言，向全世界播報這則消息。美國新聞處立即在幾乎所有非洲報紙上刊登了有關「布朗案」的文章。《時代週刊》評論：「在許多國家，美國種族隔離的事實導致美國的威信和領導地位受到損害，此判決適時地重申美國的基本原則，即『人人生而平等』。」《新聞週刊》寫到：「公立學校中的種族隔離一向是不平等的象徵……。現在，這個象徵粉碎了。」

西歐的新聞界同樣讚揚「布朗案」。在巴黎，《世界報》在頭版宣布：「此一期待已久的判決，標示著正義在種族偏見上的勝利，在民主上的勝利……。」倫敦《泰晤士報》稱此為「（美國最高法院）有史以來最重要、影響最深遠的」判決。曼徹斯特《衛報》對美國「拋開了長期以來最糟的批評……」，表示「極大的寬慰」。在美國邊境以南，巴西聖保羅市議會盛讚「布朗案」，稱它「建立了公正的種族平等，對普世的和諧與和平至關重要。」

在非洲，相關報導也很廣泛。美國駐塞內加爾達喀爾（Dakar）領事館發來的一封郵件稱，此判決「在法屬西非受到熱烈回響，儘管（當地）媒體對於實際執行表示一些懷疑。」。《新非洲》（*Afrique Nouvelle*）週刊以這個標題報導「布朗案」：「終於！美國的白人和黑人可以坐在同一所學校的椅子上。」肯亞立法委員會的黑人成員表示，希望他們的國家可以效法：

> 在肯亞，我們應該建立一個包容所有種族的國家。如果我們不一起受教育，我們將生活在對彼此的恐懼中。如果我們要永遠在一起，為什麼我們要有隔離的學校？孩子們將在同一所學校親近地學習認識彼此，而恐懼將會消失。

並非所有對「布朗案」的回應都是正面的。美國駐南非大使館發來的一封信說：「大多數南非白人是種族隔離主義者……。雖然他們可能在美國的膚色問題上有相似之處，但（他們）認為自己的種族狀況，在世界其他地方沒有真正的相同處。因此，他們對這次判決的重點將非常學術化。」但僅僅四年之後，英國首相哈洛德・麥克米倫（Harold Macmillan）在南非議會中反對種族隔離。他提到了席捲非洲大陸的「風向改變」——「布朗案」幫助推動了這項改變。

一九五〇年代後期，美國南方開始出現對「布朗案」的大規模抵抗，一直持續到一九六〇年代。外國出版品注意到這一點。儘管有南方的抵抗，也可能正是因為南方的抗拒，全世界才認識到，美國最高法院的腳步走在美國的政治部門（國會和總統）之前，也超前許多州追求法律下平等正義的大多數觀點。

追求法律下的平等正義，成為國際人權議題的主要部分。一九六五年，聯合國提出批准《消除一切種族歧視國際公約》（*International Convention on the Elimination of all Forms of Racial Discrimination*）。截至二〇〇六年一月，已有一八〇個國家簽署，最後於一九九四年由聯合國批准，該《公約》規定，締約國「特別譴責種族區分和種族隔離，並在他們的司法之下，採取防止、禁止與根除此本質的所有慣習。」

在「布朗案」歷久的傳承中，已退休的南非憲法法院大法官理查德・戈德斯通（Richard Goldstone）以及他在二〇〇三年會期的外國法律助理布萊恩・雷（Brian Ray）寫道，「布朗案」展現了「法院促進人權，以及律師促成社會改革的能力」。戈德斯通與雷提到加拿大、南非以及千里達（Trinidad and Tobago）的判決，引用「布朗案」在民主社會中教育的重要性，以及平等獲得教育的重要性。這些作者還指出，在紐西蘭和南非引用「布朗案」的案件，談到法院「下達可能影響預算決定的命令」之權力，而這些命令可能需要法院的持續監督。

就我個人方面，「布朗案」及其先驅，以及伴隨而來的國際人權運動，深深地影響了我在一九七〇年代從事的美國婦女權利訴訟工作。瑟古德・馬歇爾與其同仁尋求逐步教育美國最高法院關於種族歧視的有害影響。同樣地，性別平等倡導者嘗試透過一系列案件，向最高法院告知性別法律不公的情況，尤其是命令或加強男性與女性在人類活動個別領域的法律。我曾協助發起和指導的美國公民自由聯盟「女權計畫」，便是受到「美國全國有色人種協進會」（National Association for Advancement of Colored People，簡稱ＮＡＡＣＰ）法律辯護與教育基金會的榜樣啟迪而發起的組織之一。

當然，一九七〇年代從事男女公民身份平等法規的鼓吹者，並未遭遇反對瑟古德・馬歇爾及其助手在他於美國全國有色人種協進會的法律辯護和教育基金會（Education Fund）所經歷的那種反對等級。我們的生命從未因為我們倡導的理念而處於危險之中，而且當我們離開紐約提起訴訟時，也不致淪落到找不到住所。但有一件事是毫無疑問的。我們從造就「布朗案」與「布朗案」後續的訴訟行動中，獲得了勇氣和啟發。我們複製了以合理行動教育司法聽眾的策略，而且是以裁決者能理解且歡迎的方式進行。

幾年前，「布朗案」出現在以色列首席大法官亞哈倫・巴拉克的一次典型優質判決中。以色列土地管理局（The Israel Land Administration）否決了阿拉伯人宣稱在以色列公眾開放用於房屋建設的土地上，建造房屋的權利。政府捍衛對非阿拉伯申請人保留建築許可的承諾，其承諾是它將分配土地，以建立專門的阿拉伯人社區。以色列最高法院援引「布朗案」，裁定這種據稱隔離但平等的待遇，構成基於國籍的非法歧視。

綜上所述，「布朗案」反映了、並且推動了國際人權保護的發展。這個判決是在大屠殺的恐怖籠罩下做出來的，當時的世界局勢還包括蘇聯、東歐和南非的鎮壓政權。「布朗案」推動了一場在法律與實踐上尊重世界所有人類尊嚴的進化，縱使這場進化尚未完成。

◆

評「洛文訴維吉尼亞州案」

聯邦司法中心中學教師計畫*

華盛頓特區美國最高法院

二〇〇九年六月二十二日

我想用短短十分鐘左右的時間，說一則美國最高法院判決過最重要的案件之一。這個案子是「洛文訴維吉尼亞州案」，在一九六七年時獲得了全院一致的裁決。

二〇〇八年五月，《紐約時報》的一篇訃文刊登了米爾芮德．洛文（Mildred Loving）去世的消息，她是這起具有里程碑意義的案件的共同原告。米爾芮德不是一位很有才幹或世故的女人。她沒有學位。但是她擁有一顆愛心和足堪典範的勇氣，她與丈夫理查・洛文（Richard Loving）一起上訴的案件，改變了美國。

一九五八年，當時我就讀法學院二年級，米爾芮德・傑特（Mildred Jeter）和理查・洛文從維吉尼亞州的卡羅林郡（Caroline）開車前往華盛頓特區結婚。他們在維吉尼亞州成長、相識、相戀，想要建立他們的家庭，但他們不能在維吉尼亞州結婚。原因是：理查是白人，米爾芮德是非裔美國人與美國原住民的後代，維吉尼亞州的法律（也是當時其他十五個州的法律）禁止異族通婚。米爾芮德後來回憶說，他們夫妻無心「製造政治聲明或開戰」。他們「（只是）相愛了，而且……想要結婚。」[1]

洛文夫妻在華盛頓特區結婚後，回到他們位於維吉尼亞州中央點（Central Point）的家中，並將他們的結婚證書掛在臥室的一面牆上。他們回家後的五個星期，「郡保安官和兩名副手在匿名人士的指示下（凌晨兩點闖入他們的臥室），在他們的眼前點亮手電筒，」並詢問理查：「這個和你一起睡覺的女人是誰？」[2]當理查指著牆上掛的結婚證書時，郡保安官回答說：「在這裡這樣不好，」[3]他們接著把洛文夫婦送進監獄。理查整晚都被關著。米爾芮德這位

* 金斯伯格大法官多年來曾多次對不同的聽眾針對這個主題，發表不同版本的演講。我們編輯這段講稿，以符合適當篇幅，並且確保它們在當初演講時特定情況之外的清晰易懂。

有色人種妻子，當晚和接下來的五天都在監獄裡度過。[4]

受到驚嚇且無人可諮詢的洛文夫婦出現在法官面前，因違反維吉尼亞州的《種族操守法》（*Racial Integrity Act*）而被起訴。他們被判刑一年監禁，若洛文夫婦「離開本州，並且在二十五年內不回到維吉尼亞州，法官將暫緩監禁。」[5]宣判的法官宣稱：「全能的上帝創造了白種人、黑種人、黃種人、馬來人和紅種人，然後祂將他們分別放在不同的大陸上……。祂將種族分開的事實，表明祂不打算讓他們混在一起。」[6]

米爾芮德和理查·洛文從其家族世代居住的社區中被驅逐，努力嘗試成為華盛頓特區的居民。幾年後，在民權運動的啟發下，尤其是華盛頓大遊行，米爾芮德寫信給司法部長羅伯特·甘迺迪（Robert Kennedy）。甘迺迪回信了，建議米爾芮德與美國公民自由聯盟聯繫。她確實這麼做了，洛文夫婦在美國公民自由聯盟維吉尼亞州的志願律師伯納德·科恩（Bernard Cohen）與菲利普·赫希科普（Philip Hirschkop）協助下，向該州提出告訴，尋求洗刷他們的定罪，並且要維吉尼亞州認可他們的婚姻。

他們的挑戰始於一九六三年，持續到最高法院於一九六七年六月十二日，首席大法官沃倫宣布了最高法院的一致判決：維吉尼亞州的異族通婚法違憲。這位首席大法官為意見一致的最高法院寫道：「毫無疑問地，僅因種族分類而限制結婚自由，違反了平等保護條款的核心涵義。」[7]此外，最高法院補充說，維吉尼亞州禁止異族通婚也「未符合正當程序，剝奪了洛文夫婦的自由。」[8]（加州最高法院在將近二十年之前的一九四八年，即美國最高法院對「布朗訴教育委員會」做出判決的將近六年之前，也做成了相同的判決。）

一九六七年的新聞界如何看待這個終結美國合法支持種族隔離的案子？當時的媒體並非毫無保留的一片掌聲。一篇《紐約時報》的社論說：編輯希望，年輕人（指的是一九六〇年代的年輕人）會聰明一點；他們將不再選擇「混血婚姻作為蔑視法律的舉動」，尋找伴侶時「源自於叛逆，而非……源自喜愛。」[9]《洛杉磯時報》觀察到，「當然，意見書中沒有什麼可以被認為是鼓勵異族通婚的。」[10]《華盛頓郵報》並未將米爾芮德．洛文描述為一位有勇氣的女性，而是「一位有吸引力、身材苗條的二十七歲黑人」。[11]

在對這一宗里程碑式的判決後，最初的激情反應被消音後的四十年，米爾芮德．洛文寫道：「我活了夠長的時間……目睹巨大的變化。老一輩人的恐懼和偏見已經消退，今天的年輕人明白，如果某個人愛某個人，他們就有結婚的權利。」[12]最後一個去除禁止異族通婚的州是阿拉巴馬州，他們在二〇〇〇年解除了這項禁令。今天，有四百三十萬對異族夫妻居住在美國。[13]

和米爾芮德一樣，我活了夠長的時間，目睹巨大的變化。例如，在一九五〇年代，當我和歐康諾大法官從法學院畢業時，當時沒有一家律師事務所會雇用兩名女性，只因為我們是女性；而誰會相信有那麼一天，她們會坐在這個國家的最高法院？或是有誰會相信，美國總統將是一位非裔美國人，而他本人即是異族婚姻的孩子？是的，我們還有路要走，以確保我們土地上的所有人都享有法律的平等保護，但是想想我們已走過多麼長的路，便足以成為我們對我們國家未來樂觀以對的理由。

◆

評多元價值：國際平權行動

法國巴黎

巴黎政治學院*

二〇〇九年七月十七日

全體教職員工、即將畢業的學生、學生的家人，以及巴黎政治學院（Sciences Po，全名為「Institut d'Études Politiques de Paris」）的朋友們，我很高興在這場慶祝活動上致辭。我讀過巴黎政治學院在多元性方面成就卓越的倡議，是戴國安校長（Richard Descoings）的首要任務。透過這項倡議，法國社會各階層才華橫溢的學生被吸引到這所偉大的學校。這項設計的目的，是加深學生群的特質與生活體驗，最終加深法國政府和企業高層的特質與生活經驗。其他高等教育機構已複製了巴黎政治學院的模式，而這是該計畫成功的衡量標準。

I

在美國，人們開始在學校和工作場所為擁抱更廣泛的社群而做的類似努力，是從一九六〇年代末開始，有人告訴我，「平權行動」（affirmative action，或譯「優惠性差別待遇」）——或者歐洲人稱為「正向差別待遇」（positive discrimination）——將是本次演講的適當主題。

我將從一些比較式的旁觀觀點開始。第二次世界大戰後的數個人權憲章承認，僅有非歧視原則，並不能確保實質性平等。為了克服數百年來的不平等現象，並提高因為長期服從而處於不利地位的一群人之權益，許多現代憲法允許、甚至要求採取平權行動。印度一九五〇年的憲法就是一個很好的例子。除了其他的平權行動條款外，它還廣泛指示政府要「特別照顧弱勢群體的教育與經濟利益」。再例如，南非一九九六年的憲法規定，為了實現平等，「（可採取）立法與其他措施，以保護或協助發展受到不公平歧視之害的個人或某類別的人」。與印度和南非相比，在組成歐盟的國家中，不存在根深柢固的種姓制度，也沒有少數族群壓制多數人的現象，進而推動正向差別待遇。但是，從一九五七年的《羅馬條約》到二〇〇〇年的《基本權利憲章》（*Charter of Fundamental Rights*），歐盟的憲章和指示都協助女性促進了平等的機會。《基本權利憲章》確認，「平等待遇原則」不妨礙會員國採取特別措施，以便利女性追求工作

* 金斯伯格大法官曾多次對不同的聽眾針對這個主題，發表不同版本的演講。我們編輯這段講稿，以符合適當篇幅，並且確保它們在當初演講時特定情況之外的清晰易懂。

與職業生涯。

在世界舞台上，有兩項重要的聯合國盟約，贊成平權行動。史上第一次，是一九六五年的《消除一切形式種族歧視公約》宣布：「為了確保特定種族或族裔群體充分發展為（唯一）目的的特別措施……不應被視為種族歧視。」接下來，一九七九年《消除對女性一切形式歧視公約》（*Convention on the Elimination of All Forms of Discrimination Against Women*）從歧視的定義中，將「採取……旨在促進男女實際上的平等臨時特別措施」排除在外。

美國和法國的憲法皆未包含類似我剛才說的兩個規定。一八六八年修訂的《美國憲法》僅禁止拒絕「法律的平等保護」。一九五八年的《法國憲法》在第一條中聲明了更精確的原則：公民「不分出身、種族或宗教」，一律平等。有人告訴我，依照該宣言與法國傳統，法國沒有任何法律或政策，以種族或族裔來指稱個人或團體。相反地，教育優先區、城市發展策略，以及對地理位置重要的類似措施，都是為了提升居住在經濟不景氣地區的人民之福祉。

大致描繪出國內和國際上針對平等的規定之後，我將在演講的剩餘部分，專門談論使平等的理想不僅止於夢想的國家，亦即我生於斯長於斯的美國。

II

在美國，平權行動的努力反映了我們歷史上與眾不同的一面。法國大革命後，居住在法國的所有民眾都順理成章地獲得了公民資格，不論種族或宗教信仰。但是在美國，奴隸制一直存在於南方，直到我們的內戰和一八六五年憲法修正案宣布奴隸制為非法為止。在許多州，所謂的「吉姆・克勞法」取代了奴隸制，這些法律強加了嚴格而且普遍的種族隔離制度，這種情況一直持續到二十世紀中葉。雖然第二次世界大戰明確地向世界表明了種族主義的邪惡，但人們無法在短期內抹煞過去。「隨著種族階級制度最近才結束，」一九六五年，林登・詹森（Lyndon Johnson）總統告訴美國人：「自由並不足夠。只是說：『現在你可以隨心所欲地去哪裡……做你想做的事，（選出）領導者。』如此並無法抹去數個世紀的傷疤。」

在美國，平權行動有過高低起伏的歷史。這個名詞是在一九六一年創造出來的，但是直到共和黨總統尼克森執政，這個概念的施行才得以迅速發展。一九六九年，尼克森政府的勞動部發布了其指標性的「費城計畫」（Philadelphia Plan），主要目的是打擊非裔美國人的高失業率，並打破建築行業中的裙帶關係。這項計畫要求與政府簽訂合約的建築公司，設定雇用少數族群工人的目標和時間表，未遵守的公司將面臨合約終止的風險。

在短短幾年內，此模式即擴大涵蓋整個美國與所有的政府合約，包括大學的合約。覆蓋面也擴展到女性以及少數種族與族群。我正是尼克森政府平權行動的受益者，一九七二年，我受哥倫比亞大學法學院聘任為首位獲得該學院終身教職的女性。

在政府推行平權行動期間，美國最高法院針對一九六四年《民權法案》第七章的範圍，提供了重要指導，這部法案是美國反就業歧視的主要法律。第七章主要禁止私人與公家雇主基於種族、膚色、宗教、性別或國籍的歧視。在一九七一年的「格里格斯訴杜克能源公司案」（Griggs v. Duke Power Company）的判決中，最高法院一致裁定第七章「不僅禁止公然歧視，也禁止……形式上公平、但操作上具歧視性的作法」——對少數族群成員或女性造成「差別影響」（disparate-impact）的作法。最高法院承認，僅是禁止故意歧視，將無法實現國會原先設定的目標。為了廣納人才，雇主必須審查自己的徵人作法，淘汰篩除少數族裔和婦女的條件，除非該政策或作法明顯與工作內容有關——對企業安全有效運作是必需的。

「格里格斯案」牽涉到高中文憑的應徵條件，即使對於低水平、不符合這項條件的人也能順利完成的工作。（一九七〇年代，在杜克能源公司於北卡羅萊納州的電廠所在地，大多數非裔美國人都沒有高中畢業。）例如，由於「格里格斯案」差別影響的裁決，很多的排除作法都停止了，例如飛行員或警察工作的身高或舉重要求——很少女性能達到這些要求。

「差別影響」，或者說「間接歧視」的概念，達到了對少數族群或女性構成「固有的阻力」的選擇標準。但是「格里格斯的判決」並未解決雇主或教育機構是否可以給予少數族群明確偏好的問題。

一九七八年，美國最高法院第一次針對大學優惠制度的合憲性做出裁決。此案是「加州大學董事會訴巴基案」（Regents of the University of California v. Bakke），此案是一名失望的白人男性申請人對一所加州醫學院的訴訟。這所學校的平權行動計畫為少數族裔在入學班級的一百個名額中，保留十六個名額。法院以五比四的比例裁定，這項保留政策違反了憲法的平等保護原則。在「巴基案」中，主導的意見認為，種族可以作為個別的個人錄取過程中的一項因素。但是，多數判決認為，為少數族裔學生徹底配額，或保留一定數量的名額，是違憲的。五位大法官同意，過去的社會歧視無法合理化這所醫學院的規畫。雖然反對配額或定額的補償性理由，但決定性的意見贊成原本旨在實現學生群體種族多元化的溫和型平權行動。判決意見認為，若不同文化的成員能共同生活和學習，所有學生的教育經驗將得到提升。這份理解正是巴黎政治學院倡議的深層原因。

美國最高法院於二〇〇三年在一組兩起的密西根大學案件中，再次處理大學招生的平權行動。兩案之一的「葛拉茲訴布林格案」（Gratz v. Bollinger）與大學部相關，大學部自動為少數族裔成員加分二十分（錄取分數是一百分）。另一個案件「格魯特訴布林格案」（Grutter v. Bollinger）涉及法學院，該法學院未做任何實際加分，但更靈活地將種族或族群作為加分因素。最高法院不同意大學部的方案，多數大法官意見說，因為該方案將少數群體置於個別的管道。但是它支持法學院的計畫，因為該方案提高了多樣性，但未建立配額或個別的管道。

我本來會支持密西根大學的這兩個計畫，並在大學部的案子寫下不同意見書：「旨在加重長期被剝奪完整公民身份的群體之負擔所採取的措施，與加快根除積習已深的歧視所採取的行動，兩者並不能相提並論。」我補充說：「如果誠實是上策，」則該大學部公開透明的「平權行動計畫，勝過透過心照不宣的欺騙幌子，以獲得相近的入學人數。」

在密西根大學案件四年之後，最高法院再次出現五比四的分庭表決，這次是針對華盛頓州西雅圖市，以及肯塔基州路易維爾市低年級課程的合憲性——該課程旨在促進幼兒園到十二年級的學生種族融合，即使該地區的鄰里界線高度沿著種族界線分隔。為了保持融合，兩座城市的學校董事會在為孩子分配學校時，將種族考慮在內。最高法院（在「社區學校父母訴西雅圖第一學區案」〔Parents Involved in Community Schools v. Seattle School District No. 1〕中）裁定該方案違憲。與密西根大學的法學院方案不同，最高法院說，在初級學校方案中，種族「本身是決定性的」。此外，最高法院補充說，密西根大學案涉及「高等教育獨有的考慮因素」。主要意見以引人注目的一句話作結：「停止基於種族的歧視的方法，是停止基於種族的歧視。」

四位異議者——我是其中之一——對西雅圖和路易斯維爾的方案有不同的看法。我們說，在「使用具種族意識的標準……將不同種族隔開，與使用具種族意識的標準……把不同種族聚集在一起，這兩者之間，」有著「法律上和作法上的區別。」*

為了讓整件事的圖像更完整，我將說到最高法院關於「差別影響」的最新裁決——「瑞奇訴德史蒂法諾案」（Ricci v. DeStefano）。最高法院於二〇〇九年六月二十九日再次認定，一座城市——耶魯大學所在地的康乃狄克州紐黑文市（New Haven）——儘管考試結果意味兩年內沒有非裔美國人可以獲得晉升，也不能將消防員晉升考試的結果置之不理。我在不同意見書中指出了考試設計中的多個缺陷，這些缺陷嚴重破壞考試的可靠性，使得黑人消防員儘管已經準備好擔任指揮官，但很可能無法獲得晉升機會。最高法院在消防員案中的意見並無損「差別影響」的概念，但確實大大地限制了其應用。

將一九七一年「格里格斯案」的一致裁決，與美國最高法院當前的判決兩相對照，憤世嫉俗的人可能會發覺，美國真正的象徵不是禿鷹，而是鐘擺。為回應不斷變化的政治氣氛，一些州努力通過不明確引用種族標準的方法，以降低進入高等教育的機會不平等。十年前，德州制定了「前百分之十法案」（Top 10 Percent Law，或「名列前茅條款」），根據這條法律，任何畢業於其高中班級前百分之十的學生，都將自動獲得該州任何公立大學的錄取資格。此後，其他一些州，以「種族盲」（race-blind，即不分種族）的理念，採取了類似政策的設計。由於居住地隔離，這些州已透過他們的百分比方案，達成了一定程度的多元性。†

諷刺的是，由於實施百分比計畫，貧困社區的學校愈來愈受到歡迎。這是因為與位於較富裕社區裡競爭激烈的學校相比，學生若就讀貧困社區表現較差的學校，較容易進入前百分之十的名次。

---

* 關於最新的平權行動，見第五部第八節。

† 德州大學招生政策的另一個層面，特別指定種族為考慮篩選過程的一個因素，後來第二度上至最高法院。有關金斯伯格大法官在「費雪訴德州大學案」（Fisher v. University of Texas）的角色，見第五部第七節法庭宣告「費雪案」與第五部第八節。

III

總而言之，平權行動會引起爭議，因為它們發出的訊息，一方面激勵人心，一方面也令人不安。平權行動和差別影響的概念，可能減輕實質不平等、促進多元性，並提升弱勢社區人民的經濟與社會福祉。但是它們也會激起對立，激起指控，說這些措施區別對待那些對社會違法行為不負責的個人，並不公平。我不會漠視反對派，但我權衡利弊，贊成歐康諾大法官在密西根大學法學院案中寫的：「為了培養……在公民眼中具有合法性的領導人，成為領導者的道路必須對人才明顯開放……對每個種族與族群的個人。」「要實現一個不可分割的國家的夢想，讓（少數民族和婦女）成員有效參與我們國家的公民生活，至關重要。」我們將受益於一個更多元、更包容的社會，更理解、更適應，甚至更歡迎我們彼此的差異，同時為我們共同的利益而團結在一起。

恭喜各位從一所遠近馳名、最優秀的高等教育機構之一的學校畢業。也恭喜養育各位，並為各位的志向與成就付出的父母和老師。當各位離開這裡，繼續在人生的道路上前進時，請嘗試離開常軌。利用各位所受過的教育來協助擦拭社區裡的眼淚。參與實際行動，讓這些社區、你的國家和我們的世界，更加確保你們世代與後代子孫的健康幸福所需要的條件，能繼續茁壯。

我為各位的成就鼓掌，祝福你們一切順利。

7. 不同意見的角色

在下面題目為「不同意見的角色」的演講中，金斯伯格大法官反思從最高法院多數意見中，提出異議的角色與適當時機。而她最好這麼做。近年來，隨著首席大法官羅勃茲主掌最高法院，當有爭議的法律問題自然地將九位大法官分成兩邊時，她和最高法院的其他三位自由派大法官經常處於少數。在最高法院工作了二十多年後，她成了少數派中最資深的大法官，比起首席大法官芮恩奎斯特時期的最高法院，她成為這類案件主要聲音的頻率高了很多，並寫下最高法院最重要的幾篇不同意見書。

正如金斯柏格在她的演講中解釋的，當歧見特別深，且案件的影響特別大時，持異議的大法官偶爾會做的，不只是寫一篇不同意見書——他們會在案件由主要意見書作者發布後，也在法庭上發表一段反對的口頭摘要。在芮恩奎斯特擔任首席大法官期間（一九九三年至二〇〇五年），金斯伯格大法官的當庭不同意見宣告（bench dissent）很少，而且不常出現——十二年任期中只有六次。但是從首席大法官羅勃茲的第二年任期開始，這種模式產生了變化。在二〇〇六至二〇〇七年的會期中，她發表了兩次、而不是一次的當庭不同意見宣告，這一表現登上了《紐約時報》的頭版。《紐約時報》專門報導最高法院動態的資深記者琳達．格林豪斯在第二篇當庭不同意見宣告（「萊德貝特訴固特異輪胎橡膠公司案」〔Ledbetter v. Goodyear Tire & Rubber Company〕）發表的後兩天，寫道：「直到現在，口頭異議才成為金斯柏格大法官的風格。」她並有先見之明地預測：「最高法院本年度的會期大約一個月後結束，不論人們將對今年的會期說什麼，都將記得露絲．貝德．金斯伯格大法官在這時找到了她的聲音，並加以利用。」[1]到二〇一四年為止，金斯伯格大法官發表了十二篇的當庭不同意見宣告，成為羅勃茲主持下的最高法院最常見的異議者。其中包括單單在二〇一二至一三年的會期中，破紀錄的四篇當庭不同意見宣告——超過過去三十年任何一位大法官在單一年會期中所發表的這種反對意見。

曾經擔任法律教師的金斯伯格大法官，在二〇一三年向杜蘭法學院的學生發表她對不同意見的演講時，提供了講義。具體地說，她給學生的是在幾星期前從法庭上總結的四篇反對宣告中的兩篇反對宣告副本。她解釋說：第一份是「萬斯訴鮑爾州立大學案」（Vance v. Ball），涉及對一條聯邦法律的解釋，「要求國會修正第七章，以更明確地說明我認為國會一直以來的初衷。」第二份是「謝爾比郡訴霍德案」（Shelby County v. Holder），涉及對憲法的解釋，「因而訴諸於未來的智慧。」她還向學生讀出四篇當庭不同意見宣告中的第三篇，即「費雪訴德州大學案」（Fisher v. Texas），並討論了她稍早在二〇〇七年「萊德貝特案」的當庭不同意見宣告。

這四篇當庭不同意見宣告將呈現在金斯伯格大法官的演講之後。我們也收錄金斯伯格大法官在羅勃茲首席大法官主持下的最高法院最重要的判決之一，「全國獨立企業聯盟訴西貝利厄斯案」（NFIB v. Sebelius，二〇一二），即威脅要廢除歐巴馬總統的《平價醫療法案》（*Affordable Care Act*，簡稱ACA）的案件，以及第二個《平價醫療法案》的案件「伯韋爾訴好必來案」（Burwell v. Hobby Lobby，二〇一四），這是一個對政府法規的挑戰，該法規要求雇主在其雇員健康保險政策中，涵蓋女雇員的避孕藥具。關於金斯伯格大法官慷慨激昂的異議，布雷耶大法官、索托瑪約大法官和卡根法官均表示加入，而大法官的多數將《平價醫療法案》對教會和宗教組織的豁免，擴大到類似好必來的封閉式營利性公司、一間家族企業。最後，我們收錄金斯伯格大法官在「岡薩雷斯訴卡哈特案」（Gonzales v. Carhart，二〇〇七）的當庭不同意見宣告，抗議多數大法官贊成一條禁止特定墮胎方法的州法規，即使在這種方法對保護女性健康為必要時，該法規仍無法將它豁免為例外。

不同意見的角色

法國巴黎

杜蘭大學法學院暑期課程*

二〇一三年七月

我的演講是關於不同意見在一般美國上訴法院中的角色，特別是在美國最高法院中的作用。在最近的大法官會期中，這是我不得不多思考的主題。

雖然我任職於美國司法機構的頂層，但我經常說，庭審法官是我們司法體系中真正的權力掌握者。在大多數情況下，我們的庭審法官獨自坐上法庭，直到裁決完成，進入最終判決，他們的裁判才會受到審查。即便到了那個時候，絕大多數初審法院的裁決也從未被上訴，這在很大程度上是因為，上訴只能在法律問題上進行。初審法院的事實裁決，不得在上訴後重提。相較之下，一位上訴法院法官通常與其他兩名法官同事一起開庭，除非至少另一位法官同意她的看法，否則她是無權的。而在美國最高法院，任何時候都由九位大法官一起開庭，只有在至少有四位大法官同事支持她的意見的情況下，她才能為最高法院撰寫主要意見書。

首席大法官羅勃茲曾在二〇〇五年的確認聽證會上，表示他對美國第四任首席大法官約翰．馬歇爾的欽佩，馬歇爾是美國歷史上掌管最高法院時間最長（從一八〇一年到一八三五年去世）、最偉大的首席大法官前輩。我們現任首席大法官最欣賞馬歇爾首席大法官的部分，也許是他在同事之間達成共識的超高能力。在約翰．馬歇爾的三十四年任期內，最高法院大多數時候只發表一種聲音。

馬歇爾是如何做到這一點的？在他擔任首席大法官的早期，每當大法官在首都召開會議時，最高法院的所有成員都住在同一棟宿舍，也一起用餐。傳說，晚餐後，首席大法官會在餐桌上自己提供馬德拉酒，討論有爭議的案子，促成全體一致意見，然後志願親自撰寫幾乎所有的意見書。

首席大法官羅勃茲在最高法院任職的第一年，尤其是歐康諾大法官最後一年的任期，新任首席大法官對於更大比例共識的希望，似乎可以實現。在二〇〇五至二〇〇六年會期我們接受審查的案件中，有四十五％是一致裁決的、只有最高法院的一種意見，而有五十五％是底線判斷（bottom-line judgement）的一致意見。隨著歐康諾大法官離開我們的會議席，這種高度的一致程度有所下降，但仍然令人刮目相看。例如，在二〇一二至二〇一三年的會期中，在該會期發表的七十八篇意見書中，大家同意的有三十八件（占四十九％）達成底線判斷。在二十

* 金斯伯格大法官多年來曾多次對不同的聽眾針對這個主題，發表不同版本的演講。我們編輯這段講稿，以符合適當篇幅，並且確保它們在當初演講時特定情況之外的清晰易懂。

二個案件（二十八．二%）中，最高法院只有一篇意見書是所有大法官都同意加入的。相對地，最高法院有二十三個案件（二十九%）在辯論後的投票結果是五比四。

通常，當最高法院的判決從法官席上宣布時，只會匯總主要意見（majority opinion）。而個別意見（separate opinion）、協同（concuring）或不同意見（dissenting），會被記錄，但不會被描述出來。因此，這時口頭宣達的反對意見，會立即引起關注。它表明，從異議者的觀點，最高法院的意見不僅是錯誤的，而且借用史蒂文斯大法官的話來說，是「嚴重誤導」。舉例來說，我將朗讀六月二十四日在德州大學平權行動訴訟案中發表的法庭聲明。（接著，金斯伯格大法官念出她在「費雪訴德州大學案」的當庭不同意見宣告。）

揭示不同意見的作法，並非舉世皆然。在歐洲以及曾經被歐洲大陸政權控制的國家，盛行「大陸法」傳統，大部分的多位法官法院會發布一則集體的判決，使用制式化、非個人化的語言。判決書作者不會具名，也無法辨識出來。不同意的意見，即使有時不可避免地存在，也不會揭露。

英國「普通法」的傳統則是相反。（有關每個法官提出個人意見的「另一端」作法之描述，請參閱第五部第四節〈以司法之聲發言〉。）我們的體系則介於歐洲大陸和英國傳統之間的中間地帶。

毫無疑問，如首席大法官羅勃茲在確認聽證會中所指出的，美國最高法院在沒有分裂的情況下，能以更大的聲量說話，並提供更清楚的指引。我同意大法官在考慮發表一篇個別意見書時，每次應該要問自己：這個不同意見書或協同意見書真的是必要的嗎？想想一九五四年最高法院一致通過的「布朗訴教育委員會案」的意見書所具有的附加份量。當時全部的九位大法官都簽署同一份意見書，明確表明《憲法》不容忍美國公立學校合法施行的種族隔離。

即使對於異議者，我相信，一種意見的聲量比四種不同意見更有力。例如，在「布希訴高爾案」（二〇〇〇）急於做出判決的時候，我們沒有時間匯整成一個單一的不同意見書，因此，新聞界和大眾必須閱讀四篇個別、相當長的不同意見書，以辨別我們的觀點。比較一下史蒂文斯大法官在二〇一〇年初判決的「聯合公民訴聯邦選舉委員會案」（Citizens United v. Federal Election Commission）中匯整好的一份四位大法官少數意見。（各位會想起來，最高法院在該案中以五比四的判決，取消了公司對助選或擊敗公職候選人支出的限制。）

下一個會期的「亞利桑那自由企業俱樂部訴班耐特案」（Arizona Free Enterprise Club v. Bennett）中，類似的情況重複了一次。在此案中，亞利桑那州希望透過讓一位公共資助候選人可募得的金額，與他或她靠個人財力競爭的對手相當，以阻止高昂的競選活動支出；最高法院五人組成的主要意見判決這項規定無效。卡根大法官為四位異議者寫了一篇強而有力的不同意見書。本年的會期，我也為四位異議者撰文，反對最高法院判決推翻國會在《投票權法》中規定的「事先批准」方案。（請參閱金斯伯格為「謝爾比訴霍德案」撰寫的當庭不同意見宣告。）

關於不同意見書的功用，我將首先提到它們的內部影響。我的經驗證實，沒有什麼比令人印象深刻的不同意見書，更能引導主要意見書的作者完善及闡明其最初傳閱的意見書。例如：最高法院於一九九六年判決的「維吉尼亞軍事學院案」，裁定維吉尼亞軍事學院拒絕接受女性入學的作法，違反了《第十四條修正案》的平等保護條款。當時我被指派撰寫最高法院的意見書。（參見金斯伯格大法官為「美國訴維吉尼亞州案」主要意見撰寫的法庭宣告）最終公開向大眾發布的文稿，比我的第一、第二和至少十幾個草稿好得多，這要感謝斯卡利亞大法官引人注目的不同意見書，他在不同意見書裡做了調整，以回應我每一次傳閱的內容。在那個會期快結束的日子，我們同意可以說「Basta」（夠了）了！

有時候，一份不同意見書寫好了，但後來被它的作者藏起來了。有一整本書專門是布蘭迪斯大法官在他一九一六年至一九三九年的最高法院任職期間未發表的、內容相當廣泛的不同意見書。若多數大法官做了更好的調整，他便會把他的不同意見書壓下來。（出於類似的原因，我最喜歡的幾篇個別意見書亦未發表。）即使布蘭迪斯沒有得到任何調解，如果他認為最高法院的意見適用範圍有限，不太可能對以後的案件造成真正的傷害，他也會撤回他的不同意見書。他曾經解釋：一個人要撙節使用資源；太常反對會讓不同意見很重要時，削弱當中那股反對的力量。

憲政學者保羅·弗倫德在一九三二年時為布蘭迪斯大法官擔任法律助理，他回想起當年的新任大法官卡多佐。弗倫德「很驚訝……卡多佐在會議表決時經常是唯一的異議者」。弗倫德「也很震驚（卡多佐的）路線對於壓制一個反對意見多麼具壓倒性，以至於一種意見最後一致了。）

通過……」。（我們稱如此被阻攔的反對票為「墳墓異議」（graveyard dissents）。它們被掩埋

最堅定的墳墓異議者可能是塔夫特首席大法官，他於一九二一年至一九三〇年在最高法院任職。他對異議的感覺與湯瑪斯・傑佛遜相似。塔夫特認為，大多數的不同意見書是「自大的一種形式」，是虛榮的一種表達。在許多案件中，他壓下自己的不同意見，用他的話來說，是為了「與最高法院站在一起，增加其判決的份量」。塔夫特在最高法院工作的八年半裡，只站在不同意方十七次，自己寫了三次不同意見書，並有將近兩百宗他起初站在少數方的案件，他後來加入了多數方。

儘管墳墓異議不像塔夫特首席大法官認為的那樣普遍，但有時候，某個異議如此具說服力，以至於吸引了使它成為最高法院主要意見所需要的選票。這種情況在每年的會期中大約發生一次或兩次，不超過三次。道格拉斯大法官的一名前助理講了這個故事。道格拉斯傳閱了一份意見書，等待其他人加入。星期五傍晚，哈倫大法官也送出了他的不同意見書。這位助理問道格拉斯大法官是否要做出回應性的修改。當時道格拉斯正準備週末去健行，他並未看過哈倫的不同意見書，就告訴他的助理：「沒差，」然後就離開了首都。當星期一早上道格拉斯回到會議室時，他很懊惱失去了多數票。哈倫的不同意見書已經成為最高法院的意見。

我也有一次欣喜若狂的經驗，那次是為自己和另一位大法官寫一份不同意見書；它及時成了最高法院的意見，只有另外三位大法官不同意。每當我寫不同意見書，我都想爭取重覆那次

經驗。通常沒有人知道會議投票結果將是如何，但是希望永不止息！

用詞尖銳的不同意見書，是否會引發持久的裂痕？斯卡利亞大法官對於這個問題，有一個很好的回答。他說：「我懷疑是否有其他兩個大法官比起我和同事布倫南大法官，更常對彼此的觀點針鋒相對？但是，我一直認為他是我在最高法院最好的朋友之一，而且我認為這種感覺是互相的。」（出於我對斯卡利亞大法官的喜愛，我可能會說類似的話。）

首席大法官休斯在描述不同意見書的外部影響時，他在一九三六年出版的一本有關美國最高法院的書中，有一句著名的話：「在一個最終判決的法院中提出的一篇不同意見書，是對未來智慧……的上訴，到了那個時候，一項後來的判決也許會糾正這位異議法官認為法院背叛的錯誤。」這一類的不同意見書出現在合憲性的案件，在這種案件當中，唯一的糾正措施，是一項推翻最高法院的判決，或者一條憲法修正案。國會無法糾正此類錯誤。

關於一個「對未來智慧的上訴」的意見書，有一個經典案例是柯蒂斯大法官對最高法院在一八五六年「德雷德．史考特訴山佛特案」惡名昭著的判決，表示異議。最高法院在「德雷德案」中以七比二裁定，其祖先以奴隸身份被帶到美國的非洲人後裔，永遠無法成為美國公民。同樣地，一位非裔美國人一旦被帶到一個自由州，他也不能藉助聯邦法院的多元公民司法機構來宣稱，他不再是他主人的財產。柯蒂斯大法官與麥克林大法官反對。柯蒂斯撰寫一篇當時看來相當了不起的意見書。他觀察到，在美國立國時，非裔美國人是「至少五個州的公民，所以在各方面來說，都是美國人民的一部分」，因此他們「在《憲法》被頒布與制定時所服務的人民及其後代之中。」

另一個例子是哈倫大法官在「民權案例」中的第一個異議。最高法院在一八八三年的判決中，裁定一條賦予「各種種族和膚色的公民」「充分與平等地享有」各式交通與公共住宿場所權利的法律無效。持異議的哈倫大法官寫道，如果第十三條和第十四條修正案的執行，是「根據……它們被採納時的初衷，」那麼，「在這個共和國，不可能有任何一類人在實務上從屬於另一類人。」

斯卡利亞大法官正確地評論道，這一類的不同意見書，「是增強而非削弱法院的威信。」他解釋說：「當歷史證明最高法院的某項判決是一個真正可怕的錯誤時……回顧過去，知道至少有一些大法官清楚看到了危險，並對他們關注的事務發聲，而且通常是雄辯滔滔的聲音，是很令人欣慰的……。」

雖然斯卡利亞大法官在以下更多的例子中與我的意見不同，但我將把史蒂文斯大法官在「聯合公民訴聯邦選舉委員會案」中的異議，和卡根大法官在「亞利桑那自由企業案」中的不同意見書，歸類為「對未來智慧的上訴」，這兩者皆不同意五位大法官的多數觀點，認為《第一條修正案》阻礙了對公職競選活動過高支出的控制。我可能也會把我在二〇一三年六月二十五日對《投票權法》案的不同意見書，歸為此類別。

另一類的不同意見並不期待遙遠的未來，而是尋求政府部門（國會和總統）立即採取行動。這一類的不同意見亟欲促使公眾參與或激發他們的力量，推動立法，推翻最高法院的判決。我在二〇〇七年「萊德貝特訴固特異輪胎橡膠公司案」總結的當庭反對意見，也許就是一個恰當的例子。（見金斯柏格大法官的當庭不同意見宣告。）原告莉莉．萊德貝特在阿拉巴馬州的固特異輪胎廠擔任地區經理。一九九七年時，她是固特異公司擔任此職位的唯一女性。當年（一九七九年）她的起薪與從事類似工作的男性的薪資相當。但是過了一段時間，她的工資下滑了。到了一九九七年底，萊德貝特的薪資與十五位基本上從事相同工作的男性之間，薪資相差了十五％至四〇％。一個聯邦陪審團認為，「（固特異）極可能因性別而給付（萊德貝特）不平等的工資」。最高法院以五票對四票的結果，宣判聯邦陪審團的判決無效，理由是多數意見裁定，萊德貝特太晚提出索賠。

最高法院說，萊德貝特有義務在每次固特異未能依男性同仁的工資來增加她的工資時，就該提出歧視指控。最高法院裁定，任何不能立即（在一八〇天內）提出的年度薪酬決定，就過了追溯期，超出《民權法案》第七章（美國禁止就業歧視的主要法律）的補救範圍。

我觀察到，最高法院的裁決忽略了第七章想要規範的現實世界中的雇傭習慣：「早一點提出訴訟」，多數大法官建議，在還不確定歧視是否導致妳開始承受薪資差異的時候，以及當妳可能還不知道男人做同樣的工作時拿到了更多的薪資。（當然，妳可能會輸給這樣一個過早的、而不是完全受到支持的挑戰。）但是，如果妳等到薪資差距穩定變大的時候提起訴訟，你現在可勝訴的案件將被說成時間不對而受阻。走在前面，雇主勝訴；走在後面，員工敗訴。這樣的情況，我主張說，不會是國會在《民權法案》第七章中，禁止基於種族、膚色、宗教、性別或在我們國家工作場所歧視時的初衷。我寫道：「要糾正（最高）法院對第七章過於省略的解讀，球在國會這一邊。」

國會在最高法院判決後的幾天內，做出了回應。眾議院和參議院提出了對第七條進行修改的法案，明確表明，與萊德貝特情況相同的婦女所收到的每一張薪資，都可以延展歧視期間，重新計算可以提起訴訟的時間。二〇〇九年初，國會通過了《莉莉・萊德貝特公平薪酬法案》，歐巴馬總統簽署了這項糾正措施，是他上任後的首批行動之一。

我對前一年會期的「沃爾瑪案」（「沃爾瑪訴杜克」，Wal-Mart v. Dukes，二〇一一）覺得似曾相識。法院以五比四票表決的議題，涉及原告是否具有滿足集體訴訟的「共同性」門檻條件的證明。這些女性申訴的是，她們被錄用或晉升為管理職位的機會，明顯低於男性申請主管職位的機會。最高法院裁定，沒有「共同的」法律或事實使這一類別可以聯合在一起，因為原告申訴的是數百萬個分散的徵人決定。

我反對，我注意到經理們在決定薪資和晉升方面，擁有廣泛的裁量權。我試著解釋，因為下面這種現象，共同性的條件可以被滿足：管理者絕大多數是男性，而他們傾向——可能是潛意識地——偏好看起來像他們自己的人。有一個活生生的例子：我注意到，直到交響樂團在甄試時讓音樂家在布幕後面演奏，讓試聽者無法分辨來參加甄試的音樂家是男性還是女性，此後交響樂團裡才多了很多位女性。（為了確保不會有任何性別提示，參加甄試的人必須脫鞋。）

綜上所述，雖然我欣賞一致意見的價值，但在重大問題危急之際，我將繼續持不同意見。

我強調重大的事情，因為我試著追隨布蘭迪斯大法官的建議。他告誡說，在大多數的法規解釋問題上，「（適用的）法律規則被解決，比它被正確地解決重要。」人們可能會將複雜立法模棱兩可的規定，歸在這一類別，例如《國內稅收法》或《雇員退休收入保障法》。

我也記得，奧利弗．溫德爾．霍姆斯於一九〇二年到一九三二年在最高法院服務，被稱為「偉大的異議者」。實際上，他不同意的次數少於大部分的同事。正如霍姆斯所說：「我有時會贊同我反對的觀點，我默許，我會閉嘴。」但是當他選擇反對時，他這樣做的效果很大。

關於何時默許多數大法官的看法，何時採取獨立的立場，亞利桑那州的律師兼法學家約翰．法蘭克（John Frank）於一九五八年寫下布蘭迪斯所立下的典型：

> 布蘭迪斯是一位偉大體制人物。他意識到……漫無目的地反對……會削弱最高法院在體制方面的影響力，並妨礙最高法院的基本工作。若最高法院不要顯得優柔寡斷和爭執不休，「反對」……需要保留給重大事項……。拋棄某些（他的個別）意見，即是（布蘭迪斯）為最高法院的力量和一貫性做出犧牲的最好例證。而且他得到了回報：他的投擲更加擲地有聲，因為他選擇了他的立場。

在我有幸於最高法院任職的歲月裡，我祈禱我在選擇自己的立場時，會被賦予類似的智慧。

法庭宣告

萊德貝特訴固特異輪胎橡膠有限公司（Ledbetter v. Goodyear Tire & Rubber Co.）

二〇〇七年五月二十九日，星期二

莉莉．萊德貝特在固特異公司工作了近二十年。起初，她的薪酬與從事相同工作的其他人相同，但是隨著一年年過去，萊德貝特與男同事之間的薪酬差距開始出現，而且愈來愈擴大。一九九八年，剛退休不久，萊德貝特向固特異公司提出訴訟，控告他們違反一九六四年《民權法案》第七章的性別歧視。此案到達最高法院時，阿利托大法官代表五位多數大法官撰寫判決，裁定萊德貝特提起訴訟的時間太遲。在金斯伯格大法官的異議——即她在庭上總結的宣告——當中，她認為最高法院對第七章的解釋過於狹隘，並鼓勵國會採取糾正措施。國會最終這麼做了，於二〇〇九年通過了《莉莉．萊德貝特公平薪酬法案》。

四位最高法院的成員，史蒂文斯大法官、蘇特大法官、布雷耶大法官和我本人，反對今天的判決。我們認為，最高法院不理解、或者漠視女性可能成為工資歧視受害者的陰險方式。今天的判決建議：提早提起訴訟，在妳還不確定歧視是否會造成妳開始遇到薪酬差異的時候。確實，起初妳可能不知道，從事本質相似工作的男人，實際上拿到了更多的收入。（當然，妳可能會輸掉這種沒有完全證據支撐的案件。）如果妳在薪酬差距變得穩定且夠大，足以使妳勝訴時才提起訴訟，妳將被法院的窄門逼退，說妳起訴為時已晚。那樣的情況，不會是國會在《民權法案》第七章禁止基於種族、膚色、宗教、性別或國籍在工作場所中歧視時，他們的初衷。

本案的原告莉莉．萊德貝特於一九七九年在阿拉巴馬州的固特異輪胎橡膠廠擔任地區經理。當時她的起薪與從事類似工作的男性薪資相當。但是經過一段時間，她的薪酬與具有相同或更資淺的男性雇員的薪酬相較，有所下降。到了一九九七年底，萊德貝特是唯一留任地區經理的女性，她與其他十五名同職等男性同事之間的薪酬差距極為明顯：萊德貝特的薪酬比其他地區經理低了十五%至四〇%。

萊德貝特於一九九八年三月，向「平等就業機會委員會」（Equal Employment Opportunity Commission）投訴。她指控，固特異公司違反《民權法案》第七章的規定，因其性別而支付給她歧視性的低薪。這項指控最終被告上法院，接受一個陪審團的審判。該陪審團認為，「（固特異）很可能因為性別而支付（萊德貝特）不平等的薪資」。最高法院今天裁定該判決無效，裁定萊德貝特的申訴已失去時效。

《民權法案》第七章規定，歧視指控「應在所稱的非法雇傭行為發生後的一百八十天內提出。」萊德貝特指控，而且在審判中證明，她在一百八十天申請期內收到的薪酬，遠低於從事相同工作的男性的薪酬。此外，她提供大量證據，顯示歧視是薪酬差異的原因，對女性擔任主管的歧視，確實在固特異工廠中普遍存在。最高法院裁定，那些證據是沒用的，因為萊德貝特有責任在固特異公司每次未能按男性同工同事加薪而增加她的薪資時，逐年提出歧視指控。最高法院申明，任何未經及時辯論（一百八十天內）的年度薪酬決定，都將超過追溯期，超出《民權法案》第七章所糾正的範圍。

第七章的目的是要規範現實世界中的雇傭作法，而那個世界卻被今天的最高法院所忽視。薪酬差異經常發生，就像萊德貝特的案子一樣，每次只是小幅增加；只有當時間拉長，才有充分的理由懷疑歧視正在進行。比較性的薪酬訊息不會定期傳達給員工。相反地，它通常是員工看不見的。即使員工知道微小的初始差異，也可能不會將其視為一起聯邦案件的理由。像萊德貝特這樣的員工，她努力在男性為主的工作場所中獲得成就，而且在她被雇用之前，都是男性擔任這份工作，可以理解她對於避免在公司內興風作浪是焦慮的。

反覆出現而且影響日益增加的薪酬歧視，與迅速傳達且「易於識別」為歧視的分散不良行為，兩者之間有很大的不同。後者事件包括解雇、拒絕升遷或拒絕雇用。然而，與這些明確的行為相反的是，在薪酬差距變得明顯且可觀之前，員工不太可能理解自己的困境，因此無法申訴。萊德貝特原本打算姑且相信雇主，這不應妨礙她後來為她因性別而壓低的薪資，尋求對通常性給予的賠償。

然而，如最高法院所解讀的《民權法案》第七章，每一次萊德貝特未立即提出異議的薪酬決定，都被一筆勾銷了；若不看一系列薪酬決定累積的效果加總，她的薪酬遠低於每位男性地區經理。在已知情況下將過去的薪酬歧視予以遞延，必須被視為合法。依據《民權法案》第七章的規則，萊德貝特向平等就業機會委員投訴時，可能無法獲得她實際上拿到較低薪酬的補償。值得注意的是，如果萊德貝特是遇到基於種族、宗教、年齡、國籍或殘障的薪酬歧視，也會發生同樣的拒絕救濟情況。

這不是最高法院第一次對《民權法案》第七章做出狹義解釋，這不符合該法規的廣泛補救目的。一九九一年，國會通過了一項實際推翻最高法院幾項類似的限制性判決的《民權法案》，包括最高法院今天所依循的「洛朗斯案」（Lorance）。今天，球再次落入國會這一邊。如一九九一年，立法機關也有理由注意與糾正最高法院對第七章過於省略的解讀。

◆

法庭宣告

萬斯訴鮑爾州立大學

（Vance v. Ball State University）

二〇一三年六月二十四日，星期一

六月二十四日，金斯伯格大法官在兩個主題相關的案件中，代表自己和三位自由派大法官對反對意見做了總結，這兩個案件，最高法院皆分裂為五票對四票。* 與「萊德貝特案」一樣，這兩個案子都涉及最高法院多數大法官「對第七章過於省略的解讀」，金斯伯格大法官與她同派的異議者認為，多數大法官忘記了「真實世界的雇傭作法」與國會的本意。下面這一部分的宣告，討論這兩案中的第一案，「萬斯訴鮑爾州立大學」。

在今天宣布的兩項判決中，最高法院局限了《民權法案》第七章，這項法案的目的是杜絕我們國家工作場所中基於種族、膚色、宗教、性別或國籍的歧視。今天這兩項判決均以非國會本意的方式，削弱了第七章的效力。因此，布雷耶大法官、索托瑪約大法官、卡根大法官和我表示反對。

阿利托大法官剛剛宣布的「萬斯訴鮑爾州立大學案」判決，回答了以下問題：誰是第七章所認定的主管？這個答案很重要，因為最高法院裁定，雇主應對主管的騷擾行為承擔替代責任。但是，如果騷擾者是同事而不是主管，那麼我們認為，除非騷擾的受害者證明是雇主疏忽大意，否則雇主不需承擔責任。為此，員工必須證明雇主知道或應該知道這些騷擾行為，而且

* 「德州大學西南醫學中心訴納薩爾案」（University of Texas Southwestern Medical Center v. Nassar），133 S. Ct. 2517（2013）；「萬斯訴鮑爾州立大學案」，133 S. Ct。2434（2013）。

沒有制止。這是一個不容易承擔的責任。一位雇員可能在他工作周圍有騷擾的名聲，但是如果沒有投訴而引起管理階層的注意，則雇主將可免除責任。

區別主管／同事是有道理的。一位員工可以遠離騷擾的同事，或者告訴他「滾開」。然而，由於主管擁有上級的控制權，員工很難避開主管的騷擾。

那麼，誰符合「主管」的條件呢？所有人都同意，有權採取實際雇傭行為的員工，便符合這個條件，亦即能雇用、解雇、晉升或降職的員工。此外，負責解釋和管理第七章的機構（平等就業機會委員會）所定義的主管是：被授權「指揮（其他）雇員每天的工作內容」的人。在這個案件中，原告和被告均接受這個定義。值得注意的是，最高法院駁回了這個定義，將主管類別局限於那些有權執行實際雇傭行為的人。

這麼做會遺漏掉誰？一個典型、且絕非憑空假設的例子：一名女性公路養護工人由一名員工們稱為「領班」的人分配工作。他對女工施加以性別為基礎的辱罵，並將一張色情圖片貼在她的置物櫃上。領班強迫她在零下的天氣裡清洗卡車，將她分配到大家不喜歡的站場工作，而不是道班工作，還指示其他員工不能協助她修理卡車上故障的供暖系統。這是騷擾行為嗎？大家同意，是的。這位領班工人負責被騷擾員工的每日工作內容嗎？當然。但是這位領班工人並沒有雇用、解雇或進行其他實際雇傭行為的權力。因此，根據今天的判決，領班工人將僅會被視為一名同事，而不是一名主管。

正如任何有過就業經驗的人都可以輕鬆了解，有權分配與控制下屬雇員日常工作內容的主管級員工，可透過他們的雇主安排的主管職位，遂行他們的騷擾行為；因此，雇主對此不當行為或許也該負責。最高法院無視工作場所的現實情況，這意味許多在工作場所被騷擾的受害者，將缺乏有效的補救措施。這樣造成的結果，將使第七章預防與糾正歧視行為的能量被明顯削弱。

六年前，在「萊德貝特訴固特異輪胎橡膠公司案」中，最高法院以類似局限性的方式解讀第七章。二〇〇九年，國會糾正了該錯誤。

今天，球再次到了國會，以糾正本法院對第七章的任性解釋。

◆

法庭宣告
謝爾比郡訴霍德案
（Shelby County v. Holder）
二〇一三年六月二十五日，星期二

《選舉權法》禁止任何「因為種族或膚色……導致剝奪任何公民投票權利」的「標準、慣例或程序」。根據該法令的一項規定，曾經發生過限制非裔美國人投票權歷史的州與州轄下行政區，必須將所有提議的投票程序變更，提交司法部批准，之後才能生效，這個程序被稱作「事先批准」（preclearance）。阿拉巴馬州的謝爾比郡即屬於這樣的司法管轄區，該郡對於要求「事先批准」的合憲性，以及如何選出受此要求管轄區域的公式（formula），提出了質疑。*

最高法院的五名大法官在首席大法官羅勃茲撰寫的意見書中宣稱，從「當前條件」已顯著改善的角度來看，那個公式已過時而且違憲。金斯伯格大法官為四位持異議的大法官撰寫了長達三十七頁的不同意見書，其核心論點總結為一個令人難忘的單句：「在事先批准這個程序已經運作得很好，且持續運作時，便把它扔掉，就像在一場暴風雨中把你手上的雨傘扔掉，只因為你沒有被淋濕。」她說，該方法「準確地指出了投票歧視條件最惡劣的司法管轄區。」正如金斯伯格大法官在談論不同意見的角色的演講中告訴學生的，她的「謝爾比郡案」不同意見書涉及憲法解釋，「因而是訴諸未來的智慧。」

在隨後總結不同意見書的法庭宣告中，金斯伯格大法官對於細節的關注，以及她對種族平等的堅定承諾，都展露無遺。

最高法院的多數和異議者在兩點上有共識。第一，基於種族的投票歧視仍然存在；沒有人懷疑這一點。第二，《選舉權法》處理了一個很特別的問題——將近一個世紀來對《第十五修正案》規定的漠視——而國會採取了很特別的措施來解決這個問題。除了這兩點，最高法院存在很大的分歧。

最高法院判決，國會未能更新「涵蓋地區公式」，致使第五節的事先批准補救措施無效；但該條款在確保少數族裔的投票權、制止其（平等投票權）倒退方面，遠比其他任何措施更為有效。布雷耶、索托瑪約、卡根大法官和我認為，國會決定更新該法案，並維持涵蓋地區公式的決定，是為了要達成我們曾有的夢想主軸，一種完全合理的手段；這個主軸是：在我們的政體中，所有人的平等公民身份；在我們的民主中，每位選民都能出聲，不因種族而打折。

從最根本上來說，我們將此議題視為「由誰決定」的問題。在這方面，我們注意到，我們《憲法》的《第一條修正案》顯示出對國會的某種懷疑。它指示：國會不得制定任何剝奪言論自由或新聞自由的法律。《內戰修正案》有著截然不同的主旨。† 因此，《第十五條修正案》指示不得因種族而拒絕或剝奪投票權，並且像《第十三條修正案》和《第十四條修正案》一樣，該權利賦予國會權力，透過適當的立法，以執行保障該權利之執行。例如制定標準的判決，「南卡羅萊納州訴卡岑巴赫案」（South Carolina v. Katzenbach）中所說：「作為抵抗各州保

---

*【譯註】美國一九六五年的《選舉權法》是在詹森總統時代民權運動風起雲湧的時代背景下通過的，當中有許多禁止種族歧視干預選舉權的規定。「謝爾比郡訴霍德案」牽涉的即是《選舉權法》中重要的第四節與第五節。在第四節中，美國國會創造出了一個「涵蓋地區公式」（coverage formula），依據一九六四年的選舉結果，判斷與找出哪些州、郡、市在歷史上有歧視非裔族群的紀錄，當中即包括本案的原告，阿拉巴馬州的謝爾比郡。第五節即是針對第四節找出的這些地區，規定了「事先批准」的程序。謝爾比郡在一次選舉後狀告司法部，認為《選舉權法》的第四節與第五節違憲。

†【譯註】《內戰修正案》——見〈《男女平權修正案》的必要性〉一文的註釋。

留的權力，國會可以使用任何合理的手段，來實現憲法禁止的選舉過程種族歧視。」

當國會最初在一九六五年通過《選舉權法》，並在每次重新授權時，包括最近的一次授權，都試圖做到這一點。實際上，二〇〇六年的重新授權是最認真考慮的結果。在超過二十個月的時間裡，眾議院與參議院司法委員會舉行了二十一場聽證會，聽取了數十名證人的證詞、收到無數的調查報告和其他文件，顯示「嚴重且廣泛的故意歧視，在（第四節）所涵蓋的司法管轄區仍然存在」。

加總起來，這份立法紀錄歸檔超過一萬五千頁。時任眾議院司法委員會主席的眾議員森森布倫納（Sensenbrenner）將支持重新授權的這份紀錄，描述為他在眾議院服務的「二十七年半中，美國國會經手的立法案件中，考慮最廣泛案件之一」。重新授權案以三九〇票對三十三票在眾議院通過。參議院則以九十八票對〇票通過。布希總統在收到結果後一星期，簽署了重新授權案，指出「在反對不公義的鬥爭中……進一步工作」之需要，並稱這樣的廣泛討論是「我們持續致力於一個團結的美國的典範，讓每個人都受到有尊嚴和尊重的對待。」

為什麼國會特別打算更新第五節？正如首席大法官解釋的，第五節要求涵蓋的司法管轄區必須先進行事先批准，然後才能更改可能偷渡新的投票歧視選舉法。國會首先發現，第五節在增加少數族裔登記和參加投票方面，非常成功。但它也了解到，第五節對於防止回到舊時，有多麼重要。例如，一九九五年，第五節阻止了密西西比州恢復其吉姆·克勞時代的雙重選民登記制；而在二〇〇六年，第五魄也阻止了德州在一個主要是拉丁裔的地區早期投票，在德州試圖消除其為涵蓋地區後，違反了最高法院要求恢復該區地位的命令。國會在（第四節）涵蓋的司法管轄地區，面對大量類似的歧視案例。

具指標意義的是，國會發現，隨著少數族裔公民登記和投票人數顯著增加，其他的障礙紛紛出現，企圖取代過去曾經阻礙投票的測試和機制。這些第二代的障礙包括種族的不公正劃分選區、從分選區選舉轉變為全市範圍的選舉，到歧視性兼併——這些手法比一九六五年使用的可見手法更微妙，但有效地削弱了少數社群在選舉過程施展影響力的能力。

在這些第二代的公平選舉障礙大行其道之前，國會保留了第五節的規範來撲滅它。

但是最高法院堅持，判別涵蓋範圍的公式是不好的，因為它是根據「數十年前的數據和已根除的作法」，因此國會必須從頭開始。但是，正如了解情況後所透露的，這個公式能繼續確認最該受關注的司法管轄區，即目前投票歧視紀錄最差的司法管轄區；如果國會可以從它大量搜集的證據中，確定這些司法管轄區仍屬於事先批准制度的涵蓋範圍，那為什麼需要改變這個公式呢？

請記住，謝爾比郡對重新授權提出了表面上違憲（facial challenge）*的主張。但是，最高法院處理的是該郡的什麼權利？之前，最高法院曾解釋說，表面上違憲的主張最難成功發起。我們不會聽到質疑者在普通百性中申訴說，這個有問題的法規，可能在最高法院以外的地

*【譯註】表面上違憲—指僅從字面上審核，即認定違憲，不須審酌該法具體適用的情況。

方以違憲的方式應用於其他人身上。國會是在考慮了當地阻礙少數族裔投票權的障礙之後，才繼續對阿拉巴馬州，包括謝爾比郡，執行事先批准的規範。有很多障礙手段令人震驚，而且是最近發生的。它們在不同意見書中詳細說明了。對於表面上違憲的攻擊，除非「沒有一組情況……可以適用任一法案」，否則最高法院平常隨時準備駁回這類申訴；現在最高法院的克制到哪裡去了？

最高法院指出《選舉權法》第五節的成功之處，包括消除一九六五年時存在的測試和機制、增加少數民族登記投票人數與順利投票。然而，是否這樣就有理由相信，我們如今不再需要第五節的有效補救措施？認為上述想法為真，並不是新的現象。有一種假設，認為當特定的投票歧視方法可以被指認與消除，這個問題就可以解決，但同樣的假設在制定《選舉權法》之前就多次被放任，而且被證明是錯誤的。這就是為什麼二〇〇六年的重新授權不針對特定作法，而是將目標放在有效削弱少數族群投票權的各種措施和方法上。而這也是為什麼國會在第二代障礙中發現明顯的證據，認為與事先批准同樣有力的補救措施，依然非常重要，不應該從聯邦政府的武器庫中移除。

國會的判斷是：「在無視《第十五條修正案》的指示將近一百年後，想用四十年的時間消除歧視的痕跡是不夠的。」國會有權「透過適當的立法」，強化《內戰修正案》，而國會的判斷，應該獲得最高法院的大方認可。領導群眾從塞爾瑪（Selma）遊行到蒙哥馬利的偉大人物，在那裡呼籲通過《投票權法》，他預見了進步，即使是在阿拉巴馬州。他說：「道德世界的弧線很長，」但是如果我們堅守承諾，直到任務完成，那麼就會看見「這條弧線彎向正義」。今天的判決危害了這一個承諾。

◆

法庭宣告
阿比蓋兒·費雪訴德州大學奧斯汀分校
（Abigail Fisher v. University of Texas at Austin）
二〇一三年六月二十四日，星期一

由於「前百分之十法案」確保每位在其班級中排名前一〇%的德州高中生自動錄取一所德州的大學，而經由此方式入學的學生，占了德州大學大一新生班學生的四分之三。為了篩選入學的其餘名額，德州大學會評估申請人的多項條件，包括他們的才能、領導特質，家庭環境和種族。阿比蓋兒·費雪是一位白人學生，她的班級排名在全班一〇%之後，由於申請被拒，她對這所大學提出種族歧視的告訴，聲稱在篩選過程中使用種族作為歧視她的因素，違反了「平等保護條款」。

地區法院與第五巡迴上訴法院引用二〇〇三年最高法院的「格魯特訴布林格案」，裁定德州大學勝訴；最高法院在二〇〇三年的「格魯特訴布林格案」中裁定密西根大學法學院對申請學生進行全面評估，當中「種族」只是一個「加分因素」，足以（「從嚴限縮」）達成其確保學生群體多元化的必要利益。（相較之下，在與「格魯特案」相伴的案例「葛拉茲訴布林格案」中，最高法院裁定，密西根大學的大學部招生方式是為少數民族或種族自動加分，未能符合「從嚴限縮」的要求，因此違憲。）

在阿比蓋兒．費雪告上德州大學的案件中，最高法院多數大法官認為，第五巡迴上訴法院在援用「格魯特／葛拉茲案」判例方面不夠嚴謹，因此撤銷了巡迴法院的裁決，並將此案發回該法院以更正其法律上的錯誤。金斯伯格大法官是唯一的異議者，她不僅認為下級聯邦法院忠實於「格魯特案」的判例、願意支持其裁決，而且也強烈感覺到需要在法庭上提出反對的宣告。在過程中，她也挑戰了大法官多數對於將「前百分之十法案」視為種族「中立」的描述。她主張，兩種大學錄取方式都是為了增加種族多元性而採用的，兩者在憲法上都是合法的。

下方是金斯伯格大法官的當庭不同意見宣告。然而，費雪的故事並未到此結束。按照最高法院多數意見的命令，此案回到了第五巡迴法院，該法院第二次得出結論，德州大學將種族作為其錄取方式其中一個因素，是符合憲法的。最高法院後來再次審查了第五巡迴法院的裁決，見〈美國最高法院二〇一五至一六年度會期重點〉。

我認為，下級法院已遵循最高法院指標性的判決，因此無需再次審理。

我的不同意見書質疑此案進行的起始前提。德州的《前百分之十法案》要求公立大學錄取任何在班上排名前一〇%的德州高中畢業生。請願者稱該法律是「種族中立」，而最高法院也接受這樣的描述。請願者主張，《前百分之十法案》所達成的多元性，在沒有訴諸種族標準的情況下實現，因此該大學在審查個人入學申請時，將種族作為相關條件，是不具憲法允許基礎的。

說實在的，《前百分之十法案》為種族中立，與大學明確將種族視為眾多條件之一相比，與其教育使命相關嗎？驅使諸如德州採行的百分比方案的，不就不是種族盲目，而是種族意識嗎？但是對於德州鄰里和學校中實際上的種族隔離，並沒有真正的《前百分之十法案》。德州立法機關特意使用該州的人口統計資料，主要是為了達成該州公立大學一定程度的種族多元性。

《前百分之十法案》為種族中立的觀念，讓人回想起湯瑪斯．里德．鮑威爾（Thomas Reed Powell）教授的名言：「如果你認為自己可以想到一件事與另一件事密不可分，而不會想到它所附加的事，那麼，你就具有法律頭腦。」只有那種法律頭腦，才能得出「特別設計用於產生種族多元性的招生計畫，不具有種族意識」的結論。

我已經多次解釋過，為什麼包括州立大學在內的政府單位，都不必對依然揮之不去的、每天上演的、數百年來法律准許的不平等現象視而不見。我仍然堅信，在憲法允許的選擇中，那些坦率地公開考慮種族問題的選擇，比那些掩蓋或掩飾其驅動因素的選擇，更為可取。

像全國許多教育機構一樣，在「格魯特訴布林格案」中，密西根大學法學院的入學方法被批准，以及鮑威爾大法官在「加州大學董事會訴巴基案」中提到以哈佛大學的入學方式為榜樣後，德州大學也調整了他們的入學方式。

最高法院直接拒絕廢除十年前在「格魯特案」中達成的平等保護框架。然而，它並未達成該框架承諾的結論。取而代之的是，最高法院撤銷了上訴法院的判決，並退回上訴法院，以「評估大學是否提供了足夠的證據，證明其招生計畫是特別為達成多元化的教育利益而從嚴限縮」。在我看來，上訴法院已經完成該調查，且其判決是朝著本法院的「巴基案」和「格魯特案」的路徑標記發展，值得我們贊同。

◆

法庭宣告
全國獨立企業聯盟訴西貝利厄斯案
（National Federation of Independent Business v. Sebelius）
二〇一二年六月二十八日

二〇一二年六月二十八日，最高法院二〇一一～一二年會期的最後一天，法庭內座無虛席。另外有大約一千人聚集在外面，還有成千上萬人打開電視和收音機，想知道自「布希訴高爾案」以來，最受關注的案件結果。「全國獨立企業聯盟訴西貝利厄斯案」中的問題是：二〇一〇年的《患者保護和平價醫療法案》（*The Patient Protection and Affordable Care Act*，簡稱《平價醫療法案》，ACA）能否經得起憲法的挑戰？

這部複雜且具爭議的法案，目的是確保幾乎每個美國人都能獲得醫療照護，這個法案採用了兩種基本機制，來實現這個目標。第一個機制是，它要求未受雇主提供保險或醫療補助計畫保障的個人，購買保險。《平價醫療法案》提供「醫療保險交易所」（insurance exchange），上述這類個人保險可以在此購買，而對於未能在二〇一四年截止日期前買到保險的人，將會被處以罰款，罰款由美國國稅局收取。

第二個機制是，《平價醫療法案》擴大了「低收入醫療補助保險」（Medicaid，又稱「聯邦醫療救助」或「低收入健康保險」）。這項聯邦與州合作的計畫早被所有州採用，為殘疾、失明、年長的低收入者，以及需養育子女的貧困家庭，提供醫療服務。《平價醫療法案》也納入所有收入在聯邦貧困線一三三％以下的非老年人。

受到合憲性攻擊的兩個條款是，第一，該法案規定購買保險的「個人強制納保」（individual mandate）；第二，一種誘使各州採行擴大「低收入醫療補助保險」的機制：針對抵制新制的州，可能取消針對之前既有的「低收入醫療補助保險」計畫的聯邦補助。

當首席大法官羅勃茲開始宣讀多數大法官意見，該法案的支持者無不屏息以待。畢竟，他是被貼上保守派標籤的五位大法官之一；如果他代表他們說話，《平價醫療法案》可能注定就要失敗了。當他解釋憲法的「商業條款」時，這些擔憂似乎得到了證實，因為該條款賦予國會「在幾個州……監管商業的權力」。但是「商業條款」並沒有授權如個人強制納保之類的條款。（至少有一家電視網，在法庭內一名記者的提示下宣布，最高法院裁定《平價醫療法案》違憲。）

但是首席大法官並沒有說完他的法庭宣告：雖然「商業條款」未授權國會執行強制納保，他繼續說，但另一項憲法賦予國會的權力——「制定稅與收稅」的權力——確實提供了必要的授權，金斯伯格大法官、布雷耶大法官、索托瑪約大法官和卡根大法官也都加入同意這項結論。「個人強制納保條款」這個《平價醫療法案》計畫的關鍵，以五比四的投票結果倖存下來。

但《平價醫療法案》使各州採用其擴大「低收入醫療補助保險」的誘使動作，就沒這麼好運了。首席大法官宣布這一部分違憲。除了為擴大醫療服務提供慷慨資助的胡蘿蔔外，國會以截留聯邦對現有「低收入醫療補助保險」的支持作為棍子，威脅各州，這時「壓力變成強迫」，而這項立法「與我們聯邦制度的精神相悖」。對於這一結論，只有金斯伯格大法官和索托瑪約大法官表示反對。

針對最高法院的兩點判決，金斯伯格大法官發表了長達二十分鐘的不同意見法庭宣告，是她發表過最長的一篇法庭宣告。

在一九三〇年代，國會回應了年長國民對老年和遺眷保險的需求。國會採行的方式，是用一種以稅收為基礎的完全聯邦計畫來實現社會保險。二〇一〇年，國會處理了大眾在生病或受傷時，對平價醫療保健的需求。國會採取了一條與社會保險不同的道路，來做到這一點。與其用一種完全由聯邦負責的計畫，《平價醫療法案》賦予各州和私人保險公司重要角色，確保為需要醫療服務者提供醫療服務。最高法院必須回答的問題是，《憲法》是否禁止國會採取的作法？我會回答，顯然不會。

我同意首席大法官的意見，即以國會的徵稅與支出權力，支持所謂的個人強制納保條款或最低保障條款。但我會把它當成一個從屬判決。在我看來，國會規範州際貿易的巨大權力，堅實地鞏固了《平價醫療法案》的立法。我首先基於此，支持這項立法。

自一九三七年以來，最高法院酌情推延了國會在經濟和社會領域的政策決定。今天，最高法院的多數大法官裁決，認為商業權力不足以完成這項任務。該裁決與七十五年前的那個時代相似，當時最高法院例行地反對立法方面的努力，以規範經濟，為的是維護那些急於維持經濟的人之利益。這是一個驚人的倒退，不應該有持久的力道。

最高法院的多數派將健康保險比作花椰菜。他們的論點是，如果政府能強迫人們購買保險，那麼就沒有政府不能強迫人們購買的商品。但是醫療照護不像蔬菜或其他物品，可以自由選擇買或不買。我們所有人都需要健康照護，有人早一點，有人晚一點，但我們都不知道是什麼時候、在什麼地方、或者我們的需求會有多麼迫切。例如，一個健康的二十一歲年輕人，有可能明天成為某件意外事故的受害者，使他或她成為殘疾人士，需要持續且昂貴的醫療照護。此外，要獲得花椰菜，必須在櫃檯付款。健康照護就不是這樣了。無法支付高額醫療服務費用的事故受害者，仍然會得到緊急和後續護理，因為法律和職業道德如此要求，因為我們的社會是一個人道的社會。然而，最終買單的人會是購買保險的人。國會試圖結束這種搭便車的行為，因此要求健康的未投保人購買保險，或者支付通行費。

此外，若將強制納保視為一道要年輕力壯的年輕人補貼對年長、健康狀況較差者的照顧之法令，是短視的。時間到的時候，今天年輕健康的人，會變成社會上的年老體弱者。從整個生命週期來看，成本和收益是打平的。正如我剛才提到的，今天不想買保險的年輕人可能會發現，明天，他會迫切需要保險被設計來保障個人的醫療服務。

強制納保在本質上，是要求人們透過保險預付醫療費用，而不是等著，期望在接受醫療服務時，再從腰包掏錢出來，而實際上在那個時候，許多人身上並沒有錢支付那筆費用。（為州際貿易或影響州際貿易的商品或服務制定付款條件，是一種完全屬於國會領域的經濟規範。）

首席大法官認為，國會可以利用其商業管理權，規範已經存在的事物，但不能創造某種事物來規範它。但是州際健康保險和醫療保健市場，不是國會的產物；兩者早在《平價醫療法案》頒布之前就已存在。

我已經強調了醫療照護市場的獨特屬性：我們所有人遲早都會和它有關，而且無法準確預測是什麼時候；那些不購買保險、之後生病或受傷，並免費獲得醫療照護的人，造成了巨大的搭便車問題，但對我們這些預先付費的人來說，卻所費不貲。因為沒有比較的市場，最高法院多數所設想的滑坡謬誤（若今天是健康保險，那麼明天是花椰菜），大多是想像，而非真實。正如一位博學的法學家曾經評論的：「法官和律師活在滑坡謬誤的類比上；他們不應該滑到底部。」

是的，強制購買保險是新穎的作法，但新穎不是拒絕它的理由。隨著我們經濟的成長和變化，國會必須有能力制定符合當今社會和經濟現實的立法。正是出於這個原因，《憲法》中涵蓋了「必需與適當條款」（the Necessary and Proper Clause），以確保聯邦政府有能力規範制憲者自知他們幾乎無法預見的情況與發展。

在頒布《平價醫療法案》時，國會的目標是減少大量缺乏醫療保險的美國居民人數，這個數字在二〇〇九年時，約有五千萬人。國會注意到，絕大多數沒有保險的人，並不是故意選擇不買保險。國會特別關注的一群人，是在保險前就已經出現健康狀況的人。在《平價醫療法案》頒布之前，保險業向這些人收取高昂的費用，或斷然拒絕他們納保。然而，國會了解，單是禁止這些作法是行不通的。如果沒有強制納保以獲得保險、保障已患有疾病的人，將會引發健康保險市場的死亡螺旋：也就是許多人在生病或受傷前不會購買保險、保費會飆升、更多人會加入不投保的行列，因為他們無法支付昂貴的保費，接著，保險公司只剩下一堆高風險的投保人，他們最終也將退出市場。有了強制納保，這項工作就可以完成：保險機會可得，而且負擔得起；免費醫療個案也將大幅減少。

國會的行動絕非不當。強制納保直接針對個人；它不強徵各州為中間人。搭配該法案的其他條款，解決了這種全國性問題，在這當中，「州際商業條款」不可或缺。數百萬美國居民缺乏醫療保險造成的危機，很難在州界內控制。《平價醫療法案》絕非侵犯州的權力，而是為各州個別行動無法達成的需求，提供聯邦政府的回應。

本法院早就認識到，規範州際貿易的權力「是一種與國家需要相稱的正向力量」。雖然最高法院支持強制納保，當然也應該如此，但遺憾的是，它也限制了國會的商業管理權。這麼做時，最高法院會引發人們對國家立法的政擊，認為這項立法與制憲者的期望不相容。他們的理解和期望是，「商業管理條款」（Commerce Claus）能授權國會「在為聯邦整體利益的所有案件，以及在各州個別無權的情況下」，採取行動。

我對最高法院針對商業管理條款倒退解讀的不同意見書，有布雷耶大法官、索托瑪約大法和卡根大法官的加入。

還有一個問題：國會將「低收入醫療補助保險」（Medicaid）擴大到包括全國大部分的窮人。「低收入醫療補助保險」是聯邦與州合作的典型例子。與其授權一個聯邦機構管理一個為窮人服務的國家健康照護系統，如國會為年長者建立的「老年醫療保險」（Medicare），這次國會為各州提供機會，根據他們的特定需求，量身調整「低收入醫療補助保險」補助金，只要它們維持在聯邦法律規定的範圍內。國會保留了「改變、修正或廢除（「低收入醫療補助保險法案」〔Medicaid Act〕」任何條款）的權利」；而且，參與州的部分，他們同意修改其「低收入醫療補助」保險計畫，與聯邦法一貫。從一九六五年到二〇一〇年，各州定期遵守擴大「低收入醫療補助保險」的修正，有時修正規模相當可觀。

最高法院以七比二票結論，二〇一〇年的擴大補助在類別上是不同的。索托瑪約法官和我不同意。根據首席大法官的說法，擴大的說法是錯誤的。他堅持認為，這種作法並未擴大二〇一〇年的「低收入醫療補助保險」。相反地，國會在「舊的低收入醫療補助保險」旁建立了一個全新的計畫，並威脅各州接受「新的低收入醫療補助保險」，如果他們抵抗，就會失去聯邦政府對舊計畫的補助。基於這種推理，最高法院有史以來第一次認為，國會運用其支配預算權力，在強制州政府方面違憲。

然而，事實上，「低收入醫療補助保險」是一個單一的計畫，只有一個不變的目標——讓窮人在需要時能夠獲得基本的醫療照護。擴大計畫所做的只是：增加符合「低收入醫療補助保險」資格的人數，他們都是窮人。國會並未以其他方式，改變該計畫的運作。

首席大法官闡釋他基於三個理由，將這次擴大納保描述為一項新的計畫。首先，他說，通過將收入高於聯邦貧困線一三三%的人口納保，此次的擴大納保與「低收入醫療補助保險」最初頒布的目的不同，不是「照顧我們當中最需要幫助的人」。然而，這次的擴大納保涵蓋了年收入低於一萬五千美元的成年人。根據任何公平的評估，這些低收入者都屬於這個國家的窮人。

其次，首席大法官觀察到，新符合條件的人獲得的保障，不如傳統低收入醫療補助保險的全面。但是《平價醫療法案》沒有引入較不全面的方案。自二〇〇六年以來，各州可以自由使用這些保障在許多「低收入醫療補助保險」的受益人身上。

第三，參與州的給付率不同。沒錯，但這個比率明顯比一般的聯邦溢注更慷慨，各州幾乎沒有什麼可抱怨的。聯邦政府最初支付百分之百的帳款，逐漸減少到九〇%。

假設國會從一開始就讓所有原本涵蓋的人，都符合「低收入醫療補助保險」的資格，再加上擴大納保後增加的那些人，那會怎樣呢？根據首席大法官的邏輯，這樣便是無可爭議的。但我們從來沒有認為，當國會先打好一個基礎，之後在此基礎上發展時，補助計畫會變成兩個，而不是原來的一個。國會可以，而且經常會擴大計畫，增加補助收受者必須滿足的新條件，才能繼續拿到補助。

我承認，我們的判決假設財務誘因可能「超過了把壓力變成脅迫的臨界點」，從而超過了國會支配預算的能力。但是直到今天，這種假設仍然只是理論上的。最高法院沒有發現符合該說法的案件。

回想一下，國會在一九六五年通過「低收入醫療補助保險」時，保留了自己更改、修正甚至廢除任何條款的權利。本院早就解釋了這些文字的含義。它們的意思是，國會保留「充分且完全的權力，進行此類更改與修正……如在立法權的合理範圍內。」各州並沒有錯過這則意義。每當有一個州向聯邦政府通知該州自己對「低收入醫療補助保險」所做的更改，便證明各州知道聯邦政府訂下的參與條款可能更改，而他們將遵守這些更改，作為繼續參與的條件。

本日的判決認為，國會可以「稍微，但不能大幅」改變支出計畫。我們可以預見比過去更大膽的挑戰，主張一個國會修正案走得太偏，將「壓力……變成強迫」。當這些挑戰到來時，我的同事們可能會理解，下面這個發現是很有智慧的：以各州無能力拒絕聯邦補助為前提的「不能容許的脅迫」想法，「簡直太無法捉摸，以至於無法司法管轄。」

歸根結底，我同事的立場是，各州對聯邦資金的依賴，限制了國會改變其支出計畫的權力。這樣是讓事情倒退。《憲法》指派國會，而不是各州，擔負聯邦分配支出的任務，以維護國家人民整體的福祉。而且，歷屆國會都有權調節其認為適當的專款。當第十一屆國會針對應有資格獲得「低收入醫療補助保險」的全國貧困人口比例，得出結論，而這一比例大於前任國會所涵蓋的比例時，後任國會並未削減任何州獲得「既有的」或「之前就存在的」專款的權利。因為，事實上，沒有這樣的專款。有的只是州政府期望從未來的國會收到的錢，但幾乎不能堅持一定要收到。

然而，法院的七名成員相信，可能扣留預期的專款，超過了國會的支出分配權。有鑑於此判決，我完全同意首席大法官對於適當補救措施的意見：不容許的是禁止扣留款項，而不是整個放棄擴大納保。本法院已多次解釋，當遇到一項因為憲法不健全而受挫的法規時，法院的努力必須是去挽救，而不是推翻該立法。透過宣布該法規「在其作法太超過方面」無效，「但在其他方面（維持該法規）完好無損」，最高法院做到了這一點。由於最高法院認為聯邦專款的扣留——而非授予——與國會的支出條款（Spending Clause）不符，因此任何確認願意接受異常慷慨的聯邦撥款的州，仍然可以使用國會擴大納保的「低收入醫療補助保險」。

因此，最終，《平價醫療法案》在很大程度上安然無恙。但最高法院對於「商業和支出條款」的法學理解出錯。我的期望是，這次的挫折將是暫時的出錯，而不是永久性的妨礙。

◆

法庭宣告

伯韋爾訴好必來公司
（Burwell v. Hobby Lobby Stores, Inc）
康內斯多加木製品專家公司訴伯韋爾
（Conestoga Wood Specialties Corp. v. Burwell）
二〇一四年六月三十日

好必來（Hobby Lobby）公司和康內斯多加木製品專家公司（Conestoga Wood Specialties）分別向衛生及公共服務部（Department of Health and Human Servies，簡稱ＨＨＳ）部長席維亞．伯韋爾（Sylvia Burwell）提告，因為衛生及公共服務部是掌管《平價醫療法案》、也稱為《歐巴馬健保》（*Obamacare*）的聯邦機構。《平價醫療法案》要求雇主為女性提供預防保健和篩檢的健康計畫。衛生及公共服務部在實施該法規時，特別規定雇主的保險計畫中，必須涵蓋為女性提供食品與藥物管理局批准的二十種避孕方法，但宗教類型的雇主（例如教堂和宗教非營利組織）不受此要求的約束。好必來和康內斯多加都是營利性公司，因此不在衛生及公共服務部的豁免名單之列。這些公司的主要股東基於宗教理由，反對為核可的受孕後避孕藥具提供保險。他們聲稱，他們的公司受一九九三年的《宗教自由恢復法案》（*Religious Freedom Restoratioin Act*, RFRA）保護。《宗教自由恢復法案》禁止聯邦政府「對個人的宗教活動施加重大負擔」，除非它「證明施於這個人的負擔——（一）是為促進必要的政府利益；（二）是促進這種必要的政府利益中，限制最少的手段。」好必來公司在第十巡迴法院勝訴，康內斯多加公司在第三巡迴法院敗訴，最高法院同意審查，以解決兩個巡迴上訴法院之間的衝突。

最高法院分裂成五票對四票，阿利托大法官發表了最高法院的意見。最高法院同意第十巡迴法院的判決，認為公司（至少如果他們是屬於「封閉型」的公司，意味他們大部分的股份由一個家庭或一小群投資者持有）屬於《宗教自由恢復法案》下保障的「人」，衛生及公共服務部的避孕措施為他們的宗教活動帶來了很大的負擔，而且，就算假設政府保證員工免費獲得四種令人反感的避孕藥具的利益是必要的，它也未能表明強制避孕是促進這項政府利益時，限制最少的手段。金斯伯格大法官從法官席上發表了以下的反對宣告。

根據《平價醫療法案》，有健康保險計畫的雇主，必須免費為受保雇員提供避孕藥具。最高法院今天判決，如果避孕藥具的使用與雇主的宗教信仰不符，雇傭不同信仰員工的商業企業，可以選擇不參加避孕藥具的保險。然而，當一位雇主的宗教慣習對其他人產生不利影響時，《第一條修正案》的「宗教活動自由條款」（Free Exercise Clause）並不要求雇主調整其宗教慣習。由於這方面的判例已經確立，因此最高法院的判決不是根據憲法的「宗教活動自由條款」，而是僅根據《宗教自由恢復法》。

我和布雷耶大法官、索托瑪約大法官、卡根大法官發現，該法案中沒有任何設計，允許針對有問題的部分選擇不參加。《宗教自由恢復法》是針對本法院在一起特定案件中的判決，這個判決是：美洲原住民可能因為他們在宗教儀式上——且作為宗教儀式的重要部分——攝入了皮約特仙人掌*，而被拒絕領取失業救濟金。國會試圖推翻這項判決，因而透過法規，恢復對宗教活動的尊重，畢竟這種宗教儀式在聖禮儀式的皮約特仙人掌案判決前，就已經存在。就這樣。

正如最高法院所做的，廣泛解讀該法案會引發一系列「我也是」的問題。一位營利企業的雇主，是否可以因為他虔誠的信仰反對某些醫療作法，選擇不承保輸血、疫苗接種、抗憂鬱藥，或源自豬隻的藥物？如果雇主所信奉的宗教信仰教義說，雇用一位單身婦女而未徵得其父親同意，或雇用一位已婚婦女而未徵得其丈夫同意是有罪的，那這位雇主該怎麼辦呢？這些雇主可以選擇退出《民權法案》第七章禁止就業中的性別歧視嗎？順便說一下，這些例子都不是假設性的。

一位睿智的法律學者曾對《第一條修正案》的言論自由保障，說過一句名言：「你揮舞手臂的權利，止於對方鼻子開始的地方。」我們幾位異議大法官相信，「宗教活動自由條款」亦然，也相信國會的原意是：《宗教自由恢復法》應根據該原則進行解釋。

避孕藥具保險規定的起源，應該對最高法院的判決有所啟發。最高法院在二十多年前這麼讚許：「婦女平等參與國家經濟和社會生活的能力，因為她們控制生育方面的能力而增進了。」當國會呼籲將滿足女性需求的預防性健康保險，納入《平價醫療法案》的一部分——這個目標為全面涵蓋的全國性保險計畫——國會即是根據以上的理解而採取行動。

為了執行國會的指示，衛生與公眾服務部頒布了法規，要求團保計畫涵蓋食品與藥物管理局批准的所有避孕藥具，而且無需分攤費用。衛生與公眾服務部收到的科學研究，強烈證明改善避孕措施對公共衛生和婦女福祉的好處。

值得注意的是，最高法院假定《平價醫療法案》下的避孕保險能促進必要的利益。然而，最高法院的推論將這些利益置於次要地位。這樣的屈從也不限於好必來和康內斯多加所反對的四種避孕措施。在言詞辯論中，好必來的律師直率地承認，如果某一位雇主的宗教信仰排除使用食品與藥物管理局批准的二十種避孕藥具中的每一種，他的論點「將同樣適用」。

雙方爭議的一個門檻問題是：針對「個人」宗教活動的《宗教自由恢復法》，是否也適用於營利性公司？因為他們不是有血有肉的「人」，他們是依法創造出來的人造實體。確實，《第一條修正案》的「宗教活動自由條款」，和《宗教自由恢復法》的保護措施，不僅保護自

*【譯註】皮約特仙人掌—可製成一種「皮約特素」的致幻藥。

然人，還保護教會和其他非營利宗教組織。是的，最高法院遵循了對宗教機構給予的「特別體恤」。但直到今天，還沒有類似的同理作法，擴展到營利性的商業實體。

當中的原因並不難懂。宗教組織的存在，是為了促進認同相同宗教信仰的人之利益。營利性公司則不然。維持營利性公司營運的員工，通常不是來自同一個宗教社群。事實上，根據法律，沒有任何基於宗教的標準，可以限制營利性公司的勞動力。在今日的判決中，一個有相同宗教信徒的社群，與一個包含不同信眾的企業，兩者之間的區別被忽視了。

我和索托瑪約大法官認為，營利性公司不應等同於為宗教社群服務的非營利組織，因而豁免他們受《宗教自由恢復法》的管轄。布雷耶與卡根大法官不裁判營利性公司或其所有者是否可以提出《宗教自由恢復法》申訴的門檻問題，因此不加入這部分的反對意見。然而，我們四人一致同意，《宗教自由恢復法》並未賦予好必來和康內斯多加公司選擇退出避孕保險的權利。

最高法院否決避孕藥具保險的要求，理由是它不符合《宗教自由恢復法》限制最少的考驗。但政府已經表明，沒有任何限制更少、但同樣有效的方法，既可以滿足這個判決的挑戰者因宗教理由拒絕，又可以確保女性雇員免費獲得保護其健康與福祉所需的預防照護。

好吧，最高法院建議，讓政府（而不是與雇主信仰不同的雇員）為避孕藥具買單。然而，《平價醫療法案》要求透過現有以雇主為基礎的健康保險體系，獲得預防醫療保險，而不是透過政府替代（實際上是公眾）為付款人。

「讓政府買單」解決方案的終點在哪裡？假設支付最低工資，或為基本性質相似的工作給予女性同酬，侵犯了雇主的宗教信仰，也要讓政府買單嗎？事實上，這樣的說法是真誠地提出，也被接受的。要求政府代為提供雇主基於宗教理由反對的薪酬，是否也被視為是一種限制較小的替代方案？

也許是因為這些問題不容易回答，最高法院採取了一個不同的解決方案：將已經為非營利宗教組織提供的權宜之計，擴展到商業企業。雙方的上訴摘要中，幾乎都沒有提到這種延伸方案。在言詞辯論中被問及此事時，好必來公司的代表律師回答說：「我們還沒有獲得這樣的調解，所以我們不必決定我們會對此提出什麼樣的反對意見，如果有的話。」

最後，最高法院迴避了這個問題。它拒絕判決延伸方案是否「對於所有宗教主張的目的」，都依從《宗教自由恢復法》。無論發生什麼情況，致命的缺陷都值得反覆重申。延展的解方將兩個不同的類別劃為相等：一方面是如好必來和康內斯多加這樣的商業型企業，其勞動力依法是向所有信仰的人開放；另一方面是非營利組織，其任務是對特定社群的信徒強化其使命。

一九八二年，《宗教自由恢復法》保留了一個具有路徑指標意義的判決，在這方面很有指引作用：「美國訴李案」（United States v. Lee）。「美國訴李案」駁回了一位艾美許（Amish）* 企業家的豁免要求，他認為繳納社會保險稅侵犯了他的宗教信條。今天的最高法院

---

*【譯註】艾美許人（Amish）——是基督新教重洗派門諾會的一個分支，以拒絕汽車及電力等現代設施，過著簡樸的生活而聞名。

回應說，稅務案件屬於獨立的類別。但「美國訴李案」提出了此案不能被局限於稅務案例的兩個關鍵點。第一，「當某個特定教派的信徒選擇進入商業活動時，」李案的最高法院說：「他們所接受他們的行為在良知與信仰上的限制，不應疊加在該活動中對其他人具約束力……的法規機制。」第二，「李案」的最高法院表示，對一位商業雇主特許宗教豁免，將「造成將雇主的宗教信仰強加於雇員。」換言之，為好必來或康內斯多加公司工作，不應剝奪具不同信仰的員工，同樣享有隔壁商店員工所享有的雇主支付之預防保健保險。

好必來和康內斯多加公司，正如我所描述的真實案例所示，不是唯二尋求宗教因素而希望豁免一般適用法律的企業，它們當中還包括禁止工作場所歧視的法律。最高法院要如何分辨何時宗教信仰被喬裝「以逃避法律的懲罰」，或者哪些是真正的信仰，值得調解，而哪些不值得考慮？有鑑於主要意見一再堅持「法院可能不會擅自決定……宗教主張的可信性」，那些問題更令人困惑。

總而言之，今天幾乎壓倒性的判決，限縮了政府統一管理工作場所的法律之必要利益，特別是《平價醫療法案》。而且，它忽略了因宗教理由選擇退出而對其他人造成的不利影響，特別是與雇主的宗教信仰不同的員工。

在我們這個國際化國家，這裡的人幾乎包括了所有你可以想像得到的宗教偏好。在通過《宗教自由恢復法》時，國會並沒有改變任何一項傳統，在這個傳統裡，一個人自由行使宗教的權利，必須與她的同胞的權利，以及共同的利益保持一致。

由於我總結的原因，所有這些理由，以及我在不同意見書中闡述的理由，我會推翻第十巡迴上訴法院的判決，並維持第三巡迴上訴法院的判決。

◆

法庭宣告

岡薩雷斯訴卡哈特案（Gonzalese v. Carhart）

岡薩雷斯訴計畫生育聯盟（Gonzales v. Planned Parenthood）

二〇〇七年四月十八日，星期三

「岡薩雷斯訴卡哈特案」支持二〇〇三年的《部分生產墮胎法》（*Partial Birth Abortion Act of 2003*），這是一道聯邦法律，將一種在懷孕第十二週後醫生採用的墮胎方法——「完整之擴張與清除術」（intact dilation and evacuation，或稱「D & E」，一般稱為「半生產墮胎」）的程序——判定為刑事犯罪。在這宗歐康諾大法官從最高法院退休後判決的第一起墮胎案件中，大法官維持該法案，表決票數為五比四。甘迺迪大法官撰寫了主要意見，加入主要意見的有：首席大法官羅勃茲（當時是他擔任首席大法官的第二年會期）、斯卡利亞大法官、托馬斯大法官，和最高法院的最新成員，接替歐康諾的阿利托大法官。

主要意見聲稱此判決忠實於最高法院關於墮胎權的判例，雖然最高法院在早先的案件中，宣布某州禁止D&E違憲。較早的案件「斯登伯格訴卡哈特案」（Stenberg v. Carhart，二〇〇〇）也是以五比四票做出裁決，但布雷耶大法官，連同史蒂文斯大法官、歐康諾大法官、蘇特大法官和金斯伯格大法官共同裁定該法規表面上違憲。原因是：它不包含允許醫生在「根據適當的醫學判斷，為了保護（孕婦的）健康，而必要」進行D&E程序的例外情況。《部分生產墮胎法》也缺乏將婦女的健康列為例外情況，但甘迺迪大法官在「岡薩雷斯案」的意見書，與布雷耶大法官在「斯登伯格案」中的觀點相反，強調的不是缺乏保護婦女健康的例外情況，而是政府「在保護與促進胎兒生命方面的合法與實質利益」，意見書上說，這在女性整個懷孕期間都存在。湯瑪斯大法官和斯卡利亞大法官發表了一份協同意見書，重申了他們對於「羅訴韋德案」與其後繼者特別應該被推翻的看法。

主要意見宣稱遵循前例，但這一點對四位反對的大法官而言有爭議，並見於金斯伯格大法官的意見書中。在他們共同的關注下，金斯伯格大法官在她的法庭宣告中，「強烈」反對主要意見。

> 本院的四名成員，我與史蒂文斯大法官、蘇特大法官、布雷耶大法官，強烈反對今天的判決。
>
> 十五年前，在「賓州東南部計畫生育聯盟訴凱西案」（Planned Parenthood of Southeastern

Pennsylvania v. Casey）中，最高法院宣布「自由在有疑慮的法律中，無法受到任何庇護」。最高法院表示，「迫切」需要消除最高法院將近二十年前，在「羅訴韋德案」做出七比二判決中，對「意義與範圍」的疑義。「凱西案」澄清的事項之一，是關於州無條件保護婦女健康的義務。最高法院再次確認，在懷孕的所有階段，州對於墮胎程序的規定，必須保護「婦女的健康」。

在重申「羅案」中，「凱西案」的最高法院描述這項判決的核心，是「是否懷胎的決定」……對一位女性之「尊嚴與自主」、她的「命運」、她「對自身所處之社會地位的看法」。最高法院在「凱西案」中理解的是，挑戰墮胎程序的過當限制，並不是要澄清某些模糊或籠統的隱私概念。相反地，他們將重點放在女性自主決定自己的人生道路，從而享有平等的公民地位。

根據對生育選擇權的這種理解，我們一向要求規範墮胎的法律，無論是在懷孕的任何階段，以及在所有情況下，不僅要保護婦女的存在——她的生命——也要保護她的健康。「斯登伯格訴卡哈特案」中裁定，禁止今日引起爭議的程序——「完整之擴張與清除術」——之州法律是違憲的，部分原因是它缺少對於女性健康維護的例外條款。我們認為，如果大量醫學權威依然認定，禁止特定的墮胎程序可能危及婦女的健康，那麼我們主張，立法者就不能忽略健康例外條款。

儘管我們做出了明確的裁決，國會還是通過了《部分生產墮胎禁令法》（Partial-Birth Abortion Ban Act）——沒有女性健康例外條款——這項將在全國施行的禁令。經過長時間的審判，以及對大量醫學證據的徹底審查後，每個思考該法規的地區法院都認為該法規違憲，原因相同：重要的醫學權威認定，D & E 對某些女性來說，是最安全的程序。

最高法院今天推翻了其他聯邦法院一致做出的判決，令人震驚。今天的判決拒絕認真看待「凱西案」與「斯登伯格案」。最高法院的意見容忍、甚至讚揚聯邦干預，禁止全國進行一種「美國婦產科學院」（American College of Obstetricians and Gynecologiests）認為在某些情況下必要且適當的程序。自「羅案」以來，最高法院第一次認可了一項無例外條款保護婦女健康的禁令。

最高法院聲稱，其判決是伸張政府對「促進胎兒生命」的利益。但該法案幾乎沒有促進這種利益，因為它只針對一種墮胎方法。女性可以流產胎兒，只要她的醫生使用另一種方法，而且是她的醫生認為對她較不安全的方法。最高法院進一步佯裝其判決保護婦女。最高法院擔心，女性可能後來會後悔聽從她們醫生建議選擇的「完整之擴張與清除術」，從而遭受「嚴重憂鬱和喪失自尊」的痛苦。值得注意的是，最高法院贊成的解決方案，是不要求醫生充分告知婦女她們可以選擇的不同程序，及每種程序可能帶來的風險。相反地，最高法院是透過拒絕婦女在此問題上的任何選擇，來保護她們。這種保護婦女的方式，讓人想起關於婦女在社會中和《憲法》之下地位的古老認知——這些早就備受質疑的觀念。

若說今天的（主要）意見有什麼無可挽救的話，那就是最高法院不願意完全排除對於該法案合憲性的挑戰。但是，最高法院允許的「在個別案件中的『適用上違憲』（as-applied）＊的挑戰」，會將婦女的健康置於危險之中，並使醫生處於進退失據的位置。即使各法院能夠透過艱苦的、曠日廢時的零星訴訟，慢慢為「分散與明確定義的情況」制定健康例外條款，但有些婦女的情況是先前的訴訟未預期的，她們很可能仍然無法受到保護。在治療這些婦女時，如果醫生採行他們判斷為對患者最安全的醫療程序，他們將可能面臨刑事起訴、定罪和監禁的風險。因此，最高法院認為那狹隘的、適用上違憲的挑戰為「保護婦女健康的適當方式」，此結論是嚴重錯誤的。

正如最高法院在「凱西案」中所寫，「推翻『羅案』的核心判決，不僅會在遵循判例的原則下出現無法合理化的結果，還會削弱最高法院行使司法權的能力，同時削弱一個法治國家最高法院的功能。」儘管今日的法院意見並未到拋棄「羅案」或「凱西案」的地步，但最高法院──其成員組成與我們上次考慮一條限制性墮胎法規時不同──幾乎未忠實「凱西案」援引的「法治」和「遵循判例原則」。

坦白來說，《部分生產墮胎禁令法》，以及最高法院對其之辯護，只能被理解為削弱本院一次又一次宣稱的權利之行為──而且更加理解到它對婦女生命的核心地位。最高法院今天做出的判決本質，應該不會具有持久力量。

* 【譯註】適用上違憲──相較於表面上違憲，「適用上違憲」是認為該法適用於某些特定特況時違憲。

8.
美國最高法院二〇一五～二〇一六年會期重點

美國的聯邦司法地圖分為十三個「巡迴」（circuits），其中大部分又細分為「區」（districts）。每個巡迴是一個「巡迴上訴法院」的所在地。（例如，金斯伯格大法官從一九八〇年到一九九三年即任職於美國哥倫比亞特區巡迴上訴法院。）巡迴法院受理來自他們巡迴裡的聯邦初審法院（稱為「地區法院」）提出的上訴。巡迴法院之上為美國最高法院。

在共和國初期，指定到特定巡迴的每一位最高法院大法官，都會「騎乘巡迴」，與巡迴區裡的法官一起審理案件。時至今日，大法官們仍然會被指派到一或兩個巡迴，但他們幾乎從來不審理案件。他們的主要職責，是處理來自其指定巡迴法院的緊急中止申請（最為人所知的，是死刑案件的中止執行）和禁令。

金斯伯格大法官被指定的巡迴是第二巡迴，包括康乃狄克州、紐約州和佛蒙特州。每年，她都會參加第二巡迴法院的年度司法會議，並向與會者發表她的「重點」報告；在報告中，她會評論最高法院在該年度會期內裁決的「最受關注的」案件，以及從第二巡迴法院來到最高法院的案件中，值得注意的措施；最後，她會在報告中分享最高法院生活中輕鬆的一面。由於這些「重點」通常在當年度會期結束前發表，因此金斯伯格大法官會在所有判決一「定案」後，便更新內容，時間通常在六月底。

正如金斯伯格大法官在下面的重點所揭露的，最高法院二〇一五～一六年的會期，部分受到了斯卡利亞大法官於期中過世的影響。其中一個影響是，一些原本應會以五比四票決定的案件，最終以四比四票平局，使得他們提出的問題，得留待以後的案件及未來的會期解決。另一個影響，應該是最高法院其餘大法官的工作量稍為加重。幸運的是，最高法院的大多數案件都不是以些微多數做出判決的，而且，正如金斯伯格大法官對最高法院會期成果和「密切關注」案件所顯示的，最高法院大部分的工作仍照常進行。但是她說，少了活潑的斯卡利亞大法官，最高法院是「一個蒼白的地方」。

金斯伯格大法官在二〇一五～一六年會期，最關注案件的前兩名，都是來自德州，分別是「費雪訴德州大學案」，這是一起平等保護權利的案件，挑戰的是大學招生的平權行動；另外是「全婦女健康診所訴赫勒斯特案」（Whole Woman's Health v. Hellerstedt），這是一起正常程序的案件，挑戰的是一條強加標準於墮胎診所及其醫生、減少婦女尋求墮胎管道的的法律。在這兩起案件中，都是由甘迺迪大法官左右最後的結果。他調整了先前在平權行動和墮胎問題的立場，加入了最高法院的自由派，維持了最高法院在墮胎和平權行動方面受挑戰的判例。

雖然金斯伯格大法官確實為她在她的重點中提到的其他受矚目案件撰寫主要意見書，但她在「費雪案」或「全婦女健康診所案」中，既沒有寫主要意見書，也沒有寫不同意見書。雖然如此，她在這兩案上都留下了自己的印記。在看她對最高法院二〇一五～一六年會期的「快速回顧」之前，我們先看幾段文字，說明她在這兩個最受關注的案件中所扮演的角色。

費雪案

在「費雪訴德州大學案」第一次判決將案件發回上訴法院重新審理後的三年又過一天，法院於二〇一六年六月二十三日發布了它對「費雪案」的第二次判決。與在「費雪案」第一判一樣，由於最高法院的最資淺大法官艾蓮娜．卡根之前在擔任司法部總檢察長期間，她的司法部辦公室曾提交一份關於此案的法院之友意見書，因而迴避本案。在卡根大法官缺席，以及斯卡利亞大法官先前在會期中去世的情況下，最高法院只剩下七名大法官，可能會分成四比三的票數。甘迺迪大法官上次撰寫了主要意見書，將「費雪案」第一判送回第五巡迴法院進行評估；現在的問題是，他會加入哪三位大法官，成為「費雪案」二判的多數？

金斯伯格大法官是甘迺迪大法官對「費雪案」第一判的唯一異議者。她當時寫道：

在鮑威爾大法官於「加州大學董事會訴巴基案」（一九七八）中，將哈佛大學的入學方案引用為典範後，德州大學……試圖透過哈佛方案為模式的招生政策，來實現學生群體的多元性。而且，與全國許多教育機構一樣，這所大學已謹慎遵循最高法院在「格魯特訴布林格案」（二〇〇三）中認可的模式。（引文省略）

「由此，我不會回頭再看這個案子，」她宣稱：

正如透過下面完整的意見所示，這所大學的招生政策彈性地僅將種族視為計分中的「一項因素中的一項因素中的一項因素」；經過為期一年的審查，在此期間，該大學做出了合理、善意的判斷，認為即使照理是種族中立的作法，也不足以透過適當的方式實現學生群體多元性的教育利益；因而接受定期審查，以確保將種族因素列入考慮，對於實現大學的教育目標仍然是必要且恰當的。

最高法院合理地拒絕放棄「格魯特案」中確立的平等保護框架。然而，它並未達成「格魯特案」框架保證的結論。相反地，……它要求上訴法院「評估這所大學是否提供了足夠的證據，（以）證明其招生計畫是為了達到多元的教育利益且從嚴限縮。」在我看來，上訴法院已經完成了這項調查，而且其判決是根據本院「巴基案」與「格魯特案」的路徑標記，值得我們認可。（註腳與引文省略。）

雖然甘迺迪大法官從來不像他的同事斯卡利亞大法官和托馬斯大法官那樣堅決反對平權行

動，但他之前從未真正贊同具種族意識的招生計畫。現在，在「費雪案」第二判中，他改變了方向，加入了金斯伯格大法官、布雷耶大法官和索托瑪約大法官的行列，以四比三多數，宣布德州大學的種族意識招生計畫根據憲法的平等保護條款是合法的，並且身為多數方的最資深大法官，他選擇自己負責起草意見書的工作。

甘迺迪寫道，這所大學經過仔細和深入的研究，已經「闡明了具體而明確的目標」——其中包括打破刻板印象、促進跨種族理解、為日益多元化的勞動力和社會做好學生端的準備，以及「培養一批在公民眼中具資格的領導人」——所有目標都「反映了本院在先前判例中讚許的『必要利益』」。而且這一次，他被說服，這所大學已經承擔其該負的責任，證明其種族意識方案為必要，並且從嚴限縮，符合其對學生群體多元化的利益。

他總結說，對該大學招生方式的建議替代方案，沒有一個「顯示是『可用』和『可行』的方法，可供該大學採用，以實現其教育目標。」尤其，甘迺迪大法官駁回了請願人費雪指稱，該大學已經有一個種族中立的機制來實現其目標：即「前百分之十法案」，依據該條款，班上成績前百分之十的學生都能被錄取，而且沒有名額上限。在解釋為什麼這樣的百分比計畫未能構成實現大學對多元利益較從嚴限縮的方式時，甘迺迪引用了金斯伯格大法官在「費雪案」一判中的反對用詞，寫道：

首先，請願人（費雪）忽略了一項事實，即「前百分之十法案」雖然表面上是中立的，但必須與其基本目的一併理解，其目的是提高少數民族的入學率。百分比計畫「的採用，即是將種族隔離的社區和學校置於最前面與舞台中心。」費雪案第一判，570 US at ——（Ginsburg, J., dissenting）（slip op., at p. 2）。「推動這類計畫的是種族意識，而不是種族盲目。」同上。因此，請願人不能簡單地斷言，該大學增加對百分比計畫的依賴，致使其招生政策種族中立。

他總結說，這所大學「已經承擔其責任，證明它在拒絕申請人的申請時所採用的招生政策，已從嚴限縮。」在「費雪案」二判中，甘迺迪大法官最後站在金斯伯格大法官於「費雪案」一判時已堅持的反對立場。

全女性健康診所案

在幾十年來最重要的墮胎案件之一中，最高法院被請求放過以下這條德州法律的合憲性：據稱這條法律以婦女健康的名義，降低了該州婦女於胎兒在子宮外具存活能力前獲得墮胎的機會。最高法院的三位女性大法官金斯伯格、索托瑪約、卡根，加上布雷耶大法官，在三月初法庭上的言詞辯論中，以他們充滿活力、學識豐富且有針對性的問題，登上了新聞版面。

金斯伯格大法官問了全女性健康診所的律師斯蒂芬妮·托蒂（Stephanie Toti）第一個問

題。言詞辯論進行到一半，當提問陷入僵局時，金斯伯格大法官努力讓其他提問者繼續問，但是，即使在卡根大法官加入協助釐清問題，也無法在托蒂結束她被分配的時間之前，順利引導甘迺迪和阿利托大法官通過門檻程序問題。這時，金斯伯格大法官再次介入，詢問首席大法官：托蒂是否可以「有一些時間說明其優勢」——國家的法律要求，是否對婦女選擇墮胎的權利，施加了過份的負擔？首席大法官准許了額外的五分鐘，五分鐘到的時候，索托瑪約大法官又接著質詢，至少又抓住了五分鐘。但這時德州的代表律師史考特．凱勒（Scott Keller）站出來捍衛立法，說金斯伯格大法官、索托瑪約大法官和卡根大法官占據了法官席。金斯伯格大法官再次問了她的第一個問題——也是言詞辯論加長賽中的最後一個問題。《華盛頓郵報》指出，金斯伯格大法官和索托瑪約大法官對律師的質詢時間太長，以至於原本分配給每個案件言詞辯論的一小時，幾乎超過了半小時。達利亞．李斯韋克（Dahlia Lithwick）在為《石板》（*Slate*）雜誌寫的一篇名為〈三位凶悍的女性大法官如何控制最高法院〉（How Three Fierce Female Justices Took Control of the Supreme Court）的部落格文章中讚嘆道：「感覺好像是史上第一次，高等法院的性別競爭環境終於打平了。」當凱勒的辯論接近尾聲時，《華盛頓郵報》引用了金斯伯格大法官一針見血的評論：「這個議題的重點，」她提醒凱勒：「是女人有為她自己做出這種（墮胎）選擇的基本權利。」

在言詞辯論中，甘迺迪大法官似乎有點左右為難，一方面詳細探討是否有某種方法可以推遲或避免對這個憲法問題的判決，另一方面詢問一位德州的法律朋友醫學上的見解，這在最高法院觀察者中引發了相當多的臆測，不知甘迺迪大法官最後會選擇哪一邊。到了投票時刻，他決定加入自由派，與金斯伯格、卡根、索托瑪約和布雷耶大法官一起組成五人的多數，判決德州的法律無效。身為多數中的最資深大法官，他得以指定法院意見書的作者，他指派了布雷耶大法官來完成這項工作。

回到「計畫生育訴凱西案」，這個案件是金斯伯格大法官加入最高法院的前一年判決的案子，布雷耶大法官闡釋了評估墮胎法規合憲性的「過度負擔」標準。「我們承認，」他引用了「羅訴韋德案」寫道：「國家有合法權益確認墮胎與任何其他醫療程序一樣，在確保患者最大安全的情況下進行。」但是，他引用「凱西案」指出：「目的是對尋求墮胎的婦女構成實質性障礙，或造成此效果的不必要之健康法規，為該權利帶來了過度負擔。」他說，「凱西案」的判決「要求法院考慮某條法律賦予的好處時，也要考慮這條法律對墮胎途徑施加的負擔。」布雷耶大法官應用同樣的平衡考驗，針對德州法律的健康福利（微乎其微）和婦女獲得墮胎機會的負擔（相當大）有關的證據和發現，進行深入審查，並得出結論：德州法律未通過合憲性的考驗。

金斯伯格大法官加入了布雷耶四十頁的意見書，但正如她在她的重點報告中提到的，她也寫了一份協同意見書。這篇只由一個長段寫成的簡短協同意見書，放大了布雷耶的意見書中最有說服力的事實：德州的法律「無可避免地將減少提供墮胎服務的診所和醫生的數量」，使墮胎醫療更難獲得。墮胎的併發症「既罕見且幾乎沒有危險性」；墮胎是「在美國進行的最安全醫療程序之一」，而且「至少與在門診環境中進行的其他醫療程序一樣安全」；「其他醫療程序，包括分娩，對病人要危險得多。」

「鑑於這些現實，」她寫道，「（德州法律）能真正保護婦女的健康，這個想法超出了理性的思維；而且肯定的是，這道法律『只會讓她們更難獲得墮胎機會。』」（後來，在與記者交談時，她對這道法律的目的更直截了當：「在我看來，它更像是喬裝成關於女性健康的一場騙局，」而其實是要讓墮胎管道變得更困難。）

接著她指出一點，在布雷耶的意見書中沒有提到的，但是深植在年長婦女的回憶中，這些年紀大的長者還記得墮胎仍為非法的日子：「當一個國家嚴格限制獲得安全和合法程序的途徑時，處於絕望境地的女性可能會求助於無照的流氓執業者，『faute de mieux』，*冒著極大的健康和安全風險。」她的結論是：「只要本院堅持『羅訴韋德』（一九七三）和『賓州東南部計畫生育聯盟訴凱西案』（一九九二），（像德州法律）『這種對健康幾乎無益，只是對墮胎布下障礙』的法律……將經不起司法檢查。」在判決宣布過後幾天，金斯伯格大法官告訴美聯社記者，「我完全同意布雷耶所說的一切，但它很長，而我想要說簡潔一點。我寫的重點是：『不要再試這種旁門左道了。』」[1]

美國最高法院二〇一五～二〇一六年會期的重點

二〇一六年七月一日†

以紀念我親愛的同事安東尼・斯卡利亞來開場，是很恰當的。他的去世是最高法院二〇一五至一六年會期中，最重大的事件，在接下來的許多會期，我們都將感受到他的缺席。（金斯伯格大法官在這些演講裡，納入了她在本書〈緬懷斯卡利亞大法官〉敘述的回憶。我們在此不再重複這一段。）

斯卡利亞大法官是個多才多藝的人，一位聰敏迷人、神采飛揚、機智過人的法學家，擁有一種罕見的才能，能使最嚴肅的法官也會微笑。媒體描寫他「充滿活力的熱情」、「敏銳的智慧」、「辛辣的散文」、「敏捷」、「和藹親切」。認識他，並且能成為我的同事和親愛的朋友，是我的一大榮幸。少了他，最高法院變得比較蒼白。

我將快速回顧剛結束的年度會期，這要從一個數字的簡要情況開始。從二〇一五年六月到二〇一六年五月，最高法院收到了大約六三七五份移審聲請書，低於上一會期的六五〇〇份。

---

* 翻譯：因為沒有更好的選擇。

† 這篇講稿的一個版本發表於二〇一六年五月二十五日，在紐約州薩拉托加泉（Saratoga Springs）舉行的第二巡迴法院司法會議。本文已經過更新與編輯。

從數以千計的聲請書，我們只選擇了六十七件進行完整的簡報和辯論，這還不包括我們因未仔細批准而駁回的一項請求。對於這六十七件案件，與我們上一會期選擇的案件數目相同，再加上十二件全體一致的判決——不需完整簡報或言詞辯論即做成意見書。這使得最高法院產生的總意見書數達到七十九篇。

本年度會期創下了以下的紀錄：根據一位密切關注這些事，並在部落格上記錄下來的法學教授說，布雷耶大法官在言詞辯論中提出了最長的問題。在「美國訴德州案」（United States v. Texas）中，[2]即總統暫緩驅逐移民政策的挑戰，布雷耶的質詢長達五十二行文字。然而，在所有提出的問題數中，布雷耶大法官僅排名第四，提出了三百八十一個問題。他的前面是阿利托大法官，他問了四百零一個問題，而首席大法官則對代表律師提出了四百一十七個問題。以四百七十七個問題遙遙領先的，是索托瑪約大法官，她取代了斯卡利亞大法官，成為言詞辯論中提問最多的大法官。

湯瑪斯大法官在沉默了十年之後，問了九個問題，震驚全場，而且是在同一起案件——「華辛訴美國案」（Voisine v. United States）。[3]引起他興趣的議題是：對於魯莽行為的侵害罪，是否會觸犯《美國法典第十八章：犯罪與刑事程序》第九二二條中，擁有槍支的法定禁令。

隨著所有判決結果回報，最高法院於六月二十七日完成了本年度會期的工作。我們在六十七個有爭議的案件中[4]，分成五比四或四比三，並且在二十五個案件中全體一致同意，至少在底線判斷方面是一致的。[5]還有四個案件，我們表決結果平手，維持上訴法院做出的判決。當最高法院的表決結果平手時，最高法院便不發出意見書，而下級法院自動確認沒有判例可循；因此，表決平手時，其結果基本上與拒絕審查相同。在四比四的自動確認案件中，有三宗名列本會期最受關注的案件。我將為每宗案件撰寫一段概要描述。

第一宗公告的四比四案件，是「弗里德里希斯訴加州教師協會」（Friedrichs v. California Teachers Association）：[6]「弗里德里希斯案」的請願者要求最高法院推翻「阿布德訴底特律教育委員會案」（Abood v. Detroit Board of Education）[7]，並裁決公共部門雇員向工會支付任何費用，違反了《第一條修正案》的言論自由保證。「阿布德案」的判決是，所有工人都可能被要求承擔集體談判和工會運作的申訴程序費用，這個原則至少在九人大法官的最高法院之前，都還存在。

六月二十三日，也就是我們本年度會期結束前四天，最高法院宣布「多來店公司訴密西西比州喬克托印第安人案」（Dollar General v. Mississippi Band of Choctaw Indians）[8]和「美國訴德州案」[9]票數平均。「多來店公司案」的爭議點是：部落法院是否能裁決一個由部落成員提出，對於在印第安保留地從事不法行為的非成員之訴訟。

在「美國訴德州案」中，數個州加入了對歐巴馬總統的一項政策合法性提出挑戰，該政策決定暫緩驅逐約四百萬名目前其子女為美國公民或合法永久居民的非法居留外國人。根據政府的長期政策，獲得暫緩驅逐行動的外國人有資格獲得某些福利，當中主要是在美國合法工作的許可。一個分裂的第五巡迴法院合議庭，確認了地區法院初步禁止實施該政策的判決。

這個案件現在將回到初審法院，可能會針對德州的永久禁令請求，進行公開討論。在下級法院的第二輪判決後，此爭議有機會再回到我們最高法院。

我們在五月十六日解決了另一個頭條新聞的案件，但沒有對案情發表意見書。「祖比克訴伯韋爾案」（Zubik v. Burwell）[10]以及與之合併的案件，涉及宗教非營利組織反對依《平價醫療法案》的要求，在其員工的健康保險計畫中提供避孕藥具服務。該訴訟主要的依據，不是基於《第一條修正案》對自由行使宗教活動的保障，而是根據國會通過的《宗教自由恢復法》。為了滿足非營利組織的反對意見，政府呼籲第三方，主要是保險公司，代替宗教雇主提供避孕保險。非營利組織則聲稱，即使是這樣的調整還是利用了雇主提供的健康保險計畫，為他們的宗教信仰活動帶來負擔。

言詞辯論後，最高法院要求補充說明，以確定雙方是否可以整合他們的分歧。最高法院根據手上的其他書狀，發布了一項法院全體同意的重審命令，以便上訴法院可以考慮新的書狀所傳達的內容。索托瑪約大法官提出協同意見書，我加入了，強調最高法院的命令絕不能因非營利組織的取向，使天平傾斜。

我接著要說的是本年度會期中，產生決定性裁決的頭條案例。「伊文維爾訴亞伯特案」（Evenwel v. Abbott）[11]涉及的，是《第十四條修正案》中平等保護條款延伸的一人一票原則，是把誰計算在內？在劃分州和地方立法選區時，該州是否應該只計算符合投票條件的選民，如原告德州選民所要求的，還是州裡的每個人——該地區的總人口——都計算在內？我們的判決是，司法管轄區可以根據總人口，劃定立法選區。

我們強調，《第十四條修正案》的制定者選擇總人口作為國會分配的基礎。他們寫道：「眾議員應根據這幾州的人數，計算每個州的總人數，在州之間分配。」我為最高法院寫道：「《第十四條修正案》不可能要求根據總人口分配國會選區，但同時卻禁止各州在同一基礎上，分配自己的立法選區。」[12]

本年度會期最重要的判決清單上的「費雪訴德州大學奧斯汀分校案」[13]，回到了最高法院進行第二次審查。這起案件的爭議點是：該大學的平權錄取政策，是否符合最高法院的平等保護措施？當第五巡迴法院判決該大學最早的方案無效時，德州立法機構通過了一項「前百分之十法案」，根據該法案，所有在高中班級排名前百分之十的德州學生，都可以被錄取。這項入學計畫占了大學新生班級高達七十五%的名額。為了補足班級名額，大學將考慮諸多因素，包括學生的種族。

上一回是在二〇一二年，最高法院將案件發回第五巡迴法院，認為支持大學政策的上訴法院，對於最高法院判決所要求的，對所有以種族為基礎的分類，審查不夠嚴謹。[14]我反對的理由是，該大學已嚴格遵循最高法院在「格魯特訴布林格案」[15]，即密西根大學法學院平權訴訟案中所認可的，整體且具有種族意識的模式。與密西根大學法學院一樣，德州大學將種族作為眾多因素中的一個。我認為，多數大法官認為種族中立的「前百分之十法案」，不能公正地名副其實，因為它是在全州眾所皆知的社區和學校種族隔離情況下採用的。

在發回案件時，第五巡迴法院再次維持了該大學的招生政策。這一次，在甘迺迪大法官撰寫、並於六月二十三日發布的四比三票判決中，最高法院維持了上訴法院的判決。甘迺迪大法官的主要意見寫道：「儘管一所大學必須不斷重新評估其對種族意識審查的需求，但這個評估似乎是謹慎進行的，而且我們也合理判斷該大學尚未實現其目標。」[16]「公立大學，就像美國本身一樣，」最高法院的意見書指出：「可以作為實驗室。德州大學奧斯汀分校擁有特殊的學習和教導機會。」[17]

在最受關注的名單中，與「費雪案」不相上下的，是「全婦女健康診所訴赫勒斯特案」。[18]在這場爭議中，德州墮胎提供者質疑州立法機構強加的兩項嚴格限制性墮胎條件，是否合憲？第一，要求墮胎診所醫生在當地醫院獲得醫院認證；第二，強制診所符合門診手術中心的最低標準。地區法院發現，如果法律全面生效，大約四十間避孕和墮胎診所裡，將只剩下七或八間。

第五巡迴法院在原則部分，支持德州的限制。六月二十七日本年度會期的最後一天的意見書公告日，我們在布雷耶大法官的意見書中，以五比三推翻了上訴法院的判決。最高法院指出，德州的要求並未真正保護婦女的健康。相反地，這些要求無端加重了女性墮胎的負擔。在一篇協同意見書中，我強調德州僅對墮胎提供者進行限制，但是並沒有對危險性更高的醫療程序施加類似的限制，包括扁桃腺切除術、結腸鏡檢查和分娩。

二〇一五至一六年會期中在國外最受矚目的案件包括「雷諾—納貝斯克公司訴歐洲共同體

案」（RJR Nabisco, Inc. v. European Community）[19]和「伊朗伊斯蘭共和國中央銀行訴彼得森案」（Bank Markazi v. Peterson）。[20]在雷諾—納貝斯克案中，歐盟援引我們的《反勒索及受賄組織法》（*Racketeer Influenced and Corrupt Organization Act*，通常稱為RICO），起訴一家總部設在美國、涉嫌策畫一起複雜的全球洗錢計畫的公司。歐盟聲稱歐洲金融機構蒙受損失，成員國失去徵收關稅的機會。最高法院指示駁回歐盟的訴訟。它裁定，在沒有國內傷害的情況下，無法用《反勒索及受賄組織法》為私人民事訴訟幫訟。最高法院還判決，美國提起的《反勒索及受賄組織法》民事訴訟，沒有此類限制。我同意美國可以起訴，但不同意最高法院排除在國外受害的私人訴訟。我寫道，最高法院援引國內傷害的條件，以阻止歐盟訴訟，這在《反勒索及受賄組織法》並未規定，而是最高法院自己的發明；布雷耶和卡根大法官加入了這個意見。

「伊朗伊斯蘭共和國中央銀行案」涉及的是二〇一二年《降低伊朗威脅及敘利亞人權法案》（*Iran Threat Reduction and Syria Human Rights Act*）中一個條款的合憲性。該條款指認出伊朗中央銀行在一家紐約銀行持有的一組資產；該條款讓這些資產作為大約十六個地區法院對伊朗的判決之用，因為它參與了導致許多美國公民喪生的海外恐怖攻擊。這些案件被合併，以便在以案卷編號命名的法規程序中，進行判決後的命令執行。當中呈現的問題是：該條款是否因為在未決案件中指定特定結果，而違反了權力分立？

在一份意見書中，我寫道，最高法院贊成該法規，從而凍結了這些資產，以便在判決債權人之間分配。我們重申，國會不能告訴法院，應該根據現行法律如何裁決案件；但它通常可以修改適用於未決案件的法律，即使修正案將決定該案件的結果。這個判決引起首席大法官的強烈反對，只有索托瑪約大法官加入；該判決也引起伊朗的憤怒回應，包括伊朗在國際法庭對美國提起一項訴訟。

最後，我忍不住要向各位報告本年度會期中，一位律師說出的最令人難忘的口誤。四月二十七日，也就是言詞辯論的最後一天，一位律師這樣回答了我的問題：「歐康諾大法官，還有很多其他法規正禁止您的建議……」[21]我溫柔地提醒這位律師：「這種事已經很久沒發生了。」[22]最高法院的第一位女性大法官在十年前就退休了，但把我們兩人弄混的情況依然存在。另外，數字八，對一個多成員的最高法院來說，不是一個好數字，正如本會期四對四票的分裂所顯示。當二〇一六至一七年會期結束時，我期待向各位報告由一個完整的法院做出的判決。

結論

八十三歲的露絲・貝德・金斯伯格大法官身體依然健朗。她每星期在最高法院的健身房鍛練兩次。她在橢圓滑步機上看電視晚間新聞。在她的長期教練指導下，她做舉重練習和二十個伏地挺身——中間做一小段伸展運動喘口氣。這比她幾年前做的三十個伏地挺身有所下降——但比我們大多數年齡只有她一半的人做的還要多，如果有做的話。她在一九九九年和二〇〇九年兩度戰勝癌症，而且從未在法官席上錯過任何一次開庭。二〇一〇年六月二十七日星期日，她失去了相伴五十六年的人生伴侶——然後繼續她的人生。馬丁・金斯伯格去世後的第二天，即是最高法院當年會期的最後一天，她與其他大法官一起出庭，並在法官席上宣布了最高法院的一項判決。她說，馬丁會這麼希望。

自史蒂文斯大法官於二〇一〇年六月退休以來，金斯伯格已成為最高法院四名自由派成員中最資深的大法官，這很重要，因為當最高法院在重大公共議題上出現自然分歧，呈現五比四的分裂時，現在由她決定誰來撰寫不同意見書。最高法院的多數派和異議者在塑造這個國家的法律時所參與的理性對話中，她自己的反對聲音從來不會高於它們，或突顯地更重要。

近幾年來，令金斯伯格大法官本人也感到錯愕的是，她成了某種文化搖滾明星。有歌劇《斯卡利亞／金斯伯格》（見第一部）和一齣關於最高法院案件的戲劇（扮演金斯伯格的演員穿著長袍和蕾絲領，將她完美描繪出來）。她原本就有一個部落格，專門記錄她的人生和法律生涯，她的形象出現在眾多不同的T恤上，她還成為暢銷書的主題，而且書名為《聲名狼籍的RBG》（*The Notorious RBG*）。（作者以她的布魯克林同鄉、饒舌歌手「聲名狼藉先生」〔Notorious B.I.G.〕的名字，為她取了暱稱。）她的兒媳、歌劇歌手兼教師派翠絲．邁寇斯（Patrice Michaels）為她創作了一首聯篇歌曲。另外有RBG馬克杯、RBG肖像、RBG生日賀卡、RBG紋身貼紙，以及最近兩本RBG著色本。德州達拉斯的以馬內利會堂專收三、四歲兒童的「蜂巢班」，將他們的班魚用這位大法官的名字，取名為「露絲．貝塔．金斯伯格」（Ruth Beta Ginsburg）。克里夫蘭自然歷史博物館的研究人員悉尼．布蘭諾克（Sydney Brannoch）和加文．斯文森（Gavin Svenson）更進一步，將整個螳螂物種命名為「*Ilomantis ginsburgae*」，以紀念這位大法官。娜塔莉．波曼（Natalie Portman）將在一部即將上映的電影中飾演她，講述她於一九七一年與丈夫合作提起的一宗訴訟案件。*

在比較學術方面，另一本書《法律雙姝》（*Sisters in Law*）是一本「兩人傳記」，講述其副標所寫的故事：「珊卓拉．黛．歐康諾和露絲．貝德．金斯伯格如何登上最高法院並改變世界」。第三本書《露絲．貝德．金斯伯格留給後人的資產》（*The Legacy of Ruth Bader Ginsburg*）的特色，是法律學者和評論家寫的文章，品評她作為律師、法學教授、法官和大法官的貢獻。她在這本書出版時已擁有三十多個榮譽學位，而且後來還不斷增加。她贏得了無數獎項和榮譽，最近獲得了美國律師協會獎章，該獎章表彰她是「為美國法學事業真正做出傑出貢獻的法官或律師的領導者」。此外，她曾入選《時代》雜誌一百位最具影響力人物、《富比士》一百位最具影響力女性和《Elle》雜誌二〇一五年華盛頓權力核心的女性。紐約市律師公會每年都會贊助「露絲．貝德．金斯伯格大法官傑出婦女與法律講座」，「美國法學院協會」法律教育中的婦女部門頒發一項「露絲．貝德．金斯伯格終身成就獎」（金斯伯格大法官本人即為首任受獎人）。

令露絲．金斯伯格深感滿意的是，最高法院最新的兩位大法官是女性，索尼婭．索托瑪約和艾蓮娜．卡根。二十多年前，當柯林頓總統宣布選擇金斯伯格為最高法院大法官時，她回應道，對她來說，提名的意義在於「它有助於結束女性、至少占我們社會人才庫一半的女性，在高位一次只有一位演出的現象。」（見第四部）歐康諾大法官，這位在金斯伯格被確認為大法官之前「一次只一位的演出者」於二〇〇六年退休時，金斯伯格被留下，又成為最高法院裡唯一的女性。「我們都沒有想到這種情況會再次發生，」歐康諾離開一年後，她對記者說：「我會用來形容我在大法官席上感受的詞，是孤獨。」[1] 如今她不再孤獨了：「現在卡根在我的

*【譯註】指電影《法律女王》（*On the Basis of Sex*），但飾演金斯伯格大法官的女主角後來換成了費莉絲蒂．瓊斯（Felicity Jones）。

左邊，索托瑪約在我的右邊。所以我們看起來真的是最高法院的一部分，我們會留下來。」[2]近年來，當有人問她認為最高法院什麼時候會有足夠多的女性時，她眨著眼睛說：「我的答案是，當有九位女性的時候。」[3]

金斯伯格大法官打算退休嗎？幾年前，她說她想追平布蘭迪斯大法官的紀錄，他在擔任大法官二十三年後退休。到了二〇一六年四月，她已經追平了布蘭迪斯的紀錄。在另一個場合上，她說她不會離開法庭，直到史密森美國藝術博物館歸還從她那裡借去巡迴展覽的約瑟夫·阿爾伯斯（Josef Albers）畫作。那幅畫也已經回到她的議事室裡面對桌子的地方。二〇一〇年，史蒂文斯大法官於九十歲、在最高法院服務了三十五年後退休，這讓金斯伯格成為最高法院最年長的成員和最資深的自由主義者，她說，他是她的新「偶像」。現在的考驗「必須是，『我有能力完成這項工作嗎？』」她說：「只要我能全力工作，就會留下來。」[4]

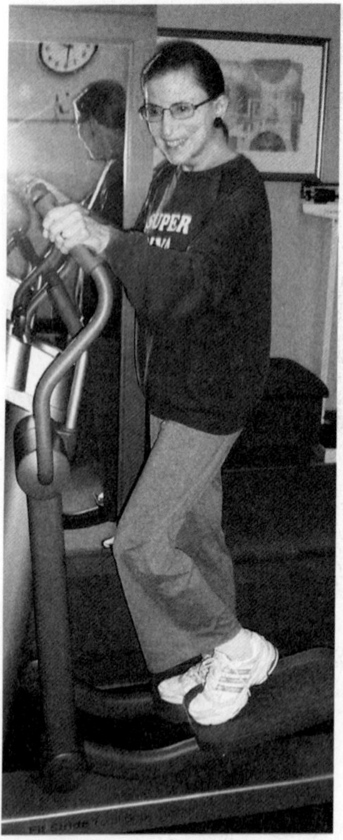

金斯伯格大法官在最高法院的一次健身，穿著她的「Super Diva」（超級女歌唱家）運動衫，踩著橢圓滑步機。2007年8月30日。

從最重要的衡量標準來判斷——她的推理素質（她的觀點一向巧妙且令人信服）、她的精神敏銳度（從她在

金斯伯格大法官與她2015年10月會期的法律助理、議事室員工，以及娜塔莉·波曼，一起在她的議事室。2016年2月29日。

公開的言詞辯論中提出的問題可明顯看出）、她的耐力（她可能仍然是最高法院最有效、最準時的意見書作者；必要的時候，她仍然熬夜完成工作），以及她的公眾參與（她仍然孜孜不倦地周遊全美國和全世界，進行教學與學習）——毫無疑問，金斯伯格大法官仍繼續「全力工作」。

人生大事記

一九三三年
三月十五日：瓊．露絲．貝德生於紐約布魯克林。

一九三四年
六月六日：姐姐瑪莉琳．貝德六歲，死於腦脊膜炎。

一九三八年
進入布魯克林區「二三八號公立小學」的幼兒園。因為她班上好幾位學生的名字也是「瓊」，她開始在學校被叫「露絲」，在家裡暱稱為「踢踢」。

一九四六年
從二三八公立小學畢業，進入布魯克林的詹姆斯麥迪遜中學（James Madison High School）。母親西莉亞被診斷罹患癌症。

一九五〇年
六月二十五日星期日：母親因癌症逝世。
六月二十七日星期二：高中畢業（因為母親逝世，露絲未參加畢業典禮）。

一九五〇～五四年
就讀康乃爾大學
一九五〇年秋天：在一次盲目約會上遇見馬丁．D．金斯伯格（暱稱「馬蒂」，Marty）。
一九五四年六月十四日：自康乃爾大學畢業。
一九五四年六月二十三日：與馬丁在他父母位於長島的家中結婚。

一九五四～五六年	住在奧克拉荷馬州錫爾堡，馬丁在軍隊服役，擔任炮兵軍練團軍官。露絲擔任幾個辦公室職員工作，包括在奧克拉荷馬州洛頓（Lawton）的社會安全局。 一九五五年七月二十一日：女兒珍出生。
一九五六～五八年	就讀哈佛大學法學院（班上大約五百人，露絲為九名女學生之一）。
一九五八～五九年	就讀哥倫比亞大學法學院（十二名女學生之一）。 一九五九年五月：自哥倫比亞法學院畢業（班上第一名）。
一九五九～六一年	擔任美國紐約南區聯邦地區法院法官愛德蒙・帕米利（Edmund Palmieri）法律助理。
一九六一～六三年	擔任哥倫比亞法學院「國際民事訴訟程序計畫」研究助理，後來晉升為副主任。往返紐約與瑞典兩地。
一九六三～七二年	擔任紐澤西州立大學羅格斯法學院（Rutgers School of Law）教授。 一九六五年九月八日：兒子詹姆斯出生。 一九六八年六月二十日：父親納坦（Nathan）逝世。 一九七一年：在「里德訴里德案」（Reed v. Reed）中，首次為原告共同撰寫呈給最高法院的上訴狀。
一九七二～八〇年	擔任哥倫比亞大學法學院教授。美國公民自由聯盟「女權計畫」主持人與總法律顧問。 一九七三年一月十七日：首次於最高法院言詞辯論（「弗朗蒂羅訴李察森案」，Frontiero v. Richardson）。
一九八〇～九三年	擔任美國哥倫比亞特區聯邦巡迴上訴法院法官（由吉米・卡特總統任命）。

一九九三年後　擔任美國最高法院大法官（由比爾・柯林頓總統任命）。

二〇一〇年　六月二十七日：最親愛的夫婿與「人生伴侶」馬丁・金斯伯格因癌症逝世。*

*【譯註】金斯伯格大法官本人於二〇二〇年九月十八日逝世。

致謝

首先，我們要感謝管理金斯伯格大法官議事室聰明、厲害而且鎮定自若的Kim McKenzie，以及大法官才華橫溢的助理Lauren Brewer和Andrew Schlegel，感謝他們在本書出版過程的每一個環節中，開朗、幹練和不辭辛勞的協助。還要感謝Daniel Hartnett Norland，他協助管理和整理手稿，並與我們一起生活、一起呼吸、一起編輯這本書，直到完成。我們要向金斯伯格大法官二〇一五至二〇一六年會期的法律助理大聲致意，包括Payvand Ahdout、Joshua Bone、Samuel Harbourt和Amy Marshak，以及（從退休的蘇特大法官那裡借調的）Sam Rothschild，他們深思熟慮的評論和建議，對我們努力「讓它正確且簡潔」，有很大的幫助。我們還要非常感謝兩位了不起的喬治城法學院學生研究助理Lindsey Stearns和Eric Kay，他們都是新加入的律師，他們以熱情、技巧和實際行動，支持我們的工作。

我們非常感謝美國最高法院的天才攝影師Steve Petteway不可或缺的協助，願意分享他的工作成果，也感謝最高法院公共信息辦公室的專業協助。還要感謝喬治城法學院院長William Treanor和副院長Jane Aiken提供了一個溫暖而慷慨的學術家庭，以及知識和行政支持，沒有這些支持，本書就不可能完成。我們對喬治城法學院主要工作人員深表感謝，包括Mary Ann DeRosa，她耐心、專業、準確地轉錄了數千頁的採訪和演講；Chris Critchfield是一位音頻天才，即使說話最輕柔的大法官，他也能熟練地錄製採訪，感謝Steve Eckhoff提供了強大且多次的影音辦公室支持；整個教職員支持團隊，尤其是Monica Stearns和Anna Selden；還有圖書館服務副主任Michelle Wu、法律圖書館館員Marylin Raisch和特別館藏館員Hannah Miller-Kim。

我們非常幸運能由ＩＣＭ的優秀經紀人Esther Newberg作為代表，並非常感謝她代我們大力宣傳，也要感謝她的團隊，尤其是John DeLaney和Zoe Sandler。在Simon & Schuster方面，我們衷心感謝一位舉世無雙的傳奇編輯Alice Mayhew，感謝她的智慧和指導，以及助理編輯Stuart Roberts在每個製作階段中加入的穩定、才華與專業。還要感謝Simon & Schuster的Lisa Healy、Tom Pitoniak、Julia Prosser、Richard Rhorer、Ellen Sasahara、Jackie Seow和Dana Trocker的大力協助。

最後，我們要從心底感謝無比支持我們的家人，尤其是我們的配偶：令人懷念的馬丁・金斯伯格、Richard Diamond和Richard Nor-land；我們的孩子和他們的配偶：珍・金斯伯格和George Spera、詹姆斯・金斯伯格和派翠絲・邁寇斯、Luke Diamond和Penelope Crocker、Ethan Diamond和Kristen Danforth、Daniel Hartnett Nor-land和Jennifer Barkley，以及Kathleen Norland List和Phil List；以及我們所有的孫子。

我們懷著深深的感激之情，

露絲・貝德・金斯伯格
溫蒂・W・威廉斯
瑪麗・哈爾內特

重要後記

致為我們即將出版的金斯伯格大法官傳記作者瑪麗．哈爾內特與溫蒂．W．威廉斯提供支持的所有機構和個人，包括喬治城法學院、國會圖書館、威爾遜中心和眾多其他機構；喬治城法學院和其他地方一個世代的研究助理；我們採訪過的數百人，包括金斯伯格大法官的朋友、家人、同事、書記官和其他人；以及許多提供各種不同支持的人（例如David Norland十多年來讓我們使用他在紐約的公寓）：我們沒有忘記你們——謝謝，謝謝，謝謝，並且——請繼續關注下一本書！——MEH, WWW。

作者介紹

露絲・貝德・金斯伯格

一九九三年六月由比爾・柯林頓總統提名為美國最高法院大法官，並於一九九三年八月十日宣示就職。在被指派至最高法院之前，她在哥倫比亞特區巡迴上訴法院服務十三年。在此之前，她在哥倫比亞大學法學院（1972-80）與紐約大學羅格斯法學院（1963-72）擔任法律系教授。一九七二年，當時的金斯伯格教授大力促成美國公民自由聯盟的女權計畫。在整個一九七〇年代，她提起一系列的訴訟案件，確立了一項對抗性別歧視的憲法原則。她是康乃爾大學文學士，後來就讀哈佛法學院，並從哥倫比亞法學院拿到法學士（法學博士）學位。法學院畢業後，她先在紐約南區地區法院擔任愛德蒙・帕米利閣下的法律助理。接著，她擔任哥倫比亞法學院「國際民事訴訟程序計畫」的副主持人。她獲得超過三十所大學的榮譽學位，包括哥倫比亞大學、哈佛大學、普林斯頓大學、耶魯大學與瑞典的隆德大學

（Lund）。金斯伯格大法官的夫婿馬丁．金斯伯格是喬治城大學法學院的稅法教授；她的女兒珍．C．金斯伯格是哥倫比亞法學院的文學與藝術資產法教授；而她的兒子詹姆斯．S．金斯伯格是一位古典音樂錄音室的製作人。

瑪麗．哈爾內特

自一九九八年就在喬治城法學院服務，最早擔任「女性法律與公共政策會計畫」的主任，目前是法學院客座教授與前述計畫的顧問小組成員。她還曾在伍德羅．威爾遜國際中心（Woodrow Wilson International Center）擔任公共政策學者、在里加法學研究所（Riga Graduate School of Law，位於拉脫維亞）擔任客座教授，以及在美國律師協會婦女權利委員會擔任副主席。一九九八年之前，她是國際律師事務所Coudert Brothers的法律顧問，透過她在美國聯邦法院華盛頓特區地區法院的美國民事公益小組，代表低收入客戶，並為家暴受害者提供諮詢。她得過美國律師協會拉斯穆森（Rasmussen）國際女性進步獎，以及格林內爾學院（Grinnell College）校友獎。她就讀於紐約大學法學院一年級時即拿到「魯特—提爾頓獎學金」（Root-Tilden Scholarship），並以優異成績從喬治城大學法學院畢業。

溫蒂・W・威廉斯

喬治城大學法學院名譽教授，以在性別和法律領域的工作聞名，特別是關於工作和家庭的問題。她與人合著的書有一九九六年一本關於性別和法律的案例手冊，以及二〇一六年一本關於美國法律史上的性別的書籍。她曾協助起草，並在國會的委員會上為一九七八年《懷孕歧視法》（*Pregnancy Discrimination Act*）和一九九三年《家庭和醫療休假法》（*Family and Medical Leave Act*）作證。一九七六年於喬治城法學院任教之前，她是加州最高法院大法官雷蒙德・彼得斯（Raymond Peters）的法律助理、「雷金納德・希伯・史密斯社區律師」（Reginald Heber Smith Community Lawyer）團員，以及舊金山一間公益律師事務所「平權支持者」的創始人。她是加州大學柏克萊分校的文學士和法學博士，曾擔任美國法律教師協會主席與喬治城法學院副院長（1989-1993），也是「婦女法律與和公共政策獎學金計畫」的共同創始人，她從一九九三年起一直是該董事會成員。

註釋

第一部：早年與輕鬆的一面

導論

1. 瑪麗．哈爾內特與溫蒂．威廉斯對露絲．貝德．金斯伯格的訪談（Aug. 12, 2010）（作者的資料）。
2. 瑪麗．哈爾內特與溫蒂．威廉斯對露絲．貝德．金斯伯格的訪談（Aug. 27, 2009）（作者的資料）。
3. "Justice Ginsburg Grade School Tour," C-SPAN, June 3, 1994, http://www.cspanvideo.org/program/57503-1（引文部分從短片1:22:42處開始）。
4. Maeva Marcus對露絲．貝德．金斯伯格的訪談（Aug. 10, 1995）（作者的資料）。
5. 同前註。
6. 瑪麗．哈爾內特對Beth Amster Hess的訪談（Apr. 11, 2005）（作者的資料）。
7. 露絲．貝德．金斯伯格給瑪麗．哈爾內特與溫蒂．威廉斯的信件（Aug. 16, 2004）（作者的資料）。
8. Larry Josephson對露絲．貝德．金斯伯格的訪談，"Only in America—Celebrating 350 Years of the Jewish Experience," NPR, Sept. 2, 2004, http://www.onlyinamerica.info/ginsburg.shtml。
9. 瑪麗．哈爾內特與溫蒂．威廉斯對露絲．貝德．金斯伯格的訪談（Aug. 27, 2009）（作者的資料）。
10. Ron Grele對露絲．貝德．金斯伯格的訪談（Aug. 17, 2004）（作者的資料）。

11. Larry Josephson對露絲・貝德・金斯伯格的訪談，"Only in America—Celebrating 350 Years of the Jewish Experience," NPR, Sept. 2, 2004, http://www.onlyinamerica.info/ginsburg.shtml。
12. Ron Grele對露絲・貝德・金斯伯格的訪談（Aug. 17, 2004）（作者的資料）。
13. 瑪麗・哈爾內特與溫蒂・威廉斯對露絲・貝德・金斯伯格的訪談（Sept. 5, 2008）（作者的資料）。
14. 瑪麗・哈爾內特與溫蒂・威廉斯對露絲・貝德・金斯伯格的訪談（Aug. 27, 2009）（作者的資料）。
15. 同前註。
16. 同前註。
17. 同前註。
18. 同前註。
19. 同前註。

1-2 四海一家

1. 瑪麗・哈爾內特與溫蒂・威廉斯對露絲・貝德・金斯伯格的訪談（Aug. 27, 2009）（作者的資料）。
2. Larry Josephson對露絲・貝德・金斯伯格的訪談，"Only in America—Celebrating 350 Years of the Jewish Experience," NPR, Sept. 2, 2004, http://www.onlyinamerica.info/ginsburg.shtml。
3. 3. 瑪麗・哈爾內特與溫蒂・威廉斯對金斯伯格的訪談（Aug. 5, 2005）（作者的資料）。
4. Sarah Wilson對露絲・貝德・金斯伯格的訪談（Sept. 25, 1995）（作者的資料）。
5. Larry Josephson對露絲・貝德・金斯伯格的訪談，"Only in America—Celebrating 350 Years of the Jewish Experience," NPR, Sept. 2, 2004, http://www.onlyinamerica.info/ginsburg.shtml。
6. 露絲・貝德・金斯伯格，"Tribute to Rabbi Stephen S. Wise," East Midwood Jewish Center Bulletin, June 21, 1946, p. 2（作者的資料）。

7. 研究助理Leila Abolfazli對Seymour "Si" Bessen的訪談（Mar. 17, 2007）（作者的資料）。
8. 瑪麗・哈爾內特對Anita Fial的訪談（May 12, 2006）（作者的資料）。
9. 瑪麗・哈爾內特對Ann Burkhardt Kittner的訪談（May 22, 2006）（作者的資料）。

1-3 監聽：比疾病更糟的療法

1. Maeva Marcus對露絲・貝德・金斯伯格的訪談（Aug. 10, 1995）（作者的資料）。
2. 瑪麗・哈爾內特與溫蒂・威廉斯對露絲・貝德・金斯伯格的訪談（Aug. 5, 2004）（作者的資料）。
3. 同前註。
4. 瑪麗・哈爾內特與露絲・貝德・金斯伯格之間的對話（Feb. 3, 2010）。

1-4 馬丁・金斯伯格最喜愛的主題

1. 瑪麗・哈爾內特與溫蒂・威廉斯對馬丁・金斯伯格的訪談（Aug. 2, 2004）（作者的資料）。
2. Maeva Marcus對露絲・貝德・金斯伯格的訪談（Aug. 10, 1995）（作者的資料）。
3. 同前註。
4. 同前註。
5. 瑪麗・哈爾內特與溫蒂・威廉斯對馬丁・金斯伯格的訪談（Aug. 2, 2004）（作者的資料）。
6. Maeva Marcu s對露絲・貝德・金斯伯格的訪談（Aug. 10, 1995）（作者的資料）。

1-5 歌劇中的法律與律師

1. 瑪麗・哈爾內特與溫蒂・威廉斯對露絲・貝德・金斯伯格的訪談（Aug. 12, 2010）（作者的資料）。

1-6 悼念斯卡利亞大法官

1. 瑪麗・哈爾內特對安東尼・斯卡利亞的訪談（Aug. 1, 2007）（作者的資料）。
2. 同前註。

1-7 斯卡利亞／金斯伯格歌劇

1. 比較「聖瑪麗榮譽中心訴希克斯案」（St. Mary's Honor Ctr. v. Hicks，509 U.S. 502, 512〔1993〕）（「只有不熟悉我們案件法律的人，會對我們今天放在一邊的『已確立的判例』的反對的鬧鈴覺得沮喪……」）；「梅蘭迪斯—戴亞茲訴麻州案」（Melendez-Diaz v. Massachusetts，557 U.S. 305, 312〔2009〕）（「我們必須確保這個錯誤的讀者，關於這項反對的開場鬧鈴……。」）
2. 見Antonin Scalia, A Matter of Interpretation: Federal, Courts and the Law, 40 (Amy Gutmann ed., 1997)（「當然不能說一部憲法自然地建議善變；相反地，它整個目標是避免改變—牢牢嵌入某些權利，如此未來的世代不能輕易把它們拿走。」（斜體強調）；亦見「李訴韋斯曼案」（Lee v. Weisman, 505 U.S. 577, 632〔1992〕）（斯卡利亞大法官，不同意見書）（「今天的意見比成篇累牘的辯論更強烈地顯示為什麼我們國家的保護，那座堡壘，也就是我們的《憲法》，不可能仰賴本法院大法官善變的哲學偏好，而必須紮根於我國人民的歷史慣習。」（斜體強調）。善變是歌劇詠嘆調特別有名的主題。見《弄臣》第一幕第十一景裡的《女子皆善變》（La donna è mobile）（1851），可參見http://perma.cc/3KX-ZCBG。

3. 比較喬治·比才（Georges Bizet）、亨利·梅哈克（Henri Meilhac）與盧多維奇·哈雷維（Ludovic Halévy）的《卡門》（1875）第一幕第五景《哈巴奈拉舞曲》（Habañera）〈愛情是一隻無法馴服的小鳥〉（L'amour est un oiseau rebelle），可參見http://perma.cc/6LTM-YJAH（「愛情是個吉普賽的小孩，／它從來，從來不認識法律。」〔L'amour est enfant de Bohême, / il n'a jamais, jamais connu de loi.〕）。

4. 見如格奧爾格·弗里德里希·韓德爾（George Frideric Händel）與尼可拉·弗朗切斯科·哈因（Nicola Francesco Haym）在《朱利奧·凱撒》（Giulio Cesare in Egitto, 1724）第一幕第三景〈我說，你是個壞人〉（Empio, dirò, più sei），HWV 17，可參見http://perma.cc/CWU7-4GGU。

5. 見「賓州東南部計畫生育聯盟訴凱西案」，505 U.S. 833, 980（1992）（斯卡利亞大法官協同意見書）（陳述「《憲法》絕對沒有說這些」，關於女性將她未出生的孩子墮胎，是否為《憲法》保障的自由」）。

6. 見「美國訴維吉尼亞州案」518 U.S. 515, 567（1996）（斯卡利亞大法官，不同意見書）（「今天（本院）將全男性的軍事學院不具實際教育價值的概念，莊嚴地載入法律……」（強調重點）；同前註，597（「單一性別教育的敵人已經獲勝了；只透過七位大大法官（五位就夠了），他們的世界觀便莊嚴載入《憲法》，他們有效地在全部五十州施加這種觀點。」（強調重點））。對比「麥克雷里郡訴肯塔基州美國公民自由聯盟案」（McCreary County v. Am. Civil Liberties Union of Ky., 545 U.S. 844, 896-97〔2005〕）（斯卡利亞大法官，不同意見書）（史蒂文斯法官所依仗的「政教分離條款」〔The Establishment Clause〕被莊嚴地載入《憲法》條文，而這些官方行動顯示了它的意義……還有什麼比提出這項條款的國會的行動，以及第一位被認為奉行該條款的總統的行動，更能佐證「政教分離條款」的意義?）（原文強調）；「哥倫比亞特區訴海勒案」（Dist. of Columbia v. Heller, 554 U.S. 570, 584-85〔2008〕）（「十八世紀或十九世紀前二十年寫下的九個州的憲法條款……將公民「擁有武器捍衛他們自己與國家」或「擁有武器捍衛他自己與國家」的權利，莊嚴載入法律。」（強調重點）（引用省略）；id. 634-36（「憲法權利被莊嚴載入的尺度，是採用它們的人所理解的尺度，而不管未來的立法者或者（沒錯）甚至未來的法官認為這樣的尺度太廣……憲法權利的莊嚴載入必然地排除某些政策選擇。」（強調重點））。

7. 見如，Ushma Patel,〈斯卡利亞偏好「持久的」而非「活的」憲法〉（Scalia Favors "Enduring," Not Living, Constitution），

普林斯頓大學（Dec. 11, 2012, 1:00 PM），http://perma.cc/M7R2-3G9H（「我遇過好幾個班的年輕人來到法院，驕傲地引用他們被教導的，『憲法是一部活的文獻』。它不是一份活的文獻！它是死的。死的，死的，死的！斯卡利亞說著，引來聽眾一陣笑聲。『不，我不是那樣說……我稱它為歷久彌新的《憲法》。我是這麼告訴他們的。』）

8. 比較《新舊聖誕頌歌集》（Christmas Carols New & Old，Ramsden Bramley & John Stainer eds., ca. 1878）裡的〈第一個聖誕〉（The First Nowell）。（「天使確實說，第一個聖誕，／是給田野上的窮困牧羊人，當他們躺在……」）。

9. 見「麥克唐納訴芝加哥市」（McDonald v. City of Chicago, 561 U.S. 742, 805〔2010〕）。（斯卡利亞大法官，協同意見書）（「史蒂文斯大法官憎惡一個『多數或有權勢的利益團體總能為所欲為』的體制……但卻用一個沒有非經過選舉而且是終身職的法官總能為所欲為的體制取而代之。」（引文略）；「韋伯斯特訴生殖健康服務案」（Webster v. Reproductive Health Servs., 492 U.S. 490, 535〔1989〕）（斯卡利亞大法官，協同意見書）（「我們現在可以期待下一個會期收到好幾車來自大眾的信件，還有街上擠滿抗議人潮，敦促我們——他們非經過選舉而且終身職的法官，而且被賦予那些特別的、不民主的特質，正好可以讓我們違背大眾的意志行使法律的法官——跟著大眾的意志。」）

10. 比較韓德爾&哈因，在《朱利奧．凱撒》上述註4第一幕第五景，〈復仇之念在我心燃起〉（Svegliatevi nel core）（對（我）父親的恐懼／急於自衛／而說：對你，（我的）兒子，／嚴苛是被期待的。〔L'ombra del genitore / accorre a mia difesa / e dice: a te rigor, / Figlio, si aspetta."〕）。

11. 比較法蘭西斯．史考特．基（Francis Scott Key）與約翰．史丹佛．史密斯（John Stafford Smith），〈星條期之歌〉（The Star-Spangled Banner，即美國國歌，1814）（哦，你可看見，透過一線曙光，／我們對著什麼，如此驕傲地發出歡呼的聲浪？）

12. 比較韓德爾《薛西斯》（XERXES，1738，HWV 40）第一幕第一景中的〈樹蔭之歌〉（Ombra mai fu），可見http://perma.cc/6XRJ-AUK5（韓德爾的「最緩版」）（遮蔭未有／植栽之中／更親更愛／更甜過之。〔Ombra mai fu / Di vegetabile, / Cara ed amabile / Soave più.〕）。

13. 比較《新舊聖誕頌歌集》上述註8（「聖誕，聖誕，聖誕，聖誕，／以色列的王誕生。」）。

14. 見美國電視節目《60分鐘》（60 Minutes）：斯卡利亞大法官公開發言，節目中與節目後（CBS電視播出，Apr.

27, 2008)(文字紀錄見http://perma.cc/A64C-QNBB(「當我第一次到法院工作，我以為我一到六十五歲，就會立刻退離開。因為你知道，法官退休是領全薪。所以，沒理由不離開，然後做點其他的事。所以，你知道的，基本上我是免費在工作，也許意味我太笨，還留在最高法院，」斯卡利亞大法官笑著說。「你應該找個更理智的人。但是我不能——實際上，我只是無法想到我還可以加演做什麼。我無法想到任何其他工作，能讓我覺得一樣有趣與令人滿足。」)

15. 見上註(「『我的意思是，過一段時間後，你知道，我今天在反對意見裡說的，是我在二十年前反對意見中說的同樣的事，』斯卡利亞解釋說。」)

16. 比較沃夫岡・阿瑪迪斯・莫札特(Wolfgang Amadeus Mozart)&伊曼紐爾・席卡內德(Emanuel Schikaneder)的《魔笛》(Die Zauberflöte, 1791, K. 620)第二幕第八景，可見http://perma.cc/444R-UDUT(「夜后在雷電中從中央的活板門現身，站在帕米娜的面前。」〔Die Königin der Nacht kommt unter Donner aus der mittlern Versenkung und so, dass sie gerade vor Pamina zu stehen kommt.〕;理查・華格納(Richard Wagner)《萊茵的黃金》(Das Rheingold，1869)第四場，可見http://perma.cc/U6VV-PLAL(「埃爾達突然現身，……從深處升起；她是個高貴的人物……」〔[W]ird plötzlich Erda sichtbar, die... aus der Tiefe aufsteigt; sie ist von edler Gestalt ...”〕)。

17. 見「全國獨立企業聯盟訴西貝利厄斯案」(132 S. Ct. 2566, 2623-24〔2012〕)(金斯伯格大法官，協同意見書)(「強調首席大法官的觀點，認為商業條款必須限制在一種商業市場活動參與的規範，因而擔心商業條款將無限上綱……作為他所擔心的那種規範例子，首席大法官引用政府強制購買綠色青菜……我們可以稱這種擔憂為『花椰菜的恐慌』」。)。

18. 見「美國訴溫莎案」(United States v. Windsor, 133 S. Ct. 2675, 2704〔2013〕)(斯卡利亞大法官，不同意見書)(「不是不可想像的惡」)。

19. 比較「麥克洛克訴馬里蘭州案」(McCulloch v. Maryland, 17 U.S.〔4 Wheaton〕316, 407〔1819〕)(「我們一定永遠不能忘記，我們正在闡釋的是憲法。」);斯卡利亞大法官在伍德羅・威爾遜國際學者中心發表的演說(Mar. 14, 2005)(文字紀錄稿可供下載: http://perma.cc/WAB5-EGV3)(「雖然這現在是少數的觀點，但不久前，原旨主義是正統……回想一下約翰．馬歇爾在「聯邦銀行案」中的意見，他說……我們正在闡釋的憲法。而既然這是一部憲法，他說，你必須賦予它的條文擴大性的意義，如此它們可以適合你不知道將會在未來發生的事件。你可以賦予它任何你想要的意義，當未來的需要出現時，你只要改它的意義。但不論如何，這就不再是正統了。」）

20. 見「美國訴維吉尼亞州案」（518 U.S. 515, 567〔1996〕）（斯卡利亞大法官，不同意見書）（「有著《第一條修正案》的民主體制的優點，是它隨時能讓人民，經過一段時間後被說服：他們認為理所當然的事並非如此；因而他們據此改變他們的法律。若每個時代自鳴得意的信念都從民主過程中移除，而寫進《憲法》，整個體制就毀了。所以，為了對抗與平衡本法院對我們先人的批評，讓我說一句讚美他們的話：他們留給我們更改的自由。但同樣的話不能用來說這個最不自由派的法院，它已經踏上了一條道路，將社會上的每一個偏好，一一寫進我們的基本法。（而且其中有些案例，只是社會中受法律訓練的菁英的反多數偏好。）大致可見David F. Forte, The Illiberal Court, 48 National Law Review, July 29, 1996, at 40。也可比較[Jennifer Senior, In Conversation: Antonin Scalia, New York Magazine, Oct. 6, 2013，可見http://perma.cc/Q9ZW-ZFYN]（「我們早上時拿到報紙……我們通常會拿到《華盛頓郵報》，但對我來說，它……跑太快了。我不再能消化它了……它幾乎在檢討任何的保守派議題。它傾斜了，而且通常令人不快……我認為，它的訂戶消失，部分原因是他們變得如此尖刻地自由派。」）

21. 比較朱塞佩．威爾第（Giuseppe Verdi）與法蘭西斯科．馬利亞．皮亞夫（Francesco Maria Piave）在《茶花女》（La Traviata, 1853）第一幕第五景〈永遠自由〉（Sempre libera），可見http://perma.cc/6EZF-AUKY（「多麼愚蠢！多麼愚蠢！」〔"Follie! follie ...!"曰〕）。

22. 比較Antonin Scalia，God's Justice and Ours, FIRST THINGS (May 2002)，http://perma.cc/FY87-852V（這個困境，當然不會被「活憲法」的支持者質疑，他們相信它指的是它應該指的。如果死刑（從他的觀點來看）是不道德的，那麼，它（哇！）自然也是不合憲的……（你可以看出為什麼「活的憲法」對我們法官有如此的吸引力。」）。

23. 斯卡利亞的角色所唱的歌詞，與威爾第的詠嘆調〈永遠自由〉大致呼應。見上述註21，威爾第與皮亞夫，《茶花女》第一幕第五景〈永遠自由〉（「永遠自由，我要從歡樂嬉鬧到歡樂」〔Sempre libera degg'io / folleggiare di gioia in gioia〕）。

24. 金斯伯格的角色所唱的歌詞，與一首莫札特的二重唱節奏大致呼應。見莫札特與達．彭特（Da Ponte）《費加洛婚禮》（Le Nozze Di Figaro，1786, K.492）第二幕第四景，〈開門，馬上開門〉（Aprite, presto, aprite），見http://perma.cc/32JK-Q3PR（「等一下，凱魯比諾！」〔Fermate, Cherubino!〕）。

25. 斯卡利亞大法官在「謝爾比郡訴霍德案」中加入了主要意見書。見133 S. Ct. 2612, 2648（2013）（金斯伯格，不同意見書）（「最高法院的意見幾乎無法被說成是節制與中庸判決的典範。相當相反。」）

26. 見Adam Liptak，How Activist Is the Supreme Court?，N.Y. TIMES, Oct. 12, 2013，at SR4（「斯卡利亞與金斯伯格大法官在最高法院時意識形態上對立，但他們同意一件事。他們的法院犯了司法能動主義的過失。」）。

27. 見上述註。（「若是從隨時準備要推翻立法的角度來衡量，這是歷史上最激進的法院之一，」金斯伯格大法官在2013年8月的《紐約雜誌》採訪中說：「我想，這個法院比任何其他的法院推翻了更多的立法」）；金斯伯格大法官在「國家憲法中心」的演講（Sept. 9, 2013），談論司法能動主義，可見http://perma.cc/7R6V-ZKAX。（「〔一〕個激進法院」是一個對推翻國會通過的法律，一點都不遲疑的法院……最糟的案例是「謝爾比郡訴霍德案」，一個關於《選舉權法》的案子。）

28. 「謝爾比郡訴霍德案」，133 S. Ct. 2612（2013）（金斯柏格大法官，不同意見書）。

29. 見上述註2636（2013）（金斯伯格，不同意見書）（「國會行使執權的權威是最高的」）。

30. 見金斯伯格大法官談論司法能動主義，上述註27（「最高法院說，即使國會壓倒性的多數通過了《選舉權法》，『那還是不行。』」）。

31. 見「全國獨立企業聯盟訴西貝利厄斯案」，132 S. Ct. 2566, 2676（2012）（斯卡利亞、甘迺迪、托馬斯與阿利托大法官，不同意見書）（「最高法院將其緊縮的法律解釋視為司法自制。它不是。相反地，它相當於一個巨大的司法越權……應該決定我們今天路線的價值是謹慎、最小主義〔minimalism〕，以及理解聯邦政府是有限的權力之一。但最高法院的裁決時時在破壞這些價值。以克制為名，踰越權限。」）。

32. 比較如「阿特金斯訴維吉尼亞州案」（Atkins v. Virginia, 536 U.S. 304, 338〔2002〕）（斯卡利亞，不同意見書）（「本法院很少有一個意見如此明顯地只仰賴其成員的個人見解。」）。

33. 比較「美國訴維吉尼亞州案」，518 U.S. 515, 601（1996）（斯卡利亞大法官，不同意見書）（「這是聯邦體制令人不悅的意外之一，一個自以為是的最高法院，根據其成員個人認為能成為一個『更完美的聯邦』〔此類別僅是一個『更完美的世界』較節制的說法〕的個人觀點而做成判決，能強加其偏好的社會與經濟意向於全國。」）

34. 比較「謝爾比郡案」，133 S. Ct. 2612, 2632（2013）（金斯伯格大法官，不同意見書）（「國會認為，根據大量的紀錄，情況進很多，但歧視的禍害仍未完全根除。」）；「費雪訴德州案」，133 S. Ct. 2411, 2434 n.4（2013）（金斯伯格，不同意見書）（「被設計來增加長期被剝奪完整公民地位族群負擔的行動，和採取盡快促成根除根深柢固的歧視及其影響的行動，無法恰當地相提並論。」（引用「葛拉茲訴布林格案」，539 U.S. 244, 301〔2003〕）（金斯伯格大法官，不同意見書）。

35. 比較如「里奇蒙市訴J．A．克洛森公司案」（City of Richmond v. J.A. Croson Co., 488 U.S. 469, 520〔1989〕）（斯卡利亞大法官，協同意見書）（「然而，我不同意歐康諾大法官的格言，認為雖然根據第十四條修正案，州與地方政府可以在些情況下依據種族區分，以便（從廣義來看）『改進過去的歧視影響』。」）。

36. 比較莫札特&達．彭特在《費加洛婚禮》上述註24，第二幕第二景《情為何物》（Voi che sapete）。

37. 比較Antonin Scalia, The Disease as Cure: "In Order to Get Beyond Racism, We Must First Take Account of Race," 1979 WASH. U. L.Q. 147（1979）（討論「加州大學董事會訴巴基案」，438 U.S. 265〔1978〕）。

38. 比較莫札特&席卡內德（Schikaneder）在《魔笛》第二幕第七景，上述註16，《地獄之復仇在我心》（Der Hölle Rache kocht in meinem Herzen）（「永遠放棄，／永遠破裂」〔Verstoßen sei auf ewig, / verlassen sei auf ewig〕。）

39. 見「費雪案」，133 S. Ct. at 2433（金斯伯格大法官不同意見書）「至於整體的觀點，若大學無法特別納入種族作為一項因素，很多人可能『訴諸偽裝』，以『維持他們的少數族群招生。』（引用「葛拉茲案」，539 U.S. at 304〔金斯伯格大法官，不同意見書〕）；「費雪案」，133 S. Ct. at 2434（「正如下面完整的意見所示……，這所大學的招生政策彈性地僅將種族視為計分中的『一項因素中的一項因素中的一項因素』。」（引用省略）。

40. 見「葛拉茲案」，539 U.S. at 288-89（金斯伯格大法官，不同意見書）（「若我們國家已經由法律，免於階級歧視的殘餘，那麼，這項（對司法一致性的）堅持就是合適的。然而……隨著「一個種族的種性制度最近剛結束」，巨大的差異依然存在。」（引用省略）（引自「阿達蘭德建築商訴佩納案」，Adarand Constructors, Inc. v. Pena, 515

U.S. 200, 273-76 & n.8〔1995〕)（金斯伯格大法官，不同意見書）。大致比較威爾第與泰米斯托克萊．索萊拉（Temistocle Solera）的《納布科》（Nabucco, 1842）第三幕第二景〈飛吧，思想，乘著金　的翅膀〉（Va, pensiero，也稱「奴隸大合唱」）。

41. 見「謝爾比郡案」，133 S. Ct. at 2633（金斯伯格大法官，不同意見書）（「第十四修正案」後的一個世紀，保障了公民免於種族歧視的投票權，但『選舉中種族歧視的陰影』持續『影響我們國家的部分地區選舉過程』。早期處理這種惡意感染的手段，類似打擊希臘神話中的九頭蛇。」引用「南卡羅萊納州訴卡岑巴赫案」，383 U.S. 301, 308〔1966〕）。

42. 見「費雪案」，133 S. Ct. at 2433-34（金斯伯格大法官，不同意見書）（「我之前已經說過，在這裡重申一次，只有一隻駝鳥才會將被認為中立的選項視為無種族意識……這所大學達成合情合理的判斷：被認為種族中立的方法無法以合宜的方式達成學生群體多元的教育利益。）（引用省略）

43. 見「阿達蘭德案」，515 U.S. at 239（斯卡利亞大法官，協同意見書）（「在我看來，被不合法的種族歧視不公正對待的個人，應該要成為完整……但是在我們的《憲法》下，不可能有債權人族或債務人族……在政府眼中，我們在此都是一族。即美國。」）；「里奇市訴J．A．卡洛森公司案」，488 U.S. 469, 527-28（1989）（斯卡利亞大法官，協同意見書）（相信種族偏好有助「打平分數」的人，顯示、而且強化了一種以種族思考的方式，那是不公義的源頭，而且，如果這種想法在我們的社會上持續存在，會成為更多不公義的源頭。」）

44. 見「謝爾比郡案」，133 S. Ct. at 2648（金斯伯格大法官，不同意見書）（「驕傲自大是今天（對選舉權投法票）破壞的適當字眼。」）。

45. 比較比才、梅哈克、哈雷維的《卡門》第一幕第九景《賽圭迪亞舞曲》（Seguidilla）〈在塞爾維亞的老城牆旁〉（Près des remparts de Séville），上述註3。（「在塞爾維亞的老城牆旁，／在我朋友Lillas Pastia的家，／我將要跳塞圭迪亞舞／喝Manzanilla酒。/我會去我朋友Lillas Pastia那裡。」〔Prè des remparts de Séville, / Chez mon ami, Lillas Pastia, / J'irai danser le séguedille / Et boire du Manzanilla. / J'irai chez mon ami Lillas Pastia.〕）；亦見ABA Journal—Law News Now, Justice Ruth Bader Ginsburg Talks Opera, the Law and Tells of a Plácido Domingo Serenade,

YOUTUBE (Aug. 5, 2012), http://perma.cc/4ZCV-W48R?type=source〔以下為ABA Journal, Justice Ginsburg Talks Opera〕(「在歌劇裡最著名的辯訴交易是卡門與唐．荷塞的：若他讓她脫逃，那麼，她會答應他在她朋友的餐館與他見面。)

46. 見如威爾第與皮亞夫在《茶花女》第一幕第二景，上述註21，〈飲酒歌〉(Libiamo ne' lieti calici)。

47. 見Lawyers Enjoy a Morning at the Opera with Justice Ginsburg and Solicitor General Verrilli, ABANow (Aug. 4, 2012), http://perma.cc/L3NW-A5X3 (「我們的開國元勳都是有遠見的偉人。他們不冒進，明白他們受限於那個時代的觀念。但是，我認為，他們的想法是，社會會進化，而《憲法》某些偉大條款的意義，例如法律的正當程序，會隨著社會成長，因此《憲法》將永遠能回應法律要服務的社會。」)；亦見「阿達蘭德案」，515 U.S. at 276(金斯伯格大法官，不同意見書)(「我認為今天的判決，是允許我們的判例進化的判決，仍然知悉不斷改變的情境，並做出回應。」)。

48. 這一段的詠嘆調強調的是女高音較低音部分。比較ABA Journal，Justice Ginsburg Talks Opera，上述註45。(「〔若我是一位歌劇演唱家，〕我的第一個反應會是，嗯，〔我的聲音〕應該會是一個偉大的女高音，我會是Renata Tebaldi或者可能是Beverly Sills。但後來我想到Risë Stevens然後說，然後說，好吧，也許我會是個女中音，像Marilyn Horne。」)。

49. 見如「美國訴維吉尼亞州案」，518 U.S. 515, 531(1996)(「經過〔我們國家〕一個世紀又三十多年的歷史，女性還未被計入組成『我們人民』的選民。」)

50. 見上註資料557頁(「我們的《憲法》歷史的主要部分……是憲法權利與保護，被擴展到曾被忽視或排除的人的故事。」)。

51. 見上註資料532頁(「最高法院多次承認，當一道法律或官方政策只因為女性為女性，而拒絕女性完整的公民地位時，聯邦或州政府的行為未符合平等保護原則。當中的完整公民地位指的是，根據其個人的天賦與能力，去夢想、達成、參與和貢獻社會的平等機會。)。

52. 見「萊德貝特訴固特異輪胎橡膠公司案」，550 U.S. 618, 645(金斯伯格大法官，不同意見書)(挑戰「目前受性別歧視影響的薪資支付作法——即支付較少薪資給工作職等與男性相似的女性。」）。國會後來採納了金斯伯格大法官的立場，通過了《2009年莉莉．萊德貝特公平薪酬法案》。Pub. L. No. 111-2, 123 Stat. 5 (2009)。

53. 比較金斯伯格大法官為「布倫南大法官與活憲法研討會」的閉幕演說，95 Cal. l. Rev. 2217, 2219（2007）（「我不應該漏掉提到，布倫南大法官在1970年代也大力促成最高法院朝向重視婦女權利的新方向。我在最高法院辯論的第一個案子，1973年的「弗朗蒂羅訴李察森案」，是第一個與布倫南大法官的意見一致，裁定我們的活《憲法》責成政府尊重女性與男性為平等地位與尊嚴的個人。」）（作者強調）。

54. 見「阿達蘭德建築商訴佩納案」，515 U.S. 200, 274（1995）（金斯伯格大法官，不同意見書）（「有意識與無意識的偏見，反應了傳統與未經檢視的思考習慣，會豎起必須推倒的障礙，若平等機會與無歧視確實要成為這個國家的法律與作法。」）。

55. 比較金斯伯格，「第二十屆Leo and Berry Eizenstat紀念講座」：The Role of Dissenting Opinions (Oct. 21, 2007)（文字紀錄可見：http://perma.cc/Z6E8-6NUM）（「我們的首席大法官……表達他對我們國家第四任首席大法官約翰．馬歇爾的景仰，從我的觀點，與許多人相同，認為他是美國史上最偉大的首席大法官。我們目前的首席大法官尤其敬佩馬歇爾首席大法官在同仁間達成共識的超高手腕。在他的任期裡，最高法院大多是以一個聲音說話。」）。

56. 如金斯伯格大法官寫道：「很多案件……不常被媒體撿選報導，是我和斯卡利亞意見相同的，而如果你們想想這上個會期，關於《第四條修正案》的案件，斯卡利亞大法官……不同意。當中的問題是，當警察逮捕某個重罪嫌疑人時，警察是否……能拿取一個ＤＮＡ樣本。」金斯伯格大法官談最高法院判決與政治積極主義（C-SPAN電視播放時間Sept. 6, 2013），可見http://perma.cc/S5LZ-68GA；見「馬里蘭州訴金案」（Maryland v. King），133 S. Ct. 1958, 1980（2013）（斯卡利亞大法官，不同意見書）（「斯卡利亞大法官反對，有金斯伯格大法官、索托馬約大法官與凱根大法官加入。」）

57. 比較「祖尼公立學校學區訴教育部案」（Zuni Pub. Sch. Dist. v. Dep't of Educ., 550 U.S. 81, 113〔2007〕）（斯卡利亞大法官，不同意見書）（對這條法規解釋的單純喝采應該是很明顯的。」）

58. 比較如Piers Morgan Tonight: Interview with Antonin Scalia〔（ＣＮＮ電視播放，July 18, 2012）（文字紀錄可見：

http://perma.cc/6ZPA-HGB5）〕（「我在最高法院最好的搭檔是金斯伯格，一直都是。」）。

59. 見如 Emmarie Huetteman, Breyer and Scalia Testify at Senate Judiciary Hearing, N.Y. TIMES, Oct. 6, 2011, at A21（「斯卡利亞大法官闡釋，使美國與其他國家不同的原因：不是《權利法案》，這個『每個某某共和國』都有這個，而是權力的分立。美國人『應該學著愛這種僵局，』他說：『它的存在是有原因的，以便使產出的立法是好的立法。』」）

60. 最高法院最初的組成為六位大法官。《1789年司法條例》（Judiciary Act of 1789），第二十章第一條，1 Stat. 23*。1869年，大法官的人數增加為九人。《1869年司法條例》第二十二章第一條，16 Stat. 44（「美國最高法院此後應涵蓋美國的首席大法官與八位大法官……」）。

61. 比較 SCALIA, A MATTER OF INTERPRETATION，上述註2，13-14（「至今我與所有聯邦法官做的大部分事情，是解釋聯邦法規與聯邦機構的規定。」）。

62. 見如 Rob Seal, Scalia: Judges Should Consider Tradition in Church and State Cases, u. Va. l. Sch.（Apr. 11, 2008）, http://perma.cc/3PYB-R8E4（莎士比亞之於高中的英國學生，就像社會接受的憲法傳統之於嚴謹的法官。他不評斷它們，但受它們評斷……〔規則〕必須紮根於——必須衍生自——《憲法》的文本，而在文本本身不清楚之處，將呈現於最後定下來的作法。」）。

63. 見如Morning Edition: Ruth Bader Ginsburg and Malvina Harlan: Justice Revives Memoir of Former Supreme Court Wife（〔NPR廣播節目，May 2–3, 2002〕，可見http://www.npr.org/templates/story/story.php?storyId=1142685）（「不同意見書是對一個未來的時代說話。它不只是說：『我的同事錯了，而我要這麼做。』但最偉大的不同意見書確實會成為法院的意見，而漸漸地經過一段時間後，他們的觀點會成為主流觀點。所以，一位反對者的希望是：他們不是為今天而寫，是為明天而寫。」）

64. 比　較 Daniel J. Hemel, Scalia Describes “Dangerous” Trend, HARVARD CRIMSON（Sept. 29, 2004）, http://perma.cc/

* 【譯註】：此為美國法規的標記法，1 Stat. 23表示第一卷（volume）第23頁。

B8JU-U5BF（「最高法院最近的判決……代表了一種『危險的』潮流，斯卡利亞大法官昨天晚上告訴一群哈佛的聽眾。」），以及At the Supreme Court: A Conversation with Justice Ruth Bader Ginsburg and Stanford Law School Dean M. Elizabeth Magill, STANFORD LAWYER (Oct. 4, 2013), http://perma.cc/ZNS2-VMZU（「若你回想最高法院的歷史，有一些時期，最高法院會遏止國家大致的進步趨勢。我認為，現在可能是其中一段這樣的時期，但最終，這樣的時期會過去。」）。

65. 見Scalia, A Matter Of Interpretation，上述註2，p,7, 12（「普通法立法的一個絕對先決條件是遵循判例原則——即在一個案件中做出的判決，將成為下一個案件遵循的原則。很顯然，如果沒有這樣的原則，普通法法院就不會制定任何「法律」；他們只是在解決他們眼前的特定爭端。要求未來的法院遵循司法判決的基本原則，從而使該判決成為法律規則。（民法法系沒有這樣的要求，法律文本即具有權威性，而不是任何該文本的先前司法解釋。先前的司法意見因具有說服力而被參考，就像學術評論一樣；但它們沒有約束力。）……我很高興我離開了普通法，以及發展普通法的過程。在許多領域發展法律，已經證明是一種好方法——也許是最好的方法。」）。

66. 見Justice Ginsburg on Supreme Court Rulings and Political Activism，上述註56（「我應該說，最高法院的里程碑之一，是同僚間的融洽氣氛，而若我們無法——用斯卡利亞大法官最愛的一句話來說——「過這一關」，我們便無法完成《憲法》賦予我們的工作。我們知道——即使我們對《憲法》的解釋有尖銳的歧異，但我們信任，也尊重《憲法》與最高法院，而我們相要確保當我們離開最高法院時，它將和我們當初加入時一樣，依然安然無恙。」）。

67. 見上註。

第二部：向鋪路人與路徑標示人致敬

導論

1. 金斯伯格大法官經常使用「路徑標示」（pathmarking）或「鋪路」（waypaving）這兩個詞，不僅在這幾篇致敬文章，也用在她的法律文件寫作與司法意見書，她是讀了前聯合國祕書長道格．哈馬紹（Dag Hammarskjöld）的書《路標》（Vägmärken，1965）。見瑪麗．哈爾內特與溫蒂．威廉斯對露絲．貝德．金斯伯格的訪談（Aug. 5, 2004）（作者的資料）。

2-1 女性在法律界與法院的進步

1. 見如ROBERT E. BELL, DICTIONARY OF CLASSICAL MYTHOLOGY 147 (1982); EDITH HAMILTON, MYTHOLOGY 29–30 (1942)。
2. 見AESCHYLUS, EUMENIDES。
3. 《士師記》第四節。
4. 見如Pnina Nave Levinson, Deborah–A Political Myth (Dec. 1991)，可參見http://www.betdebora.de/2001/jewish-family/levinson.htm。
5. CYNTHIA FUCHS EPSTEIN, WOMEN IN LAW 49 (2d ed. 1993).
6. 同前註。
7. AUDREY C. TALLEY ET AL., MILESTONES FOR WOMEN ATTORNEYS 12 (1993).
8. In re Bradwell, 55 Ill. 535 (1869)；見WOMEN IN LAW: A BIO-BIBLIOGRAPHICAL SOURCEBOOK 46 (Rebecca Mae Salokar & Mary L. Volcansek eds., 1996)。
9. Myra Bradwell, Editorial, Women Lawyers, CHI. LEGAL NEWS, June 19, 1880，第857。
10. CURTIS J. BERGER, LAND OWNERSHIP AND USE 139 (1968).
11. 見Ruth Bader Ginsburg, Remarks on Women's Progress in the Legal Profession in the United States, 33 TULSA L.J. 13, 15 (1997); Ruth Bader Ginsburg, The Progression of Women in the Law, 28 VAL. U. L. REV. 1161, 1173 (1994)。
12. Herma Hill Kay, The Future of Women Law Professors, 77 IOWA L. REV. 5, 8 (1991).

13. 見Ruth Bader Ginsburg, Keynote Address at Hawaii ACLU Conference on Women's Legal Rights (Mar. 16-17, 1978)，引用於Amy Leigh Campbell, Raising the Bar: Ruth Bader Ginsburg and the ACLU Women's Rights Project, 11 TEX. J. WOMEN & L. 157, 207 (2002)；Deborah L. Rhode, The "No-Problem" Problem: Feminist Challenges and Cultural Change, 100 YALE L.J. 1731, 1751 (1991)。

14. 見如Deborah L. Rhode, Beyond Just Potty Parity, 25 NAT'L L.J. 45 (2003)。

15. DEBORAH L. RHODE, A.B.A. COMM'N ON WOMEN IN THE PROFESSION, THE UNFINISHED AGENDA: WOMEN AND THE LEGAL PROFESSION 13 (2001).

16. A.B.A. COMM'N ON WOMEN IN THE PROFESSION, A CURRENT GLANCE AT WOMEN IN THE LAW 1（2005）（以下簡稱WOMEN IN THE LAW）。

17. Statistics, A.B.A. Section on Legal Education（作者資料），亦可見Cynthia Fuchs Epstein, Women in the Legal Profession at the Turn of the Twenty-First Century: Assessing Glass Ceilings and Open Doors, 49 KAN. L. REV. 733, 736 (2001)。

18. WOMEN IN THE LAW，同前述註16，第1。

19. NAT'L ASS'N FOR LAW PLACEMENT, JOBS FOR NEW LAW GRADUATES—TRENDS FROM 1994–2004 (2005), http://www.nalp.org（點選"Recent Graduates"連結）。

20. Kay，同前述註12，第5–6頁。

21. 同前註；Herma Hill Kay, UC's Women Law Faculty, 36 U.C. DAVIS L. REV. 331, 337 (2003)。

22. Kay，同前述註12，第6頁。

23. Deborah Jones Merritt, The Status of Women on Law School Faculties: Recent Trends in Hiring, 1995 U. ILL. L. REV. 93, 94.

24. Robert J. Borthwick & Jordan R. Schau, Note, Gatekeepers of the Profession: An Empirical Profile of the Nation's Law Professors, 25 U. MICH. J.L. REFORM 191, 199–201 (1991).

25. WOMEN IN THE LAW，同前述註16，第2頁；Elena Kagan，Women and the Legal Profession–A Status Report，in THE RECORD OF THE ASSOCIATION OF THE BAR OF THE CITY OF NEW YORK: GINSBURG AND ARPS LECTURES 37, 42 (2006)。
26. EPSTEIN，同前述註5，第744頁。
27. Kagan，同前述註25，第37頁。
28. 同前註，第39–40頁（引用WORKING GROUP ON STUDENT EXPERIENCES, HARV. L. SCH., STUDY ON WOMEN'S EXPERIENCES AT HARVARD LAW SCHOOL 4, 6, 18–19, 22, 25–26 & app. XX (2004)，可見http://www.law.harvard.edu/students/experiences/FullReport.pdf）。
29. 同前註，第40頁（引用LANI GUINIER ET AL., BECOMING GENTLEMEN: WOMEN, LAW SCHOOL, AND INSTITUTIONAL CHANGE 8〔1997〕）。
30. Sharon Begley, He, Once a She, Offers Own View on Science Spat, WALL ST. J., July 13, 2006, at B1.
31. Kagan，同前述註25，第40頁。
32. WOMEN IN THE LAW，同前述註16，第1–3頁。
33. Kagan，同前述註25，第41–42頁。
34. 同前註，第45–46頁。
35. Louise Story, Many Women at Elite Colleges Set Career Path to Motherhood, N.Y. TIMES, Sept. 20, 2005, at A1.
36. Carolyn Gang Irving, Letter to the Editor, N.Y. TIMES, Sept. 22, 2005, at A30.
37. Kagan，同前述註25，第44頁（引用SYLVIA ANN HEWLETT ET AL., THE HIDDEN BRAIN DRAIN: OFF-RAMPS AND ON-RAMPS IN WOMEN'S CAREERS 42〔2005〕）。
38. Ruth Bader Ginsburg & Laura W. Brill, Women in the Federal Judiciary: Three Way Pavers and the Exhilarating Change President Carter Wrought, 64 FORDHAM L. REV. 281 (1995).
39. 同前註，第282–83頁。

40. 同前註，第283頁。
41. 同前註，JEANETTE E. TUVE, FIRST LADY OF THE LAW: FLORENCE ELLINWOOD ALLEN 163–64 (1984)。
42. TUVE，同前述註41，第164頁。
43. Sheldon Goldman & Matthew D. Saronson, Clinton's Nontraditional Judges: Creating a More Representative Bench, 78 JUDICATURE 68, 68 n.1 (1991).
44. Mary L. Clark, Changing the Face of the Law: How Women's Advocacy Groups Put Women on the Federal Judicial Appointments Agenda, 14 YALE J.L. & FEMINISM 243, 245 (2002).
45. Ginsburg & Brill，同前述註38，第287頁。
46. 同前註，第288頁；Sheldon Goldman, Reagan's Judicial Legacy: Completing the Puzzle and Summing Up, 72 JUDICATURE 318, 322, 325 (1989)。
47. Ginsburg & Brill，同前述註38，第288頁；Sheldon Goldman, Bush's Judicial Legacy: The Final Imprint, 76 JUDICATURE 282, 287, 293 (1993)。
48. Federal Judicial Center, Federal Judges Biographical Database, http://www.fjc.gov（最後一次造訪該網頁：Nov. 22, 2006）。
49. 同前註。
50. 見Sandra Day O'Connor, Portia's Progress, 66 N.Y.U. L. REV. 1546, 1558（1991）（引用David Margolick, Women's Milestone: Majority on Minnesota Court, N.Y. TIMES, Feb. 22, 1991，B16）。
51. Healy v. Edwards, 363 F. Supp. 1110, 1115 (E.D. La. 1973).

2-5 珊卓拉・黛・歐康諾

1. Stephen G. Breyer, A Tribute to Sandra Day O'Connor, 119 HARV. L. REV. 1242, 1244 (2006).

2. PETER HUBER, AMERICAN WOMEN OF ACHIEVEMENT: SANDRA DAY O'CONNOR 25 (1990).
3. 珊卓拉．黛．歐康諾在1990 Sixteenth Annual Olin Conference的演講：Women in Power (Nov. 14, 1990)。
4. Ruth V. McGregor, A Tribute to Sandra Day O'Connor, 119 HARV. L. REV. 1245, 1246 (2006).
5. Surviving Cancer: A Private Person's Public Tale, WASH. POST, Nov. 8, 1994, Health, at 7.（歐康諾對Nat'l Coalition for Cancer Survivorship的演講摘錄〔Nov. 3, 1994〕）。
6. 例如：County of Allegheny v. Am. Civil Liberties Union, Greater Pittsburgh Chapter, 492 U.S. 573, 678（1989）（甘迺迪大法官，部分協同意見書，部分反對意見書。）
7. 例如：Republican Party of Minn. v. White, 536 U.S. 765, 803 (2002)（史蒂文斯大法官，不同意見書）；Zelman v. Simmons-Harris, 536 U.S. 639, 685（2002）（史蒂文斯大法官，不同意見書）。
8. Sullivan v. Finkelstein, 496 U.S. 617, 632 (1990)（斯卡利亞大法官，部分協同意見書）。
9. Lee v. Weisman, 505 U.S. 577, 644 (1992)（斯卡利亞大法官，不同意見書）。
10. SANDRA DAY O'CONNOR, OUT OF ORDER 148–50 (2013).
11. 莎士比亞，《亨利五世》第五幕，第二景。

2-7 紀念偉大的女士們：最高法院妻子們的故事

1. FRANCES N. MASON, MY DEAREST POLLY: LETTERS OF CHIEF JUSTICE MARSHALL TO HIS WIFE, WITH THEIR BACKGROUND, POLITICAL AND DOMESTIC 1779–1831, at xiii (1961).
2. 見LIFE AND LETTERS OF JOSEPH STORY, ASSOCIATE JUSTICE OF THE SUPREME COURT OF THE UNITED STATES AND DANE PROFESSOR OF LAW AT HARVARD UNIVERSITY (William W. Story ed., 1851)（以下簡稱LIFE AND LETTERS）。
3. R. KENT NEWMYER, SUPREME COURT JUSTICE JOSEPH STORY: STATESMAN OF THE OLD REPUBLIC 487 (1985).

4. 見MRS. WILLIAM H. TAFT, RECOLLECTIONS OF FULL YEARS (1914)（以下簡稱RECOLLECTIONS）。
5. 騎乘巡迴在《巡迴上訴法院法案》（Circuit Court of Appeals Evarts Act, ch. 517, 26 Stat. 826〔1891〕）通過後，就不再出現了。（在28 U.S.C.幾個章節經修訂後編成條例。）
6. 見MASON，同前述註1，第151頁。
7. 見CLARE CUSHMAN, THE SUPREME COURT JUSTICES: ILLUSTRATED BIOGRAPHIES, 1789–1995，第51–52（2d ed. 1995）。安與布希羅德也對音樂有共同的喜好。見JUDITH S. BRITT, NOTHING MORE AGREEABLE: MUSIC IN GEORGE WASHINGTON'S FAMILY 82–86 (1984)。
8. 見HORACE BINNEY, BUSHROD WASHINGTON 24 (1858)。
9. HERBERT A. JOHNSON, THE CHIEF JUSTICESHIP OF JOHN MARSHALL, 1801–1835, at 98–99 (1997); JEAN E. SMITH, JOHN MARSHALL: DEFINER OF A NATION 282–95 (1996)。
10. 約翰．馬歇爾給波莉．馬歇爾的信（July 11, 1797），MASO，同前述註1，第98頁。
11. MASON，同前述註1，第344頁。
12. 見前註，頁xiii。
13. 見如JOHNSON，同前述註9，第41頁。
14. HENRY FLANDERS, 2 THE LIVES AND TIMES OF THE CHIEF JUSTICES OF THE SUPREME COURT OF THE UNITED STATES 536 (1881).
15. 莎拉是喬瑟夫的第二任妻子，他的前妻瑪麗在他們結婚幾個月後便去世了。喬瑟夫年輕時喜歡寫詩，而且出版了一本他的作品，書名是The Power of Solitude，當中包含瑪麗寫的兩首詩。然而這本書讀者反應不佳，當瑪麗去世時，喬瑟夫收集了所有他們收集到的這本書，把它們銷毀了。見GERALD T. DUNNE, JUSTICE JOSEPH STORY AND THE RISE OF THE SUPREME COURT 31 (1970)。
16. 通見LIFE AND LETTERS，同前述註2。
17. 喬瑟夫寫給莎拉．史多利的信（Mar. 3, 1844），2 LIFE AND LETTERS，同前述註2，第472–73頁（討論Vidal v.

Girard's Executors, 43 U.S.〔2 How.〕127〔1844〕）。

18. 喬瑟夫．史多利的最後遺囑（Jan. 2, 1843）（以下稱史多利遺囑），JOSEPH STORY: A COLLECTION OF WRITINGS BY AND ABOUT AN EMINENT AMERICAN JURIST 211 (Mortimer D. Schwartz & John C. Hogan eds., 1959)。

19. 同前註，第211–12頁。

20. 見前註，第212頁。

21. 在史多利大法官立下他的遺囑幾年後，麻州改革了它的對已婚婦女財產的法律。見Acts and Resolves Passed by the Gen. Ct. of Mass., ch. 208, § 1 (1845)，經修訂編纂為Mass. Gen. Laws. Ann. ch. 209, § 25 (West 1998)（允許女性在結婚時，約定保留她自己的財產）；Acts and Resolves Passed by the Gen. Ct. of Mass., ch. 304, § 1 (1855)，經修訂編纂為Mass. Gen. Laws. Ann. Ch. 209, § 1 (West 1998)（女性在婚前的財產仍為其所有之「專屬與個別的財產，不受婚姻限制。」）。

22. 見史多利的遺囑，同前述註18，第212頁。

23. 同前註，第215頁。

24. JOHNSON，同前述註9，第98頁（引述約翰．馬歇爾給喬瑟夫．史多利的信〔Dec. 30, 1827〕）。

25. 同前註。

26. 見DUNNE，同前述註15，第271頁。

27. JOHNSON，同前述註9，第99頁。

28. 見前註，第98–99；DUNNE，同前述註15，第271頁。

29. 見JOHNSON，同前述註9，第98頁。

30. 見MALVINA S. HARLAN, SOME MEMORIES OF A LONG LIFE, 1854–1911，第8頁，（1915年修訂）（未出版手稿，國會圖書館，華盛頓特區）〔以下簡稱SOME MEMORIES〕。

31. 見前註。

32. 見Harriet F. Griswold, Justices of the Supreme Court of the United States I Have Known, SUP. CT. HIST. SOC'Y Q., No. 4, 1987，第1、3頁。
33. SOME MEMORIES，同前述註30，第8頁。
34. 見前註，第12、35–36頁。
35. 見前註，第117–18、120頁。
36. 見前註，第84頁；亦可見LOREN P. BETH, JOHN MARSHALL HARLAN: THE LAST WHIG JUSTICE 133–34 (1992)。
37. 見SOME MEMORIES，同前述註30，第86–88頁。
38. 見前註，第89–90頁。
39. 見前註，第96頁。
40. Dred Scott v. Sandford, 60 U.S. (19 How.) 393 (1857).
41. 見SOME MEMORIES，同前述註30，第97頁。
42. 見前註，第98頁。
43. Ch. 114, 18 Stat. 335 (1875).
44. SOME MEMORIES，同前述註30，第100頁。
45. 見前註，第8頁。
46. 見前註，第101頁。
47. 同前註。
48. 見前註，第101–02。
49. 83 U.S. (16 Wall.) 130, 139–42 (1873).
50. 見前註，第141頁。
51. 同前註。

52. 見JUDITH I. ANDERSON, WILLIAM HOWARD TAFT: AN INTIMATE HISTORY 49 (1981)。
53. 見HENRY F. PRINGLE, 1 THE LIFE AND TIMES OF WILLIAM HOWARD TAFT 79 (Easton Press, 1986) (1939); ISHBEL ROSS, AN AMERICAN FAMILY: THE TAFTS—1678 TO 1964, 86 (1964)。
54. 見ROSS，同前述註53，第86頁。
55. 威廉・H・塔夫特給Alphonso Taft的信（July 12, 1885），1 PRINGLE，同前述註53，第79頁。
56. 見1 PRINGLE，同前述註53，第81頁。
57. 威廉・H・塔夫特給海倫・赫倫的信（Mar. 6, 1886），1 PRINGLE，同前述註53，第81頁。
58. 見ROSS，同前述註53，第105頁。
59. 威廉・H・塔夫特給海倫・赫倫的信（1897），ROSS，同前述註53，第121頁。
60. 見ANDERSON，同前述註52，第60–61頁。
61. RECOLLECTIONS，同前述註4，第22頁。
62. 見ANDERSON，同前述註52，第67、72頁。
63. 見前註，第74頁。
64. RECOLLECTIONS，同前述註4，第263頁。
65. 節錄自《華盛頓郵報》，ANDERSON，同前述註52，第120頁。
66. 見前註，第153頁。
67. 節錄自《紐約時報》，ANDERSON，同前述註52，第153頁。
68. 見ROSS，同前述註53，第220頁。
69. 威廉・H・塔夫特給海倫・赫倫的信（June 1929），ANDERSON，同前述註52，第260頁。
70. 見ANDERSON，同前述註52，第265頁。
71. 見前註，第264頁。
72. 威廉・H・芮恩奎斯特的演說，46 AM. U. L. REV. 263, 274 (1996)。

第三部：性別平等：女性與法律

導論

1. 瑪麗．哈爾內特與溫蒂．威廉斯對露絲．貝德．金斯伯格的訪談（Aug. 25, 2005）（作者的資料）。
2. 見Ruth Bader Ginsburg, Treatment of Women by the Law: Awakening Consciousness in the Law Schools, 5 Val. u. l. ReV. 480, 481（1971）.
3. 露絲．貝德．金斯伯格，對羅格斯法學院的評論（Apr. 11, 1995），引用於Herma Hill Kay, Claiming a Space in the Law School Curriculum: A Casebook on Sex-Based Discrimination, 25 COLUM. J. GENDER & l. 54, 55 (2013)。

3-1　女性與法律：一場論壇的引言

1. JOHN STUART MILL, THE SUBJECTION OF WOMEN 29 (Stanton Coit ed., Longmans, Green & Co. 1924).
2. SWEDEN NOW, Apr. 1970，第5–6頁（包括帕爾梅首相回應反對政府、家庭與稅收政策信件的一篇完整翻譯）；亦見於帕爾梅在Women's National Democratic Club的一場演講（June 8, 1970）。更廣泛的討論，見SWEDISH INST., STATUS OF WOMEN IN SWEDEN: REPORT TO THE UNITED NATIONS (1968)。
3. 例如，瑞典憲法賦予婦女投票權的修正案出現在1921年。今日，瑞典女性擔任閣員，占該國國會席次14%。關於女性在美國海內外專業領域的表現，見CYNTHIA FUCHS EPSTEIN, A WOMAN'S PLACE: OPTIONS AND LIMITATIONS IN PROFESSIONAL CAREERS 11–13 (1970)（美國落後瑞典、英國、法國、蘇聯與以色列）。
4. Britt Richards, Single v. Married Income Tax Returns Under the Tax Reform Act of 1969, 48 TAXES 301 (1970).
5. 依據美國《國內稅收法典》，在職妻子的子女撫養費只提供給低收入者，一名子女的扣除額不超過600美元，兩名子女以上不超過900美元。當配偶的調整後總收入超過6000美元，扣除額會減去超過6000美元的部分。因此，當先生與太太的調整後總收入超過6,900元美元，就完全沒有扣除額了。重要的是，對於單身女性、寡婦、鰥夫，以及離婚者，則沒有收限制。見PRESIDENT'S TASK FORCE ON WOMEN'S RIGHTS AND RESPONSIBILITIES, A MATTER OF SIMPLE JUSTICE 15 (1970)〔以下簡稱SIMPLE JUSTICE〕。關於《社會安全法案》中對於在職妻子的退休福利之不平等，見前註，第12頁。

6. Stanhope, Earl of Chesterfield, Letters, Sept. 5, 1748，引用於BARTLETT, FAMILIAR QUOTATIONS 415 (14th rev. ed. 1968)。比較Abbott v. Mines, 411 F.2d 353, 355（6th Cir. 1969）（「社會不再呵護女性免於真實與時而殘忍的人生真相。甚且，女性也不尋求這種見識。」）

7. 比較Frank Askin, The Case for Compensatory Treatment，24 RUTGERS L. REV. 65, 74（1969）。

8. 見EPSTEIN，同前述註3，第50–85頁。

9. 見Peter K. Gessner, Letter to the Editor, N.Y. TIMES, June 21, 1970, § 6（雜誌），26（「一個在教育方法與種族關係創新的節目〔芝麻街，Sesame Street〕，仍散播對女性的同樣陳舊、歧視與性別刻板印象……身為兩個女兒的父親……，我只能希望電視能停止灌輸小女孩成為二等公民。」）

10. 見Elizabeth Fisher, The Second Sex, Junior Division, N.Y. TIMES, May 24, 1970, § 7（書評），6, 44；比較Dorothy J. Glancy, Women in Law, the Dependable Ones, HARV. L. SCH. BULL., June 1970，22–33（尤其是30–31頁及其伴隨的註釋）。諷刺的是，一個聯邦地區法院引用「女性美德」（仁慈與缺乏侵略性）來反對一位要求擔任空服員就業平等機會的男性。該法院指出一段專業評價：「男性乘客會潛意識地厭惡一位看起來比他們男性化的男性空服員……（但是）在女性空服員前，他們感覺自己較男性化，而因此較為自在。」Diaz v. Pan American World Airways, 311 F. Supp. 559, 565–67 (S.D. Fla. 1970)。

11. 最初的想法是同樣保護男性與女性員工，限制每日最高工時為十小時。但是在1905年，最高法院宣布這條涵蓋兩性的法律無效。Lochner v. New York, 198 U.S. 45 (1905)。1908年，最高法院同意每日十小時的法律只適用於女性。Muller v. Oregon, 208 U.S. 412 (1908)。此後，許多州以「半條麵包總比沒麵包好的原則」，只對女性採取時數限制。1941年，最高法院在United States v. Darby, 312 U.S. 100 (1941)乙案中，拒絕接受「Lochner案」的判決理由。往後幾年，各州並無廢除或對男性擴大這條保護法，這時，這條法律正用來回絕女性想要的工作機會。LEO

KANOWITZ, WOMEN AND THE LAW: THE UNFINISHED REVOLUTION 184 (1969)。

12. 對於社會環境與法律氛圍改變的有啟發性的討論，見Mengelkoch v. Industrial Welfare Commission, 437 F.2d 563 (9th Cir. 1971)。判決女性員工對於州法律限制女性可工作時數的平等保護挑戰，顯示一個重要的憲法問題，要由第九上訴法院的三位法官提出：「在Muller案中，這條規範被認可的原因，部分是因為它被認為是保障女性競爭地位的必要方法。在這裡，這條規範被攻擊，原因是它給了男性員工相較於女性的不公平經濟優勢。」見前註，第567頁。

13. 比較Lansdale v. Air Line Pilots Ass'n Int'l, 430 F.2d 1341 (5th Cir. 1970)；Shultz v. Wheaton Glass Co., 421 F.2d 259 (3d Cir.), cert. denied, 398 U.S. 905 (1970)；Tippett v. Liggett & Myers Tobacco Co., 316 F. Supp. 292 (M.D.N.C. 1970)；Richard Halloran, Federal Lawsuit Charges Job Inequality for Women, N.Y. TIMES, July 21, 1970，1。

14. 見KANOWITZ，同前述註11，第111–31頁、178–92頁；DEP'T OF LABOR, SEX DISCRIMINATION GUIDELINES, 41 C.F.R. § 60-20.3(F)（聯邦承包商可能不會依靠州的「保護性」法律，來合理化拒絕女性員工符合資格去從事任何工作的權利）；Shultz v. American Can Co.–Dixie Products, 424 F.2d 356 (8th Cir. 1970)。1968年，全年工作的女性平均收入為$4,457，相當於男性員工平均收入$7,664的58%。女性中有20%的收入少於$3000，但只有8%的男性收入少於$3000。只有3%的女性員工收入超過$10,000，但有28%的男性員工超過$10,000。在專業與技術員工當中，差距最小；女性的收入是男性的66%；在業務員的工作，差距是最大的，女性的收入是男性的41%。WOMEN'S BUREAU, DEP'T OF LABOR, BACKGROUND FACTS ON WOMEN WORKERS IN THE UNITED STATES 4 (1970)〔以下簡稱BACKGROUND FACTS〕。亦見SIMPLE JUSTICE，同前述註5，第18– 19、21、2頁（全國幾乎三分之二的成人窮人是女性）。

15. Faith A. Seidenberg, The Submissive Majority: Modern Trends in the Law Concerning Women's Rights, 55 CORNELL L. REV. 262 (1970).

16. 29 U.S.C. § 206(d) (1964).

17. 42 U.S.C. §§ 2000e et seq.（1964）；亦見Developments in the Law—Employment Discrimination and Title VII of the Civil Rights Act of 1964, 84 HARV. L. REV. 1109（1971）；注意，The Mandate of Title VII of the Civil Rights Act of

1964: To Treat Women as Individuals, 59 GEO. L.J. 221（1970）。在最高法院第一件關於第七章在職場禁止性別歧視的判決中，全體一致地判定一位雇主不能對有學齡前兒童的母親排除對向有學齡前兒童的父親開放的工作，缺乏一個肯定的說法，顯示這些母親無法符合一種「真實善意的職業條件。」Phillips v. Martin Marietta Corp., 400 U.S. 542（1971）。雖然有這些措施，在支付給受過同等訓練或學術地位的男性與女性的報酬方面仍然存在明顯的差距；這些差距存在於所有工作等級，從低薪工作到專業與高階管理職位皆然。見BACKGROUND FACTS，同前述註14；NAT'L REGISTER OF SCIENTIFIC & TECHNICAL PERSONNEL, AMERICAN SCIENCE MANPOWER 1968，第38–39頁（一般薪資），44（女性薪資），96–123（一般薪資），253–54（女性薪資）（1970）；James J. White, Women in the Law, 65 MICH. L. REV. 1051, 1054–57（1967）；比較SIMPLE JUSTICE，同前述註5，第6、10、18–19、24頁。

18. DEP'T OF LABOR, SEX DISCRIMINATION GUIDELINES, 35 Fed. Reg. 8888–89（1970），於1970年6月9日生效，執行命令發布為Exec. Orders Nos. 11,246, 3 C.F.R. 339（1965）與11,375, 3 C.F.R. 320（1967），修訂41 C.F.R. § 60-20，增加§§ 60-20.1–20.6。

19. Caterpillar Tractor Co. v. Grabiec, 317 F. Supp. 1304 (S.D. Ill. 1970).

20. 309 F. Supp. 184 (E.D. Va. 1970)；比較Mollere v. Se. La. Coll., 304 F. Supp. 826 (E.D. La. 1969)；Perry v. Grenada Mun. Separate Sch. Dist., 300 F. Supp. 748 (N.D. Miss. 1969)。

21. 見KANOWITZ，同前述註11，第149–96頁。

22. 374 U.S. 483 (1954).

23. 但比較Williams v. McNair, 316 F. Supp. 134（D.S.C. 1970）（三位法官的法院），aff'd per curiam, 401 U.S. 951（1971）（州立大學只限女性入學的政策並未違反男學生的平等保護權，當中未顯示任何特徵使得全女性設施，比州立只收男性的學校更具教育優勢）；CHRISTOPHER JENCKS & DAVID RIESMAN, THE ACADEMIC REVOLUTION 298（1968）（「我們不認為抗議女生學院的論述像抗議男生學院的論述那麼具有說服力。這是一個在整個情境下的判斷。若美國現在是一個母系社會〔如某些偏執男性似乎恐懼的〕，我們會認為女生的學院令人討厭，而男生的學院可能是合理的辯護。」)

24. Sheila Tobias, Sex, Politics, and the New Feminism, CORNELL ALUMNI NEWS, May 1970, at 18–23.
25. 然而，1970年6月30日由紐約大學法學院女權委員會（Women's Rights Committee of New York University School of Law）在參議院教育次委員會舉辦的聽證會上作證時，詳細描述了進展的停滯，以及反應在當前作法、政治、法律專業態度與國家的法學院對女性的普遍歧視。
26. Michelle Scott, Meetings Consider Harvard Women's Complaints, HARV. L. REC., Mar. 26, 1970，第4, 13，亦見HARV. L. SCH. BULL., June 1970，第14, 16–17, 22–35頁。
27. Yale Coeds Invade Alumni Fete To Protest Male Predominance, N.Y. TIMES, Feb. 22, 1970, at 1.
28. 見1970年2月27日芝加哥大學法學院女生對芝加哥大學校友會的信。在1970年12月30日美國法學院協會的年會上，會員學校同意修正該協會的條款與認可政策，融入禁止在入學、聘用與就業安置作法上的性別歧視。
29. 控告十所以上的學校對女性歧視，這些申訴是基於Executive Order 11,246，如修正後由Executive Order 11,375納入性別歧視條款。見前述註18。大部分的申訴是在Dr. Bernice Sandler的監督下，由女性平等行動聯盟（Women's Equity Action League）提出。見Richard D. Lyons, Women Forcing Colleges To Give Job Data to U.S., N.Y. TIMES, Nov. 8, 1970，1；Ann Scott, The Half-Eaten Apple: A Look at Sex Discrimination in the University, REPORTER（State University of New York at Buffalo）, May 14, 1970，重印於Discrimination Against Women: Hearings Before the Spec. Subcomm. on Education of the Comm. on Education and Labor on Section 805 of H.R. 16098, 9lst Cong., 2d Sess. at 212（1970）。
30. Smith v. Concordia Parish Sch. Bd., Civ. Action 11577（W.D. La.，法律中事實與結論的發現，Sept. 3, 1970）（以性別隔離取代種族隔離在憲法上無效）；注意The Constitutionality of Sex Separation in School Desegregation Plans, 37 U. CHI. L. REV. 296（1970）。1969年，紐約市解決了女孩尋求入學Stuyvesant的挑戰，這是一所之前全男學生的高中，提供科學與數學方面的優質教育。見De Rivera v. Fliedner, Civ. Action 00938-69（N.Y. Sup. Ct. 1969）；Alice de Rivera, On Desegregating Stuyvesant High, in SISTERHOOD IS POWERFUL 366（Robin Morgan ed., 1970）。

31. 309 F. Supp. 184（E.D. Va. 1970）（三位法官法庭）。

32. 317 F. Supp. 593 (S.D.N.Y. 1970).

33. 308 F. Supp. 1253, 1260（S.D.N.Y. 1969）。被認為對平等保護申訴為必要的州參與，見於紐約對於酒精類飲料的普偏規定作法。法院結論說，1964年的《民權法案》關於公共設施的章節，不適用於性別歧視，也不適用於酒吧的歧視，酒吧主要銷售的是酒精飲料而不是食物。它進一步結論說，性別歧視不支持州法律下的申訴。因此，法院否決了這個行動的任何法規基礎，只根據違反平等保護來判決。

34. 當紐約市的人權法修訂，禁止公共設施基於性別的歧視後，麥克索利老啤酒屋於1970年8月10日放棄了進一步的申訴。見Local Law No. 41，修訂NEW YORK CITY ADMINISTRATIVE CODE § Bl-7.0　2；Eileen Shanahan, Equal Rights Plan for Women Voted by House, 350–15, N.Y. TIMES, Aug. 11, 1970, at 1。

35. Reed v. Reed, 465 P.2d 635（Idaho 1970）, prob. juris. noted, 401 U.S. 934（1971）；比較DeKosenko v. Brandt, 313 N.Y.S.2d 827（N.Y. Sup. Ct. 1970）。

36. Hoyt v. Florida, 368 U.S. 57（1961）（女性的陪審團服務可限於志願者）；Goesaert v. Cleary, 335 U.S. 464（1948）（女性雖然可以被允許在酒館擔任侍者，但可能被禁止擔任較賺錢的酒保工作）。但比較Paterson Tavern & Grill Owners Ass'n v. Hawthorne, 270 A.2d 628（N.J. 1970）（城市禁止女性擔任酒保，在今日習慣下被攻擊為不合理）。最高法院尚未發現任何以性別區分的法律或行政作法違憲。比較Labine v. Vincent, 401 U.S. 532（1971）（在繼承方面，各州也許會在合法婚生與非合法婚生子女中間劃一條線）。最高法院於1971年會期聽取「里德訴里德案」時，將有機會針對性別歧視的合憲性再發表一次意見，同前述註35，以及Alexander v. Louisiana, 233 So. 2d 891（La. 1970），同意移審，401 U.S. 936（1971）（州對於女性志願參加陪審團服務的限制）。

37. 「基於性別，法律下的平等權不應該被美國或任何一州拒絕或節略。」見SIMPLE JUSTICE，同前述註5；Equal Rights for Women: A Symposium on the Proposed Constitutional Amendment, 6 HARV. C.R.-C.L. L. REV. 215（1971）。

38. 見Edwin L. Dale Jr., The Economics of Pollution, N.Y. TIMES, Apr. 19, 1970, § 6（雜　誌），27；比　較SIMPLE JUSTICE，同前述註5，第18–21頁（「毫無疑問，提供給家中有受撫養兒童的家庭協助數字增加，與年輕失業女性

增加有關。對許多人來說……無法找到一份工作，意味……有一個小孩領助社會救濟金。可能是先生並未賺取足夠的薪資支持一個沒工作的妻子。低薪家庭的穩固仰賴於訓練婦女救業，這和訓練男性就業一樣重要……專案組預期領取救濟金的名單會持續增加，除非社會嚴肅看待弱勢女孩與年輕女性的需求。」）。

39. 見Roe v. Wade, 314 F. Supp. 1217（N.D. Tex. 1970）（三位法官的法庭）；State v. Munson（7th Jud. Cir. Ct. S.D., filed Apr. 7, 1970），報告於15 S.D. L. REV. 332（1970）；Roy Lucas, Federal Constitutional Limitations on the Enforcement and Administration of State Abortion Statutes, 46 N.C. L. REV. 730（1968）；比較Robert D. McFadden, In 3 Nations with Legal Abortion, Debate Goes on, N.Y. TIMES, Apr. 15, 1970，12（日本在墮胎合法化的二十年後，一度嚴重的人口過多問題已經被解決了）；Roger O. Egeberg, Defusing the Population Bomb: New Role for Government, TRIAL, Aug.–Sept. 1970，10。

40. 見KANOWITZ，同前述註11，第1–27、35–99頁；比較Clouston v. Remlinger Oldsmobile Cadillac, Inc., 258 N.E.2d 230（Ohio 1970）（放棄一種過時的根深柢固的前例，認為妻子與其配偶相比，不是平等的人，而至多是家庭中的上級僕人）；In re Estate of Legatos, 81 Cal. Rptr. 910（Cal. Ct. App. 1969）（對某些財產徵收遺產稅，由丈夫安排給妻子，而不是由妻子安排給丈夫，違反了平等保護條款）。

41. 見White，同前述註17，第1109–14頁；SIMPLE JUSTICE，同前述註5。

3-3「弗朗蒂羅案」回應狀

導論

1. Gerald Gunther, The Supreme Court, 1971 Term—Forward: In Search of Evolving Doctrine on a Changing Court: A Model for a Newer Equal Protection, 86 HARV. l. REV. 1, 8（1972）.

主文

1. Gerald Gunther, The Supreme Court, 1971 Term—Forward: In Search of Evolving Doctrine on a Changing Court: A Model for a Newer Equal Protection, 86 HARV. L. REV. 1, 8 (1972).
2. 然而，有人認為最高法院可能朝著這個方向前進：我們很難理解1971年最高法院在「里德訴里德案」首次裁定的結果，即偏好男性勝於女性的州法規違反了平等保護條款，但未假設某些特別的性別相關懷疑，當成一種分類因素來分析……。只有藉由從「可疑的分類」領域導入一些與性別相關的特別懷疑，才能讓結果完全有說服力。Gunther，同前述註1，第34頁。
3. 雖然性別和種族一樣，是最可見而且不可改變的生物特徵，國籍，一種「可疑的」類別，較不那麼適合在這個定義之中。
4. 比較Hernandez v. Texas, 347 U.S. 475, 478（1954）（反對「兩種等級」理論的平等保護）；Faruki v. Rogers, 349 F. Supp. 723（D.D.C. 1972）。
5. 通見KIRSTEN AMUNDSEN, THE SILENCED MAJORITY: WOMEN AND AMERICAN DEMOCRACY (1971); HELEN HACKER, WOMEN AS A MINORITY GROUP, SOCIAL FORCES, no. 3 (1951); Alice Rossi, Equality Between the Sexes, in THE WOMAN IN AMERICA 106 (Robert Jay Lifton ed., 1964)。性別歧視指控是公平就業機會委員會受理的第二大申訴類別。Sonia Pressman Fuentes, Federal Remedial Sanctions: Focus on Title VII, 5 VAL. U. L. REV. 374, 379 nn.31–33（1971）。雖然立法承諾平等機會與平等薪資，但男性與女性的收入差距一直在擴大。見U.S. WOMEN'S BUREAU, DEP'T OF LABOR, FACT SHEET ON THE EARNINGS GAP（rev. ed. Dec. 1971）。這個差距在層級方面也繼續向上。見如John Hoyle, Who Shall Be Principal, A Man or a Woman?, THE NAT'L ELEMENTARY SCHOOL PRINCIPAL, Jan. 1969，第23–25頁（1928年，55%的小學校長是女性；1968年，小學裡的男性教師只占12%，但78%是校長）；Anita Schiller, The Widening Sex Gap, LIBRARY J., Mar. 15, 1969，第1097–1101頁（1930年，74所大學和學院中的圖書館主任中，有19位為女性；1968年，這些職位只剩下4位女性）。

6. 引用於S.F. CHRON., July 26, 1970, Magazine Section，第7頁。

7. 國會議員Lenore Sullivan曾擔任水產委員會（House Merchant Marine and Fishery Committee）的主席。

8. 與Helen Markoss的訪談，她是華盛頓特區衛生及公共服務部聯邦婦女計畫部的主任。（Jan. 8, 1973）。

9. 與Gladys P. Rogers的訪談，她是華盛頓特區國務院副國務卿的婦女事務特別助理。（Jan. 8, 1973）。

10. 州立法人員超過7700人；女性只占其中424個席次。與Ruth Mandel的訪談，Eagleton Center for the American Woman & Politics, Rutgers University, in Newark, N.J.（Jan. 8, 1973）。雖然一個人不必因出身、宗教或階級隸屬關係而成為某個群體的成員，才能公平地以回應其利益的方式代表該群體，但當成員擔任決策職位時，無疑會增加有效代表的機會。

11. 在「穆勒案」中，女性在世紀之交時的弱勢證據，可比較ASHLEY MONTAGU, THE NATURAL SUPERIORITY OF WOMEN（rev. ed. 1968）。

12. 亦可見Matina S. Horner, Women's Will To Fail, PSYCHOLOGY TODAY, Nov. 1969，36–38, 62。即使是女性律師，比大多數人有自信的一群，也展現出對成功的焦慮，除非她們被貼上「不女性化」的標籤。見Dorothy J. Glancy, Women in Law, the Dependable Ones, 21 HARV. L. SCH. BULL., June 1970，22, 30–31。可疑分類教義的創始者也許會認可想要在男性世界出人頭地的女性所遭遇的偏見的程度，通常是不自覺，但一樣具有毀滅性。見CYNTHIA FUCHS EPSTEIN, WOMEN AND PROFESSIONAL CAREERS: THE CASE OF THE WOMAN LAWYER 140（1968）（論文歸檔於Faculty of Political Science, Columbia University）：[A] 1922 Barnard畢業生回憶：當我準備要進入法學院的候，女性被認為是不該進入法學院的人……我非常想進入哥倫比亞法學院，但我進不去。我大費周章去見後來成為首席大法官的史東，當時他是院長，請求他（為女性）打開法學院的大門，而他說不行……我問為什麼……而他說「我們不收，因為我們不收。」那就是最後了。（來自作者與紐約州Mount Vernon的律師Frances Marlatt的對談）。

13. 如被上訴人注意到的，軍隊裡的女性是一群非常小的少數；與男性軍人分開住，而且從事常有性別區隔的工作，與穿制服的白人男性軍人一起生活和工作的非白人男性相較，她們是比較「各自獨立而且保守的」一群。見B.J.

Phillips, On Location with the WACs, MS. MAG., Nov. 1972, 53。

14. 被上訴人錯誤地描述了上訴人的「讓步」。（被上訴人摘要第3頁）承認這裡受到質疑的福利法規排除Joseph Frontiero為受撫養人。然而，這個家庭唯一養家餬口者莎朗・弗朗蒂羅提供了她丈夫三分之一以上，以及她自己全部的生活費用。

3-4《男女平權修正案》的必要性

導論

1. 見如：Nikki Schwab, Ginsburg: Make ERA Part of the Constitution, U.S. NEWS & WORLd REPORT, Apr. 18, 2014, http://www.usnews.com/news/blogs/washington-whispers/2014/04/18/justice-ginsburg-make-equal-rights-amendment-part-of-the-constitution（引用金斯伯格大法官說的話）。

主文

1. 見如Nikki Schwab, Ginsburg: Make ERA Part of the Constitution, U.S. NEWS & WORLD REPORT，Apr. 18, 2014，可參見http://www.usnews.com/news/blogs/washington-whispers/2014/04/18/justiceginsburg-make-equal-rights-amendment-part-of-the-constitution（引用金斯伯格大法官的話）。
2. MARTIN GRUBERG, WOMEN IN AMERICAN POLITICS: AN ASSESSMENT AND SOURCEBOOK 4 (1968).
3. 見ELEANOR FLEXNER, CENTURY OF STRUGGLE: THE WOMAN'S RIGHTS MOVEMENT IN THE UNITED STATES 142–55（1959）.
4. 第68屆國會參議院司法委員會第二會期的H.R.J. Res. 75聯合決議聽證會，第2頁（1925）。

5. 比較Edward Clark Lukens, Shall Women Throw Away Their Privileges?, 11 A.B.A. J. 645（1925）與Burnita Shelton Matthews, Women Should Have Equal Rights with Men: A Reply, 12 A.B.A. J. 117（1926）。
6. 見Paul A. Freund, The Equal Rights Amendment Is Not the Way, 6 HARV. C.R.-C.L. L. REV. 234（1971）。
7. 見SHEILA TOBIAS & LISA ANDERSON, WHAT REALLY HAPPENED TO ROSIE THE RIVETER: DEMOBILIZATION AND THE FEMALE LABOR FORCE, 1945–1947，向Berkshire Conference of Women Historians（New Brunswick, N.J., Mar. 2, 1973）遞出的論文。
8. 見Caruthers Gholson Berger, Equal Pay, Equal Employment Opportunity and Equal Enforcement of the Law for Women, 5 VAL. U. L. REV. 326, 331（1971）。關於該法案於1960年代執行的情況，見Thomas E. Murphy, Female Wage Discrimination, A Study of the Equal Pay Act 1963–1970, 39 U. CIN. L. REV. 615（1970）。
9. 見Developments in the Law—Employment Discrimination and Title VII, 84 HARV. L. REV. 1109, 1166–95（1971）。
10. 「弗朗蒂羅訴理查森案」被上訴人摘要，編號17第20頁，411 U.S. 677（1973）（No. 71-1694）。
11. 如WISCONSIN LEGISLATIVE COUNCIL, REPORT ON EQUAL RIGHTS TO THE 1973 LEGISLATURE (1973); CHARLENE M. TAYLOR & STUART HERZOG, IMPACT STUDY OF THE EQUAL RIGHTS AMENDMENT—SUBJECT: THE ARIZONA CONSTITUTION AND STATUTES (1973); Symposium, The New Mexico Equal Rights Amendment—Assessing Its Impact, 3 N.M. L. REV. 1 (1973).
12. UNIVERSITY OF NORTH CAROLINA, PROFILE OF THE FRESHMAN CLASS (1969).
13. Air Academy Anticipates 80 Women in Each Class, N.Y. TIMES, Aug. 14, 1972, at 15.
14. 見前述註11的參考資料。該修訂案的目的與可能影響的廣泛分析，呈現在Thomas Emerson, Barbara Brown, Gail Falk & Ann Freedman, The Equal Rights Amendment: A Constitutional Basis for Equal Rights for Women, 80 YALE L.J. 872 (1971)。
15. ARIZ. CONST. art. 5, §§ 1–2。但見ARIZ. CONST. art. 7, § 2。
16. OHIO REV. CODE § 1913.36（事由可以提交給三個無私的男人仲裁）。

17. WISCONSIN LEGISLATIVE COUNCIL, SUMMARY OF PROCEEDINGS, SPECIAL COMMITTEE ON EQUAL RIGHTS, Sept. 28, 1972, at 4；WIS. ATT'Y GEN. OPINION, 25 A.G. 75, 78，解釋WIS. STAT. § 158.01.14(f)。
18. GA. CODE ANN. § 53–501.
19. GA. CODE ANN. § 105–707.
20. Thomas Emerson, In Support of the Equal Rights Amendment, 6 HARV. C.R.-C.L. L. REV. 225, 232–33 (1971).
21. Minor v. Happersett, 88 U.S. (21 Wall.) 162 (1874).
22. Hoyt v. Florida, 368 U.S. 57 (1961).
23. Alexander v. Louisiana, 405 U.S. 625 (1971).
24. Bradwell v. Illinois, 83 U.S. (16 Wall.) 130 (1873); Goesaert v. Cleary, 335 U.S. 464 (1948).
25. CYNTHIA FUCHS EPSTEIN, WOMEN AND PROFESSIONAL CAREERS: THE CASE OF THE WOMAN LAWYER 140（1968）（論文歸檔於Faculty of Political Science, Columbia University）（與紐約州Mount Vernon律師Frances Marlatt的訪談報導。）
26. 如Rosenfeld v. Southern Pacific Co., 444 F.2d 1219 (9th Cir. 1971)。
27. Matthews，同前述註5，第117頁。
28. S. COMM. ON THE JUDICIARY, Equal Rights for Men and Women, S. REP. NO. 92-689, 92d Cong., 2d Sess. 17–18（1972）；亦見CITIZENS' ADVISORY COUNCIL ON THE STATUS OF WOMEN, WOMEN IN 1972，第4–5頁（1973）（以下簡稱WOMEN IN 1972）。
29. Callahan v. Laird, Civil Action 51-500-M（D. Mass.）書面證詞文字記錄第37、44、45頁。
30. 見Remarks of Jacqueline G. Gutwillig, Lt. Col. U.S.A. Ret.，WOMEN IN 1972，同前述註28，第44、46頁。
31. Hearings on S. 1614 Before the Subcomm. on Organization and Mobilization of the H. Comm. on Armed Servs., 80th Cong., 2d Sess., No. 238，第5563–64（1948）.
32. 見S. REP. NO. 92-689，同前述註28，第12頁；Emerson等人，同前述註14，第900–02頁。

33. 見如WOMEN'S RIGHTS PROJECT LEGAL DOCKET，定期由美國公民自由聯盟發行。
34. Letter Opinion of J. William Heckman, Counsel, Subcomm. on Constitutional Amendments, S. Comm. on the Judiciary, to State Senator Shirley Marsh, Neb. State Senate (Feb. 20, 1973).
35. The Equal Rights Amendment—As of 1972, in 11 REPORTS OF COMMITTEES OF THE ASSOCIATION OF THE BAR OF THE CITY OF NEW YORK CONCERNED WITH FEDERAL LEGISLATION, Bull. 2, at 38, 41 (1972).

第四部：從法官成為大法官

導論

1. 瑪麗·哈爾內特與溫蒂·威廉斯對羅恩·克萊恩的訪談（Nov. 30, 2007）（作者的資料）。
2. Maeva Marcus對露絲·金斯伯格的訪談（Sept. 6, 2000）（作者的資料）.
3. 瑪麗·哈爾內特與溫蒂·威廉斯對露絲·金斯伯格的訪談（Aug. 3, 2004）（作者的資料）。
4. 瑪麗·哈爾內特對羅恩·克萊恩的訪談（Nov. 30, 2007）（作者的資料）。
5. 瑪麗·哈爾內特對比爾·柯林頓總統的訪談（June 26, 2014）（作者的資料）。
6. 瑪麗·哈爾內特對伯納德·努斯鮑姆的訪談（Nov. 15, 2007）（作者的資料）。
7. 瑪麗·哈爾內特與溫蒂·威廉斯對金斯伯格的訪談（Aug. 25, 2005）（作者的資料）。
8. 同前註。
9. 同前註。
10. 瑪麗·哈爾內特對比爾·柯林頓總統的訪談（June 26, 2014）（作者的資料）。
11. 瑪麗·哈爾內特對伯納德·努斯鮑姆的訪談（Nov. 15, 2007）（作者的資料）.
12. 資深行政長官背景簡報（June 14, 1993），見下方連結，http://www.presidency.ucsb.edu/ws/?pid=59985。

13. 同前註。

14. Maeva Marcus對露絲·貝德·金斯伯格的訪談（Sept. 6, 2000）（作者的資料）.

4-1 玫瑰園接受提名演說

1. 總統的宣布與金斯伯格法官的評論之文字抄錄，New York Times, June 15, 1993。
2. 同前註。
3. 同前註。
4. 瑪麗·哈爾內特與溫蒂·威廉斯對金斯伯格的訪談（Aug. 25, 2005）（作者的資料）。
5. 資深行政長官背景簡報（June 14, 1993），見美國總統計畫：http://www.presidency.ucsb.edu/ws/?pid=59985。
6. 露絲·貝德·金斯伯格最高法院提名聲明，白宮玫瑰園，華盛頓特區（June 14, 1993）（這段錄音見C-SPAN at http://www.c-span.org/video/?42908-1/ginsburg-supreme-court-nomination）.
7. 瑪麗·哈爾內特對比爾·柯林頓總統的訪談（June 26, 2014）（作者的資料）。
8. 同前註。
9. 同前註。

4-2 參議院確認聽證會開場致詞

1. 露絲·貝德·金斯伯格擔任美國最高法院大法官提名案：司法委員會聽證會，第103屆國會，July 20–23, 1993，參議院聽證會，103-482，p.1（拜登主席發言）。
2. 同前註，p. 32（參議員赫夫林發言）。
3. 同前註，p. 46（金斯伯格法官發言）。

4. 同前註。
5. 同前註，p. 166（金斯伯格法官發言）.
6. Linda P. Campbell, "Soft-spoken Ginsburg Gets Points Across," Chicago Tribune, July 25, 1993, p. 1.
7. 提名聽證會，上述註1，p. 404（參議員費恩斯坦發言）。
8. 同前註，p. 503（Rosa Cumare 發言）。
9. 同前註，p. 517（Susan Hirschmann 發言）。
10. 同前註，p. 565（主席拜登發言）。
11. 瑪麗．哈爾內特對喬爾．克萊因的訪談（Sept. 16, 2014）（作者的資料）。
12. 露絲．貝德．金斯伯格擔任美國最高法院大法官提名案：行政報告，第103屆國會，Aug. 5, 1993, Exec. Rept. 103-6, at 2（主席拜登提交）。

第五部：判決與正義的大法官

導論

1. 瑪麗．哈爾內特與溫蒂．威廉斯對金斯伯格的訪談（Aug. 4, 2004）（作者的資料）。

5-2　司法獨立

1. 美國《憲法》保證聯邦法官「如盡忠職守，應繼續任職，並按期接受俸給作為其服務之報酬，在其繼續任職期間，該項俸給不得削減。」U.S. CONST. art III, § 1, cl. 2。
2. 見 Judiciary Reorganization Act, S. 1392, 75th Cong. § 1(a)（1937），重印於 Reorganization of the Federal Judiciary, S.

REP. NO. 75-711, at 31（1937）。

3. 見Act for the Relief of the Parents of Theresa Marie Schiavo § 5, Pub. L. No. 109-3, 119 Stat. 15, 16（Mar. 21, 2005）（「本法案中的任何內容均不得解釋為創建實體權利……」）。
4. 引用於Carl Hulse & David D. Kirkpatrick, Even Death Does Not Quiet Harsh Political Fight, N.Y. TIMES, Mar. 31, 2005，A1。
5. 引用見上註。
6. 引用於《紐約時報》社論：Attacking a Free Judiciary，Apr. 5, 2005，A22。
7. 《紐約時報》社論：Judges Made Them Do It，Apr. 6, 2005，A22。
8. 引用於《華盛頓郵報》：Charles Babington, Senator Links Violence to 'Political' Decisions; 'Unaccountable' Judiciary Raises Ire，Apr. 5, 2005，A7。
9. 引用於《紐約時報》：David D. Kirkpatrick, Republican Suggests a Judicial Inspector General，May 10, 2005，A12。
10. 引用見上註。
11. 引用於《芝加哥論壇報》：Maurice Possley, Lawmaker Prods Court, Raises Brows; Demands Longer Term in Chicago Drug Case，July 10, 2005，C1。
12. 見S. Res. 92, 109th Cong. (2005); H. Res. 97, 109th Cong. (2005)；Constitution Restoration Act, S. 520, H.R. 1070, § 201, 109th Cong. (2005)；American Justice for Americans [sic] Citizens Act, H.R. 1658, § 3 (2005)。
13. Toward "Active Liberty," HARV. L. BULL. 14, 18 (Spring 2006).
14. 社論，同前述註7。
15. Theodore B. Olson, Lay Off Our Judiciary, WALL ST. J., Apr. 21, 2005, A16.
16. Federal Judicial Center, Impeachments of Federal Judges, http://www.fjc.gov/history/home.nsf/page/judges_impeachments.html.
17. Maria Simon, Note, Bribery and Other Not So "Good Behavior": Criminal Prosecution as a Supplement to Impeachment of

Federal Judges, 94 COLUM. L. REV. 1617, 1617 n.2 (1994).
18. Streamlined Procedures Act, S. 1088, H.R. 3035, 109th Cong. (2005).
19. Safeguarding Our Religious Liberties Act, H.R. 4576, § 2, 109th Cong. (2005).
20. We the People Act, H.R. 4379, § 3, 109th Cong. (2005).
21. Congressional Accountability for Judicial Activism Act, H.R. 3073, § 2, 109th Cong. (2005).
22. Charter of Rights and Freedoms § 33(1).
23. Anthony Lewis, Why the Courts, RECORD, Mar./Apr. 2000，第178, 181.
24. 同前註。（引用以色列最高法院主席亞哈倫・巴拉克）。
25. 見THE FEDERALIST NO. 51 (James Madison)。
26. Bruce Fein & Burt Neuborne, Why Should We Care About Independent and Accountable Judges?, 84 JUDICATURE 58, 64 (2000).

5-4 麥迪遜演說：以司法之聲發言

1. 見Norman Dorsen, Foreword to THE EVOLVING CONSTITUTION, x (Norman Dorsen ed., 1987)。
2. 1 ANNALS OF CONGRESS 457（Joseph Gales ed., 1789），引用於Chapman v. California, 386 U.S. 18, 21 n.4（1967）。雖然麥迪遜最初懷疑權利法案的效能，他最後仍加入了傑佛遜，認可「將合法的檢驗（權利宣言）交付給司法」的價值。Thomas Jefferson給James Madison的信（Mar. 15, 1789），14 THE PAPERS OF THOMAS JEFFERSON 659（Julian P. Boyd ed., 1958）；亦見Maeva Marcus, The Adoption of the Bill of Rights, 1 WM. & MARY BILL RTS. J. 115, 117–19（1992）。
3. 見THE FEDERALIST NO. 78, 466 (Alexander Hamilton) (Clinton Rossiter ed., 1961)。
4. 見前註，第465頁。
5. 我在此處借用Brainerd Currie教授分析法律選擇案件的指引，當中兩個州的政策明顯衝突。見Brainerd Currie, The

Disinterested Third State, 28 LAW & CONTEMP. PROBS. 754, 757（1963）（「這個概念應該被重新檢視，以期對政策和必須應用它以實現本論壇之合法目的的情況，做出更溫和與克制的解釋。」）；亦見Herma Hill Kay, A Defense of Currie's Governmental Interest Analysis, 215 RECUEIL DES COURS 10, 68–73（1989）。

6. Dorsen，同前述註1，第xii頁（引用McCulloch v. Maryland, 17 U.S.〔4 Wheat.〕316, 415〔1819〕）。

7. 同前註。（引用Home Bldg. & Loan Ass'n v. Blaisdell, 290 U.S. 398, 443〔1934〕）。

8. 見前註。

9. 見Thurgood Marshall, Reflections on the Bicentennial of the United States Constitution, 101 HARV. L. REV. 1, 2（1987）。

10. 見RICHARD B. MORRIS, THE FORGING OF THE UNION, 1781–1789, at 162–93（1987）；Linda K. Kerber, "Ourselves and Our Daughters Forever": Women and the Constitution, 1787–1876, THIS CONSTITUTION: A BICENTENNIAL CHRON., Spring 1985, at 25。

11. 見Deborah Jones Merritt, What's Missing from the Bill of Rights?, 1991 U. ILL. L. REV. 765, 766–69。

12. John Adams寫　給James Sullivan的　信（May 26, 1776），9 THE WORKS OF JOHN ADAMS 378（Charles Francis Adams ed., 1854）。

13. 見如Arthur Goldberg, Equality and Governmental Action, in THE EVOLVING CONSTITUTION 25（Norman Dorsen ed., 1987）；J. Skelly Wright, Public School Desegregation, i見前註，第44頁；Abe Fortas, Equal Rights—for Whom?，見前註，第85頁；Thurgood Marshall, Group Action in the Pursuit of Justice，見前註，第97頁。

14. 見Merritt，同前述註11，第765頁；MORRIS，同前述註10，第162–63頁。

15. 湯瑪斯．傑佛遜寫給Albert Gallatin的信（Jan. 13, 1807），1 THE WRITINGS OF ALBERT GALLATIN 328（Henry Adams ed., 1960）。傑佛遜宣稱「人人生而平等」是不說自明的，他也表達了這種曾經盛行的觀點：「若我們的國家是一個純粹的民主國家……為了預防道德敗壞和議題模糊，們的討論排除……女性，她們不應該混在男性的公開會議裡。」湯瑪遜．傑佛遜寫給Samuel Kercheval的信（Sept. 5, 1816），10 THE WRITINGS OF THOMAS JEFFERSON 46 n.1（Paul L. Ford ed., 1899）。

16. MORRIS，同前述註10，第193頁。
17. THE FEDERALIST NO. 78，同前述註3，第465頁。
18. 見前註，第465、471頁。
19. 我先前在以上這篇文章討論過這個主題：Ruth Bader Ginsburg, Remarks on Writing Separately, 65 WASH. L. REV. 133（1990）。亦見Ruth Bader Ginsburg, Styles of Collegial Judging, 39 FED. BAR NEWS & J. 199（1992）。這些評論是從我先前的演講拿來當作基礎，並加以修改。
20. 見LOUIS BLOM-COOPER & GAVIN DREWRY, FINAL APPEAL: A STUDY OF THE HOUSE OF LORDS IN ITS JUDICIAL CAPACITY 81–82, 523（1972）；亦可見ALAN PATERSON, THE LAW LORDS 109–10（1982）（值得注意的是，英國大法官不再例行地發表五份個別意見。）
21. 據說法國傳統認為理想的判決「因其簡潔而集中的風格，而被認為更加完美，因此只有有經驗的法學家才能理解和欣賞它。」RENÉ DAVID & JOHN E. C. BRIERLEY, MAJOR LEGAL SYSTEMS IN THE WORLD TODAY 129（2d ed. 1978）。
22. 見Karl M. ZoBell, Division of Opinion in the Supreme Court: A History of Judicial Disintegration, 44 CORNELL L.Q. 186, 193（1959）；亦見G. Edward White, The Working Life of the Marshall Court, 1815–1835, 70 VA. L. REV. 1, 36–47（1984）。
23. 湯瑪斯．傑佛遜給Thomas Ritchie的信（Dec. 25, 1820），10 THE WRITINGS OF THOMAS JEFFERSON 169, 171（Paul L. Ford ed., 1899）。
24. 見ZoBell，同前述註22，第196頁和n.57。
25. 我第一次用此說明於金斯伯格的這篇文章：On Muteness, Confidence, and Collegiality: A Response to Professor Nagel, 61 COLO. L. REV. 715, 718（1990）。
26. United States v. Rosenberg, 888 F.2d 1406（D.C. Cir. 1989）.
27. 法國最高行政法院財金部門主席B. Ducamin給金斯伯格法官的信（Dec. 15, 1989）（檔案存於《紐約大學法學評論》）。

28. 但比較BLOM-COOPER & DREWRY，同前述註20，第81頁（注意，作為個別意見傳統的例外，英國刑法上訴的個別意見並不受青睞，而且可能只有在主持的法官授權下才能呈現。）

29. 見Robert W. Bennett, A Dissent on Dissent, 74 JUDICATURE 255, 258–59（1991）。

30. 見ZoBell，同前述註22，第202頁。

31. WALTER F. MURPHY, ELEMENTS OF JUDICIAL STRATEGY 62（1964）（引用當時史東大法官給卡爾・利韋林的信〔Feb. 4, 193〕）。

32. Burnet v. Coronado Oil & Gas Co., 285 U.S. 393, 406（1932）（布蘭迪斯大法官，不同意見書）（引用略）；亦可見Di Santo v. Pennsylvania, 273 U.S. 34, 42（1927）（布蘭迪斯大法官，不同意見書）。

33. Erie R.R. Co. v. Tompkins, 304 U.S. 64（1938）（裁定聯邦法院必須援用州法律，除非是聯邦憲法或國會法案掌管的事務）。

34. Colloquy, Proceedings of the Forty-Ninth Judicial Conference of the District of Columbia Circuit（May 24, 1988）（保羅・弗倫德的評論），重印於124 F.R.D. 241, 336, 347（1989）。

35. 見SUMMARY OF ANNUAL REPORT OF D.C. CIRCUIT OPINIONS FOR STATISTICAL YEAR JULY 1, 1991–JUNE 30, 1992（405這個數字包括刊登於聯邦報告系列的291篇意見書，以及114篇在言詞辯論後結案的未刊登意見書；個別同意書與反對意書有55篇）。

36. 見The Supreme Court, 1991 Term, The Statistics, 106 HARV. L. REV. 378, 380（1992）。然而，在68件協議備忘指令中，全體一致的比例是91.2%。見上註。

37. 見如George Archibald, Free Hill Mailings to Future Districts Banned by Court, WASH. TIMES, July 31, 1992，A3（「一個美國哥倫比亞特區上訴法院的三名法官合議庭分裂為二比一……。雷根總統任命的Laurence H. Silberman法官，與布希總統任命的法官A. Raymond Randolph推翻地區法院的裁決；卡特任命的Patricia M. Wald法官投票〔贊成〕。」）；Philip J. Hilts, Judge Overturns Federal Seizure of Abortion Pill, N.Y. TIMES, July 15, 1992，A1（「在關於

RU486〔墮胎法案〕日益升高的政治鬥爭中，偏袒這位將藥物帶進這個國家測試禁令的女性的判決，是由卡特總統任命的法官。稍後，他的裁定被一個三位法官的合議庭阻攔了…… John M. Walker是布希的表弟，也是由布希任命，而Frank X. Altimari和Daniel J. Mahoney都是由雷根總統任命的。」）；Karen Riley, Mayor To Flout Court Ruling, WASH. TIMES, May 9, 1992，A1（「〔Sharon Pratt Kelly市長〕說，布希與雷根政府為聯邦法庭塞滿了『閃躲』民權議題的法官」；她「以兩位卡特總統任命的法官和一位布希總統任命的法官」，「威脅反抗」一個全體一致的聯邦上訴法院判決，打倒該區的少數合約計畫。）；Cindy Rugeley, Abortion Fight Now Heads to Legislature, HOUSTON CHRON., June 30, 1992，A 11（「『布希總統改變了他對墮胎的看法，所以看到最高法院——多數由布希或雷根總統任命——忽視他們自己的判例，改變對女性選擇權的觀點，並不令人意外。』」

（引用德州副州長Bob Bullock的話）；社論，Will DeKalb Students Win?，ATLANTA J. & CONST.，Apr. 2, 1992，A18「人民尋求終結美國學校種族隔離的殘餘」面臨「一個由雷根與布希總統任命的保守派所主導的聯邦司法」；「那些法官可能更同情主張恢復地方控制的學校當局，而不是尋求對種族隔離殘存影響之補救措施的少數族裔學生。」）但見如Mary Deibel, Supreme Surprises, STAR TRIB.（Minneapolis），July 5, 1992，14A（在政府主張立場的三十個案件中，它輸了二十次，這通常是因為布希及其前任雷根總統任命的五位大法官的選票。」）。

38. 見J. WOODFORD HOWARD, JR., COURTS OF APPEALS IN THE FEDERAL JUDICIAL SYSTEM 189–221（1981）；Ruth Bader Ginsburg, The Obligation To Reason Why, 37 U. FLA. L. REV. 205, 212, 216（1985）。

39. 見同前述註32與相伴的文字。

40. 見Ginsburg，同前述註38，第215 & n.47。如果合議庭意見顯然經不起時間的考驗，法院可以縮短全體成員的程序。見前註，第215 n.48。

41. 依目前哥倫比亞巡迴法庭的作法，不會在聯合報告系列中刊載的判決，以及將預定刊載的判決，在發布前會給全院傳閱。見D.C. CIR. R. 36(a)(2),（c）。

42. 在同事檢查時，首席大法官芮恩奎斯特描述了一位前任首席大法官休斯的作法：他以一貫一絲不苟的態度處理自己的判決，寫了無數的草稿，以確保最正確、最準確的語言。但他對作者身自主權沒有特別堅持，如果為了鞏固票數，他會不得以加入一些不連貫或脫節的想法或句子，就這樣交出去，讓法學院去研究它們的意思。William H. Rehnquist, Chief Justices I Never Knew, 3 HASTINGS CONST. L.Q. 637, 643（1976）（引用Edwin McElwain, The Business of the Supreme Court as Conducted by Chief Justice Hughes, 63 HARV. L. REV. 5, 19〔1949〕）。

43. 比　較Jon O. Newman, The Second Circuit Review, 1987–1988 Term-Foreword: In Banc Practice in the Second Circuit, 1984–1988, 55 BROOK. L. REV. 355, 369–70（1989）（「如果我們每年經常與全院庭審成員面對面，我相信現在我們的判決和意見書撰寫工作上，普遍會存在至少一些到極高水平的禮貌。」）。

44. 見FRANK M. COFFIN, THE WAYS OF A JUDGE: REFLECTIONS FROM THE FEDERAL APPELLATE BENCH 181–88（1980）。

45. William J. Brennan, Jr., In Defense of Dissents, 37 HASTINGS L.J. 427, 437 (1986).

46. Coalition for the Preservation of Hispanic Broadcasting v. FCC, 931 F.2d 73, 80（D.C. Cir. 1991）（Mikva首席法官，不同意見書）；亦見前註，第84頁（法院的判決是「主要靠的是規避而非邏輯」；「沒道理的結果會從〔它〕氾濫開來」）。

47. Roscoe Pound, Cacoethes Dissentiendi: The Heated Judicial Dissent, 39 A.B.A. J. 794, 795（1953）。更多最近的評論，見Brenda Jones Quick, Whatever Happened to Respectful Dissent?，A.B.A. J., June 1991，第62頁。

48. R.A.V. v. St. Paul, 505 U.S. 377, 415（1992）（懷特大法官，協同意見書）（「我加入這項判決，但不加入當中愚蠢的意見。」）

49. Lee v. Weisman, 505 U.S. 577, 633, 636, 637, 644（1992）（斯卡利亞大法官，不同意見書）（描述最高法院的意見書為「對我們歷史的健忘」、「不一致」、「完全可笑」，以及「一個司法的災難」）。

50. Planned Parenthood v. Casey, 505 U.S. 833, 981（1992）（斯卡利亞大法官，部分協同部分不同意見書）（「我必須……回應今年的意見書中幾個較令人髮指的論述，若不回應就不符合人性了。」）

51. Webster v. Reproductive Health Servs., 492 U.S. 490, 532（1989）（斯卡利亞大法官，部分協同意見書）（「歐康諾主張……一個『司法克制的根本規則』需要我們避免重新考慮『羅案』，這不能當真。」）；比較Payne v. Tennessee, 501 U.S. 808, 850（1991）（馬歇爾大法官，不同意見書）（「多數無法真心期待任何人相信〔它的主張〕。」）；

McCleskey v. Zant, 499 U.S. 467, 514（1991）（馬歇爾大法官，不同意見書）（「『多數的』論述不能當真。」）；Maislin Indus., U.S. v. Primary Steel, 497 U.S. 116, 139（1990）（史蒂文斯大法官，不同意見書）（即使戴上它有名的眼罩，老駄馬也會看透最高法院今天接受的老套論述。」）。

52. Coleman v. Thompson, 501 U.S. 722, 767（1991）（布萊克蒙大法官，不同意見書）（描述多數大法官的區別「莫名其妙」，而且其概念「史無前例」）。

53. 見前註，第774頁。

54. Morgan v. Illinois, 504 U.S. 719, 751–52（1992）（斯卡利亞大法官，不同意見書）（「今天……最高法院反對死刑，是對人民的迎頭痛擊。」）

55. Central States Motor Freight Bureau v. ICC, 924 F.2d 1099, 1112（D.C. Cir. 1991）（Silberma法官，不同意見書）（多數的建議是「赤裸裸的自圓其說」）。

56. Synovus Fin. Corp. v. Bd. of Governors of the Fed. Reserve Sys., 952 F.2d 426, 437（D.C. Cir. 1991）（Silberman法官，不同意見書）（「多數的意見……讓人想起內戰時期謝爾曼行軍穿過喬治亞州。行政法的原則像Johnston與Hood的軍隊一樣被擱置一旁。我們的判例像喬治亞州的莊園一樣被翻過。」）一位南卡羅萊納人克制且溫和的回答，見前註，437 n.8（Henderson法官）（「出於尊重與我們持不同意見的同事，將本案中的法律問題與一項內戰行動相提並論，不僅表明對這些問題的誤解，也顯示對我國歷史上痛苦的事件缺乏理解。」）

57. Planned Parenthood v. Casey, 505 U.S. 833, 995（1992）（斯卡利亞大法官，部分協同與部分不同意見書）（「將『羅案』描繪成政治家般對分裂問題的『解決』，一個值得保存的司法上的Peace of Westphalia，完全是奧威爾式的。」）；County of Allegheny v. ACLU, 492 U.S. 573, 678（1989）（甘迺迪大法官，部分協同與部分不同意見書）（「最高法院助長了一個歐威爾式的歷史重寫」）；FCC v. League of Women Voters, 468 U.S. 364, 417 n.10（1984）（史蒂文斯大法官）（多數的論述「若不是那麼歐威爾式，就很可笑了」）United Steelworkers v. Weber, 443 U.S. 193, 219–21（1979）（芮恩奎斯特大法官，不同意見書）（最高法院表現的像是「歐威爾式的發言人」，在句子中間，「『從一個句子跳到另一個句子』」）（引用喬治歐威爾，《1984》，第181–82頁〔1949〕）。

58. Collins J. Seitz, Collegiality and the Court of Appeals, 75 JUDICATURE 26, 27 (1991).
59. 同前註。
60. 同前註。
61. Dred Scott v. Sandford, 60 U.S.（19 How.）393（1856），在Pound中被引用為「理性的討論」之典範，同前述註47，第797頁。
62. 見如Welsh v. United States, 398 U.S. 333, 344（1970）（哈倫大法官，協同意見書。）。
63. 本案中各種高等法院與最高法院的意見，印在THE ATTORNEY GENERAL V. X AND OTHERS（Sunniva McDonagh ed., 1992）。
64. IRELAND CONST. art. 40.3.3（插入下方的Eighth Amendment of the Constitution Act, 1983之執行。）在1992年11月25日的公投後，Article 40.3.3加了兩句話：「本款不應限制一國與另一國之間的旅行自由」；「本款不應限制在國內根據法律規定的條件，獲取或提供在另一國家提供的與合法服務有關的信息的自由。」
65. 見Opinion of Costello, J.（H. Ct.）（Ir.）（Feb. 17, 1992），重印於THE ATTORNEY GENERAL V. X AND OTHERS，同前述註63，第9頁。
66. Opinion of Finlay, C.J.（S.C.）（Ir.）（Mar. 5, 1992）（引用McGee v. Attorney General, [1974] I.R. 284, 318〔Ir.〕〔Walsh, J.〕），重印於THE ATTORNEY GENERAL V. X AND OTHERS，同前述註63，第47、59頁。
67. 同前註。（引用State〔Healy〕v. Donoghue，〔1976〕I.R. 326, 347〔Ir.〕〔O'Higgins, C.J.〕）；比較伴隨的文字，同前述註6–8。
68. 比較如Planned Parenthood v. Casey, 505 U.S. 833, 996（1992）（斯卡利亞大法官，部分協同部分反對意見書）（"The Imperial Judiciary lives."）。
69. 見Opinion of Hederman, J.（S.C.）（Ir.）（Mar. 5, 1992），重印於THE ATTORNEY GENERAL V. X AND OTHERS，同前述註63，第69、83頁。
70. 同前註。

71. 同前註。
72. 大致見MARY ANN GLENDON, ABORTION AND DIVORCE IN WESTERN LAW（1987）；Donald P. Kommers, Abortion and Constitution: United States and West Germany, 25 AM. J. COMP. L. 255（1977）。
73. 例如，不同意見書可能經常會承認，「多數的論述一點都不是不可能的。」Hubbard v. EPA, 949 F.2d 453, 469（D.C. Cir. 1991）（Wald法官，部分協同與部分不同意見書。）
74. FINAL REPORT OF THE COMMITTEE ON CIVILITY OF THE SEVENTH FEDERAL JUDICIAL CIRCUIT 3 (1992).
75. 見前註，7A；亦見INTERIM REPORT OF THE COMMITTEE ON CIVILITY OF THE SEVENTH FEDERAL JUDICIAL CIRCUIT 3, 13, 39–42（1991）。
76. 大致見LOUIS FISHER, CONSTITUTIONAL DIALOGUES: INTERPRETATION AS POLITICAL PROCESS（1988）。最近對於法院—立法溝通的評論，包括Shirley S. Abrahamson & Robert L. Hughes, Shall We Dance? Steps for Legislators and Judges in Statutory Interpretation, 75 MINN. L. REV. 1045（1991）；Robert A. Katzmann, Bridging the Statutory Gulf Between Courts and Congress: A Challenge for Positive Political Theory, 80 GEO. L.J. 653（1992）；Deanell Reece Tacha, Judges and Legislators: Renewing the Relationship, 52 OHIO ST. L.J. 279（1991）。
77. Southern Pac. Co. v. Jensen, 244 U.S. 205, 221（1917）（霍姆斯大法官，不同意見書。
78. 最高法院在1970年後將外籍人士作為「可疑的」類別的判決，說明了這一點。比較Graham v. Richardson, 403 U.S. 365, 372（1971）（為了使拒絕向居留外國人提供公共援助福利的州立法無效，最高法院宣布「基於外國人的分類，如同基於國籍或種族的分類，（在平等保護原則下）本質上是可疑的，並應受嚴密的司法審查」（註釋省略），還有Cabell v. Chavez-Salido, 454 U.S. 432, 436（1982）（堅持對州監護官的公民身份要求，最高法院評論說，外國人案件「說明了法律發展的一個尋常的特徵：廣泛的原則被闡明，在適用於新的情況時被限縮，並最終在它們所依賴的區別不再站得住腳時被取而代之」）。
79. 410 U.S. 113 (1973).
80. Ruth Bader Ginsburg, Some Thoughts on Autonomy and Equality in Relation to Roe v. Wade, 63 N.C. L. REV. 375 (1985).

81. 懷特大法官與芮恩奎斯特大法官反對。
82. Roe, 410 U.S. at 164.
83. 在一個相配對的案子Doe v. Bolton, 410 U.S. 179（1973），最高法院再次以七票對二票，判決喬治亞州墮胎法中的幾項條款不合憲。1968年頒布的喬治亞州法規與德州的極端情況相距甚遠。它是根據美國法律研究所的示範刑法制定，類似當時在大約四分之一的州有效的改革後的法律。最高法院法院可能會推遲對Doe v. Bolton的審理，等待其對「羅案」的處置；事實上，最高法院可能是等待第五巡迴法院一項由喬治亞州向中級上訴法院提出的上訴案做出裁決，而不是立即對原告從三名法官組成的地區法院裁決的直接上訴做出裁決，該裁決在很大程度上支持原告。見Doe, 410 U.S. at 187 & n.8。
84. 505 U.S. 833 (1992).
85. 見前註，第918–22頁（史蒂文斯大法官，部分協同與部分不同意見書）（認為二十四小時延遲條件與諮詢條款，與最高法院的判例衝突）；見前註，第926、934–40頁（布萊克蒙大法官，部分協同與部分不同意見書）（認為諮詢、二十四小時延遲，以及父母同意條款，與最高法院的判例衝突。）
86. 見前註，第856頁。在這一點上，掌控的大法官——歐康諾、甘迺迪和蘇特——為最高法院說話。
87. 大致見Rachel N. Pine & Sylvia A. Law, Envisioning a Future for Reproductive Liberty: Strategies for Making the Rights Real, 27 HARV. C.R.-C.L. L. REV. 407（1992）。
88. 見「羅訴韋德案」，410 U.S. 113, 164–65（1973）（「墮胎決定……必須留給孕婦的主治醫生做醫學判斷」；「（羅案的）判決證明醫生有權根據其專業判斷進行治療」）。
89. 見Paul A. Freund, Storms over the Supreme Court, 69 A.B.A. J. 1474, 1480（1983）。
90. 409 U.S. 947（同意移審460 F.2d 1372〔9th Cir. 1971〕），改為訴由消失，不予受理，409 U.S. 1071（1972）；亦見Note, Pregnancy Discharges in the Military: The Air Force Experience, 86 HARV. L. REV. 568（1973）。
91. 見Appendix to Brief for Petitioner at 34a, Struck（No. 72-178）（Memorandum of Colonel Max B. Bralliar, May 14, 1971，建議放棄斯特魯克的解職行動。）

92. 見請願人上訴狀（Brief for Petitioner），67–69 & n.70，Struck（No. 72-178）。

93. 見前註，第3–5, 56頁。

94. Air Force Regulation 36-12(40)，在請願人上訴狀中闡明，第2–3頁，Struck（No. 72-178）；亦見Struck, 460 F.2d at 1374。

95. Struck, 460 F.2d at 1374.

96. 請願人上訴狀附錄，22a, Struck（No. 72-178）（引用空軍在空軍法規Air Force Regulation 169-12〔C2〕〔Sept. 23, 1970〕）中對於治療性墮胎的政策。柯林頓總統就任後第二天，他就結束了1980年代在美國軍事設施中關於墮胎的所有禁令，並下令允許在這些設施進行墮胎，前提是使用非國防部資金來支付費用。見Memorandum on Abortions in Military Hospitals, Jan. 22, 1993, 29 WEEKLY COMP. PRES. DOC. 88（Jan. 25, 1993）。

97. 如前所注意到的，見前述註14的相關文字，原始《憲法》和《權利法案》並不包含平等保障。然而，自1954年以來，最高法院將第五修正案的正當程序條款歸於一項關於聯邦行動的平等保護原則，與《第十四條修正案》中控制州行為的平等保護條款相對應。見Bolling v. Sharpe, 347 U.S. 497, 499（1954）（初步確認）；比較Weinberger v. Wiesenfeld，420 U.S. 636, 638 n.2（1975）（「最高法院對《第五條修正案》平等保護要求的處理方式，一直與對《第十四條修正案》下的平等保護要求完全相同」）。

98. 見Struck, 460 F.2d, 1380（Duniway法官，不同意見書）；請願人上訴狀，8、54–55, Struck（No. 72-178）。空軍聲明其懷孕除役規定的目的是「鼓勵」節育。反對移審的答辯人摘要，11, Struck（No. 72-178）。在回應時，斯特魯克上尉特別指出，「『鼓勵』（是）只針對女性」；一名男性在空軍服役時，政府不會無故干涉他的性隱私或他是否決定生孩子。女性服役要受「規定」；她對空軍生涯的追求要求她決定不生孩子。」請願人上訴狀，54–55, Struck（No. 72-178）。

99. Struck, 409 U.S. at 947.

100. 見Memorandum for the Respondents Suggesting Mootness（Dec. 1972），Struck（No. 72-178）；Struck, 409 U.S. at 1071（發回考慮訴由消失而停止受理）。

101. 見Reva Siegel, Reasoning from the Body: A Historical Perspective on Abortion Regulation and Questions of Equal

Protection, 44 STAN. L. REV. 261（1992）。

102. 比較 Weinberger v. Wiesenfeld, 420 U.S. 636, 653（1975）（因違反平等保護原則，拒絕為鰥父提供國會專門為寡母提供的社會保障福利，被判決違憲。）

103. 見請願人上訴狀，26, Struck（No. 72-178）（應用於請願人的法規，建立了一個可疑的分類，看不出令人信服的理由。）

104. 同前註。（引用Bullock v. Carter, 405 U.S. 134, 144〔1972〕為「中級標準」的判例，根據該標準，受質疑的分類將「受嚴密審查」。）

105. 見Craig v. Boren, 429 U.S. 190, 197（1976）（如果僅是合理地與可允許的政府目標相關，基於性別的分類將不會持久；分類捍衛者將被要求證明與重要目標實質關聯）；亦見Mississippi Univ. for Women v. Hogan, 458 U.S. 718, 724（1982）。

106. Sandra Day O'Connor, Portia's Progress, 66 N.Y.U. L. REV. 1546 (1991).

107. 轉折點案例是「里德訴里德案」，404 U.S. 71（1971）。「里德案」涉及一名愛達荷州的年輕人，他在父親的監護期間自殺，關於監護權，「母親優先」只在男孩「年幼」時才適用。男孩的父母長期分居，各自申請成為兒子財產的管理人。愛達荷州法院根據一項州法規指定父親為管理人，該法規規定：在「具有同等管理權的人之間，男性必須優先於女性」。見前註，第73條（引用愛達荷州法典§ 15-314（1948）。最高法院一致裁定，該法規剝奪了母親對《第十四條修正案》所保障的法律的平等保護。

108. 見Wendy W. Williams, Sex Discrimination: Closing the Law's Gender Gap, in THE BURGER YEARS: RIGHTS AND WRONGS IN THE SUPREME COURT 1969–1986，第109頁（Herman Schwartz ed., 1987）；亦見Ruth Bader Ginsburg, The Burger Court's Grapplings with Sex Discrimination, in THE BURGER COURT: THE COUNTER-REVOLUTION THAT WASN'T 132（Vincent Blasi ed., 1983）。

109. Frontiero v. Richardson, 411 U.S. 677, 688 (1973).

110. Stanton v. Stanton, 421 U.S. 7, 17 (1975).

111. Taylor v. Louisiana, 419 U.S. 522, 525（1975）（宣布限制女性志願參與服務的法律無效）；Duren v. Missouri, 439 U.S. 357, 360（1979）（宣布允許「任何女性」選擇豁免陪審義務的法律無效。）

112. Weinberger v. Wiesenfeld, 420 U.S. 636, 639（1975）（擴大國會原本只提供給寡婦的社會保險福利給予鰥夫）；Califano v. Goldfarb, 430 U.S. 199, 201–02（1977）（同前）；Califano v. Westcott, 443 U.S. 76, 85（1979）（擴大國會原本只為失業父親提供的公共援助福利給失業母親）。

113. Wengler v. Druggists Mut. Ins. Co., 446 U.S. 142, 147 (1980).

114. Kirchberg v. Feenstra, 450 U.S. 455, 461 (1981).

115. Mississippi Univ. for Women v. Hogan, 458 U.S. 718, 723 (1982).

116. 這種擴張反映了一個新的現實：1970年代，美國歷史上第一次，美國「一般的」女性成年後的大部分時間，不是在一個主要為照顧孩子的家庭中度過。哥倫比亞大學經濟學教授Eli Ginzberg觀察到，這項發展可能是「本世紀最突出的現象」。Jean A. Briggs, How You Going To Get 'Em Back in the Kitchen?（You Aren't.）, FORBES, Nov. 15, 1977，第177頁（引用Eli Ginzberg的評論）。

117. 見如請願人上訴狀，12-13, Reed v. Reed, 404 U.S. 71（1971）（No. 70-4）（敦促最高法院不要重複Plessy v. Ferguson, 163 US 537〔1896〕一案的「錯誤」——該案維持了一項州法規，要求鐵路公司為黑人和白人提供隔離但平等的住宿等——並將基於性別的分類與公認的可疑分類並列）。

118. SIMONE DE BEAUVOIR, THE SECOND SEX (1949).

119. 例如，前述註107中描述的「里德訴里德案」中的男性偏袒，在最高法院審理此案之前已被廢除，但不具有追溯力；最高法院聽審前述註111的Duren v. Missouri案時，州制度中大致已放棄豁免女性擔任陪審員。

120. 見上訴註112引用的Wiesenfeld與Goldfarb案。

121. 見Califano v. Webster, 430 U.S. 313（1977）（贊成從1956年到1972年有效的分類，為退休女性員工建立比退休男性員工更優惠的社會保障福利計算方式）。

122. Ruth Bader Ginsburg, Some Thoughts on Benign Classification in the Context of Sex, 10 CONN. L. REV. 813, 823 (1978).

123. 見Ruth Bader Ginsburg, Some Thoughts on Judicial Authority To Repair Unconstitutional Legislation, 28 CLEV. ST. L. REV. 301, 310–12（1979）。

124. 同樣值得注意的是，1970年代的平權或性別平等提倡者，並不鼓吹詳盡的理論。他們確實認為，透過尊崇與提升女性作為無私家庭主婦的「天生」角色，並相應地強調男性作為提供者的角色，國家阻礙了男性和女性追求可以使他們擺脫來自刻板印象的困境之機會與生活方式。然而，目標並不是「同化主義」，接受「男性的世界」，並只要求允許自利的、經濟上有優勢的女性進入男性的世界，並按照男性的規則行事。相反地，是要努力消除阻礙女性達成願望與成就的人為障礙；人們認為，如果女性大量成為政治參與者，那麼她們就可以運用自己的意志和判斷力，有助於讓這個世界和相關規則適合全人類。見Ruth Bader Ginsburg & Barbara Flagg, Some Reflections on the Feminist Legal Thought of the 1970s, 1989 U. CHI. LEGAL F. 9, 17–18; cf. Herma Hill Kay, The Future of Women Law Professors, 77 IOWA L. REV. 5, 18（1991）（「女法學教授的未來不是透過成為『男孩中的一員』來適應法學教育，而是改造這個企圖，使其所有參與者都是同一團隊的平等成員。」

125. Williams，同前述註108，第123頁。這種審查方式被恰當地稱為「憲法問責的執法」。Guido Calabresi, The Supreme Court, 1990 Term-Foreword: Antidiscrimination and Constitutional Accountability（What the Bork-Brennan Debate Ignores）, 105 HARV. L. REV. 80, 103–08（1991）。

126. 410 U.S. 113 (1973).

127. 見前註，第140頁；亦見Ginsburg，同前述註80，第385頁& n.81。

128. 見Herma Hill Kay, Equality and Difference: A Perspective on No-Fault Divorce and Its Aftermath, 56 U. CIN. L. REV. 1, 4–14, 26–55（1987）；亦見Ginsburg，同前述註80，第380頁& n.36。

129. 見Vincent Blasi, The Rootless Activism of the Burger Court, in THE BURGER COURT: THE COUNTERREVOLUTION THAT WASN'T 198, 212（Vincent Blasi ed., 1983）（「『羅案』在幾乎沒有任何預示或準備的情況下，突然出現在憲法舞台上」）；Geoffrey C. Hazard, Jr., Rising Above Principle, 135 U. PA. L. REV. 153, 166（1986）（藉由做出如此大的改變，「羅案」的最高法院排除了通常的同化〔和〕反饋機會……這是在涉及更短和更謹慎的信條腳步的判決過

程中提供的。」）

130. 大致見LOUIS HENKIN, THE AGE OF RIGHTS 141–80（1990）。

131. 比較Archibald Cox, Direct Action, Civil Disobedience, and the Constitution, in CIVIL RIGHTS, THE CONSTITUTION, AND THE COURT 2, 22–23（1967）（法律的急遽變化部分仰賴抗議的刺激。」）

132. 見如Lochner v. New York, 198 U.S. 45（1905）（聲明烘焙店員工男性與女性同等最高工時判決違憲）。但比較Muller v. Oregon, 208 U.S. 412（1908）（僅判決女性最高工時的法律違憲）。

133. 比較Calabresi，同前述註125，第86頁（指法院大膽的干預為害法審查的「司法最高權力」模式）。

134. 347 U.S. 483 (1954).

135. 見Plessy v. Ferguson, 163 U.S. 537, 540 (1896)。

136. 見Ginsburg & Flagg，同前述註124，第18頁。

137. 見United States v. Carolene Products Co., 304 U.S. 144, 152 n.4（1938）（建議提高對不利於「離散和孤立的少數群體」的立法之司法審查，即分類傾向於「嚴重限制那些通常用於保護少數群體的政治程序的運作」）；比較Owen M. Fiss, Groups and the Equal Protection Clause, 5 PHIL. & PUB. AFF. 107, 152（1976）（強調黑人身為「數量上的少數」和「他們的經濟地位，永遠的下層階級的地位」之處境）。

138. 見RICHARD KLUGER, SIMPLE JUSTICE 256–84（1976）（依時間記錄了馬歇爾與其他人與下列案件的關聯：Sipuel v. Board of Regents of the University of Oklahoma, 332 U.S. 631（1948）；Shelley v. Kraemer, 334 U.S. 1（1948）；Sweatt v. Painter, 339 U.S. 629（1950）；與McLaurin v. Oklahoma State Regents for Higher Education, 339 U.S. 637（1950）；Jack Greenberg, Litigation for Social Change: Methods, Limits and Role in Democracy, 29 RECORD OF THE ASS'N OF THE BAR OF THE CITY OF NEW YORK 320, 327–34（1974）（討論「布朗案」之前的「訴訟運動」）。

139. 比較The Orison S. Marden Lecture in Honor of Justice Thurgood Marshall, 47 RECORD OF THE ASS'N OF THE BAR OF THE CITY OF NEW YORK 227, 254（1992）（Constance Baker Motley的評論）（「沒有任何〔馬歇爾〕領導下

的民事訴訟不是整體戰略的一部分……沒有一個重大的法律驅動，不是經過數月，即使不是數年的法律研究和計畫，例如發生在早期的投票案件、教師工資案件、限制性契約案件、州際旅行案件以及學校取消種族隔離的案件。」）同Blasi，同前述註129，第212頁（「羅案」似乎不能被合理化為……解決先前幾個判決所隱含的主題工作」）。

140. 最高法院注重的是經驗上記錄到的，隔離的學校導致黑人兒童的心理傷害。見Brown, 347 U.S. at 493–94 & 494 n.11。

141. Pub. L. No. 88-352, 78 Stat. 241（經修訂編纂為28 U.S.C. 1447, 42 U.S.C. 1971, 2000a–2000h-6〔1988 & Supp. II 1990〕）。

142. 388 U.S. 1 (1967).

143. 1960年代初期的立法重新分配案件，呈現出最高法院面臨的受阻政治程序中，第二個明顯的例子。在1960年代之前，許多州立法機構以稀釋城市選民投票權的方式，安排他們的選區。根據當時的判例，對這些不當分配計畫的法律抗議，不能在聯邦法院審理。見Colegrove v. Green, 328 U.S. 549（1946）。
在Baker v. Carr, 369 U.S. 186（1962）案裡，這種情況有了變化：最高法院宣布對不當分配計畫的質疑是可審理的，從而為聯邦法院判定其無效開闢了道路。正如一位對重新分配案件的重要評論員所觀察到的：「Baker v. Carr案」及其眾多後案的最終理由是，當糾正政治問題的政治途徑變成死路時，對人民政治的一些司法干預可能是必要的，以便產生任何有效的政治作用。（例如，）在田納西州，當其立法組成在「Baker案」受到挑戰時，曾有幾年都是不成功的州法院訴訟和不成功的糾正性立法行動。ROBERT G. DIXON, JR., DEMOCRATIC REPRESENTATION: REAPPORTIONMENT IN LAW AND POLITICS 8（1968）。

144. 這段話指的判決是Worcester v. Georgia, 31 U.S.（6 Pet.）515（1832）。

145. LEARNED HAND, THE BILL OF RIGHTS 73 (1958).

146. 比較Archibald Cox, The Role of the Supreme Court: Judicial Activism or Self-Restraint?, 47 MD. L. REV. 118, 124–25（1987）（儘管首席大法官馬歇爾主持下的最高法院的「解釋風格」「積極且富有創造性」，但最高法院，「在擴大國家權力方面，……與政治部門的主導趨勢同步」）。

147. Planned Parenthood v. Casey, 505 U.S. 833 (1992).

148. 在「計劃生育組織案」判決的三年前，最高法院已經差點推翻「羅案」。見Webster v. Reproductive Health Servs., 492 U.S. 490（1989），討論於Sylvia A. Law, Abortion Compromise—Inevitable and Impossible, 1992 U. ILL. L. REV. 921, 923–26。

149. 對「羅案」的敵意反應，對最脆弱的女性造成最嚴重的傷害——「貧窮的、受教育不多的、年輕的，以及住在鄉村的女性。」Law，同前述註148，第931頁；亦見Ginsburg，同前述註80，第383–85頁。

150. 1993年1月22日，柯林頓總統在他上任的第二天，簽署了五份備忘錄，終止了1980年代實施的與墮胎有關的限制措施，這表明政治氣候發生了變化。見29 WEEKLY COMP. PRES. DOC. 87–89（Jan. 25, 1993）（美國衛生及公共服務部備忘錄：聯邦資助胚胎組織移殖研究；美國衛生及公共服務部備忘錄：《公共保健服務法》第十條「禁令」；美國國際開發署署長備忘錄：協助家庭計畫補助／墨西哥市政策；美國國防部備忘錄：軍事醫院私人出資墮胎；美國衛生及公共服務部備忘錄：RU486進口）。比較法案，同前述註148，第931–32（提出反對的評估，並評論「只有時間會證明」）。

151. 傑拉德．岡瑟教教在露絲．金斯伯格法官於華盛頓特區就職典禮上的演說，THE COLUM. LAW ALUMNI OBSERVER, Dec. 31, 1980，第8頁。

5-6　法律之下的人類尊嚴與平等正義

評「洛文訴維吉尼亞州案」

1. Mildred Loving, "Loving for All," 準備於June 12, 2007發表的聲明，可見http://archive-freedomtomarry.org/pdfs/mildred_loving-statement.pdf.
2. Douglas Martin, Mildred Loving, Who Battled Ban on Mixed-Race Marriage, Dies at 68, N.Y. TIMES, May 6, 2008, at B7。
3. 同前註。

4. David Margolick, A Mixed Marriage's 25th Anniversary of Legality，N.Y. TIMES, 12, 1992, at B20。
5. Loving v. Virginia, 388 U.S. 1, 3 (1967).
6. 引用於Loving, 388 U.S. at 3。
7. 見前註，第12頁。
8. 同前註。
9. The Right To Marry, N.Y. TIMES, June 20, 1967, at 38.
10. R. J. Donovan, Ban on Interracial Marriages Struck Down by 9–0 Decision, L.A. TIMES, June 13, 1967, at 7.
11. Helen Dewar, Victor in Mixed Marriage Case Relieved, WASH. POST, June 13, 196, at A11.
12. Loving，同前述註1。
13. Patricia Sullivan, Quiet Va. Wife Ended Interracial Marriage Ban, WASH. POST, May 6, 200, at A1.

5-7 不同意見的角色

導論

1. Linda Greenhouse, Oral Dissents Give Ginsburg a New Voice, N.Y. TIMES, May 31, 2007 at A1.

5-8 美國最高法院2015-16年會期重點

導論

1. Mark Sherman對露絲・貝德・金斯伯格的訪談，ASSOCIATED PRESS, July 8, 2016, http://bigstory.ap.org/article/0da3a641190742669cc0d01b90cd57fa/ap-interview-ginsburg-reflects-big-cases-scalias-death.

主文

1. Mark Sherman訪問露絲・貝德・金斯伯格・ASSOCIATED PRESS, July 8, 2016, http://bigstory.ap.org/article/0da3a641190742669cc0d01b90cd57fa/ap-interview-ginsburg-reflects-bigcases-scalias-death.
2. 136 S. Ct. 2271 (2016).
3. 136 S. Ct. 2272 (2016).
4. Whole Woman's Health v. Hellerstedt, 136 S. Ct. 2292 (2016); Mathis v. United States, 136 S. Ct. 2243 (2016); Fisher v. Univ. of Tex. at Austin, 136 S. Ct. 2198 (2016); RJR Nabisco, Inc. v. European Cmty., 136 S. Ct. 2090 (2016); Utah v. Strieff, 136 S. Ct. 2056 (2016); Williams v. Pennsylvania, 136 S. Ct. 1899 (2016); Ocasio v. United States, 136 S. Ct. 1423 (2016); Luis v. United States, 136 S. Ct. 1083 (2016).
5. McDonnell v. United States, 136 S. Ct. 2355 (2016); Kirtsaeng v. John Wiley & Sons, Inc., 136 S. Ct. 1979 (2016); Universal Health Servs. v. United States ex rel. Escobar, 136 S. Ct. 1989 (2016); United States v. Bryant, 136 S. Ct. 1954 (2016); U.S. Army Corps of Eng'rs v. Hawkes Co., 136 S. Ct. 1807 (2016); Ross v. Blake, 136 S. Ct. 1850 (2016); Sheriff v. Gillie, 136 S. Ct. 1594 (2016); Betterman v. Montana, 136 S. Ct. 1609 (2016); CRST Van Expedited, Inc. v. EEOC, 136 S. Ct. 1642 (2016); Simmons v. Himmelreich, 136 S. Ct. 1843 (2016); Wittman v. Personhuballah, 136 S. Ct. 1732 (2016); Nichols v. United States, 136 S. Ct. 1113 (2016); Hughes v. Talen Energy Mktg., 136 S. Ct. 1288 (2016); Halo Electronics v. Pulse Electronics, 136 S. Ct. 1923 (2016); Kingdomware Technologies v. United States, 136 S. Ct. 1969 (2016); Sturgeon v. Frost, 136 S. Ct. 1061 (2016); Nebraska v. Parker, 136 S. Ct. 1072 (2016); Americold Realty Trust v. ConAgra Foods, 136 S. Ct. 1012 (2016); Evenwel v. Abbott, 136 S. Ct. 1120 (2016); Harris v. Ariz. Indep. Redistricting Comm'n, 136 S. Ct. 1301 (2016); Menominee Tribe of Wis. v. United States, 136 S. Ct. 750 (2016); Musacchio v. United States, 136 S. Ct. 709 (2016); Bruce v. Samuels, 136 S. Ct. 627 (2016); Shapiro v. McManus, 136 S. Ct. 450 (2015); OBB Personenverkehr AG v. Sachs, 136 S. Ct. 390 (2015).

6. 136 S. Ct. 1083 (2016)（法院全體意見）。
7. 431 U.S. 209 (1977).
8. 136 S. Ct. 2159 (2016).
9. 136 S. Ct. 2271 (2016).
10. 136 S. Ct. 1557 (2016)（法院全體意見）。
11. 136 S. Ct. 1120 (2016).
12. 見前註，第1129頁。
13. (Fisher II), 136 S. Ct. 2198 (2016).
14. Fisher v. Univ. of Tex. at Austin (Fisher I), 133 S. Ct. 2411 (2013).
15. 539 U.S. 306 (2003).
16. Fisher II, 136 S. Ct. at 2212.
17. 見前註，第2214頁（內部引號與引用刪除）。
18. 136 S. Ct. 2292 (2016).
19. 136 S. Ct. 2090 (2016).
20. 136 S. Ct. 1310 (2016).
21. McDonnell v. United States, 136 S. Ct. 2355 (2016) (No. 15-474)言詞辯論文字記錄第60頁。
22. 同前註。

結論

1. Joan Biskupic, Ginsburg 'Lonely' Without O'Connor, USA TODAY, Jan. 26, 2007, at A1.

2. Jessica Weisberg, Supreme Court Justice Ruth Bader Ginsburg: I'm Not Going Anywhere, EllE MAGAZINE, Sept. 23, 2014, at 358, 360.
3. 露絲・貝德・金斯伯格以第二位年度資深前輩為喬治城大學法學院畢業生演講，Feb. 4, 2015，可見：http://apps.law.georgetown.edu/webcasts/eventDetail.cfm?eventID=2559。
4. Weisberg，上述註2，362。

圖片版權

內文（依出現順序）

—— Steve Petteway, Collection of the Supreme Court of the United States
—— Courtesy of Joan and Stuart Danoff
—— Courtesy of Justice Ginsburg's Personal Collection
—— Courtesy of Justice Ginsburg's Personal Collection
—— The Boston Globe / Getty Images
—— Courtesy of Collection of the Supreme Court of the United States
—— AP Photo / Stephen R. Brown / File
—— Courtesy of Collection of the Supreme Court of the United States
—— White House Photo, Courtesy of Justice Ginsburg's Personal Collection
—— Courtesy of Wendy Williams
—— Courtesy of Mary Hartnett

插頁（依出現順序）

1 Courtesy of Collection of the Supreme Court of the United States
2 Courtesy of Si and Roz Bessen
3 Courtesy of Justice Ginsburg's Personal Collection
4 Courtesy of Justice Ginsburg's Personal Collection
5 Courtesy of Collection of the Supreme Court of the United States
6 Courtesy of Collection of the Supreme Court of the United States
7 Courtesy of Justice Ginsburg's Personal Collection
8 Courtesy of Wendy W. Williams
9 Courtesy of Justice Ginsburg's Personal Collection
10 Courtesy of Collection of the Supreme Court of the United States
11 Stephen Crowley / The New York Times / Redux
12 White House Photo, Courtesy of Justice Ginsburg's Personal Collection
13 White House Photo, Courtesy of Justice Ginsburg's Personal Collection
14 Courtesy of Justice Ginsburg's Personal Collection
15 Courtesy of Collection of the Supreme Court of the United States
16 Courtesy of James Ginsburg and Patrice Michaels
17 Courtesy of Collection of the Supreme Court of the United States

SPOT 29

我是這麼說的

RBG不恐龍大法官・人生言論唯一自選集

My Own Words

作者　露絲・貝德・金斯伯格（Ruth Bader Ginsburg）、
瑪麗・哈爾內特（Mary Hartnett）、溫蒂・W・威廉斯（Wendy W. Williams）
譯者　游淑峰
責任編輯　江灝　封面設計　林育鋒　排版　李秀菊

出版　英屬蓋曼群島商網路與書股份有限公司臺灣分公司
發行　大塊文化出版股份有限公司
臺北市10550南京東路四段25號11樓
www.locuspublishing.com
TEL: (02)8712-3898　FAX: (02)8712-3897
讀者服務專線：0800-006689
郵撥帳號：18955675　戶名：大塊文化出版股份有限公司
法律顧問：董安丹律師、顧慕堯律師

總經銷　大和書報圖書股份有限公司
新北市24890新莊區五工五路2號
TEL: (02)8990-2588　FAX: (02)2290-1658
製版　中原造像股份有限公司

初版一刷：2021年10月
初版二刷：2021年12月
定價：新台幣550元
ISBN：978-986-06615-7-6

Printed in Taiwan

國家圖書館出版品預行編目(CIP)資料

我是這麼說的：RBG不恐龍大法官・人生言論唯一自選集／露絲・貝德・金斯伯格（Ruth Bader Ginsburg）、瑪麗・哈爾內特（Mary Hartnett）、溫蒂・W・威廉斯（Wendy W. Williams）著；游淑峰譯. -- 初版. -- 臺北市：英屬蓋曼群島商網路與書股份有限公司臺灣分公司出版：大塊文化出版股份有限公司發行, 2021.10
面；　公分. --（Spot ; 29）
譯自：My Own Words
ISBN 978-986-06615-7-6（平裝）
1. 金斯伯格（Ginsburg, Ruth Bader）　2. 法官　3. 女性傳記
4. 美國
785.28　　110013745